SCHMUCK UND ACCESSOIRES AUS *FIMO®* UND ANDEREN MODELLIERMASSEN

Heidi Helyard

AF637639

CV

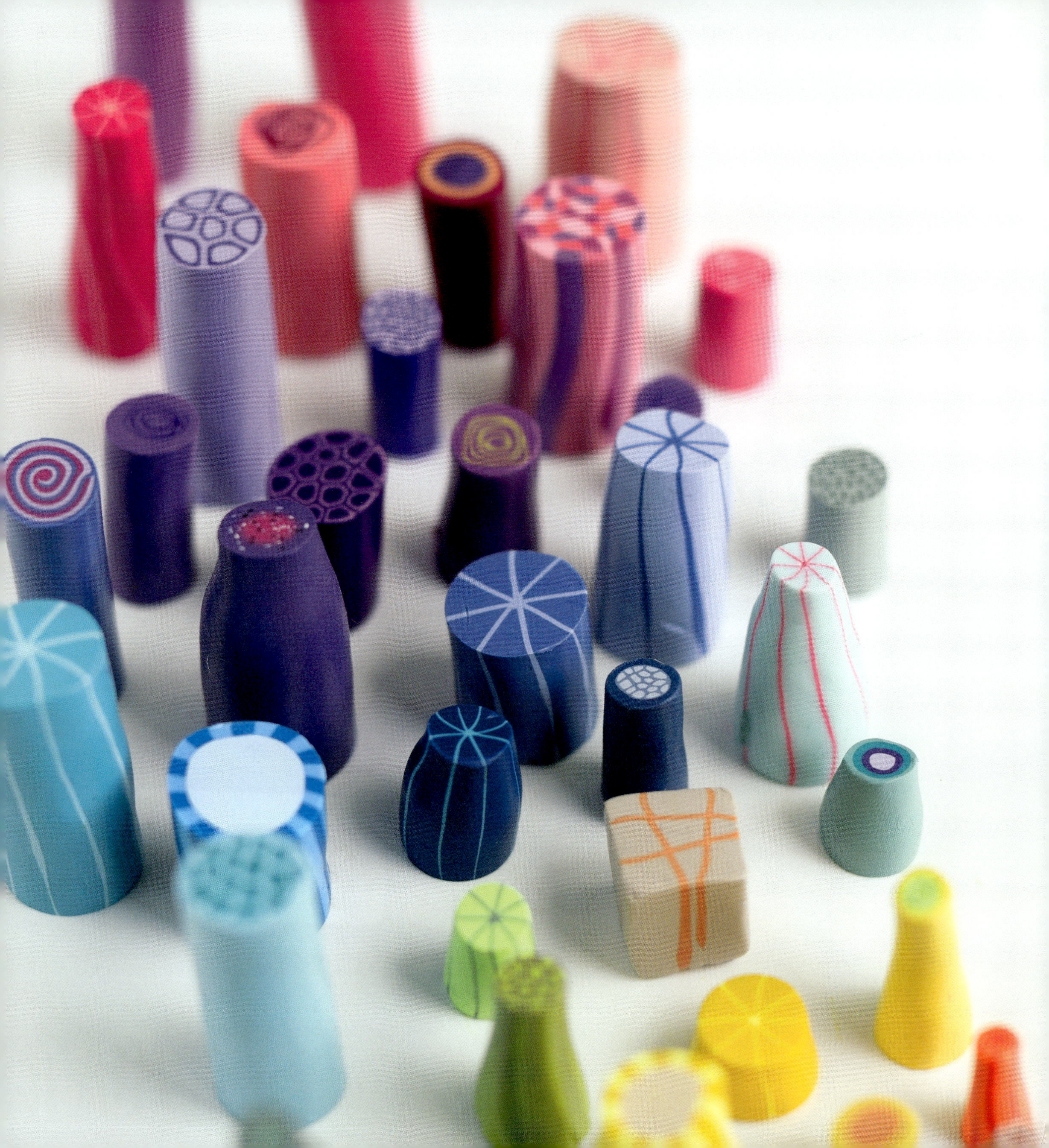

INHALT

EINLEITUNG

Modelliermasse (engl. „polymer clay") zählt zu den vielseitigsten Künstlermaterialien, die momentan auf dem Markt sind. Sie ist wie Farbe überall erhältlich und einfach zu verarbeiten und es gibt kaum etwas, das sich mit ihr nicht machen lässt – von Skulpturen, Kunstwerken, Deko- und Haushaltsgegenständen bis hin zu Schmuck. Sie ist leicht, formbar und formstabil. Weder besonderes Werkzeug noch eine spezielle Ausstattung sind für ihre Bearbeitung notwendig, sie ist relativ preisgünstig und für den Anfang benötigt man lediglich Schwarz, Weiß und die Primärfarben, um jeden gewünschten Farbton herzustellen.

Modelliermasse gibt es bereits seit etwa 80 Jahren. Aktuell ist sie bei Schmuckherstellern sehr beliebt, da sie sich mit ihren leuchtenden Farben und ihrer Vielseitigkeit für plakative und grafische Designs geradezu anbietet. Dazu werden ständig neue Sorten, Werkzeuge und Farben auf den Markt gebracht, was für Designer*innen wie mich sehr spannend ist.

Ich finde, dass Experimentieren für die Kreativität sehr wichtig ist, daher spielt es beim Entwerfen meiner neuen Kollektionen eine große Rolle – bei „glücklichen Zufällen" entdecke ich einzigartige Techniken, ästhetische Stilrichtungen entstehen und nicht zuletzt weiß ich danach oft, was ich das nächste Mal besser nicht tun sollte! Zudem lässt sich Modelliermasse problemlos wiederverwenden: Geht ein Experiment daneben, knetet man alles wieder zusammen und beginnt von vorne, Farbe kann man einfach abschaben und die Masse so „retten".

In diesem Buch stelle ich Ihnen einige meiner Lieblingstechniken vor, die Sie anhand von Projekten gleich praktisch umsetzen können. Ausführliche Schritt-für-Schritt-Anleitungen helfen Ihnen, selbst als Anfänger diese Projekte erfolgreich durchzuführen und Ihre Fertigkeiten rasch auszubauen.

Ich hoffe, dass Sie nach dem Lesen des Buches auf den Geschmack gekommen sind und diesen Werkstoff noch besser kennenlernen wollen. Experimentieren Sie einfach drauflos: Wie lässt sich Pastellkreide anders in Modelliermasse einarbeiten? Wie kann man eine Mokume-Gane-Platte noch texturieren? Wie lassen sich verschiedene Techniken kombinieren etc. Wenden Sie Ihr Wissen an und experimentieren Sie damit, gehen Sie neue Wege und mit Spaß an die Sache, bis Sie Ihren eigenen, unverwechselbaren Stil gefunden haben.

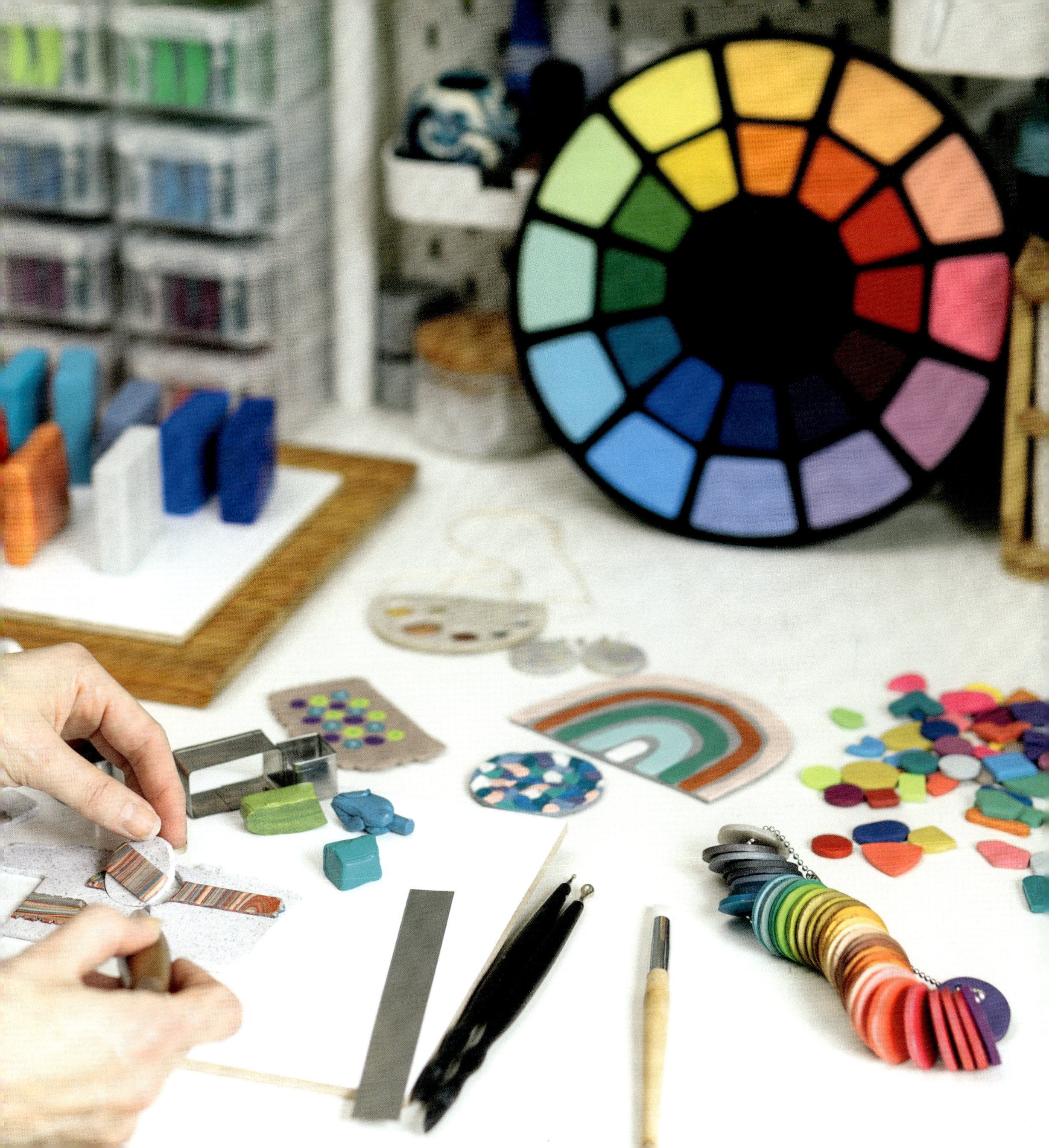

GRUNDLAGEN

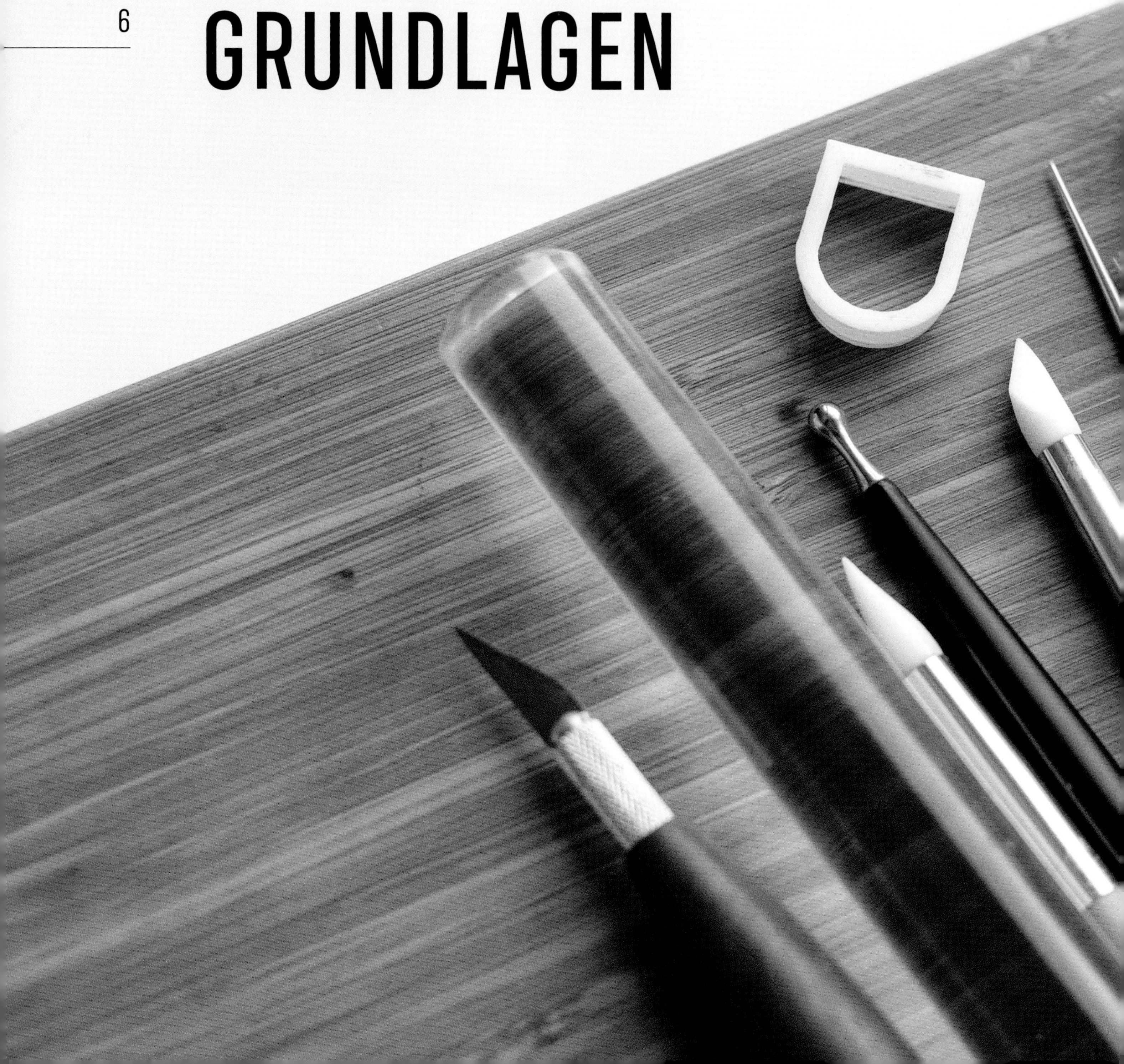

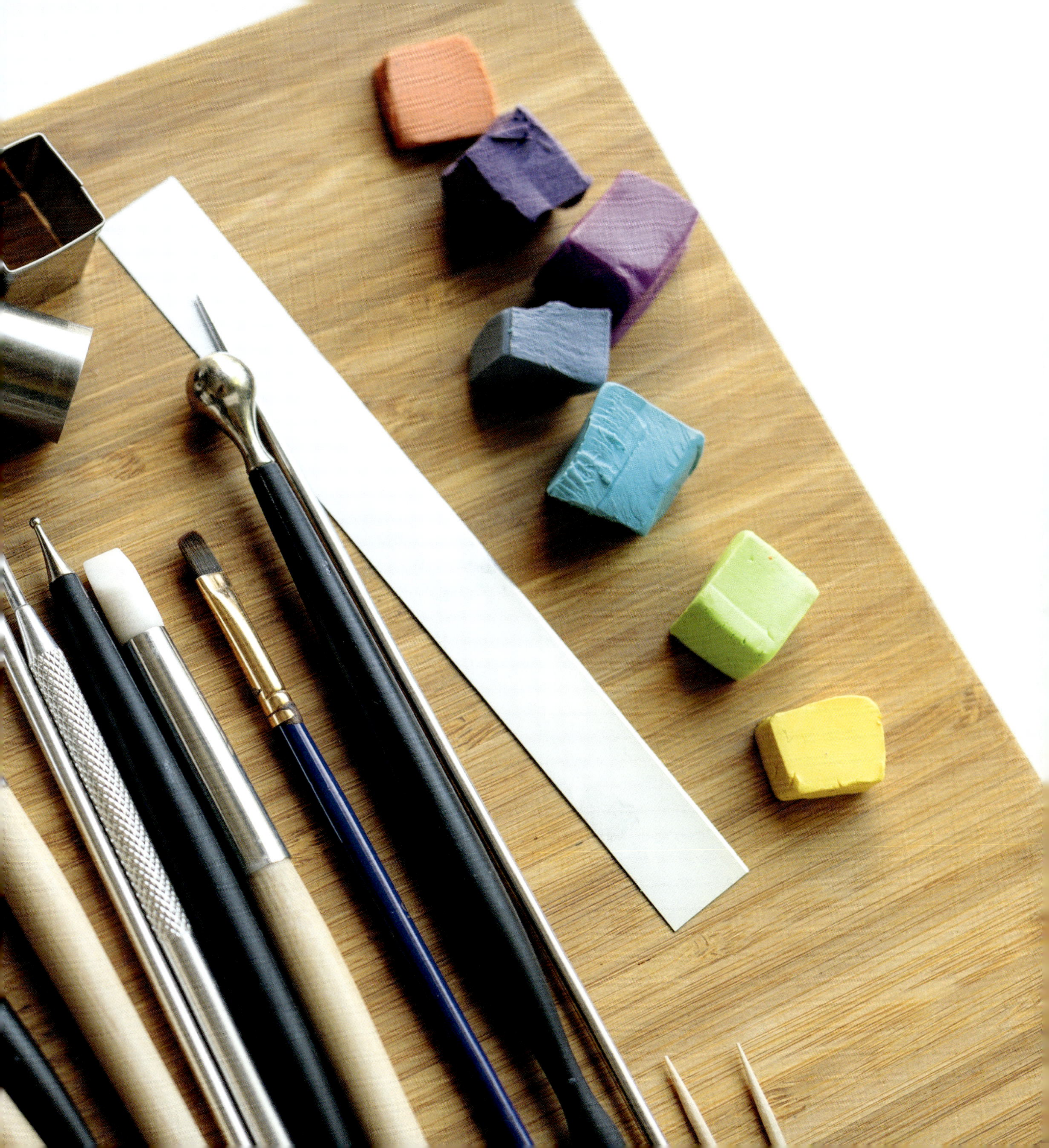

MODELLIERMASSE

Im Folgenden gehe ich auf verschiedene Sorten und die verbreitetsten Marken ein und gebe Tipps hinsichtlich Sicherheit und Lagerung. Ich stelle Ihnen die wichtigsten Werkzeuge und einige speziell für Anfänger vor und gebe Tipps für weiteres Zubehör, das bei aufwendigeren Projekten hilfreich sein kann. Den Schluss bildet ein Überblick über die wichtigsten Arbeitstechniken.

SORTEN

Ofenhärtende Modelliermasse ist ein synthetisches Produkt aus Polyvinylchlorid (PVC), das aufgrund von Weichmachern gut formbar ist und bei niedrigen Temperaturen gehärtet werden kann. Die verschiedenen Sorten werden primär eingeteilt in:

Unifarben Einfarbige Modelliermasse, der Farbstoffe und Pigmente zugesetzt wurden. Diese Unifarben bilden bei allen Marken das Herzstück.

Metallic Transluzente Modelliermasse, der Mica-Partikel zugesetzt wurden, sodass sie metallisch schimmert. Beim Aushärten erhält die Oberfläche einen metallischen Glanz. Die meisten Hersteller bieten ein (unterschiedlich umfangreiches) Sortiment an Modelliermasse mit Metallic-Effekten an.

Transluzente (halbtransparente) Modelliermasse, der keine Farbstoffe zugesetzt wurden; sie wird für bestimmte Techniken verwendet, bei denen Teiltransparenz erwünscht ist.

Flüssig Gelähnliche Modelliermasse. Sie eignet sich zum Verzieren, Glasieren und Versiegeln fertiger Arbeiten ebenso wie als Bindemittel.

WICHTIGE SICHERHEITSHINWEISE

Modelliermasse ist gesundheitlich unbedenklich, allerdings nicht lebensmittelecht. Hier einige wichtige Regeln, die befolgt werden sollten:

- Modelliermasse sollte nicht zur Herstellung von Gefäßen oder Gerätschaften verwendet werden, die mit Nahrungsmitteln in Kontakt kommen.
- Während der Arbeit mit Modelliermasse nicht essen, danach gründlich die Hände waschen.
- Werkzeuge und Gerätschaften, die mit Modelliermasse in Berührung kommen, immer separat aufbewahren und nie zur Zubereitung von Nahrungsmitteln oder in der Küche verwenden.
- Das Aushärten von Modelliermasse im Ofen ist zwar unbedenklich, dennoch sollte man währenddessen für eine gute Belüftung des Raumes sorgen.

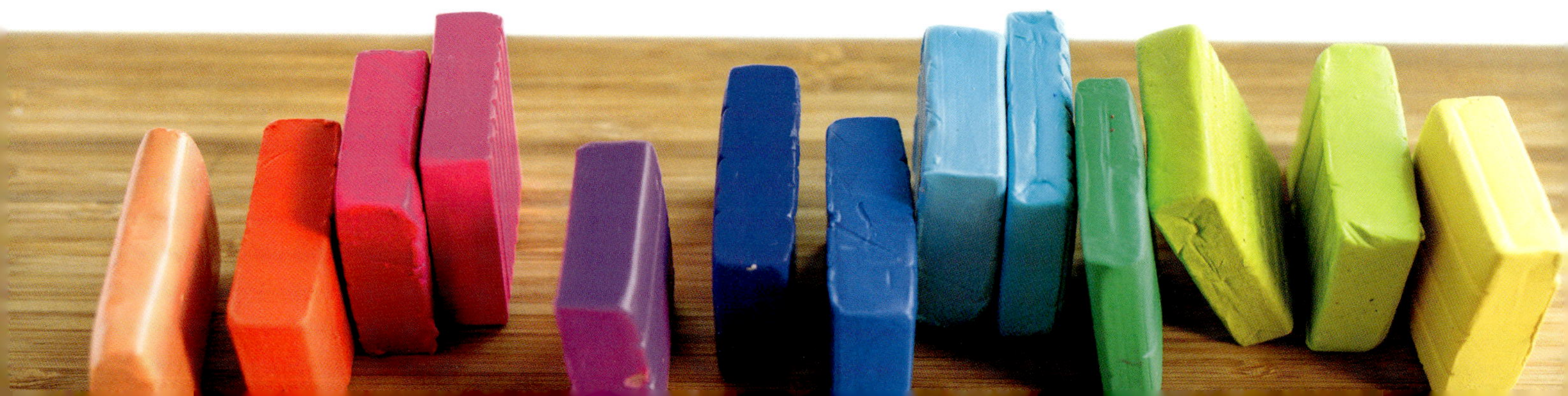

MARKEN

Ofenhärtende Modelliermasse ist in Blöcken erhältlich und recht günstig. Aber welche nehmen, wenn die Auswahl so groß ist? Als Entscheidungshilfe finden Sie unten eine Liste mit den gängigsten Marken und den wichtigsten Eigenschaften der Produkte, sodass Sie besser beurteilen können, welche für Ihre Zwecke am geeignetsten ist. Kann man verschiedene Marken mischen, auch wenn sie unterschiedliche Aushärtezeiten und Temperaturanforderungen haben? Die Antwort lautet: Ja! Das tue ich oft, und nehme dann einfach einen Durchschnittswert von beidem.

Fimo ist die wohl bekannteste und am meisten verwendete Modelliermasse in Deutschland, Premo und Sculpey von Polyform sind Marktführer in den USA, in Deutschland jedoch nicht so bekannt.

Sculpey

Sculpey III Sehr weich, leicht zu kneten, in vielen Farben erhältlich und daher ideal für Kinder und Anfänger. Wird beim Aushärten jedoch schnell bröselig und neigt zur Rissbildung. Dennoch gut geeignet für dekorative Elemente, Oberflächenmuster und -formen auf Platten sowie zum Färben von Modelliermasse anderer Marken.

Sculpey Premo Weit verbreitete Universal-Modelliermasse, lässt sich leicht kneten und ist nach dem Aushärten sehr formstabil. Es gibt sie in vielen Farben, in der Premo Accent-Palette sogar mit tollen Metallic- und Glitzereffekten.

Sculpey Soufflé Leicht, aber sehr formstabil und mit mattierter Oberfläche, auf der Fingerabdrücke kaum zu sehen sind! Sehr hübsche, aber nicht sehr umfangreiche Farbpalette, und da keine echten Farben (d. h. Primärfarben sehr nahe Farben, siehe Grundlagen: Design – Farbenlehre) dabei sind, eignen sie sich nicht zum Mischen.

Fimo

Fimo Soft Diese Universal-Modelliermasse ist sehr vielseitig verwendbar und formstabil nach dem Härten. Weicher und geschmeidiger als Fimo Professional und daher als für Anfänger gut geeignet vermarktet. In vielen Farben erhältlich.

Fimo Professional Erstklassige, nach dem Aushärten extrem formstabile Modelliermasse von fester Konsistenz, ideal zur Herstellung von Skulpturen und Plastiken, Canes und Schmuckstücken. In echten Primärfarben erhältlich und somit gut zum Anmischen planbarer Farben geeignet.

Fimo Effect Modelliermasse in vielen Effektfarben wie z. B. Stein-, Glitter- und farbige Transluzentfarben.

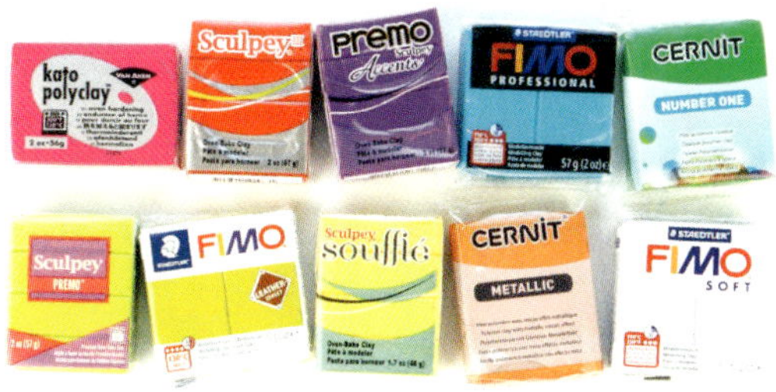

Fimo Leather-Effect Modelliermasse, die sich nach dem Härten wie Leder anfühlt, so aussieht sowie zerschnitten und zusammengenäht werden kann.

Cernit

In Europa sehr beliebt, berühmt für seinen porzellanartigen Glanz nach dem Härten, extrem formstabil und flexibel. Erhältlich in großer Farbpalette, darunter tolle Stein- und Metallicfarben. Transluzenter Cernit gilt als eine der besten transluzenten Modelliermassen auf dem Markt.

Kato Polyclay

Von der amerikanischen Künstlerin Donna Kato entwickelte Produktreihe mit großer Bandbreite an farbintensiven, matten, Metallic- sowie echten Primärfarben, die sich hervorragend zum Farbenmischen eignen. Nach dem Härten eine der formstabilsten Modelliermassen überhaupt.

AUFBEWAHRUNG

Das Beste an ofenhärtender Modelliermasse ist, dass sie nicht austrocknet und sich deshalb lange aufbewahren lässt. Allerdings sollte man sie vor Staub und Fusseln schützen und nicht in der Nähe von Wärmequellen lagern, da sie sonst eventuell (teilweise) aushärtet.

Für die Aufbewahrung sind luftdurchlässige Behälter wie z. B. aus Holz nicht geeignet, da Öl aus der Masse austreten kann. Am besten verwendet man Plastikdosen, aber Vorsicht: Einige Kunststoffe reagieren mit roher Modelliermasse. Im Allgemeinen eignet sich Weichplastik sehr gut, Hartplastik ist eher problematisch. Kunststoffe mit den Recyclingnummern 1, 2, 4 und 5 sowie die meisten Verschlussbeutel sind in Ordnung, doch würde ich raten, jeden Behälter vorab mit einem Rest Modelliermasse zu testen.

ARBEITSPLATZ UND AUSSTATTUNG

Zum Einstieg in die Arbeit mit Modelliermasse benötigt man nicht viel. Ich empfehle Ihnen hier eine Grundausstattung, mit der sich alle Projekte in diesem Buch realisieren lassen, weiteres Zubehör finden Sie in der Liste „Für den Anfang". Je weiter Sie fortschreiten, desto mehr wird sich Ihr Werkzeugbestand vergrößern – Vorschläge finden Sie u. a. bei „Werkzeuge für Fortgeschrittene und Profis".

GRUNDAUSSTATTUNG

Geeignete Arbeitsunterlage

Für die Arbeit mit Modelliermasse benötigt man eine glatte Arbeitsunterlage wie eine – besonders für Scrapbooking beliebte – kratzfeste Hartglasplatte oder eine glatte Kachel, die ich z. B. präferiere. Ich arbeite immer direkt auf der Kachel und lege die fertigen Stücke zum Aushärten auf Kopier- oder Druckerpapier. Auch Backpapier eignet sich gut als Arbeitsunterlage und für den Ofen.

Klingen

Diese bestehen aus sehr dünnem Stahl und haben eine scharfe und eine stumpfe Kante. Sie eignen sich zum Schneiden, in Scheiben schneiden, Kleinhacken, aber auch zum Abheben – selbst hauchdünner Stücke – von Modelliermasse von der Arbeitsunterlage. Gerundete Formen lassen sich mit geraden wie biegsamen Klingen ausschneiden. Verwenden Sie Ihre Klingen ausschließlich zur Arbeit mit Modelliermasse und nicht etwa zum Aufschneiden von Plastikverpackungen etc.

Cuttermesser (Präzisionsschneider)

Cuttermesser besitzen meist austauschbare Klingen und sind ideal für präzises Schneiden und das Aufbringen kleiner Teile auf Werkstücke.

Acrylroller

Ich finde, für eine glatte, perfekte Oberfläche eignet sich ein durchsichtiger, massiver (nicht hohler) Acrylroller am besten – sein Gewicht erleichtert das Ausrollen, er ist leicht zu reinigen und man kann bei der Arbeit beobachten, was mit der Modelliermasse passiert. (Achtung: Ein Nudelholz eignet sich nicht so gut, da Holz porös ist und Öle sowie andere Substanzen aus der Modelliermasse in das Holz eindringen können).

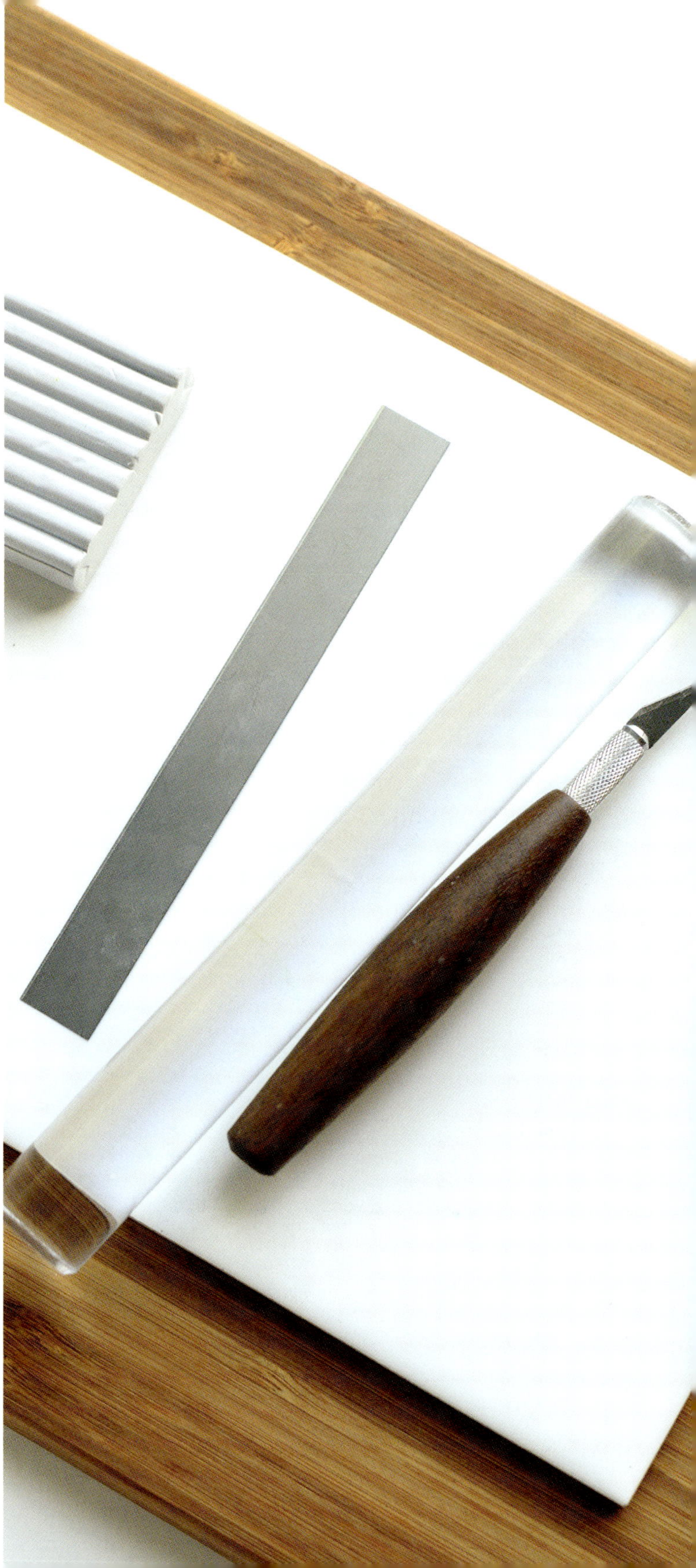

FÜR DEN ANFANG

Schauen wir uns weitere nützliche Dinge nun genauer an. Sicher haben Sie einiges davon, wie Pinsel, Nähnadeln, Scheren und Kreppband, sowieso zu Hause vorrätig.

Werkzeuge zum Löcherstechen

Ob Zahnstocher, Schaschlikspieße oder spitzes Modellierwerkzeug – alles eignet sich zum Löcherstechen vor dem Härten, sodass das Lochbohren danach entfällt (siehe dazu auch Grundlagen: Schmuckherstellung). Sie sind auch ideal zum Modellieren und Texturieren.

Werkzeuge für Struktureffekte

Ob speziell gekauft oder zweckentfremdet – Sie können alles verwenden, was Ihnen gefällt! Ich verwende meist Prägestifte in verschiedenen Größen, Zahnstocher sowie Plastik- und Pappstücke. Mit preiswertem Zubehör für die Tortendekoration lässt sich ein guter Grundstock anlegen, auch Gummistempel und Modellierwerkzeuge mit Silikonspitze sind sehr nützlich.

Ausstecher und Schablonen

Mit Ausstechern – am beliebtesten sind solche aus Metall oder dem 3D-Drucker – lassen sich wunderbar Formen aus einer Platte stechen. Natürlich kann man auch mit Cuttermessern oder Klingen frei Hand Formen ausschneiden oder aus dünner Pappe bzw. Plastik Schablonen anfertigen (siehe Vorlagen). Auch Lochstanzer sind erhältlich. Sie gehören zwar nicht direkt zur Grundausstattung, da sich kleine Löcher anfangs auch anderweitig bohren lassen, sie sind aber sehr nützlich und daher bereits in diesem frühen Stadium eine prima Ergänzung der Werkzeugkollektion. Im Elektrofachhandel gibt es zudem sogenannte Aderendhülsen in den Größen 4–10 mm, die sich hier auch sehr gut eignen. Mehr Informationen dazu finden Sie unter der Rubrik „Ausschneiden und Ausstechen".

Noch mehr Nützliches

Feucht- und Papiertücher Während der Arbeit werden Sie oft Feucht- und Papiertücher benötigen, denn sie sind ideal zum Reinigen und Trocknen von Arbeitsunterlage, Händen, Klingen, Werkzeugen usw.

Reinigungsalkohol (Isopropanol oder Isopropylalkohol) Reinigungsalkohol gibt es in kleinen und großen Flaschen zu kaufen. Er ist ideal zum Reinigen von Arbeitsflächen und Werkzeugen sowie zum Entfernen von Farbe und Pulver von Modelliermasse.

Kopier- oder Druckerpapier Auf dieses Papier lege ich meine Teile zum Aushärten; als Arbeitsunterlage ist es jedoch weniger geeignet, da aus der Modelliermasse Substanzen ins Papier eindringen können.

Ofenthermometer Mit diesem lässt sich während des Härtens die Stabilität der Temperatur im Ofen überprüfen (siehe Arbeitstechniken – Härten).

Schleif- und Schmirgelpapier Zum Schleifen verwende ich kleine Stücke Nass-Schleifpapier. Es ist überall erhältlich, kann nass wie trocken verwendet werden und erlaubt daher flexibleres Arbeiten; ich persönlich schleife lieber nass, da es nicht so staubt und mir das Finish besser gefällt (siehe Arbeitstechniken – Schleifen).

Schleifpapier ist in verschiedenen Körnungen erhältlich – je höher die Körnungszahl, desto feiner ist der Endschliff; ich verwende meist 400er-Schleifpapier, manchmal aber auch feinere (bis zu 1000er-) Körnungen. Eventuelle Schleifspuren lassen sich leicht mit Vaseline oder Renaissance Wachs (Wachspolitur) beseitigen.

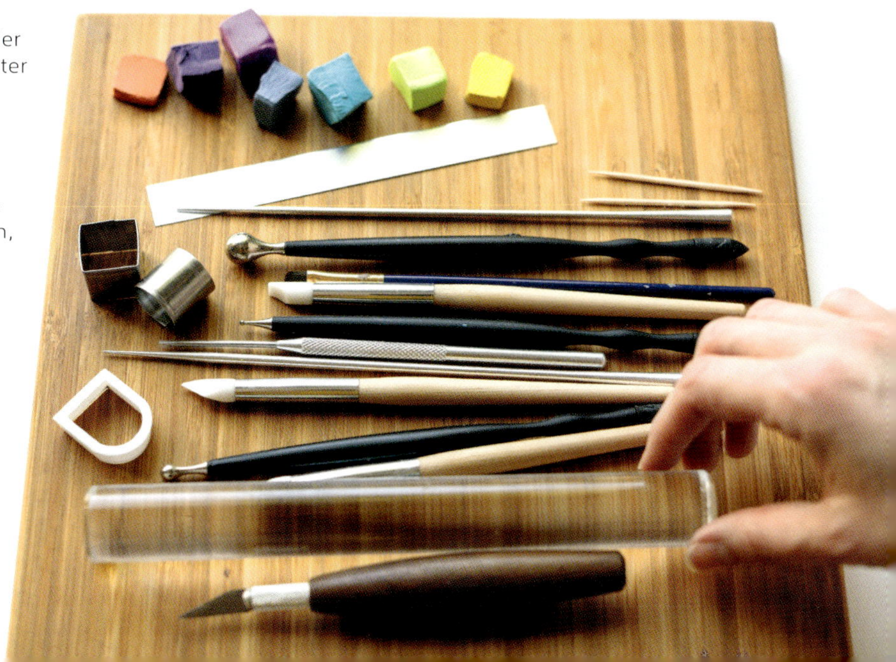

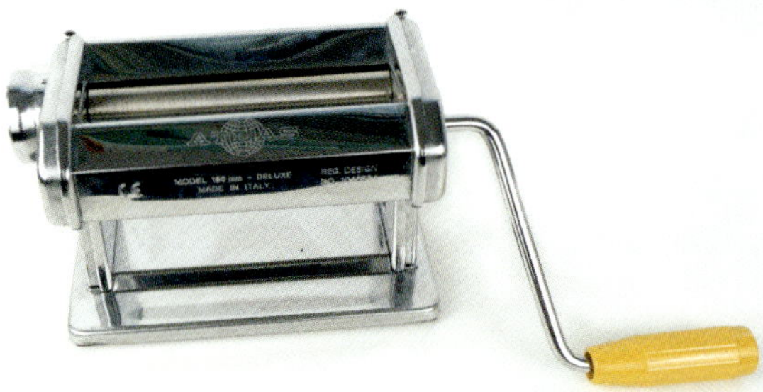

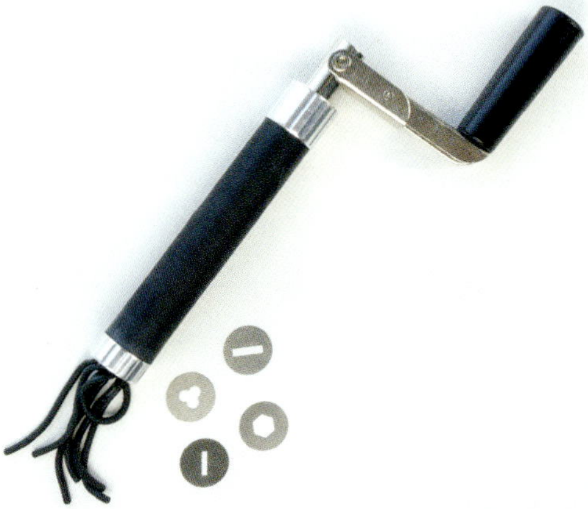

WERKZEUGE FÜR FORTGESCHRITTENE UND PROFIS

Pastamaschine

Eine Pastamaschine lässt sich sehr vielfältig nutzen – um Modelliermasse geschmeidig zu machen, Farben zu mischen und unterschiedlich dicke Platten auszuwalzen. Natürlich lässt sich dies alles auch mit einem Acrylroller bewerkstelligen, aber mit einer Pastamaschine geht es schneller und die Hände werden entlastet! Seit Kurzem sind speziell für Modelliermasse entwickelte Geräte auf dem Markt, die sehr beliebt sind.

Extruder (auch: Strang-, Handton- oder Modellierpresse)

Mit dieser Presse lassen sich lange, gleichmäßige Stränge herstellen, die vielseitig einsetzbar sind, z. B., um Platten oder Canes herzustellen.

Texturmatten oder -roller

Texturmatten bestehen meist aus biegsamem Gummi oder Kunststoff. Legt man sie auf die Modelliermasse und rollt mit dem Acrylroller darüber, wird die Struktur oder das Muster auf die Unterlage übertragen. Auch Teigroller mit Mustern sind erhältlich.

Texturschwämme

Der Abdruck eines solchen Schwammes erzeugt auf der Modelliermasse ein gleichmäßiges „Tarn"-Muster, mit dem sich unschöne Nahtstellen oder Oberflächen kaschieren lassen. Zwar gibt es spezielle Texturschwämme, doch reicht hier auch ein ganz normaler Topfkratzer aus.

Siebdruckvorlagen

Auch mit Siebdruckvorlagen lassen sich Muster und Texturen auf Modelliermasse übertragen. Sie sind in verschiedenen Feinheiten (mit unterschiedlicher Fadenzahl für gröberes oder feineres Gewebe) erhältlich, je nach Medium, das aufgetragen werden soll: Für Farbe eignet sich feineres Gewebe besser, für Kreide, Pastellkreide und Pulver tut es auch gröberes. Mehr dazu finden Sie unter „Musterauftrag mit Siebdruckvorlagen".

Wellen- oder Riffelklingen

Diese werden für viele Techniken verwendet, u. a. zum Schneiden mehrerer Lagen Modelliermasse, um komplexe Muster zu erzeugen.

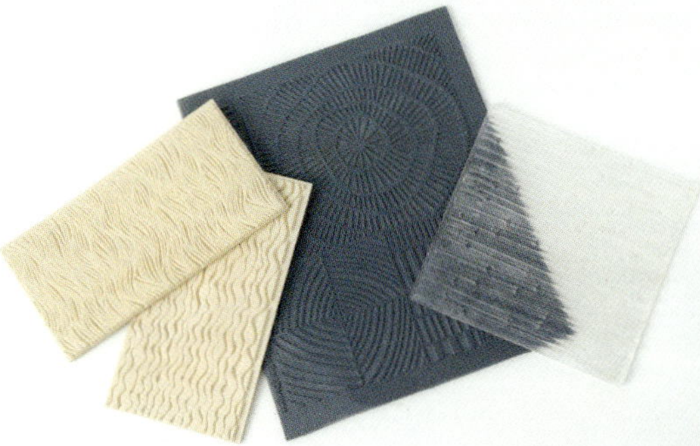

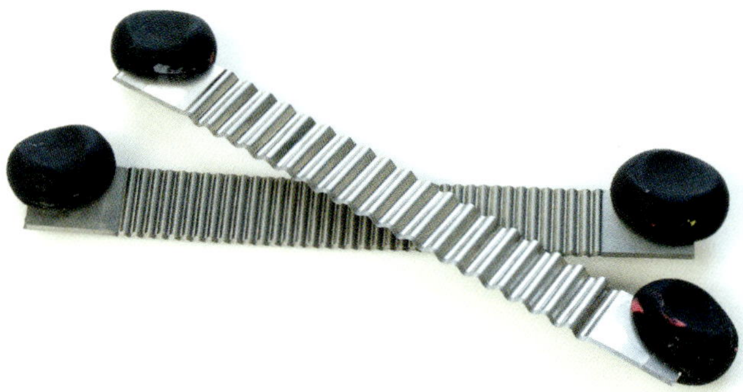

Schnitzwerkzeuge

Auch mit Linolschneidern und Werkzeugen zum Stempelschnitzen lassen sich Muster erzeugen und Texturmatten sowie Gummistempel herstellen.

Einschlussmaterialien

In Modelliermasse lassen sich unzählige Materialien einarbeiten, von denen einige unten abgebildet sind, doch sind hier der Fantasie kaum Grenzen gesetzt. Auf weitere wird im Kapitel „Oberflächen gestalten und verzieren" näher eingegangen.

Werkzeuge zum Ausrollen

Ursprünglich von Keramikern und Konditoren verwendet, werden Teigroller u. Ä. heute oft von Künstlern benutzt, um Modelliermasse zu gleichmäßig dicken Platten auszurollen. Zwar gibt es Spezialwerkzeuge, doch reichen auch selbstgefertigte, z. B. aus Holz oder aus mehreren Lagen aneinandergeklebter Eisstiele, ebenso aus.

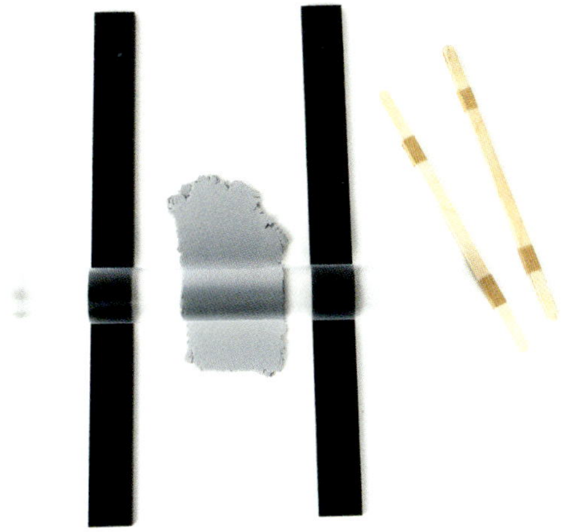

1. Farbe
2. Mica-Partikel
3. Pastellkreide
4. Glitter
5. Metallfolie
6. Alkoholtinte

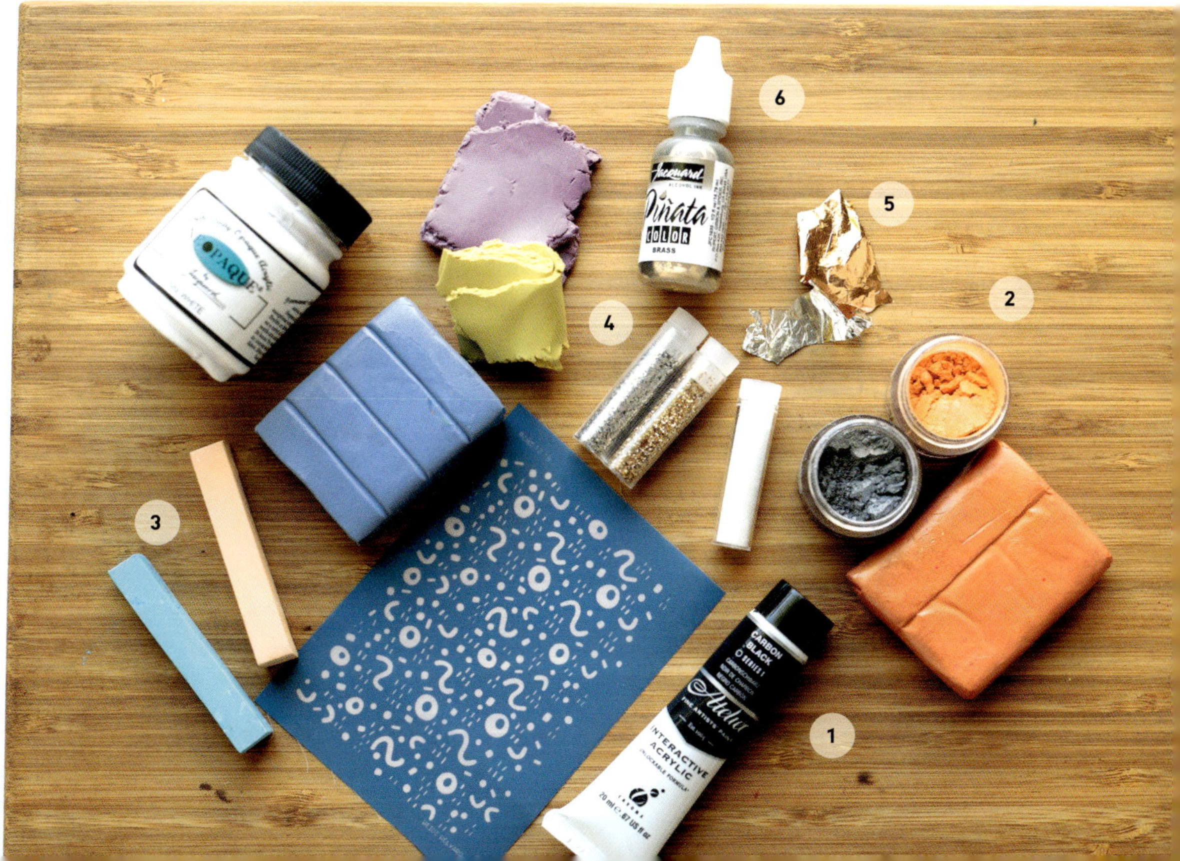

ARBEITSTECHNIKEN

Im Folgenden werden die wichtigsten Arbeitstechniken wie Kneten, Texturieren, Härten, Schleifen und andere zur Oberflächengestaltung vorgestellt.

SO BLEIBT MODELLIERMASSE SAUBER

Modelliermasse – vor allem in hellen Farben – zieht Staub und Fusseln förmlich an, deshalb sollte die Arbeitsumgebung unbedingt sauber und haustierfrei sein. Ich trage fusselfreie Kleidung und säubere Hände, Arbeitsplatz und Werkzeuge mit Feuchttüchern. Geraten Fusseln auf rohe Modelliermasse, kann man sie mit einem in Alkohol getränkten Wattestäbchen oder durch Abschaben mit einer Klinge entfernen; nach dem Härten gestaltet sich dies schwieriger und gelingt am ehesten durch Abreiben mit Nagellackentferner.

Im Normalfall reißt eine gut durchgeknetete Modelliermasse beim Falten an der Seite nicht ein. Bei einigen Farben jedoch geschieht dies immer, egal wie gut sie geknetet wurden – aber diese Erfahrung werden Sie im Laufe der Zeit noch selbst machen.

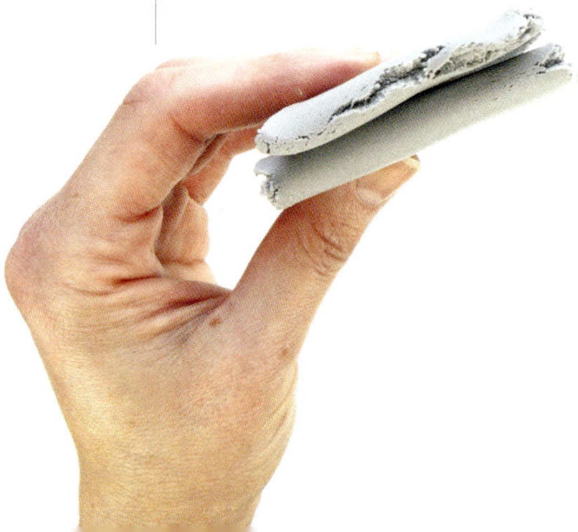

KNETEN

Modelliermasse kann man nicht direkt nach dem Auspacken verarbeiten – sie muss erst weichgeknetet werden, um alle Inhaltsstoffe und Chemikalien gleichmäßig zu verteilen, wodurch sie elastischer und formbarer wird. Unzureichend geknetet, härtet Modelliermasse nicht richtig aus und neigt dazu zu reißen. Kneten kann man von Hand oder mit einer Pastamaschine; man sollte aber darauf achten, dass keine Lufteinschlüsse entstehen, die beim Härten aufplatzen und hässliche Luftblasen entstehen lassen.

Mit der Hand kneten

Knetet man Modelliermasse von Hand, muss man sie zuvor anwärmen – so wird sie weicher und ist einfacher zu formen und zu mischen. Dazu erst kneten (A), dann drehen, falten und ausrollen, wobei darauf zu achten ist, dass keine Lufteinschlüsse entstehen. Ein Acrylroller erleichtert die Arbeit (B), aber auch hier darauf achten, dass keine Luft eingeschlossen wird.

Mit der Pastamaschine kneten

Eine solche erleichtert das Kneten ungemein und bei richtiger Vorgehensweise entstehen hier keine Lufteinschlüsse – dazu die Modelliermasse immer mit der gefalteten Seite nach unten oder zur Seite (C) zwischen die Walzen schieben, sodass Lücken bleiben, durch die die Luft entweichen kann.

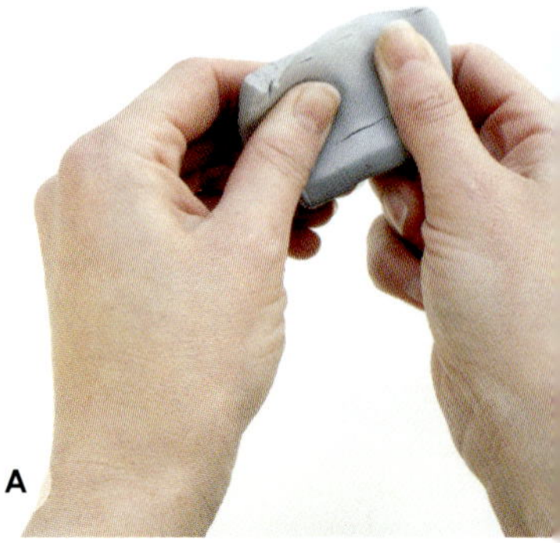

A

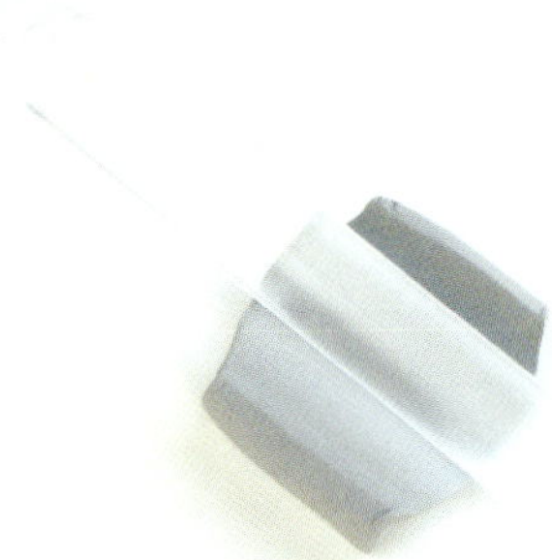

B

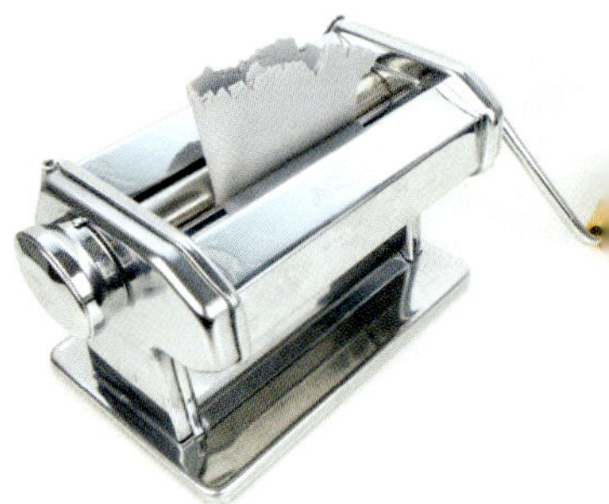

C

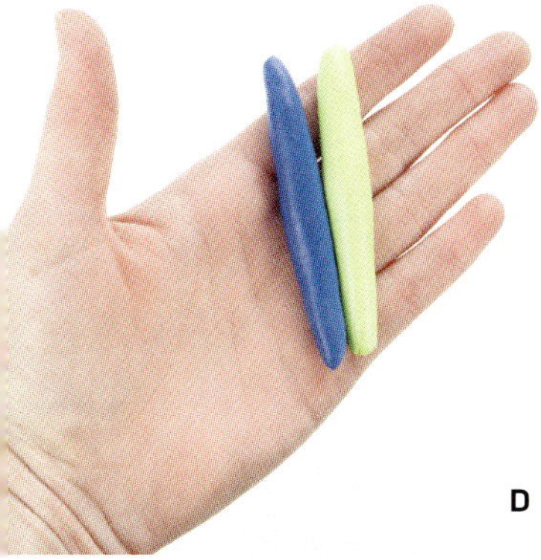

D

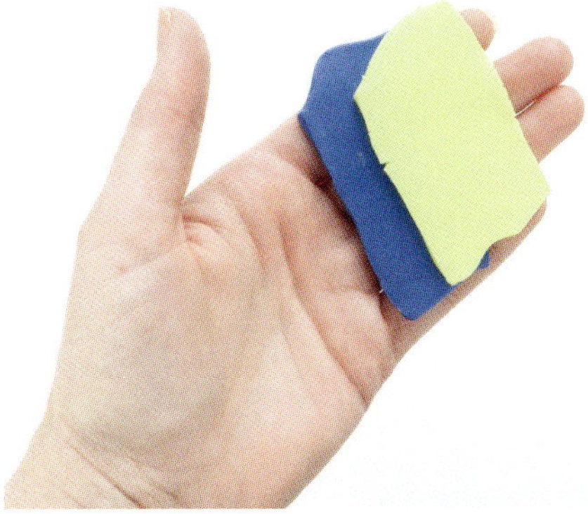

H

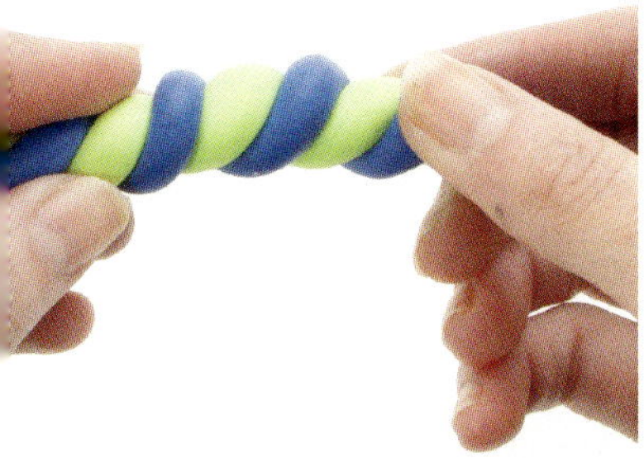

E

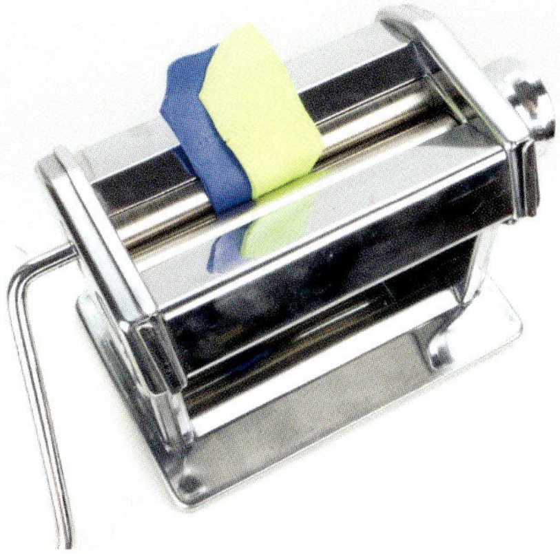

I

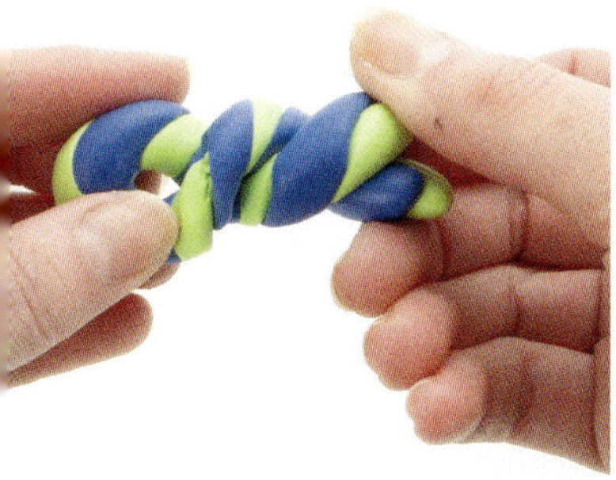

F

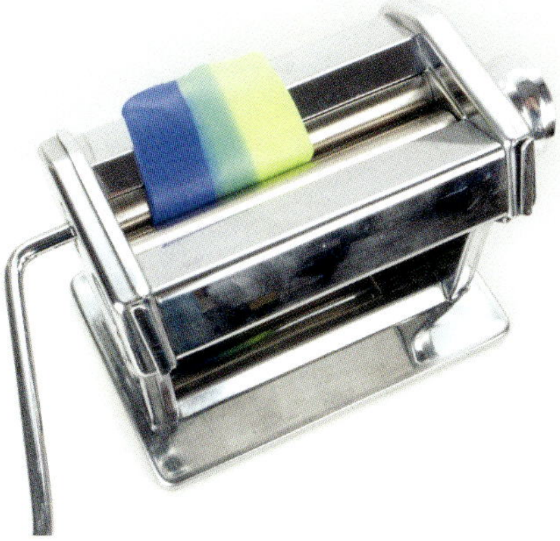

J

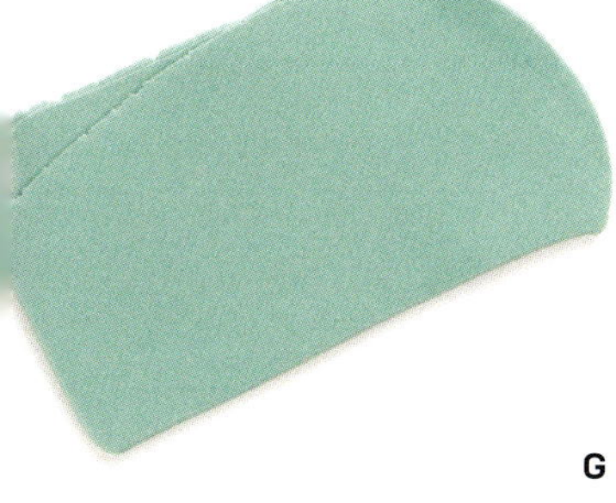

G

FARBEN MISCHEN

Neue und einzigartige Farben zu mischen, gehört zu den schönsten Dingen bei der Arbeit mit Modelliermasse, da sich potenziell jede gewünschte Farbe mischen lässt (siehe Grundlagen: Design – Farbenlehre). Anleitungen dazu findet man auf der Website vieler Hersteller, aber auch Künstler, die mit Modelliermasse arbeiten, teilen Ideen oft auf ihren Blogs.

Notieren Sie sich beim Mischen einer neuen Farbe immer das jeweilige Mischungsverhältnis, dann lässt sie sich jederzeit wieder herstellen.

Farben von Hand mischen

Gewählte Modelliermasse erst durchkneten, dann jeweils zu Schlangen rollen (D). Die verschiedenfarbigen Schlangen ineinander verdrehen (E), zusammenfalten (F) und ausrollen, bis sie sich komplett vermischt haben (G). Immer darauf achten, dass keine Luft eingeschlossen wird.

Farben mit der Pastamaschine mischen

Eine Pastamaschine erleichtert das Farbenmischen immens. Dazu die jeweils gewählten Farben zu Platten ausrollen und wie auf dem Bild zu sehen aufeinanderlegen (H). Die aufeinanderliegenden Platten mehrmals mit der Maschine durchwalzen (I + J), bis die Farben vollständig verschmolzen sind. Dabei immer darauf achten, dass die gefaltete Seite nach unten oder zur Seite zeigt, damit keine Lufteinschlüsse entstehen.

Wer ein Marmormuster möchte, kann während des Mischvorgangs jederzeit abbrechen, wenn ihm das gerade entstandene Muster gefällt.

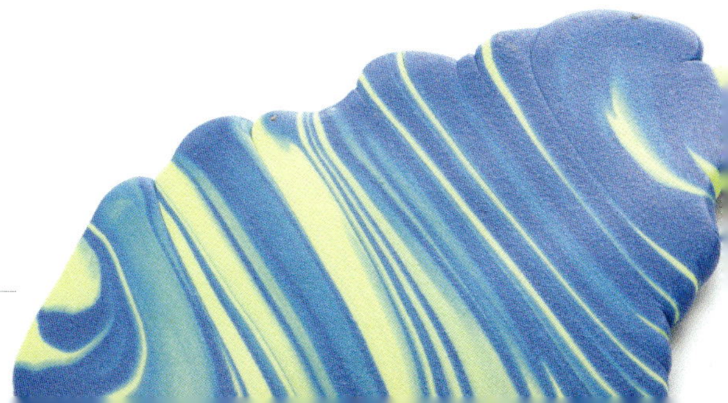

TEXTURIEREN

Mit nahezu allen Materialien lassen sich Texturen auf Modelliermasse aufbringen, denn selbst zarte und hauchdünne Stoffe hinterlassen darauf einen Abdruck. Zwar kann man viele Werkzeuge für Struktureffekte kaufen, doch am besten sind selbst gemachte oder improvisierte, wie zusammengeknülltes Papier oder Blätter und Stöcke aus dem Garten.

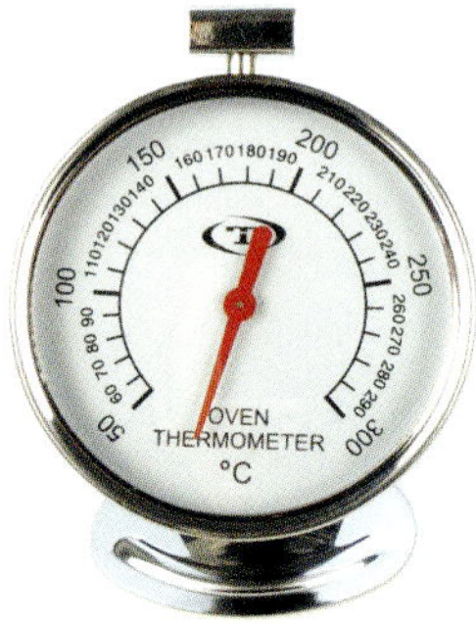

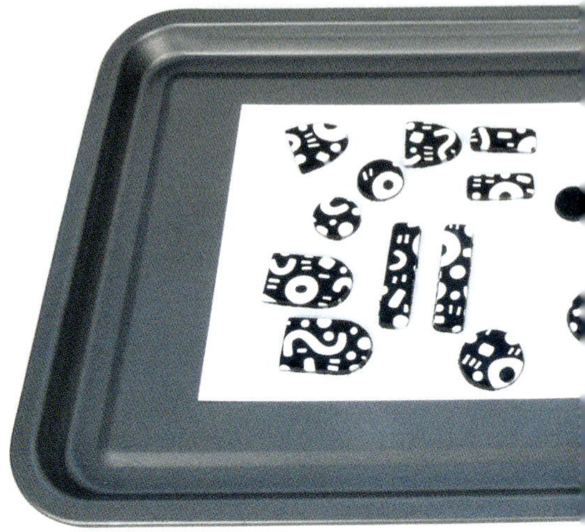

HÄRTEN

Härten lässt sich Modelliermasse in einem normalen Ofen (oder separatem Kleinbackofen). Auf jeder Packung finden sich genaue Angaben zu Ofentemperatur und Aushärtungszeiten, die je nach Dicke der Modelliermasse – allerdings meist nur geringfügig – variieren.

Achtung: In manchen Öfen steigt die Temperatur nicht gleichmäßig, sondern sprunghaft und liegt dann schnell über der empfohlenen Temperatur, was zu Problemen beim Härten führen kann. Deshalb sollte man den Ofen vorheizen und mit einem Ofenthermometer prüfen, ob die Temperatur stabil bleibt (siehe Arbeitsplatz und Ausstattung).

Ist die Temperatur beim Härten zu hoch, kann die Modelliermasse ihre Farbe verlieren und sogar anbrennen oder verschmoren. Sollte dies passieren, lüften Sie Raum und Ofen gut aus, da der Geruch sehr unangenehm ist! Manche Künstler decken ihre Arbeiten zum Schutz und zur gleichmäßigeren Verteilung der Hitze mit Alufolie oder einem Kuchenblech ab.

Beim Herausnehmen aus dem Ofen ist die Modelliermasse relativ heiß, aber noch weich und geschmeidig. Das ist normal, sie härtet beim Abkühlen aus. Wirkt ein Werkstück etwas verzogen, lässt es sich in diesem Zustand zwischen zwei dicken Büchern noch flachdrücken.

Die Werkstücke nehmen beim Härten die Textur der Unterlage an, auf der sie im Ofen liegen – ist dies z. B. eine glänzende Keramikfliese, werden sie vermutlich einige glänzende Stellen aufweisen. Meine Stücke härte ich auf Kopierpapier oder Cardstock-Karton – dadurch erhalten sie eine hübsch mattierte Oberfläche.

Verwendet man Prägestifte o. Ä., sollte man vorher auf einem Reststück ausprobieren, wie stark man aufdrücken muss, um den gewünschten Effekt zu erzielen.

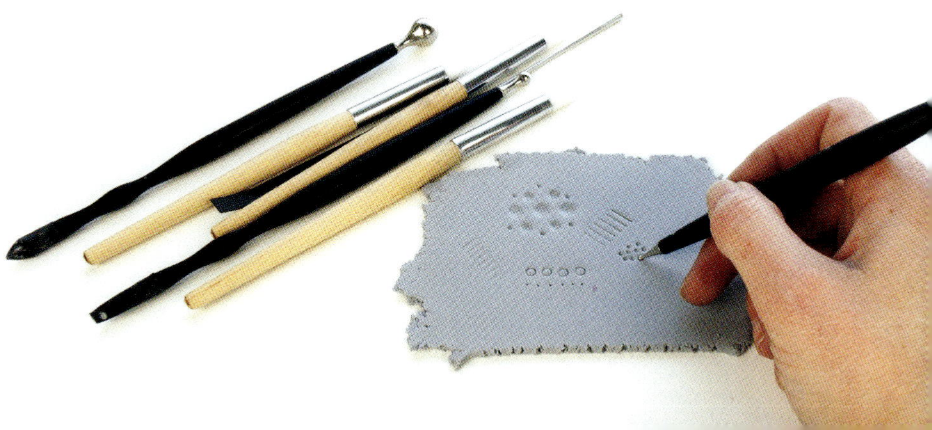

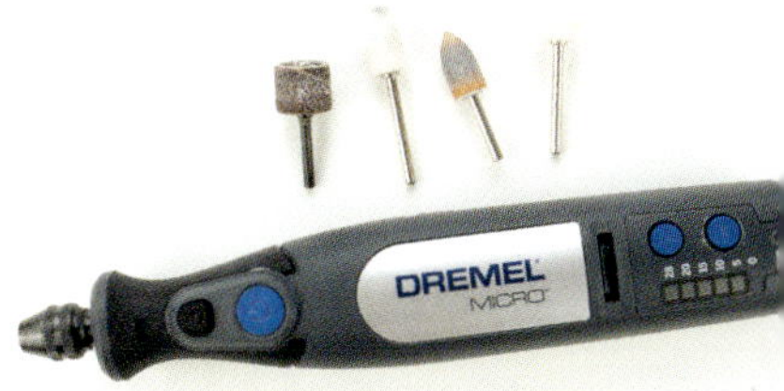

SCHLEIFEN

Vor allem nach der Verwendung von Ausstechern sollte ein Werkstück noch geschliffen werden. Schleifen lässt sich sowohl von Hand als auch mit einem Rotationswerkzeug mit Aufsatz. Beim Trockenschleifen sollte man wegen des Staubs eine Atemschutzmaske und eine Schutzbrille tragen, beim Nassschleifen reicht eine Schutzbrille.

Von Hand schleifen

Ich schleife am liebsten von Hand und mit Nass-Schleifpapier. Meist schmirgle ich mit kreisförmigen Bewegungen nur die Kanten meiner Stücke glatt und verwende dafür ein Schleifpapier mit 400er-Körnung, für ein glatteres Finish eines mit noch feinerer (600er- bis 1000er-) Körnung.

Schleifen mit Rotationswerkzeug

Auch ein Rotationswerkzeug mit verschiedenen Aufsätzen ist nützlich. Aufgrund der sich schnell drehenden Spitze kommt man mit dem Schleifen zwar rascher voran, mir persönlich jedoch gefällt das Ergebnis besser, wenn ich von Hand schleife. Probieren Sie aus, was Ihnen mehr zusagt.

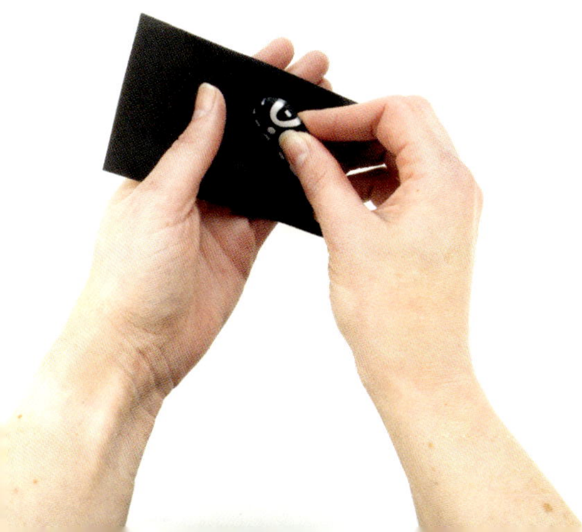

POLIEREN

Je nachdem, was man zum Polieren verwendet, fällt das Ergebnis anders aus – von eher Seidenmatt (von Hand mit Baumwolltuch) bis hin zu Hochglanz (mit einer Poliermaschine oder sogenannten Schwabbelscheibe).

OBERFLÄCHENVERSIEGELUNG

Modelliermasse selbst muss nicht versiegelt werden, bei manchen Verzierungen und Dekoelementen jedoch empfiehlt sich eine Versiegelung, damit sie sich nicht ablösen oder abnutzen. Je nach Material wird die Oberfläche matt oder glänzend.

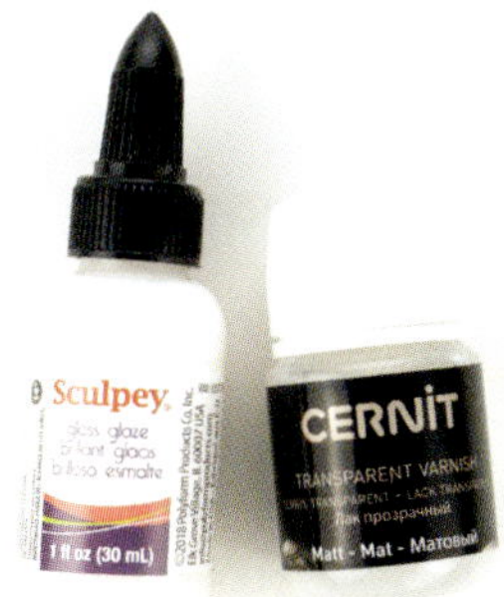

Lacke

Es gibt sowohl Glanz- als auch Mattlacke, die nach dem Härten aufgetragen werden und noch trocknen müssen. Die meisten größeren Hersteller von Modelliermasse haben ihre Eigenmarken, die kompatibel sind und sich daher empfehlen.

Harz

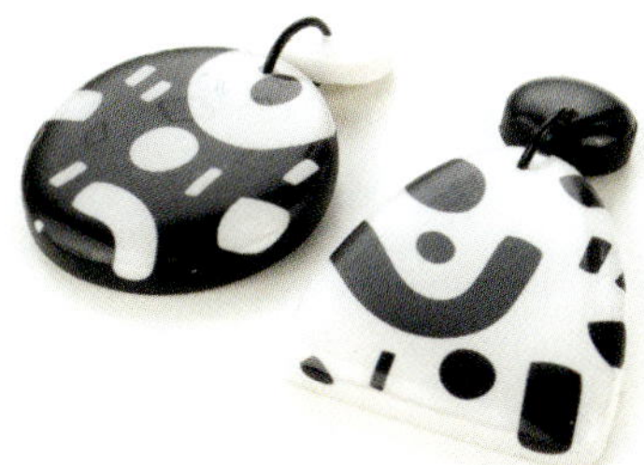

Harz wird über die fertigen Stücke gegossen und führt nach dem Aushärten zu einer glänzenden, strapazierfähigen Oberfläche. Das Ergebnis ist umwerfend, doch das Verfahren nicht einfach und es erfordert umfangreiche Recherchen, viel Übung sowie spezielle Werkzeuge und Materialien. Bei der Arbeit mit Harz sollte man unbedingt eine geeignete Schutzausrüstung tragen.

Wachs oder Öl

Auch wenn es sich bei diesen nicht um klassische Versiegelungsmittel handelt, werden sie oft nach dem Schleifen oder Polieren aufgetragen. Mit Wachs lassen sich kleine Schleiffehler kaschieren (die auch bei Nass-Schleifpapier mit hoher Körnung auftreten können) sowie Farben und Details intensivieren. Spezialprodukte wie Renaissance Wachs sind prima, aber Vaseline, die in nahezu jedem Haushalt vorhanden ist, tut es ebenso – ich behandle all meine Stücke damit.

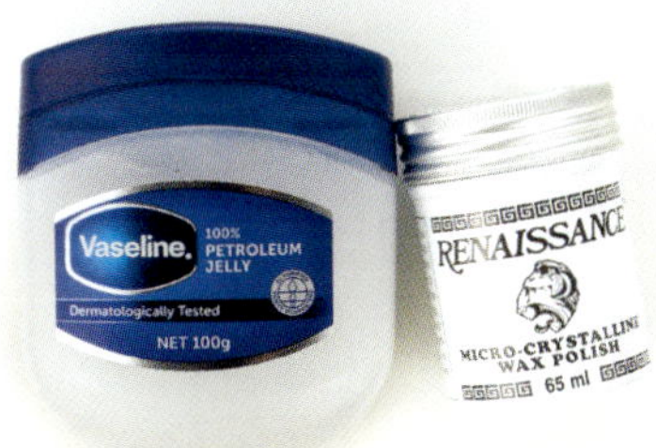

SCHMUCKHERSTELLUNG

Da es sich bei den meisten in diesem Buch vorgestellten Projekten um Schmuck handelt, werden in diesem Kapitel die wichtigsten Werkzeuge zur Schmuckherstellung, des Weiteren Fournituren – kleine Metallteile zur Schmuckherstellung – sowie einige Techniken zur Montage vorgestellt.

DIE WICHTIGSTEN SCHMUCKWERKZEUGE

Folgende Werkzeuge benötigen Sie zum Anbringen und Arbeiten mit Fournituren:

Bohrer Zum Löcherbohren in gehärtete Modelliermasse benötigt man einen Handbohrer oder ein Rotationswerkzeug mit Bohraufsatz. Weitere Infos finden Sie unter Grundlagen: Schmuckherstellung – Techniken zur Schmuckherstellung.

Schmuckzangen Man benötigt lediglich zwei Arten von Zangen: Flachzangen zum Öffnen und Schließen von Biegeringen und Ohrhaken sowie Rundzangen zum Drahtbiegen.

Seitenschneider Einen kleinen Seitenschneider braucht man zum Durchtrennen von Draht, Nietenstiften oder Kettengliedern.

Biegering-Öffner Dies ist ein Ring mit Öffnungen, den man an den Finger steckt, dann kann man den Biegering in die Öffnung mit der richtigen Größe legen und mit einer Zange aufbiegen.

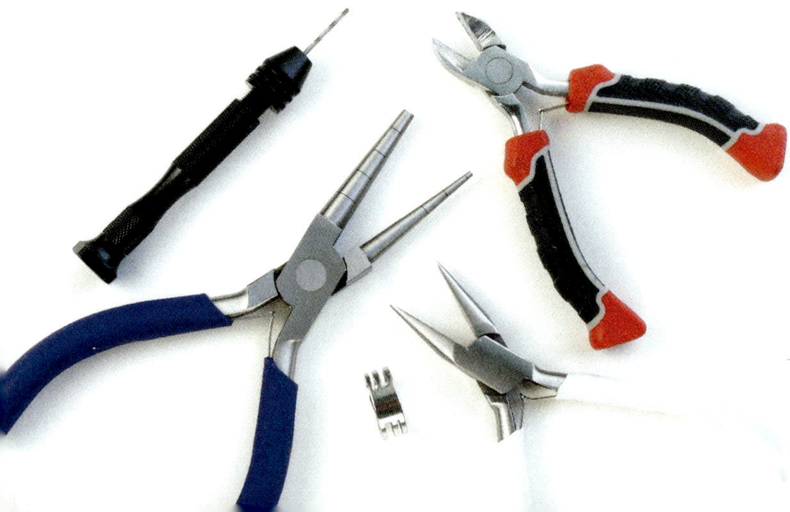

SCHMUCKFOURNITUREN

Mit Fournituren lassen sich einzelne Elemente zu Schmuckstücken zusammensetzen.

Achten Sie immer darauf, Fournituren von guter Qualität zu verwenden, die als „hypoallergen" oder „nickelfrei" ausgewiesen sind. Dies ist vor allem bei Ohrhaken, -ringen, -steckern und -muttern wichtig: Ideal sind hier rostfreier Edelstahl oder Edelmetalle wie nickelfreies Sterlingsilber und Gold. Wer eine empfindliche Haut oder eine Metallallergie hat, für den bieten sich alternativ Fournituren aus Titan oder Niob an.

Die Auswahl an Fournituren ist groß, doch für die Schmuckstücke in diesem Buch benötigen Sie lediglich Biegeringe, Ohrhaken, -stecker und -muttern sowie Baumwollkordeln.

Zu den meistverwendeten Schmuckfournituren zählen Biegeringe (auch: Spaltringe) in allen Materialien, Farben, Breiten und Größen (Ringdurchmesser), Nietenstifte, Verbindungsstücke und Verschlüsse, Broschennadeln und Ring-Rohlinge. Ketten, Bänder sowie Baumwoll-, Leder- oder Kunststoffkordeln kann man für Anhänger und Halsketten verwenden.

Ein Biegering-Öffner (unten Mitte) ist eine sinnvolle Ergänzung der Grundausstattung zur Schmuckherstellung.

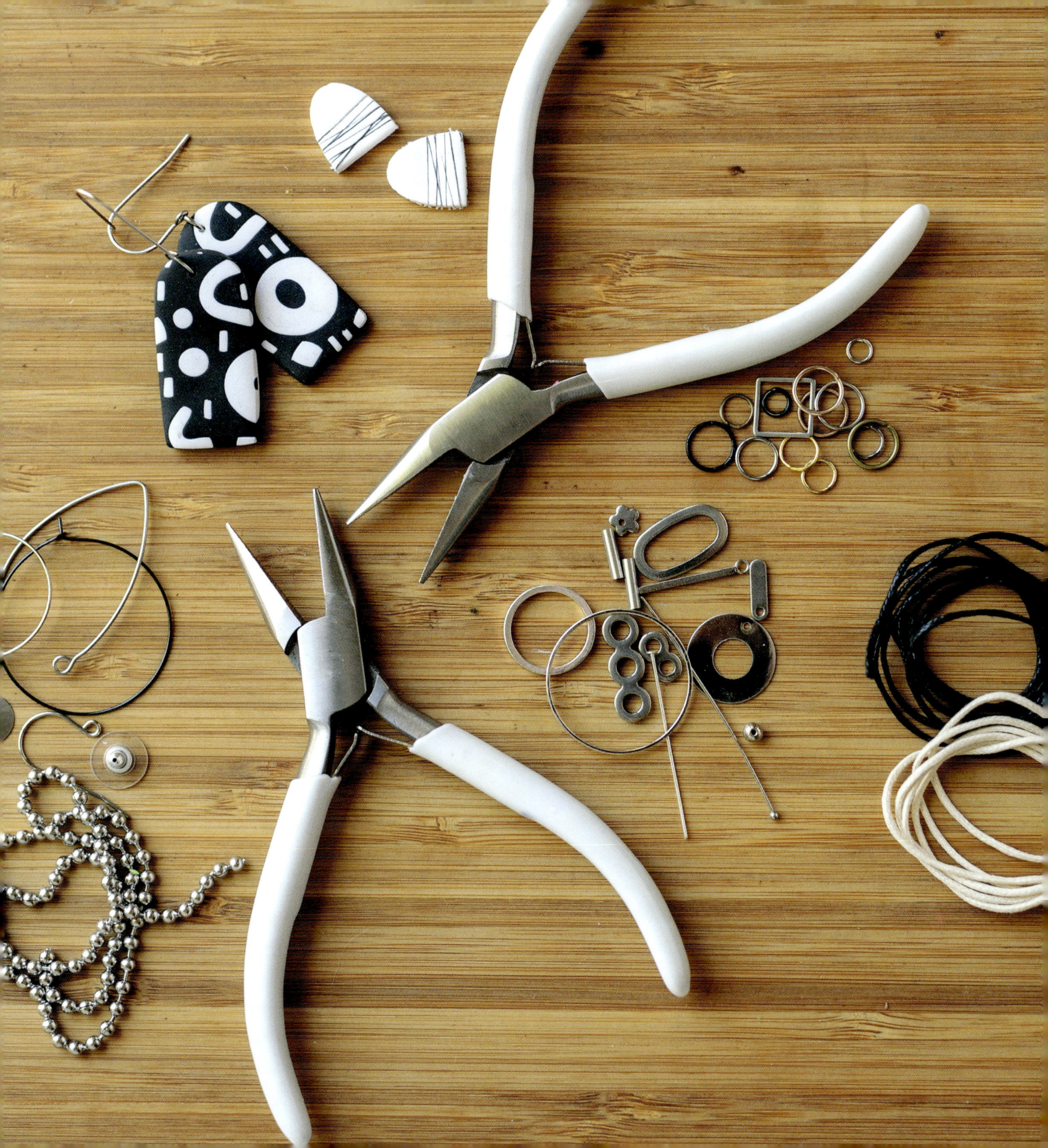

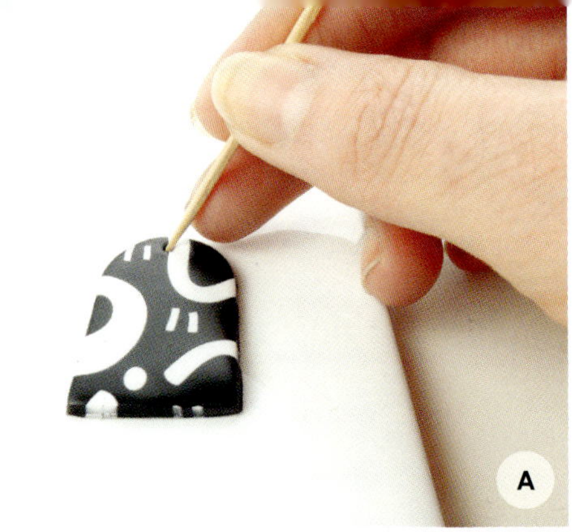
A

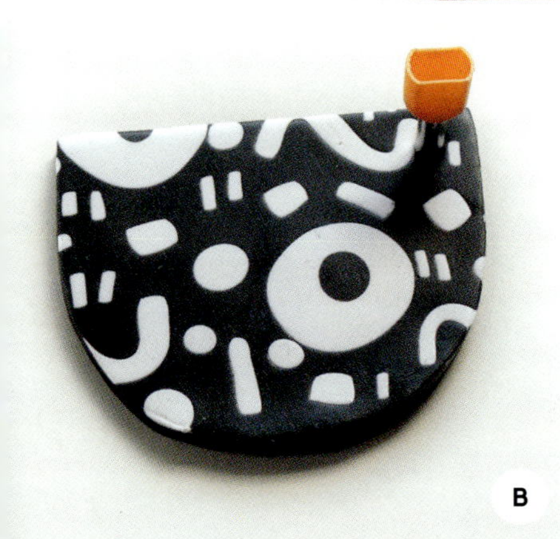
B

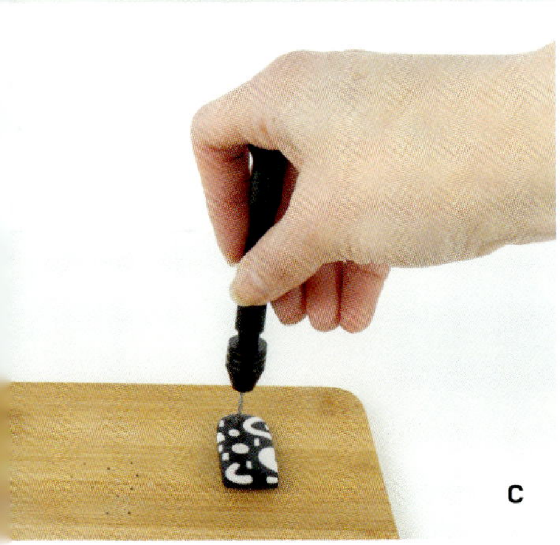
C

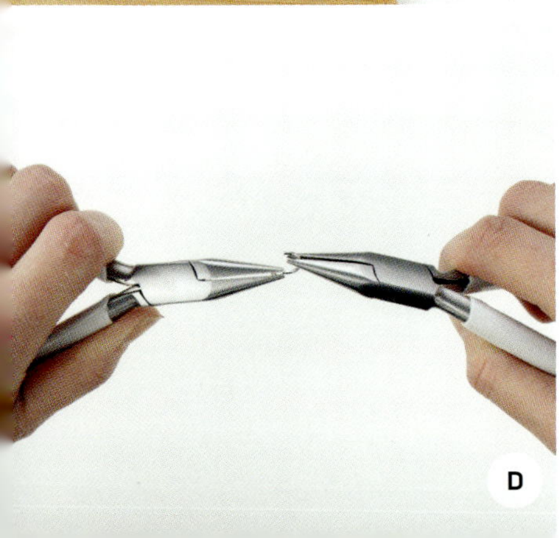
D

TECHNIKEN ZUR SCHMUCKHERSTELLUNG

Für keines der Schmuckstücke in diesem Buch benötigen Sie spezielle Vorkenntnisse. Es genügt, wenn Sie einige der einfachen Techniken anwenden, die hier vorgestellt werden.

LÖCHER FÜR FOURNITUREN BOHREN

Am einfachsten sticht man Löcher mit einer dünnen Nadel oder einem Zahnstocher aus, was allerdings nur bei ungehärteter Modelliermasse funktioniert – hierzu einfach die Spitze durch die Modelliermasse drücken und vor dem Herausziehen leicht hin- und herbewegen (A).

Auch mit Lochstanzern, die es in verschiedenen Größen gibt (siehe Grundlagen: Modelliermasse – Arbeitsplatz und Ausstattung), lassen sich vor dem Härten Löcher stechen. Ich verwende sie meist für größere Löcher wie in Anhängern für Kordeln (B).

Da Modelliermasse selbst nach dem Härten noch relativ weich ist, lassen sich danach problemlos Löcher bohren, die sauber und gerade werden, ohne dass sich die Modelliermasse verzieht. Ein Handbohrer (C) reicht im Prinzip aus, bei vielen Löchern empfiehlt sich jedoch ein Rotationswerkzeug mit Bohraufsatz. Ich verwende, je nach Dicke der Modelliermasse, einen 1,5-2-mm-Bohraufsatz; meist bohre ich meine Löcher in etwa 2 mm Entfernung von der Kante, wobei dies je nach Größe des Biegerings variiert. Beim Bohren sollte man eine Schutzbrille tragen und das Werkstück auf eine nicht rutschende Unterlage, z. B. ein Stück Holz oder eine Schneidematte, legen.

BIEGERINGE ÖFFNEN UND SCHLIESSEN

Biegeringe haben eine kleine Öffnung, die seitlich auseinandergezogen und wieder geschlossen werden kann, um Elemente aneinander zu befestigen. Hierfür kann man zwei Flachzangen verwenden, die man entgegengesetzt zueinander dreht (D). Die Ringe nie gerade auseinanderziehen, sonst können sie sich verformen. Es gibt auch spezielle Biegering-Öffner (siehe „Die wichtigsten Schmuckwerkzeuge").

Welche Größe ein Biegering haben muss, hängt von der Dicke des Werkstücks und dem Gegenstand ab, an dem er befestigt wird. Um Komponenten aus Modelliermasse zu verbinden, verwende ich meist Biegeringe mit einem Durchmesser von 7–10 mm, um Teile an Ohrhaken zu befestigen, 4-mm-Ringe.

Diese Ohrring-Drahthaken habe ich mit einer Rundzange selbst hergestellt.

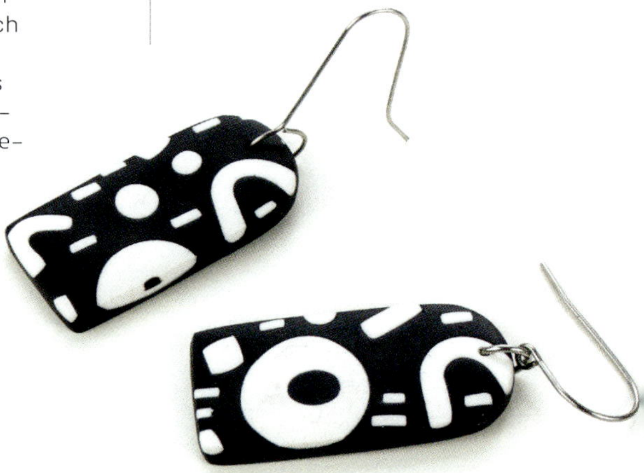

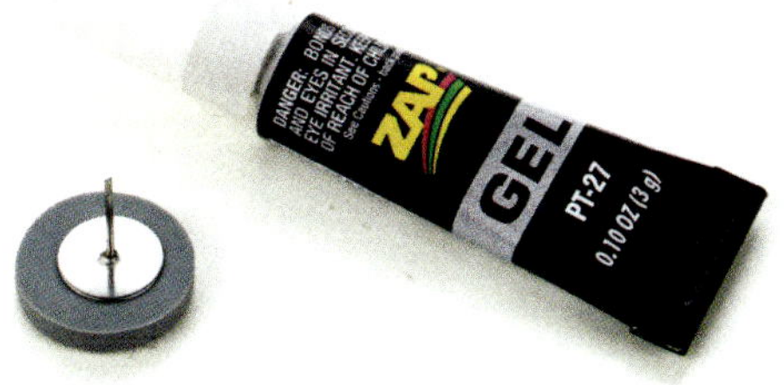

E

OHRSTECKER AN MODELLIERMASSE BEFESTIGEN

Ohrstecker kann man ankleben oder einbetten. Ersteres ist zwar einfacher, aber da der Kleber nach einer gewissen Zeit an Klebekraft verliert, fallen die Stecker irgendwann ab. Das Einbetten in Modelliermasse verleiht ihnen einen deutlich besseren Halt; das gilt auch für Broschennadeln und Anhängerschlaufen.

Ohrstecker auf gehärtete Modelliermasse kleben

Nehmen Sie einen guten, mit der Modelliermasse kompatiblen Schmuckkleber und wählen Sie einen Ohrstecker mit – im Vergleich zum Werkstück – großer Platte. Dann die Modelliermasse mit dem Cuttermesser etwas anrauen, damit der Kleber besser haftet, diesen aufgetragen und den Ohrstecker fest aufdrücken (E).

Ohrstecker in Modelliermasse einbetten

Legen Sie den Ohrstecker (G) auf die Rückseite Ihres gehärteten Werkstücks (F) und befestigen Sie ihn eventuell mit einem Tropfen Klebstoff, damit er nicht verrutscht (H). Am Rand etwas Platz lassen, falls ein Loch gebohrt werden muss, z. B. für Ohrhänger. Dann wird rund um den Stecker herum ein wenig flüssige Modelliermasse aufgetragen. Ein Stück Modelliermasse in derselben Farbe wie das Werkstück ganz dünn ausrollen, einen Kreis ausschneiden, der etwa so groß wie das Werkstück ist, diesen über den Stecker schieben (I) und fest andrücken (J). Was übersteht, abtrennen und die Oberfläche, falls gewünscht, mit einem Texturschwamm strukturieren (K). Nochmals härten und eventuell schleifen.

F G H I J K

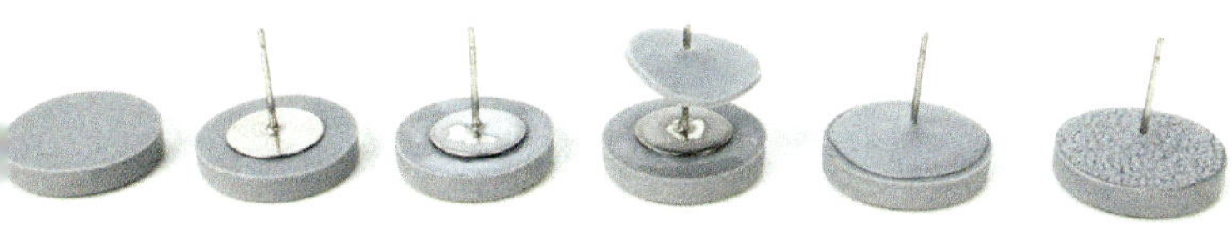

ANHÄNGER FERTIGSTELLEN

Schnüre, Ketten und Kordeln können an Anhängern mittels Fournituren befestigt oder direkt durch Löcher im Werkstück gezogen werden. Ich verwende am liebsten gewachste Baumwollkordeln, an deren Ende ich zwei Slipknoten mache, sodass eine Art „Schiebeverschluss" entsteht, mit dem man die Kordellänge variieren kann.

Einen „Schiebeverschluss" machen

Zwei Kordeln mit nach oben gebogenen Enden untereinanderlegen. Ein Kordelende nach unten zurückbiegen, sodass eine Schlaufe entsteht (L). Das Kordelende dann ein- oder zweimal durch die Schlaufe und über beide Kordeln ziehen (M), sodass ein Slipknoten entsteht (N). Das Ganze mit dem anderen Ende derselben Kordel wiederholen, sodass ein weiterer Slipknoten entsteht (O). Zieht man nun an den Kordelenden, werden die Knoten zusammengeschoben und die Halskette wird länger (P), zieht man die Knoten auseinander, verkürzt sich die Halskette.

L M N O P

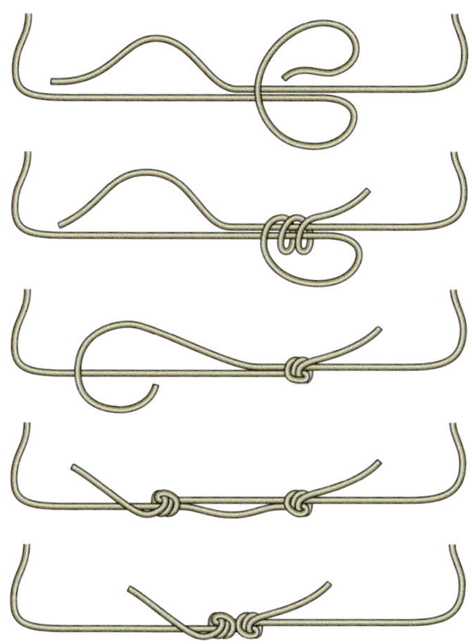

DESIGN

Das folgende Kapitel beschäftigt sich mit den Prinzipien von Design und Farbenlehre und wie man diese auf die Arbeit mit Modelliermasse überträgt, um ästhetisch ansprechende und tragbare Schmuckstücke zu schaffen.

DESIGN-PRINZIPIEN

Egal ob man ein Haus, ein Möbelstück, ein Kleid oder ein Paar Ohrringe designen will – immer sollten die grundlegenden Design-Prinzipien berücksichtigt werden.

Proportion

Proportion nennt man in einem Design die Beziehung von zwei oder mehr Elementen zueinander und zum Ganzen. Eine Proportion gilt als harmonisch, wenn z. B. Größe und Masse bzw. Menge der einzelnen Elemente im richtigen Verhältnis zueinander stehen.

Kontrast

Kontrast entsteht, wenn man zwei oder mehr Elemente mit gegensätzlichen Eigenschaften zusammenstellt, um Interesse zu wecken oder Spannung entstehen zu lassen – Farbe und Größe dürften hier am bekanntesten sein. Beim Schmuckdesign mit Modelliermasse lässt sich dies noch um Textur, Schichtdicke und Details erweitern.

Hierarchie (Schwerpunktsetzung)

Die Reihenfolge, in der das Auge die Elemente in einem Design wahrnimmt, d. h., was es zuerst, als Zweites, als Drittes etc. sieht.

Hierarchie durch Anordnung Wenn ein im Zentrum platziertes Objekt als Mittelpunkt wahrgenommen wird.

Hierarchie durch Isolierung Wenn die meisten Elemente in einem Design eng beieinanderliegen und ein Objekt oder Detail alleine dasteht, rückt Letzteres in den Mittelpunkt.

Hierarchie durch Kontrast Wenn ein Detail einen Kontrast zu anderen Elementen bildet, sich also von diesen unterscheidet und dadurch ins Auge fällt.

Wiederholungen und Muster

Das Prinzip der Wiederholung besteht schlicht darin, gleiche oder ähnliche Elemente in einem Design mehrfach zu verwenden, wodurch manchmal Muster entstehen. Solche Wiederholungen können Harmonie, Stimmigkeit und Einheitlichkeit bewirken. Wiederholungen und Muster können regel- oder unregelmäßig, einheitlich oder uneinheitlich sein; sie können radial sein, d. h., die sich wiederholenden Elemente gehen sternförmig von einem zentralen Punkt aus, und sie können abgestuft sein, d. h. langsam kleiner werden und schließlich verschwinden oder auch größer werden.

Balance (Ausgewogenheit)

Balance ist die gleichmäßige (nicht unbedingt gleichberechtigte) Verteilung von Elementen innerhalb eines Designs, um Harmonie herzustellen. Ein Design kann symmetrisch oder asymmetrisch sein. Sind die Elemente auf beiden Seiten gleich groß und gleich positioniert, spricht man von symmetrischer (gespiegelter) Balance. Sind die Elemente nicht gespiegelt (d. h. asymmetrisch), wirkt die Komposition dynamisch und ungezwungen.

Weißraum (Negativraum)

So wird der Raum zwischen Design-Elementen bezeichnet. Er bietet einen visuellen Ruheraum für das Auge, so wie Stille in der Musik für die Ohren. Weißraum muss nicht notgedrungen weiß, sondern kann auch farbig, texturiert oder gemustert sein. Man kann ihn nutzen, um auf einem Werkstück sowohl einen Anziehungs- als auch einen Ruhepunkt für das Auge zu schaffen.

PRINZIPIEN DES SCHMUCKDESIGNS

Beim Entwerfen von Schmuckstücken gibt es noch einige weitere Design-Prinzipien zu beachten, die hier kurz beschrieben werden.

Ergonomie

Berücksichtigt werden müssen auch Gewicht, Umfang und Größe von Schmuckstücken. Sie sollten zudem keine scharfen Kanten haben, die in den Hals piksen, und sie sollten tragbar sein.

Symmetrie

Unsere Gesichter sind symmetrisch, deshalb folgen auch Schmuckstücke oft diesem Prinzip, z. B. zwei identische Ohrringe oder eine mittige Halskette. Spielen Sie ruhig mit Asymmetrien, aber übertreiben Sie es nicht, und berücksichtigen Sie die mögliche Wirkung, vor allem bei Ohrringen.

Taktilität (Fühlbarkeit)

Ich finde, Schmuck muss sich so gut anfühlen wie er aussieht. Modelliermasse ist in dieser Hinsicht ideal, denn sie kann so bearbeitet werden, dass sie sich glatt anfühlt wie Glas oder auch rau wie Stein. Fügt man noch Textur oder 3D-Elemente hinzu, kann das durchaus dazu verleiten, die Stücke nicht nur ansehen, sondern auch anfassen zu wollen.

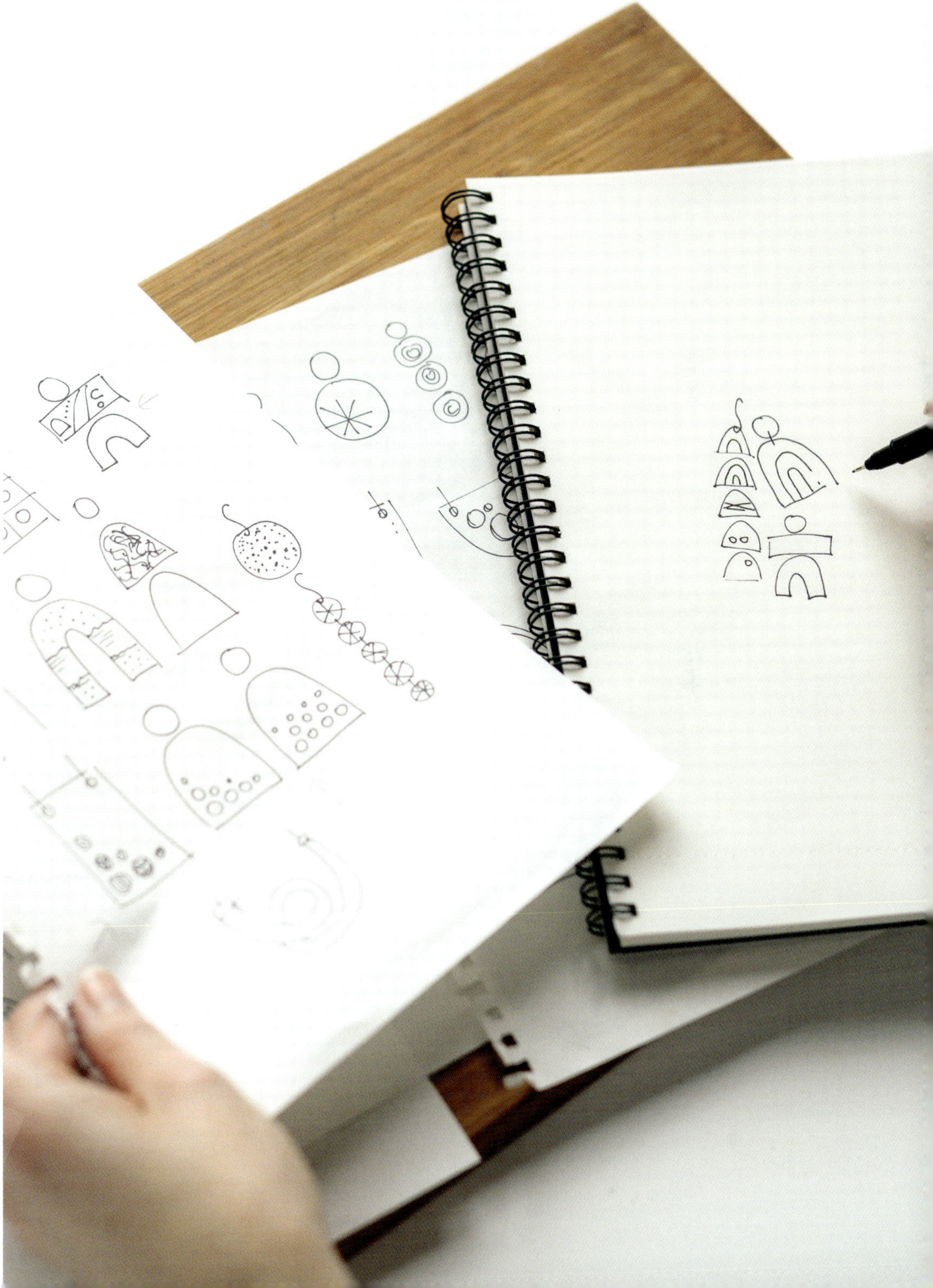

FARBENLEHRE

Die Farbenlehre ist ein sehr komplexes Thema mit unterschiedlichen Definitionen, Konzepten und Anwendungsmöglichkeiten im Design – viel zu viele, um sie in einem Kapitel abzuhandeln. Dennoch möchte ich hier einige Grundlagen der Farbenlehre – darunter den (traditionellen) Farbkreis sowie Farbharmonien – vorstellen, da Kenntnisse darüber es Ihnen ermöglichen, einzigartige Farben zu mischen und Farbschemata für Ihre Schmuckstücke anzulegen.

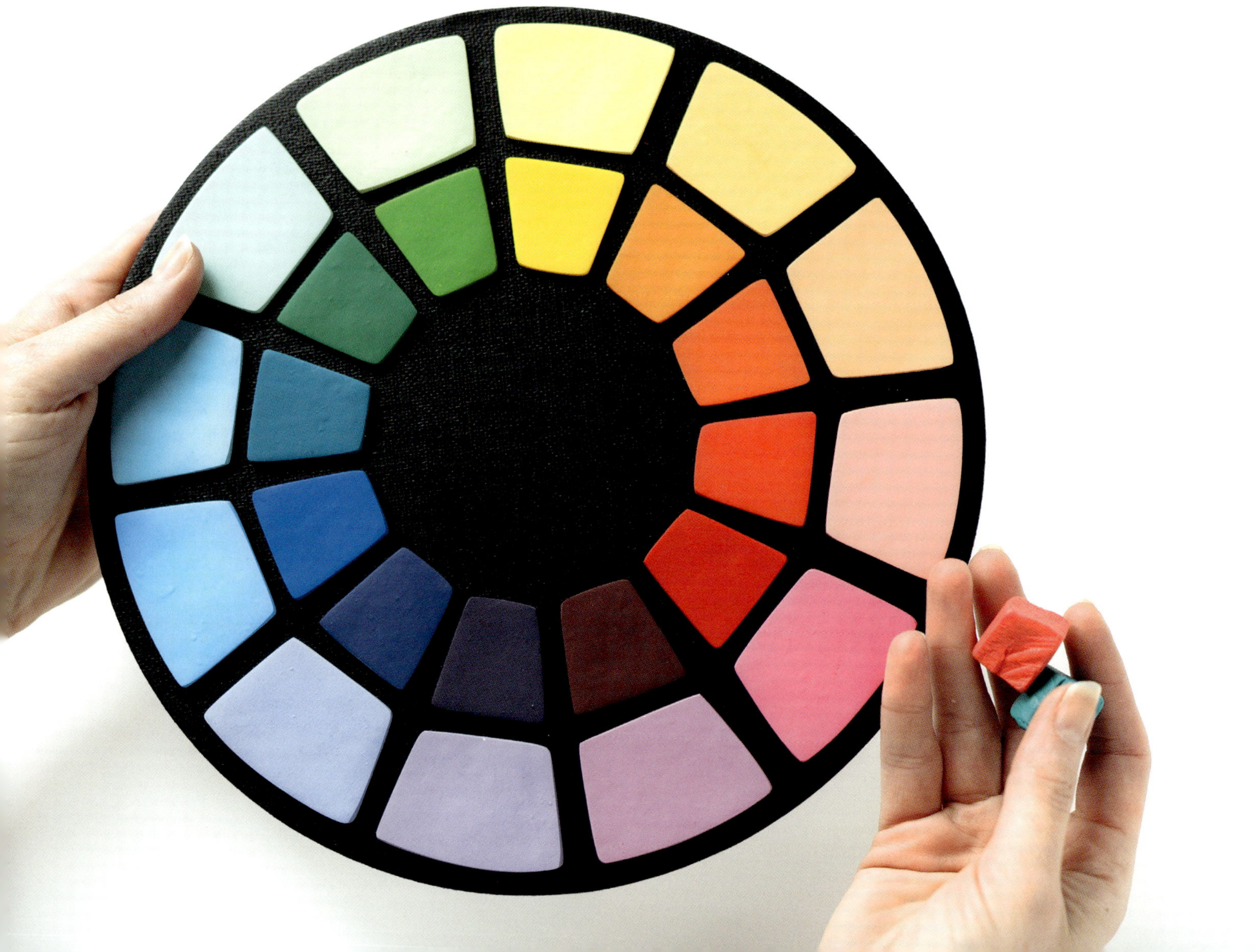

DER FARBKREIS

Der traditionelle Farbkreis ist beim Farbenmischen außerordentlich hilfreich. In ihm sind die drei Primärfarben – Rot, Gelb und Blau – gleichmäßig im Kreis angeordnet und die Beziehungen zwischen den Farben werden wie folgt beschrieben:

Primärfarben sind die Farben, die nicht aus anderen Farben gemischt werden können, aus denen sich aber theoretisch die meisten anderen Farben im sichtbaren Spektrum mischen lassen. Manche Künstler betrachten Magenta, Cyan und Gelb als die echten Primärfarben, da sich mit ihnen eine größere Bandbreite an Echtfarben mischen lässt. Aber für diese Einführung in die Grundlagen der Farbtheorie beziehe ich mich auf folgende Farben als Primärfarben:

ROT, GELB, BLAU

Sekundärfarben entstehen durch das Mischen zweier Primärfarben.

Gelb + Rot = ORANGE

Gelb + Blau = GRÜN

Rot + Blau = VIOLETT

Tertiärfarben entstehen durch das Mischen einer Primärfarbe und einer Sekundärfarbe. Z. B.:

Gelb + Grün = GELBGRÜN

Rot + Orange = ORANGEROT

FARBHARMONIE

Damit bezeichnet man Farbkombinationen, die vom Auge als angenehm empfunden werden; durch ihre Lage auf dem Farbkreis wird ersichtlich, wie sie zusammenwirken.

Monochromatische Farben So bezeichnet man alle Farben (Töne, Tönungen und Schattierungen) eines einzelnen Farbtons. Farbtöne werden durch Hinzufügen von Weiß erzielt, Tönungen und Schattierungen durch Hinzufügen einer dunkleren Farbe wie Grau oder Schwarz.

Komplementärfarben liegen auf dem Farbkreis einander gegenüber wie Rot und Grün, Gelb und Violett etc. Die Harmonie ergibt sich aus dem direkten Kontrast der Farben zueinander.

Split-Komplementärfarben Eine Gruppe von drei Farben, wobei für eine Farbe nicht die gegenüberliegende (komplementäre) gewählt wird, sondern die beiden jeweils rechts und links von dieser.

Analoge Farbe Eine Gruppe von drei nebeneinanderliegenden Farben, wobei meist eine Farbe als dominante gewählt wird und die beiden anderen diese Hauptfarbe „unterstützen".

Triaden Eine Gruppe von drei Farben, die auf dem Farbkreis in einem gleichseitigen Dreieck in gleichem Abstand zueinander stehen, wobei meist eine Farbe als dominante gewählt wird und die anderen beiden diese Hauptfarbe unterstützen.

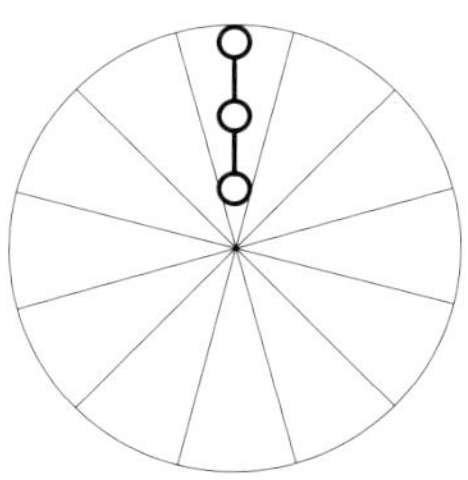
Monochromatische Farben

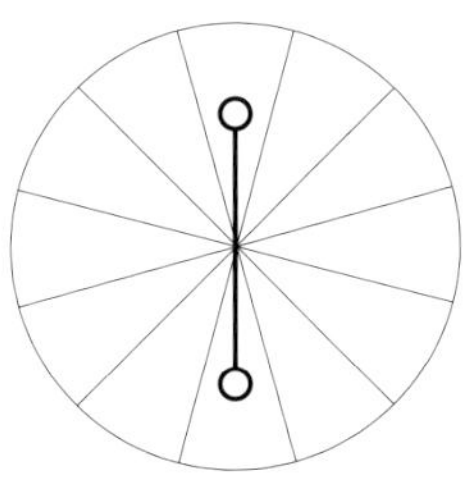
Komplementärfarben

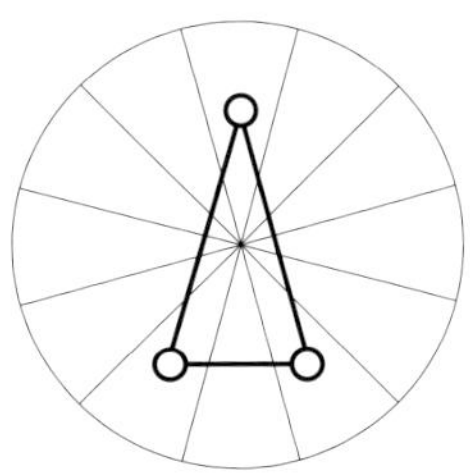
Split-Komplementärfarben

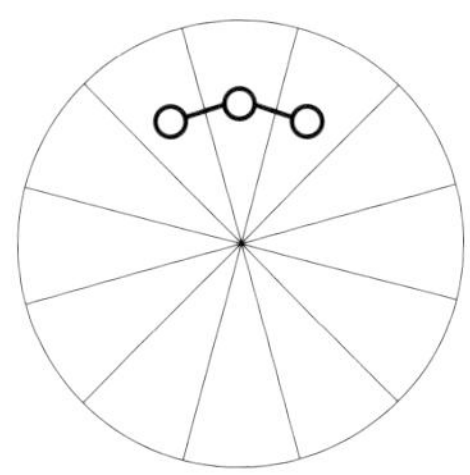
Analoge Farben

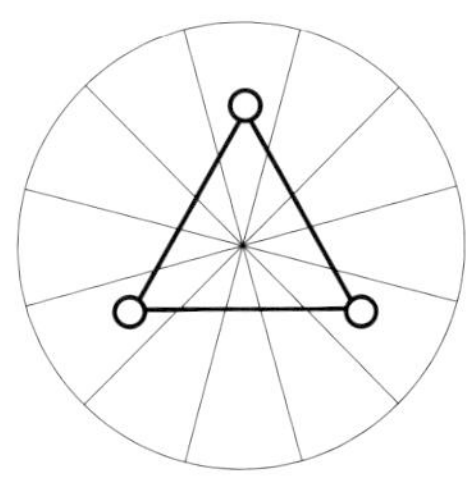
Triaden

TECHNIKEN UND PROJEKTE

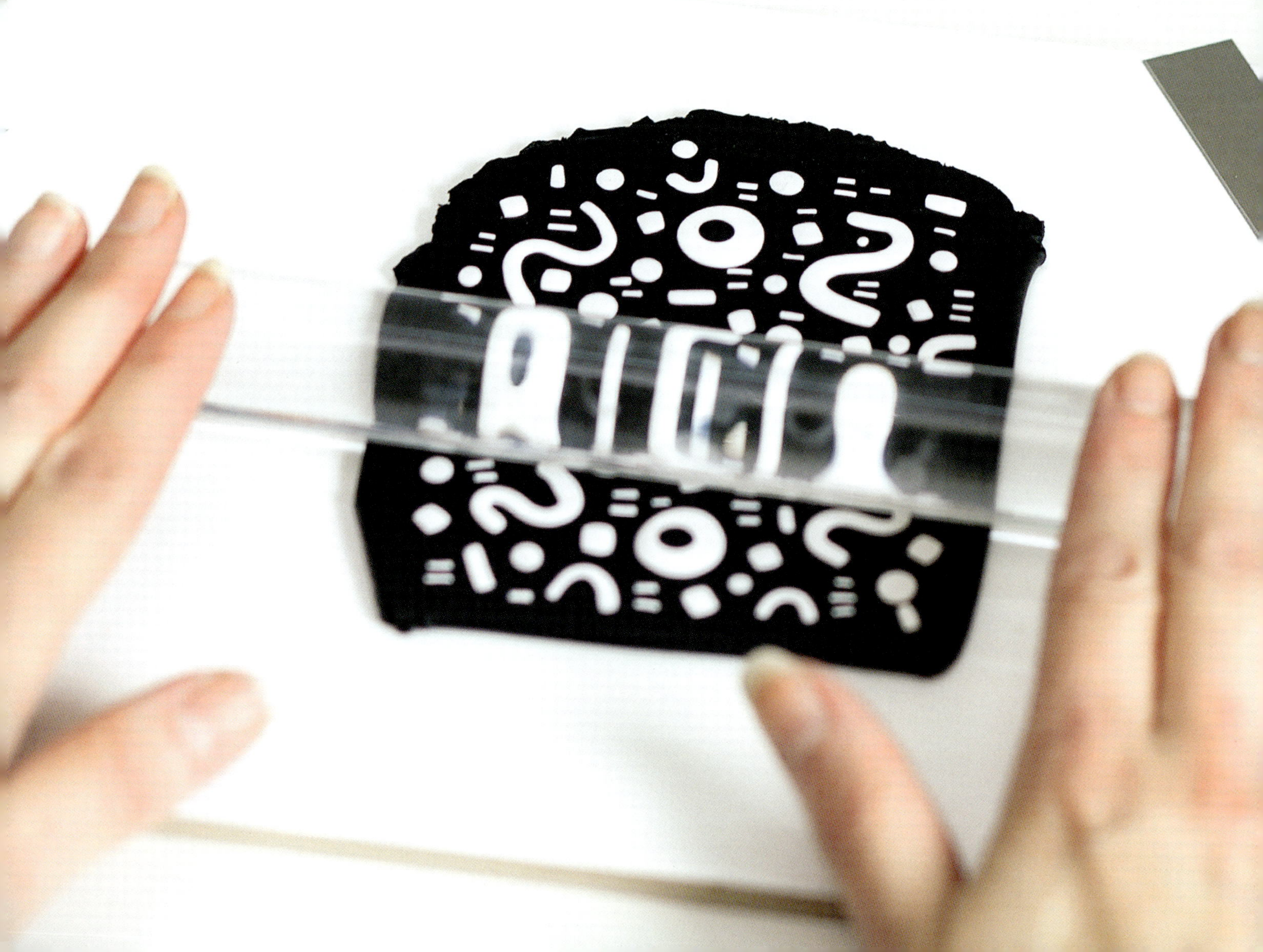

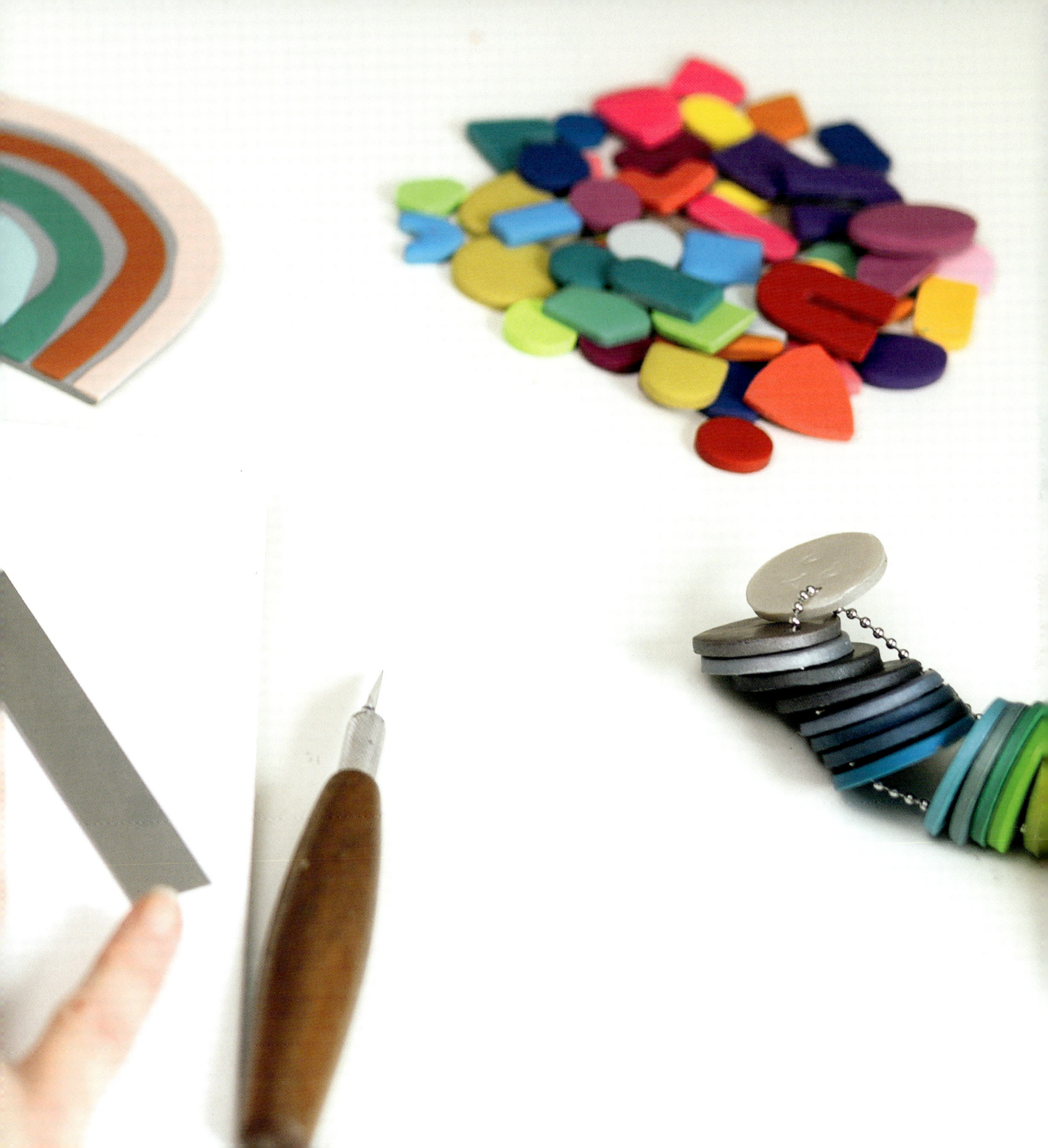

AUSSCHNEIDEN UND AUSSTECHEN

Ausstecher eignen sich besonders gut, wenn man viele einheitliche Teile ausstanzen will, Schablonen hingegen kann man selbst aus Pappe oder Plastik herstellen. Auch Lochstanzer oder Aderendhülsen in verschiedenen Größen sind sehr praktisch. Sehen wir uns diese einmal im Einzelnen an.

MATERIALIEN

- Ausstecher aus Metall
- Ausstecher aus dem 3D-Drucker
- Lochstanzer
- Schablonen
- Grundausstattung (siehe Grundlagen: Modelliermasse – Arbeitsplatz und Ausstattung)

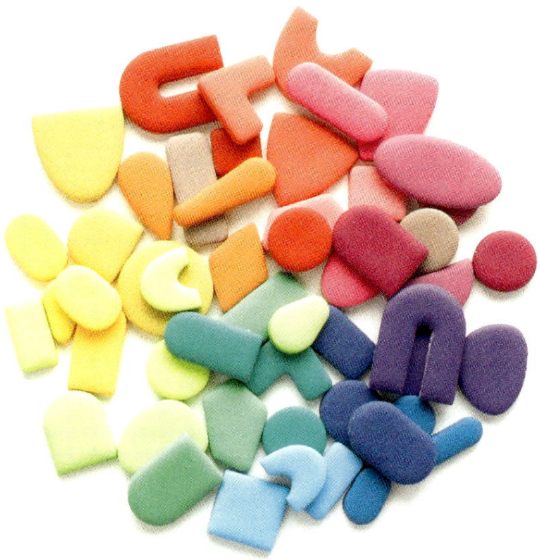

01 Keksausstecher aus Metall finden sich in fast jeder Küche, also vermutlich auch in Ihrer. Wenn Sie diese jedoch für Modelliermasse verwenden wollen, müssen Sie sich eine zweite Garnitur zulegen, da man sie nicht parallel zur Essenszubereitung verwenden darf. Mit Metallausstechern lassen sich Formen sauber ausstechen, doch hinterlassen Ränder und Nahtstellen oft einen kleinen Abdruck.

02 Zu den häufigsten metallenen Ausstechformen zählen die runden, aus denen sich – wie hier auf dem Foto zu sehen – von Hand oder mit Zangen wunderbar neue und originelle Formen biegen lassen.

03 Dank der 3D-Drucktechnologie sind heute „moderne" Ausstecher in den unglaublichsten Formen und Größen erhältlich. Sie bestehen aus druckbarem Filament, und die ausgestanzten Formen sind nicht ganz so sauber wie bei Metallausstechern, dafür weisen sie keine Ränder oder Nahtstellen auf.

04 Achten Sie darauf, dass die Schnittkanten der Ausstecher immer sauber sind (zum Säubern sind Feuchttücher ideal). Die vorbereitete Platte aus Modelliermasse auf die Arbeitsunterlage legen (ich verwende gerne eine Kachel), den Ausstecher mit gleichmäßigem Druck durch die Modelliermasse bis auf die Arbeitsunterlage drücken und dann vorsichtig abnehmen.

05 Löst sich die Modelliermasse nicht aus der Form, drückt man sie vorsichtig mit dem Finger heraus (A). Ist die Masse zu weich, lässt sie sich manchmal nur schwer aus dem Ausstecher entfernen, ohne sich zu verformen. Klebt sie auf der Arbeitsfläche, lässt sie sich mit einer Klinge sauber ablösen (B).

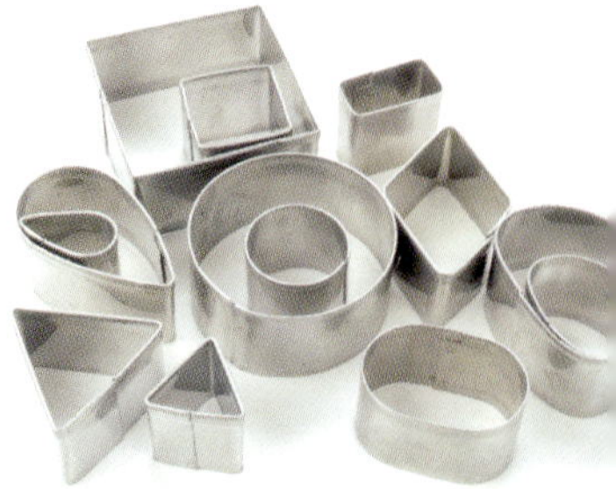

01

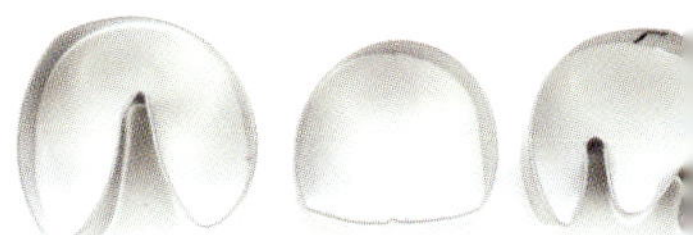

02

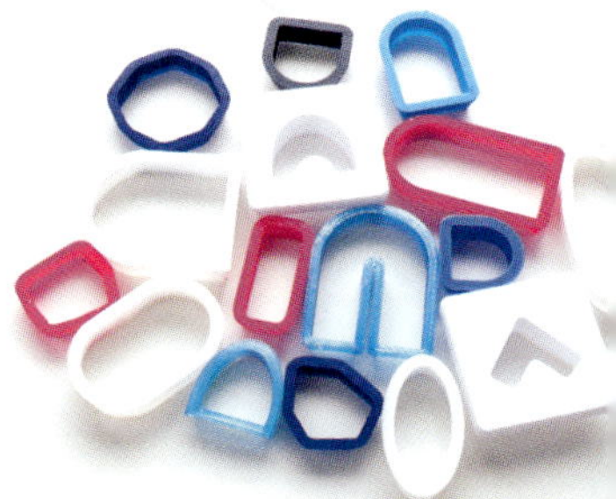

03

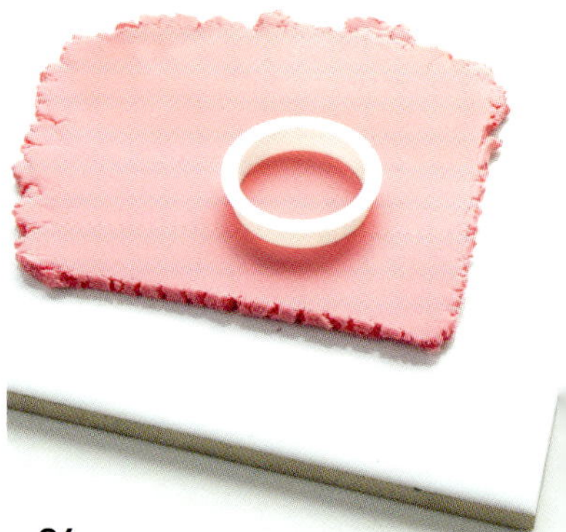

04

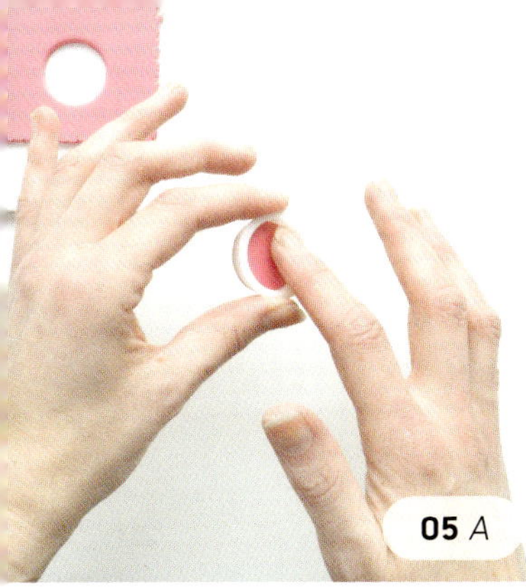

05 *A*

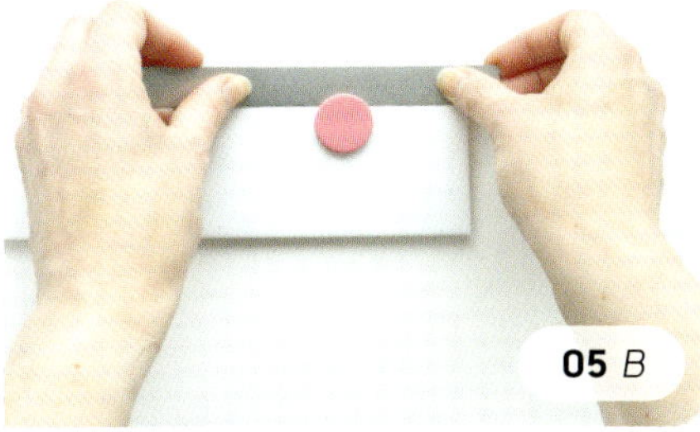

05 *B*

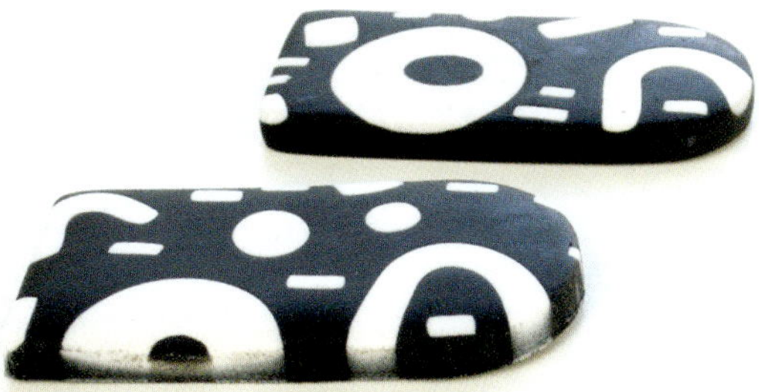

06

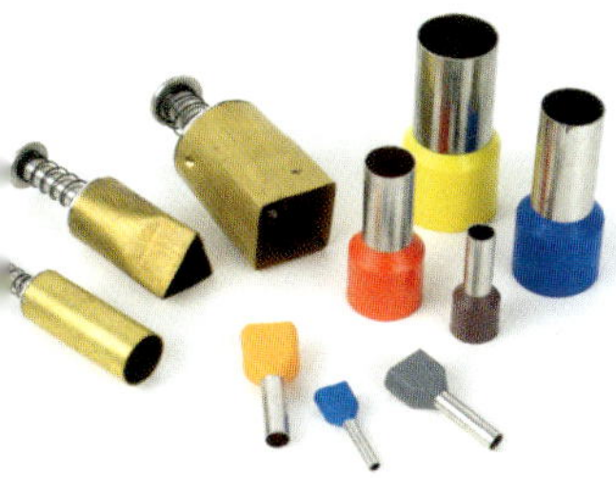

07

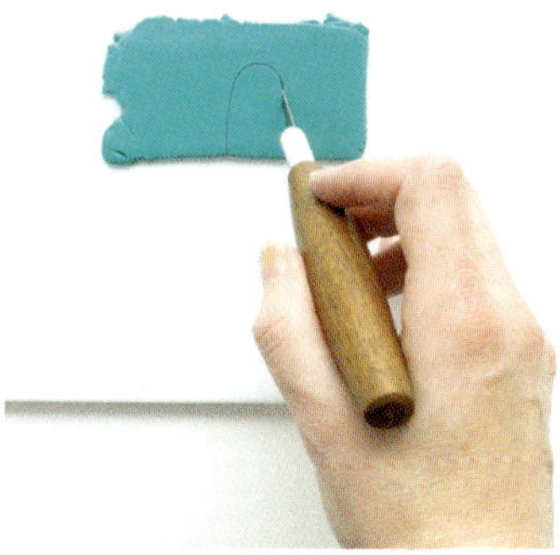

09

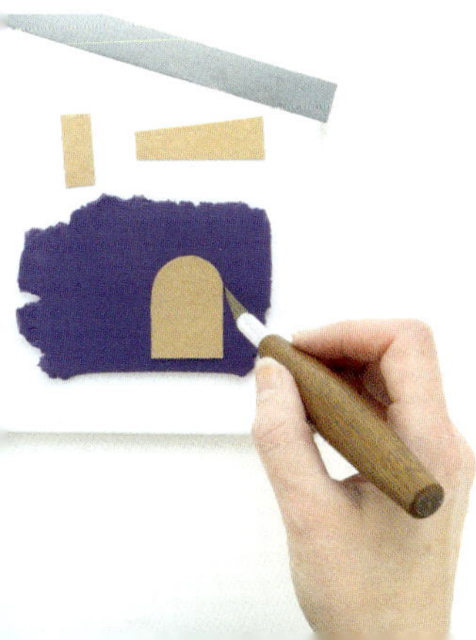

08

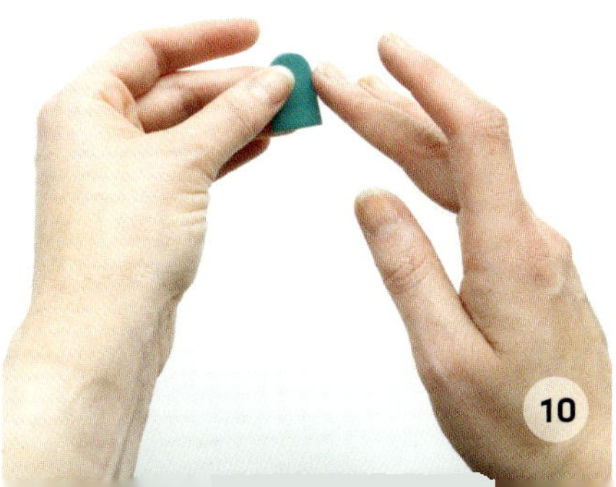

10

06 Ausstecher aus Metall hinterlassen saubere Schnittkanten, bei Ausstechern aus dem 3D-Drucker müssen die ausgestanzten Teile oft nachgeschliffen oder poliert werden. Muster und Farben einer Platte werden durch das Ausstechen verzogen, was an den Kanten sichtbar ist – hier an dem Teil im Vordergrund gut zu erkennen – und durch Schleifen beseitigt werden muss. Bei einfarbigen Objekten reicht es meist, die Kanten mit den Fingern zu glätten.

07 Mit Lochstanzern (oder Aderendhülsen) erhält man akkurate Schnittkanten ohne jegliche Nahtstellen. Ich verwende sie daher häufig, um Löcher für Schmuckfournituren auszustanzen; bei dem Projekt „Ohrringe in Komplementärfarben" sieht man jedoch, dass sie sich auch zum Verzieren eignen, ebenso für detailreiche Einlegearbeiten (siehe Einlegetechnik – Ohrringe und Anhänger in Schwarz-Weiß-Einlegetechnik).

08 Vorlagen können auf Papier, Pappe oder dünnes Plastik gezeichnet oder anderweitig übertragen und ausgeschnitten werden (für Projekt-Vorlagen siehe Vorlagen). Die fertige Schablone vorsichtig auf die Modelliermasse legen und die Form sorgfältig mit einem Cuttermesser ausschneiden, dabei die Klinge so gerade wie möglich halten. Für spiegelverkehrte Teile die Schablone einfach umklappen und die Form dann ausschneiden.

09 Alternativ kann man natürlich die gewünschte Form auch frei Hand ausschneiden.

10 Werden Formen frei Hand oder mit einer Schablone ausgeschnitten, sind die Kanten selten rau und auch die Farben meist nicht verzerrt. Dennoch ziehe ich es vor, die Kanten vor dem Härten zu glätten bzw. danach zu schleifen.

OHRRINGE IN KOMPLEMENTÄRFARBEN

Eigentlich wollte ich nur ein Paar Ohrringe in kräftigen Komplementärfarben entwerfen, um mit Ihnen das Formen ausstechen zu üben, aber das Ergebnis war so toll, dass ich einfach weitermachte und so eine ganze Kollektion entstand! Die schlichten Muster spielen mit dem Negativraum, und für die akkuraten Löcher habe ich Lochstanzer in verschiedenen Größen verwendet. Ich garantiere Ihnen: Auch Sie werden nicht schon nach einem Paar Ohrringe aufhören wollen!

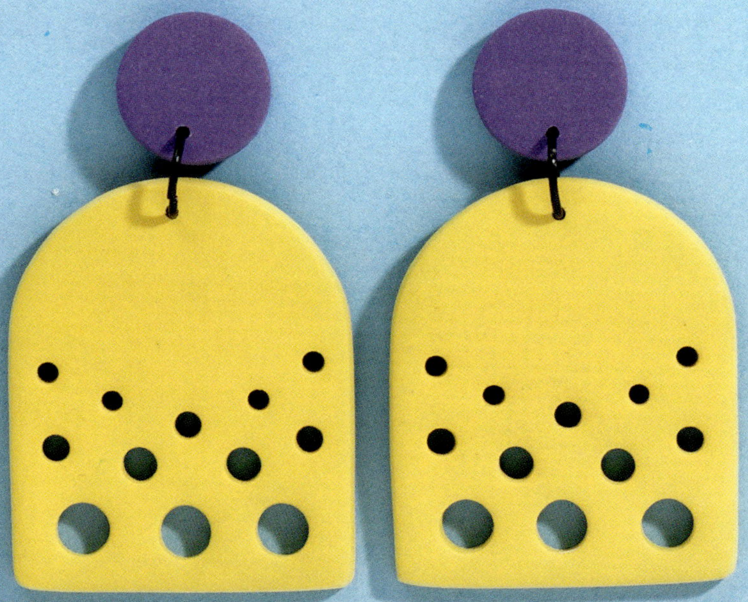

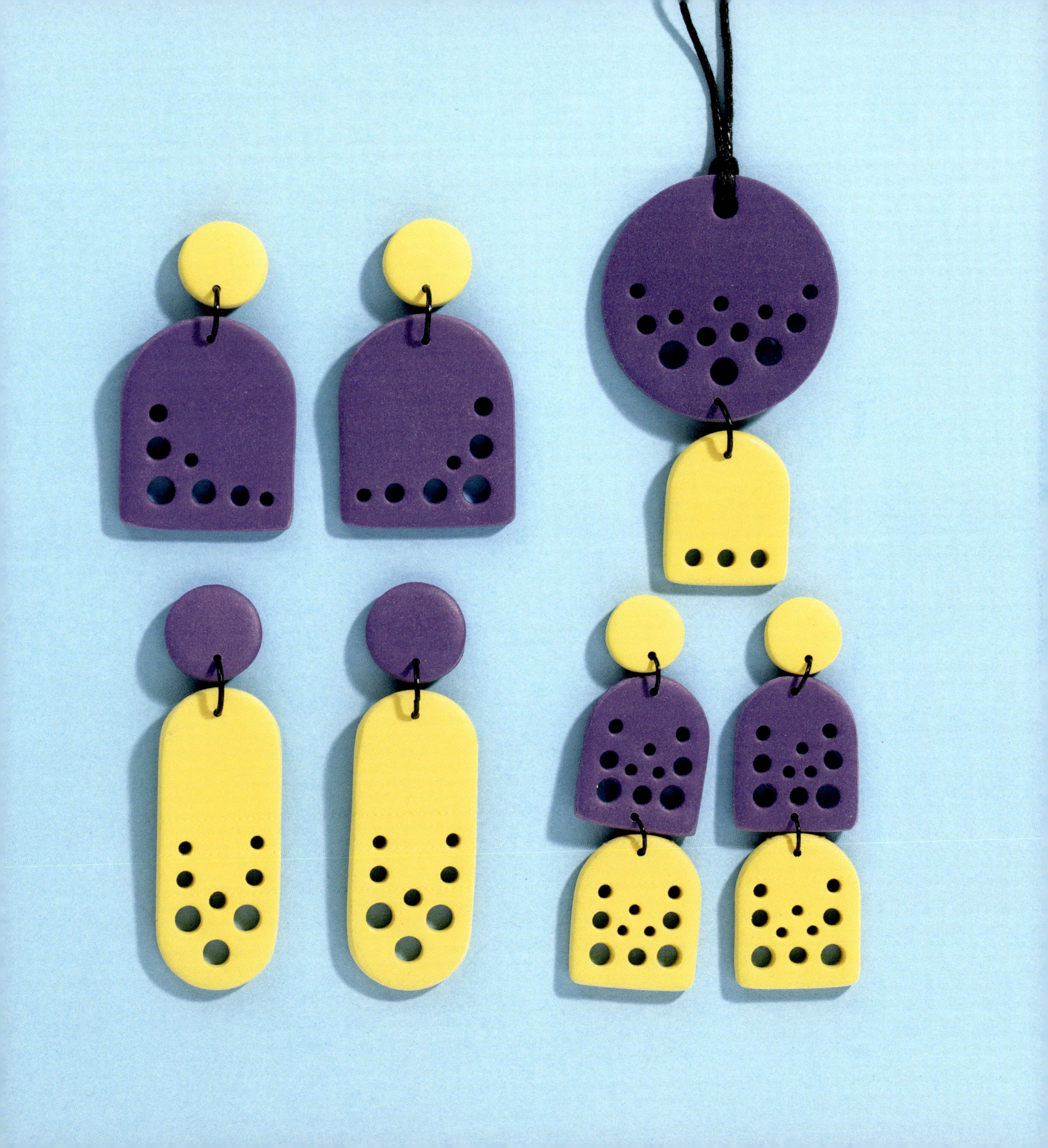

MATERIALLISTE

- farbige Modelliermasse Ihrer Wahl*
- Lochstanzer in verschiedenen Größen: 2 mm, 3 mm, 4 mm und 5 mm
- Ausstecher und Schablonen (siehe Vorlagen)
- Ohrring-Fournituren und Zangen
- Grundausstattung (siehe Grundlagen: Modelliermasse – Arbeitsplatz und Ausstattung))

** Ich habe Sculpey Soufflé Royalty und einen Mix aus Canary + Latte verwendet*

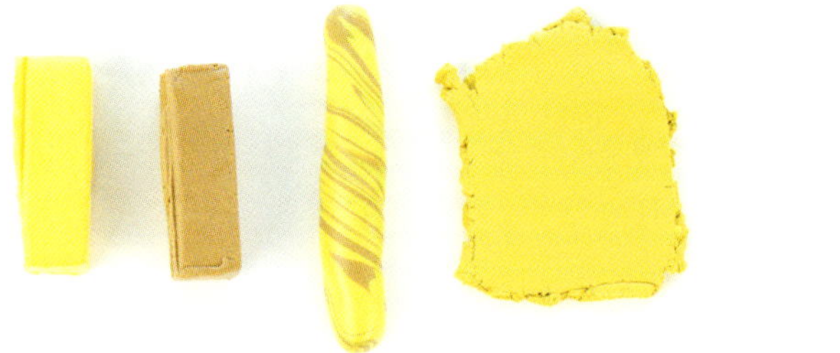
01

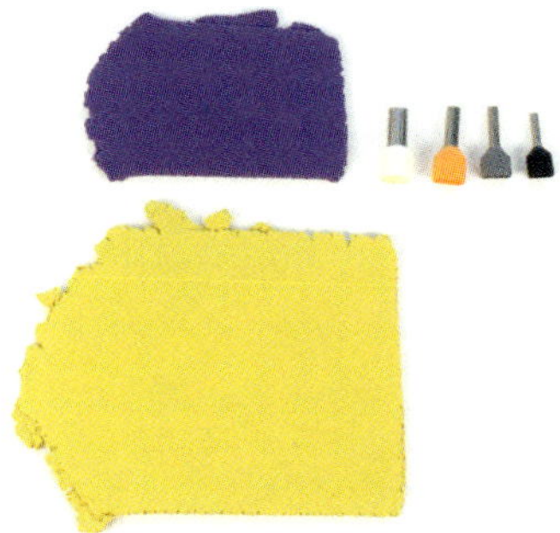
02

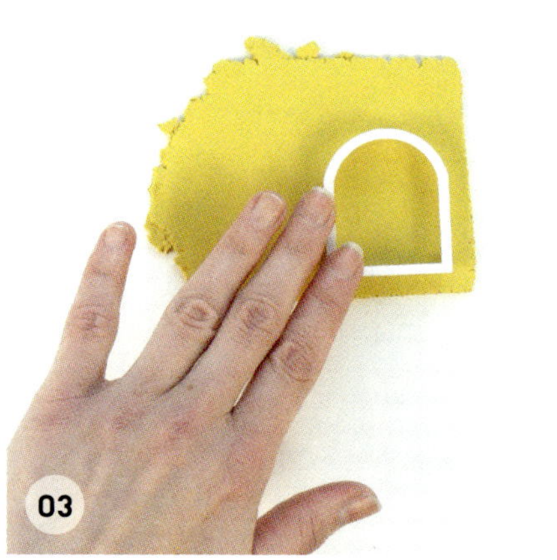
03

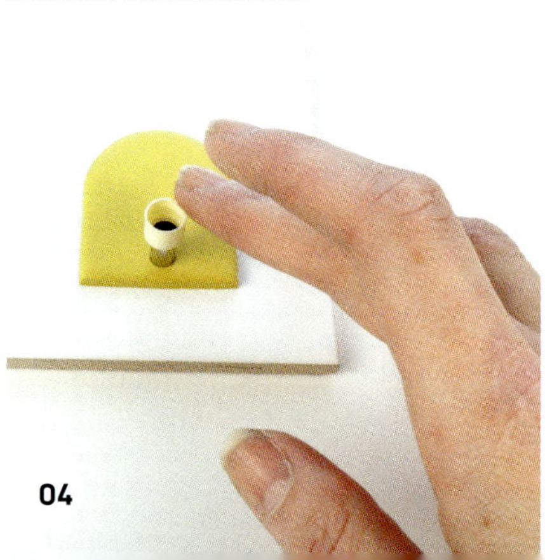
04

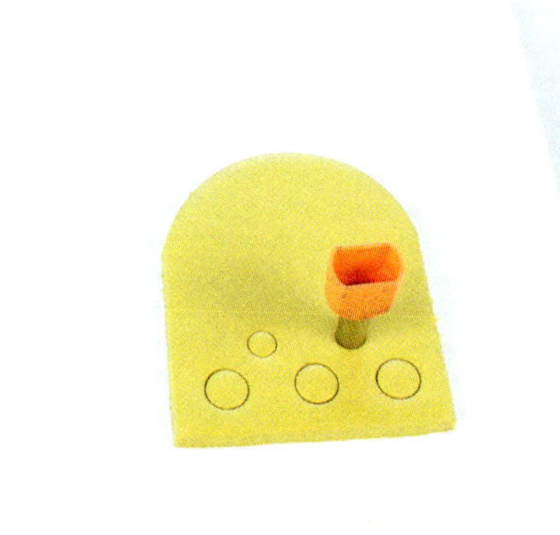
05

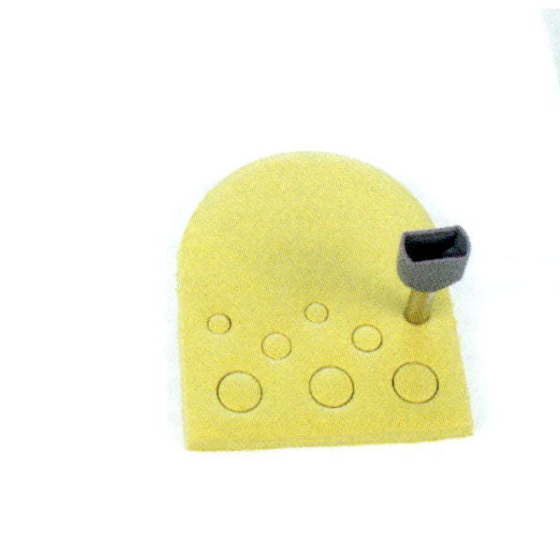
06

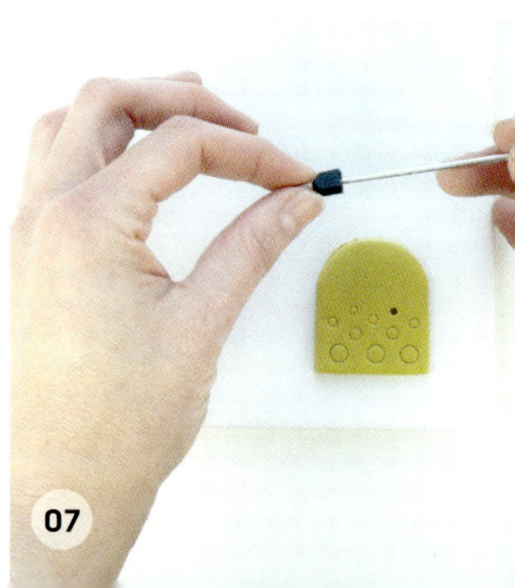
07

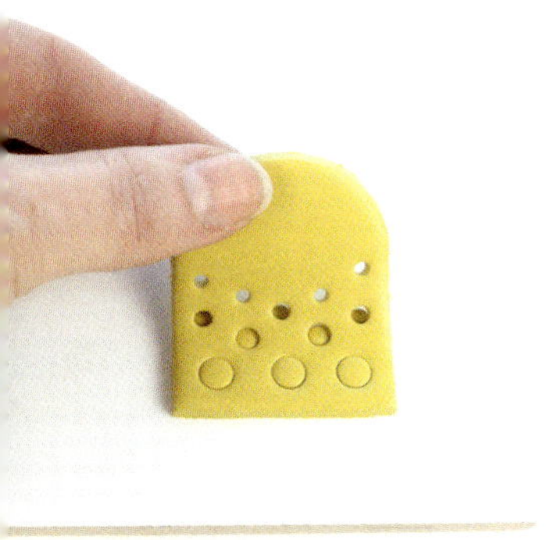

08

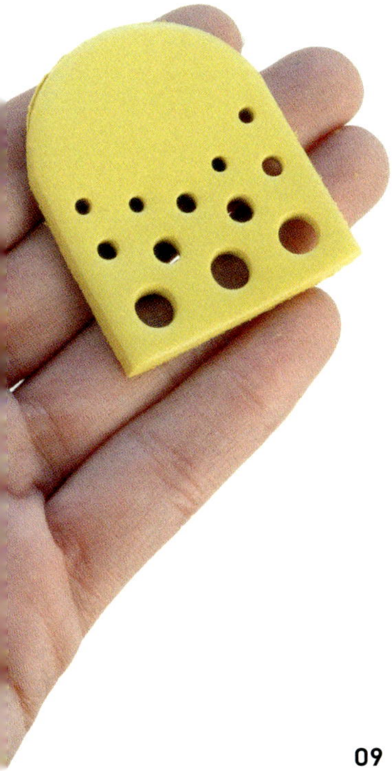

09

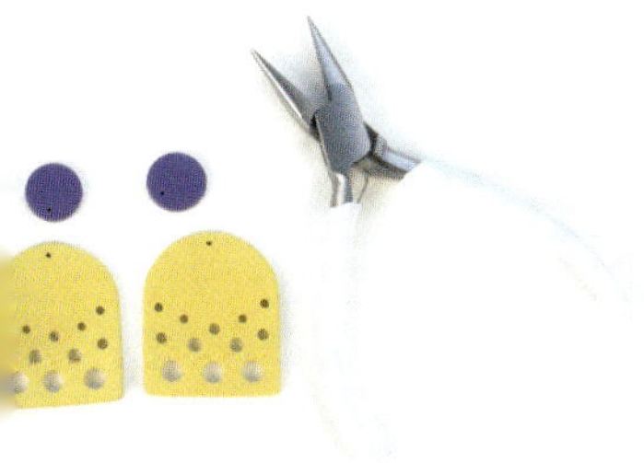

10

01 Die Modelliermasse gut durchkneten (siehe Grundlagen: Modelliermasse – Kneten). Für diesen Gelbton habe ich Canary und Latte im Verhältnis 1:1 gemischt (siehe Grundlagen: Modelliermasse – Farbenmischen).

02 Mit einem Acrylroller jede Farbe 3 mm dick ausrollen.

03 Aus der Farbe Ihrer Wahl zwei Kreise für die Ohrstecker ausstechen und beiseitelegen. Für die Ohrhänger zwei bogenförmige Teile ausstechen. Mit einer Klinge die Bögen aufnehmen, auf die Arbeitsplatte (Kachel) legen und mit Fingern oder Acrylroller leicht auf die Arbeitsfläche drücken.

04 Mit dem 5-mm-Lochstanzer am unteren Rand jedes Bogens drei Löcher nebeneinander ausstanzen. Mit dem mittleren Loch beginnen, dabei den Ausstecher bis auf die Kachel durchdrücken; beim Herausziehen sollte die Modelliermasse an der Kachel haften und nicht im Ausstecher. Rechts und links zwei weitere Löcher ausstanzen.

05 Nun mit dem 4-mm-Lochstanzer zwei Löcher oberhalb der ersten Lochreihe je mittig zwischen zwei Löchern ausstanzen.

06 Mit dem 3-mm-Lochstanzer drei nebeneinanderliegende Löcher ausstanzen, die mit denen in der ersten Reihe korrespondieren.

Obige Anleitung beschreibt lediglich ein Muster – natürlich lassen sich mit dieser Technik auch andere Designs kreieren wie z. B. bei diesen Ohrringen hier.

07 Schließlich mit dem 2-mm-Lochstanzer vom mittleren Loch in der darunterliegenden Reihe ausgehend auf jeder Seite zwei Löcher diagonal nach oben ausstanzen. In diesem kleinen Ausstecher bleibt die Modelliermasse meist stecken – dann einfach mit einem Zahnstocher herausdrücken.

08 Sobald das Lochmuster fertig ist, die Bögen vorsichtig anheben und von der Kachel ziehen, sodass die ausgestanzten Punkte liegen bleiben.

09 Das Lochmuster des Ohrhängers ist nun gut erkennbar. Legen Sie Ohrhänger und beiseitegelegte Ohrstecker auf Kopier- oder Druckerpapier und dieses auf ein Backblech, um die Formen im Ofen zu härten (siehe Arbeitstechniken – Härten).

10 Anschließend alle Kanten schleifen (siehe Arbeitstechniken – Schleifen). Dann Löcher für die Biegeringe bohren und mit diesen Ohrstecker und Ohrhänger verbinden (siehe Grundlagen: Schmuckherstellung – Techniken zur Schmuckherstellung).

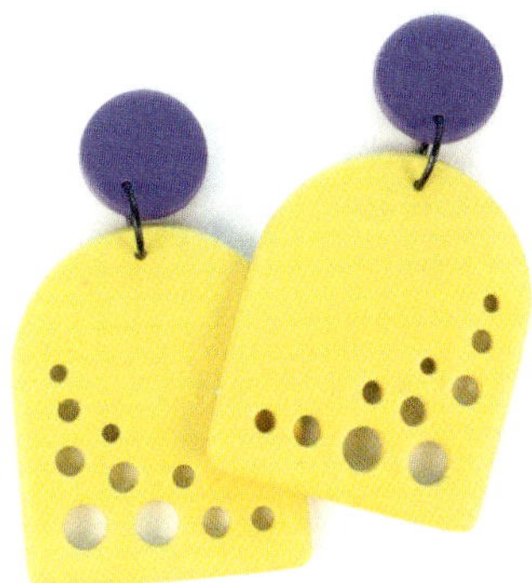

EINE BASISPLATTE HERSTELLEN

Eine Basisplatte ist eine dick ausgerollte Schicht Modelliermasse mit Verzierungen bzw. Mustern. Sie muss dick genug zum Härten sein und so groß, dass mehrere ähnliche Teile (z. B. für Kollektionen) ausgestochen werden können. Die Herstellung einer Basisplatte ist unglaublich einfach und der Anzahl möglicher Designs sind keine Grenzen gesetzt.

MATERIALLISTE

- Modelliermasse in Farben Ihrer Wahl, eine Grundfarbe und mehrere Akzentfarben für Verzierungen
- Werkzeuge für Struktureffekte (optional)
- Werkzeuge zum Ausrollen (optional)
- Grundausstattung (siehe Grundlagen: Modelliermasse – Arbeitsplatz und Ausstattung)

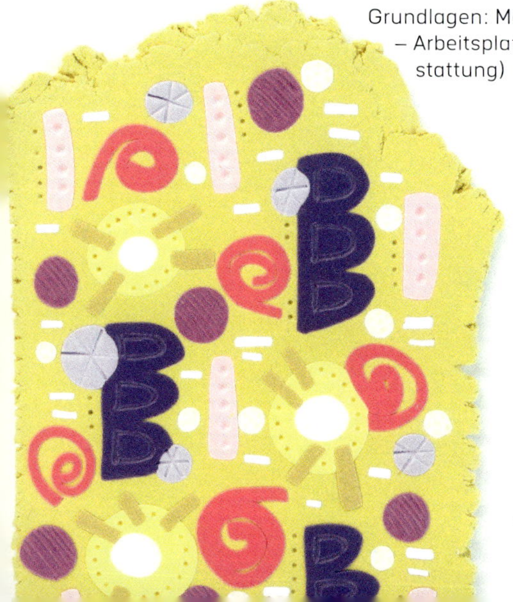

01 Grundfarbe und Akzentfarben gut durchkneten (siehe Grundlagen: Modelliermasse – Kneten). Die Grundfarbe auf einer Kachel 3–4 mm dick ausrollen.

02 Nun mit den Akzentfarben Formen entwerfen und damit ein Muster herstellen, z. B. kleine Kugeln rollen und diese mit einem Roller oder den Fingern zu dicken Scheiben flachdrücken.

03 Oder aus hauchdünn ausgerollter Modelliermasse Formen ausstechen – sie haben den Vorteil, sich beim späteren Ausrollen der Platte nur wenig zu verziehen. Allerdings benötigt man eine scharfe Klinge, um sie vorsichtig von der Kachel zu lösen und auf die Platte zu übertragen.

04 Man kann auch dünne Schlangen rollen, diese in Stücke schneiden und daraus gestrichelte Linien fertigen oder aus noch dünneren Schlangen (wie in Schritt 5 zu sehen) Kringel drehen.

Im Gegensatz zu einer Verblendung oder Ummantelung – einer dünn ausgerollten, gemusterten Schicht Modelliermasse, mit der meist etwas verdeckt oder ummantelt wird, z. B. Perlen –, handelt es sich bei einer Basisplatte um eine dicke, verzierte Platte aus Modelliermasse, aus der Formen ausgestochen werden können. Basisplatten können klein sein – gerade groß genug für ein Paar Ohrringe oder einen Anhänger –, oder so groß, dass es für eine ganze Schmuckkollektion reicht.

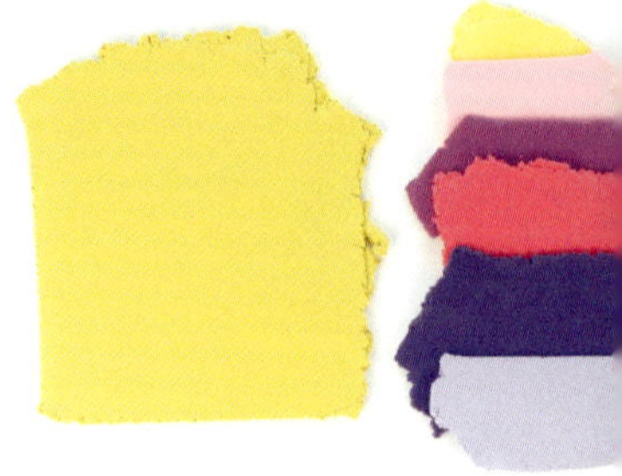

01

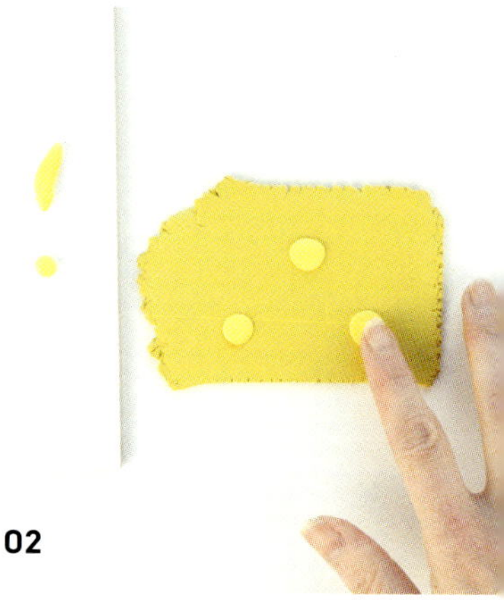

02

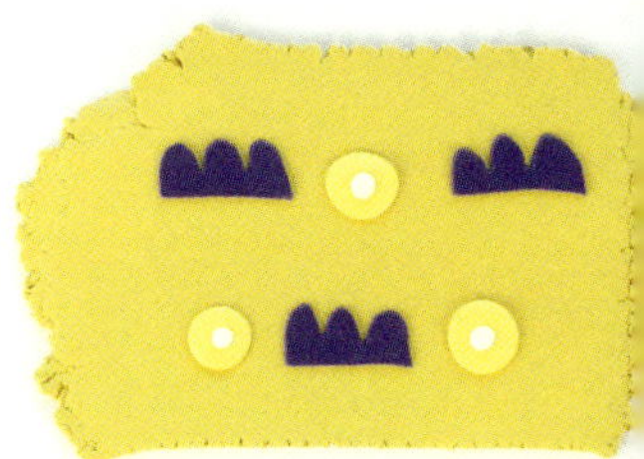

03

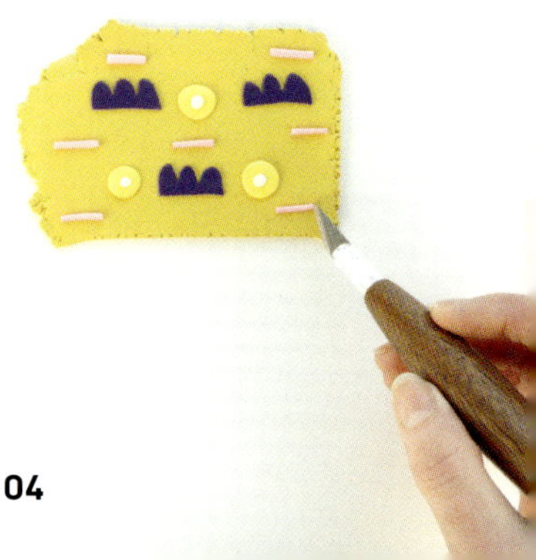

04

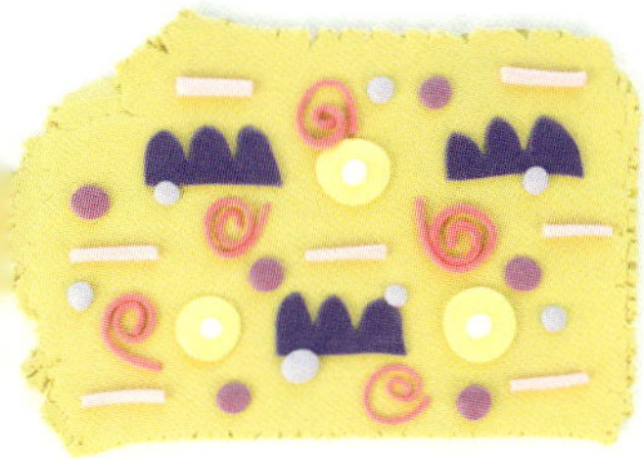

05

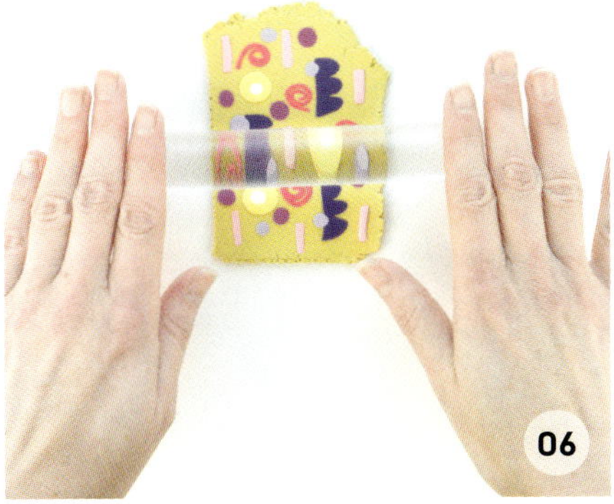

06

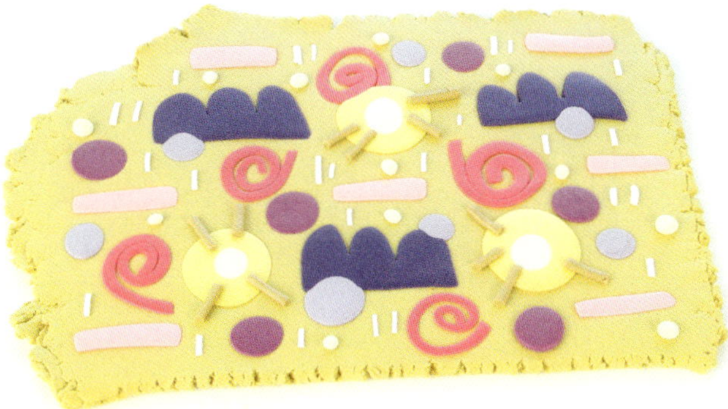

07

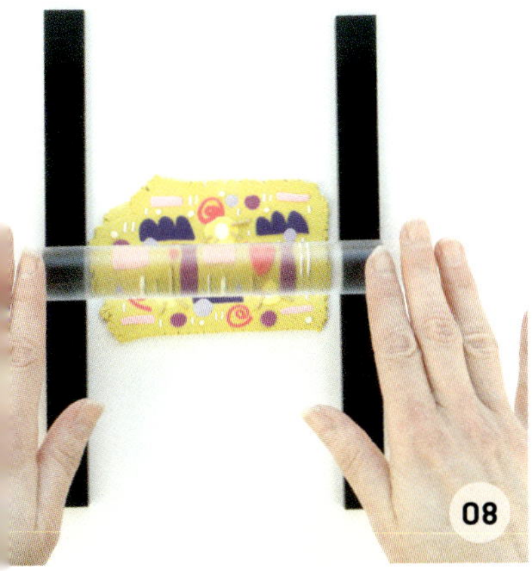

08

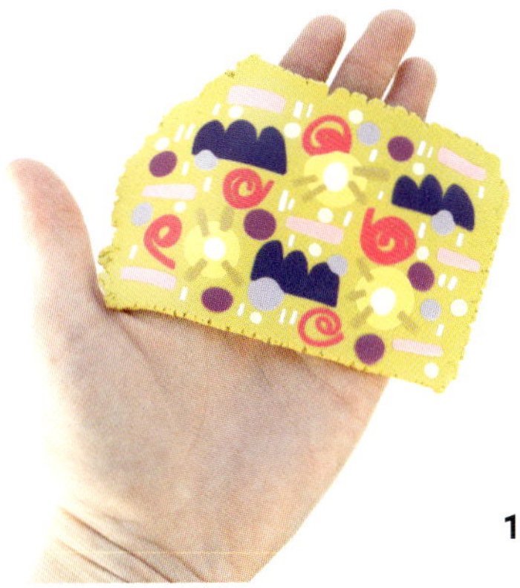

10

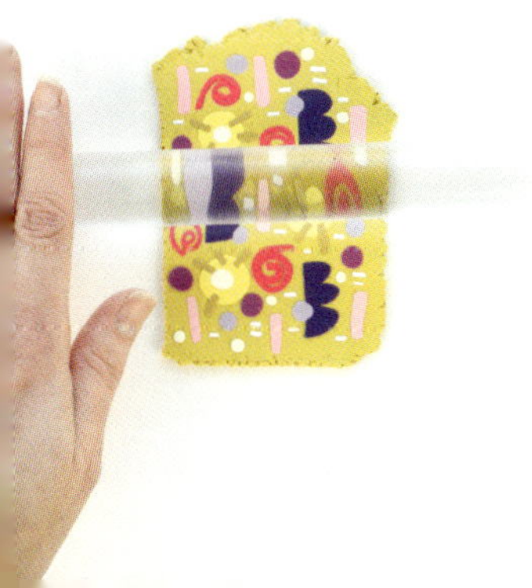

09

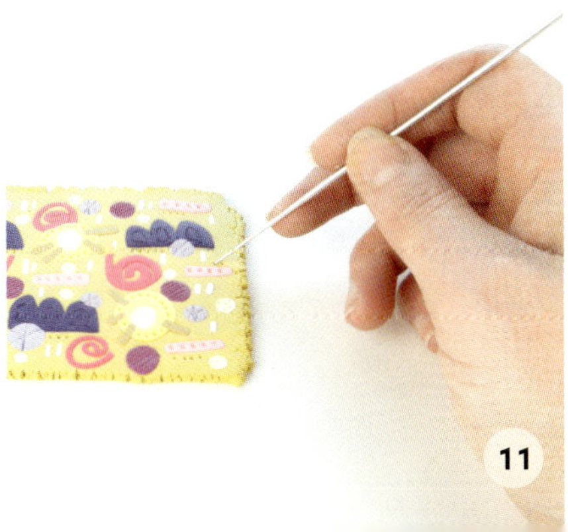

11

05 Vervollständigen Sie nun Ihr Muster, halten Sie nach Lücken Ausschau und füllen Sie diese nach und nach. Ich habe hier noch rosa Kringel und kleine lila und violette Punkte hinzugefügt.

06 Bei der Zusammenstellung eines so detaillierten Musters wie diesem ist es ratsam, die einzelnen Teile hin und wieder mit einem Roller leicht anzudrücken, damit sich das Muster nicht verzieht.

07 Sind die Elemente etwas abgeflacht, fallen Leerstellen eher auf. Ich fülle diese gerne mit kleinen weißen (oder schwarzen) Tupfen.

08 Sobald alle Teile angeordnet sind, wird es Zeit für ein letztes Ausrollen! Passende Werkzeuge sind hier eine große Hilfe, damit die Platte auch gleichmäßig dick wird (siehe Grundlagen: Modelliermasse – Arbeitsplatz und Ausstattung).

09 Denken Sie daran, die Platte beim Ausrollen immer wieder zu drehen, damit sich das Muster gleichmäßig „ausbreitet".

10 In diesem Stadium ist die Platte etwa 3 mm dick, perfekt gleichmäßig und das Muster komplett eingebettet. Nun kann man aus ihr Formen ausstechen, sie weiterverarbeiten, z. B. zu Ohrringen, einem Anhänger oder einer hübschen Schale, und sie härten.

11 Ich habe mich entschieden, noch etwas Struktur hinzuzufügen. Achten Sie darauf, sowohl Positiv- als auch Negativräume zu texturieren. Ich wiederhole Strukturen meist an gleichfarbigen oder gleichgeformten Stellen. Wichtig ist vor allem, sorgfaltig und sauber zu arbeiten.

Basisplatte A

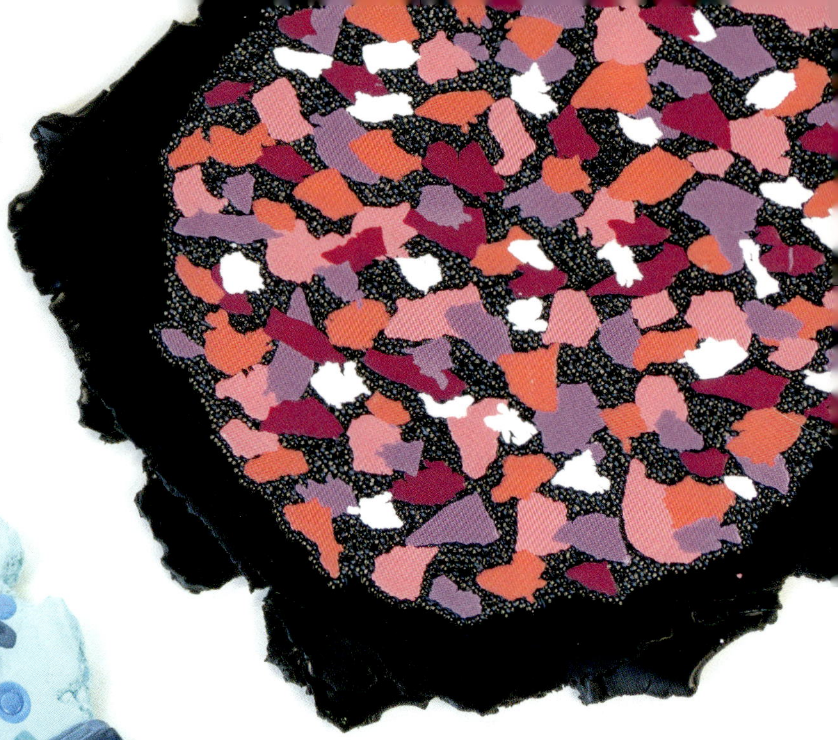

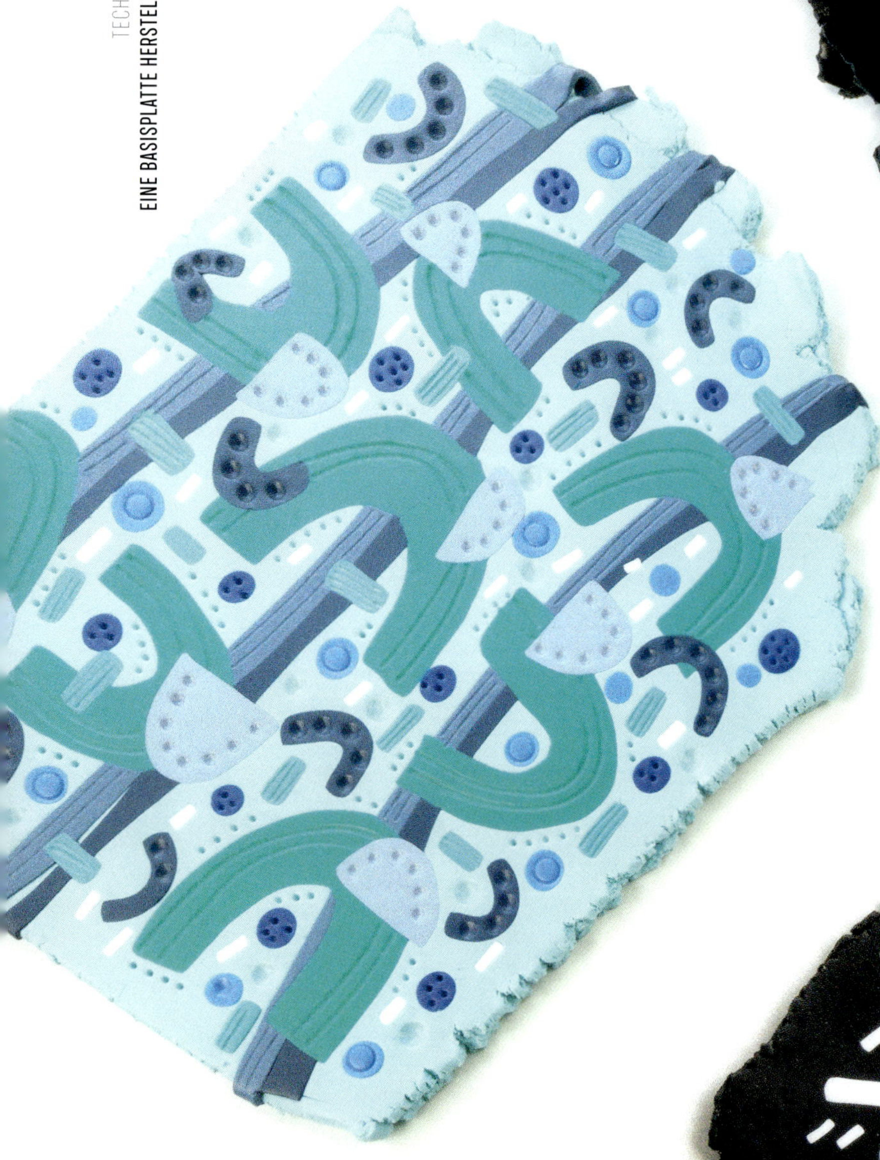

Basisplatte B

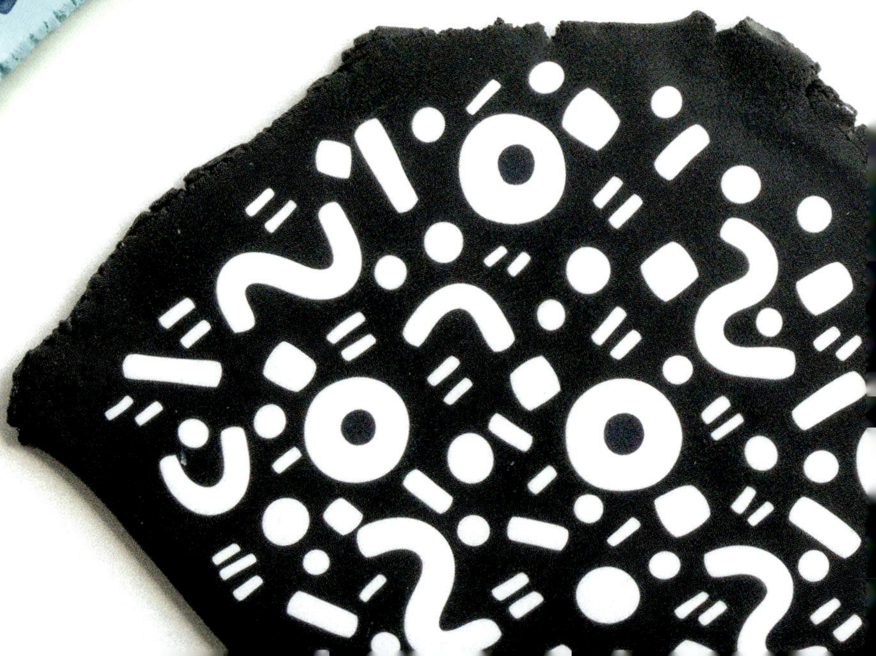

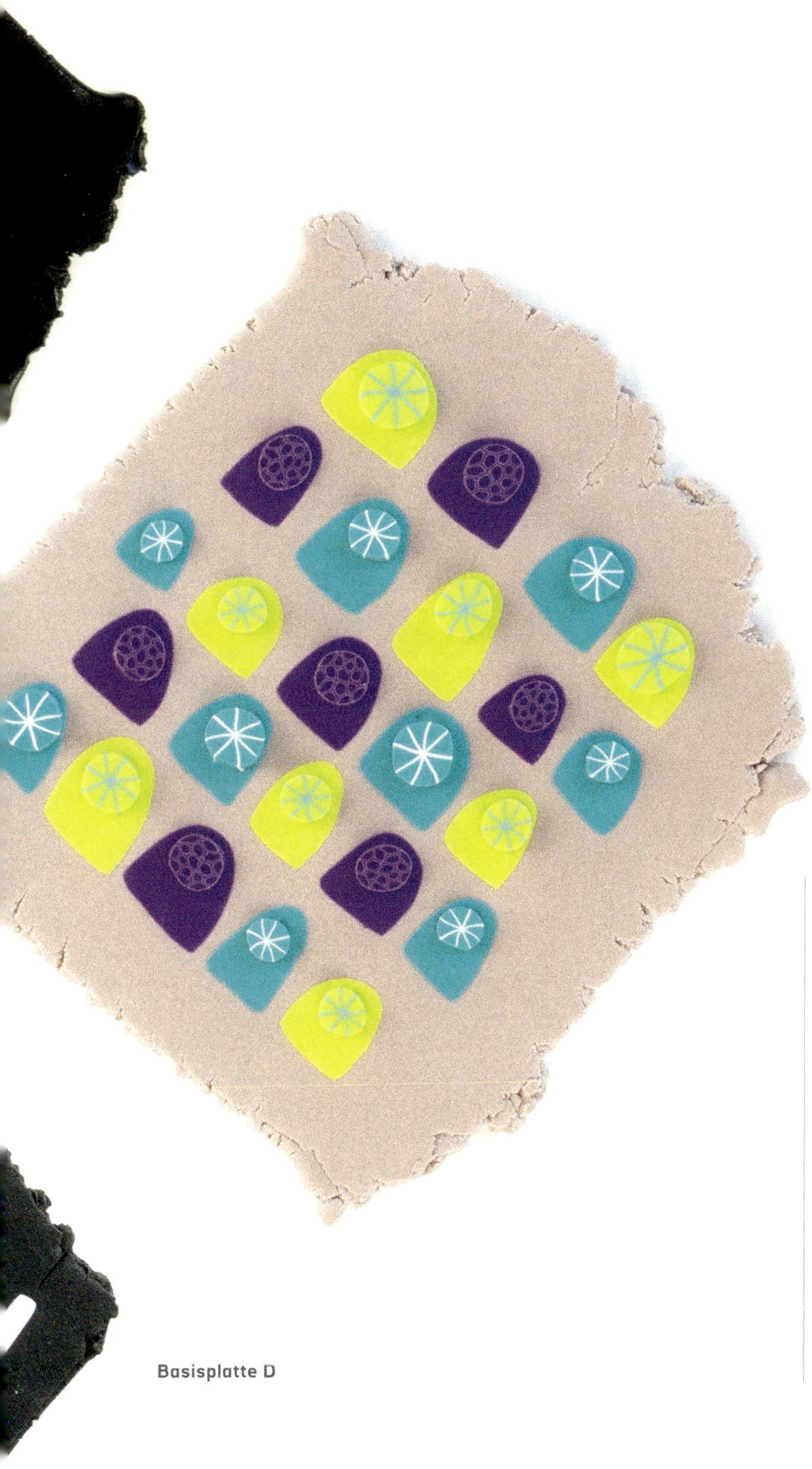

Basisplatte C

Plattenmuster können ganz unterschiedlich sein, wie diese vier Beispiele illustrieren: Auf Platte A bilden kleine Fetzen Modelliermasse ein Konfetti-Muster und der Negativraum wurde mit winzigen Details gefüllt. Auf Platte B ist das Muster relativ komplex, mit vielen Überlagerungen und leicht texturiert. Auf Platte C wurden flache, grafische Elemente mit dreidimensionalen Cane-Stückchen kombiniert und Platte D zeigt ein schlichtes, monochromatisches Design ohne Texturen. Die Herstellung von Basisplatten ist in der Clay-(Modelliermasse)-Künstler-Szene eine recht junge Erscheinung, doch lassen sich hier wunderbar klassische Techniken wie Siebdruck, Mica-Shift, Mokume Gane, Canes und andere anwenden.

Basisplatte D

SCHMUCKSET IN SCHWARZ – WEISS

Gibt es etwas Schöneres, als dieses Ohrring-Anhänger-Set in Kontrastfarben, um die Grundlagen der Plattenherstellung zu erlernen? Die Schmuckstücke wurden aus einer Platte angefertigt, deren modernes, grafisches Design in schlichtem Schwarz-Weiß auf mich einen solchen Eindruck machte, dass ich beschloss, auf eine Texturierung zu verzichten. Der starke Kontrast der Farben und die schlichte Bogenform, die ich für die Schmuckstücke gewählt habe, ergänzen sich wunderbar.

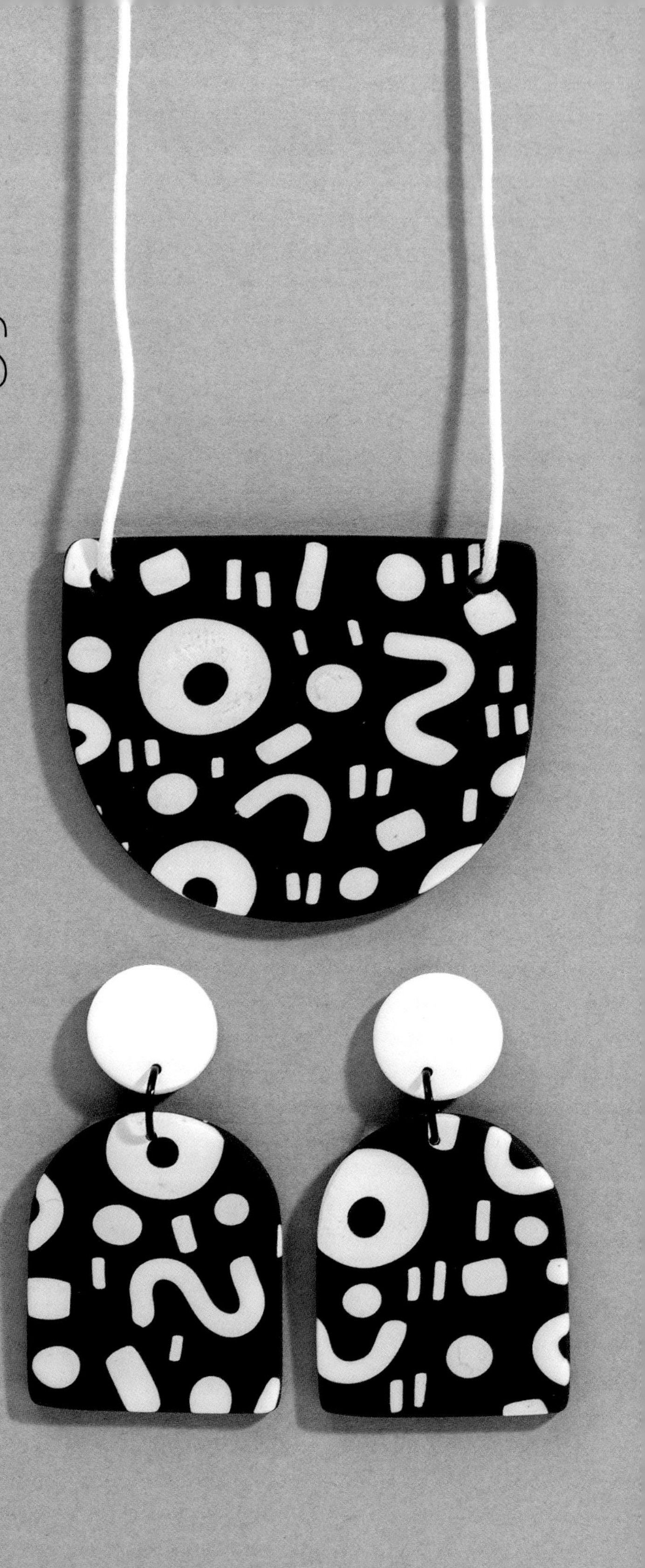

MATERIALLISTE

- schwarze und weiße Modelliermasse Ihrer Wahl*
- Werkzeuge zum Ausrollen (optional)
- Ausstecher und Schablonen (siehe Vorlagen)
- Ohrring-Fournituren und Zangen
- Baumwollkordel
- Grundausstattung (siehe Grundlagen: Modelliermasse – Arbeitsplatz und Ausstattung)

** Ich habe Sculpey Soufflé in den Farben Poppy Seed und Igloo verwendet.*

01 Beide Farben gut durchkneten (siehe Grundlagen: Modelliermasse – Kneten), dann die schwarze Modelliermasse für die Platte etwa 3–4 mm dick ausrollen.

02 Mit der weißen Modelliermasse auf der schwarzen Platte ein Muster legen. Für meines habe ich Kreise (flachgedrückte Kügelchen) und Schnörkel (aus kleinen Stücken dünn gerollter Schlangen) verwendet.

03 Um kleine Teilchen – hier kurze Striche (Stücke von dünnen Schlangen) oder die winzigen schwarzen Kügelchen in der Mitte der weißen Kreise – auf die Platte aufzubringen, ohne dass etwas verschmiert, verwendet man am besten ein Cuttermesser.

04 Achten Sie darauf, Formen und Linien gleichmäßig auf der Platte zu verteilen, damit das Muster ausgewogen wirkt.

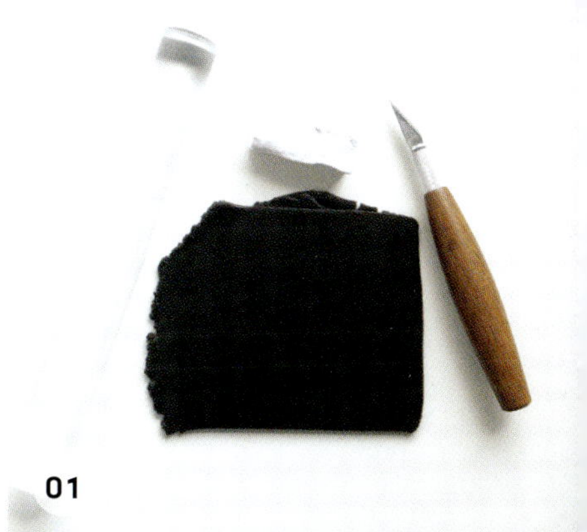

01

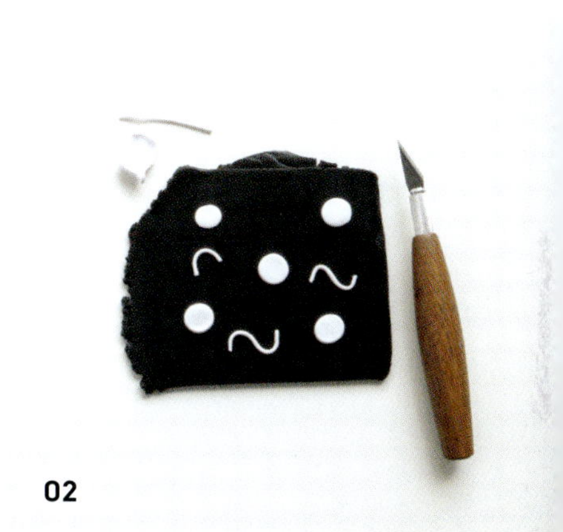

02

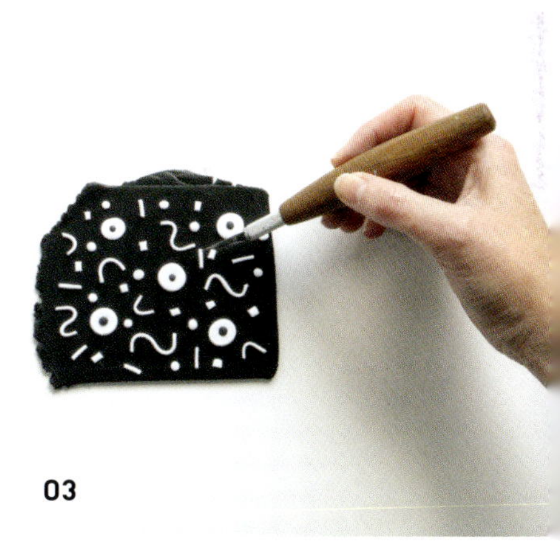

03

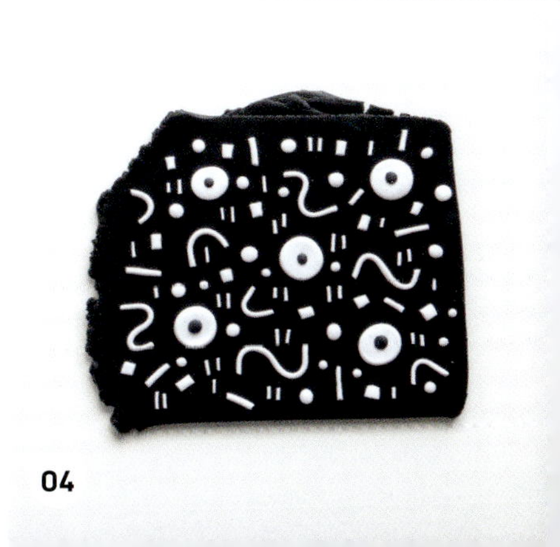

04

05 Hier lässt sich gut erkennen, wie die Einzelteile des Musters vor dem Ausrollen auf der Platte aufliegen.

06 Nun mithilfe eines Acrylrollers die Platte vorsichtig und mit gleichmäßigem Druck ausrollen, sodass die aufliegenden Musterteile in die Unterlage eingearbeitet werden.

07 Beim Ausrollen die Platte regelmäßig drehen, damit sich das Muster nicht verzieht.

08 Um beim Ausrollen der Platte eine gleichmäßige Stärke von 2–3 mm zu erhalten, können Sie die Platte auch zwischen zwei gleich dicke Stifte oder Stricknadeln legen.

09 Sobald die Platte ausgerollt ist, kann man die Schmuckstücke ausstechen – hier die Bogenform für die Ohrringe.

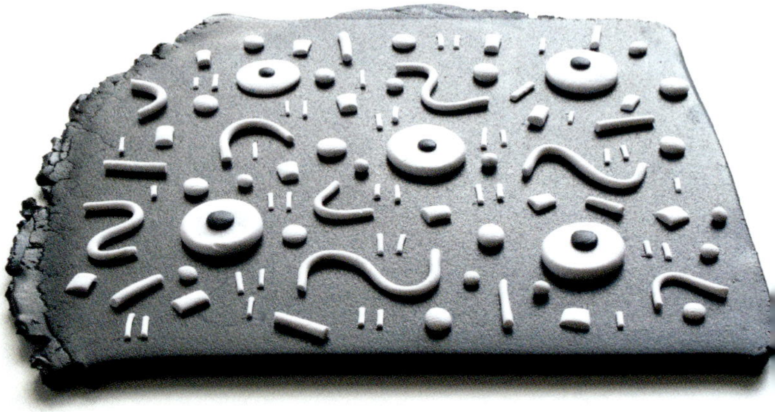

05

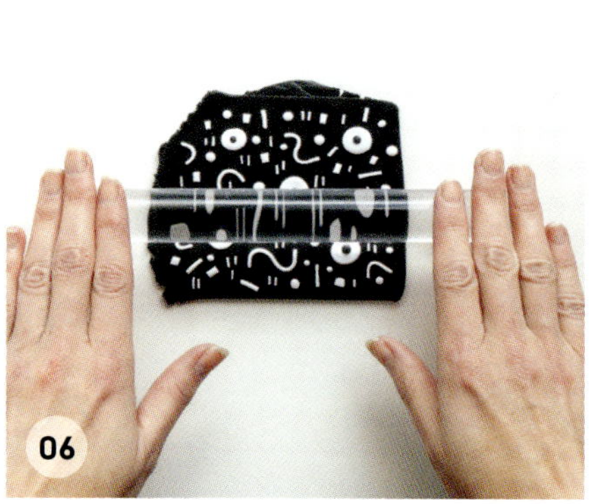

06

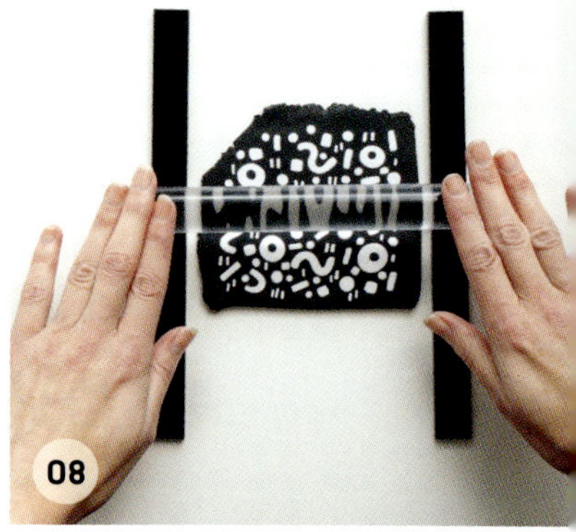

08

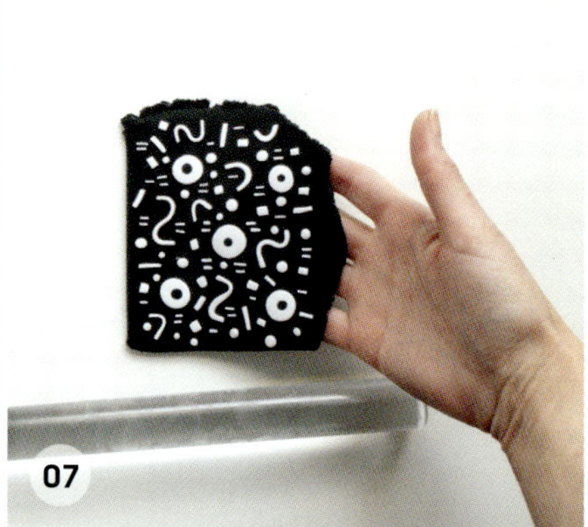

07

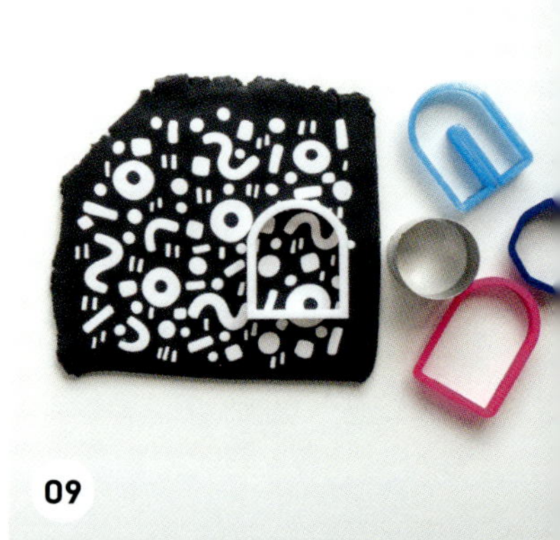

09

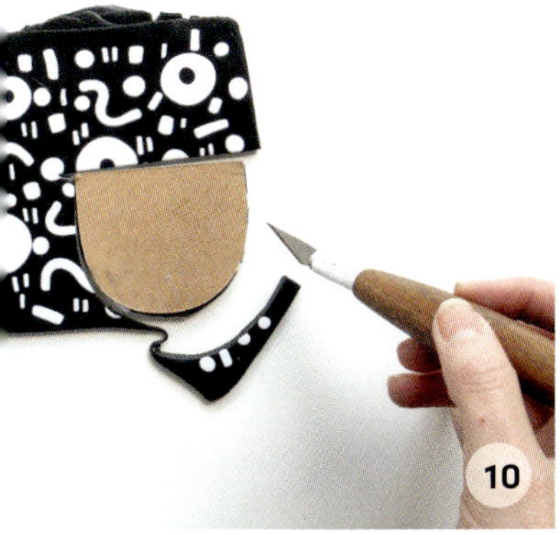
10

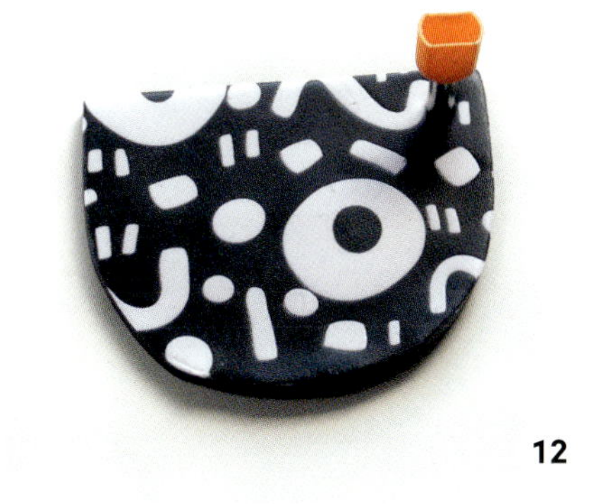
12

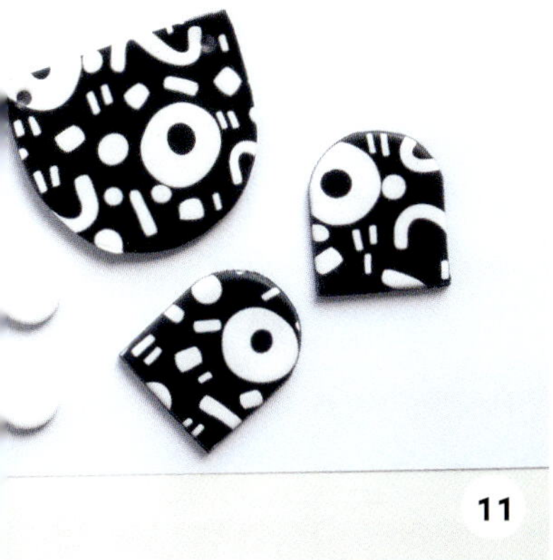
11

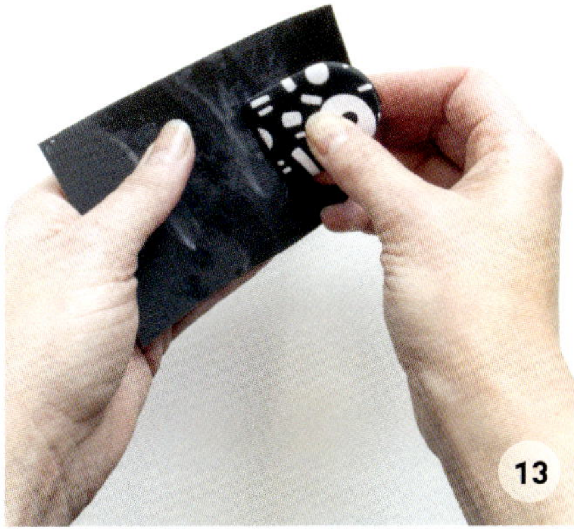
13

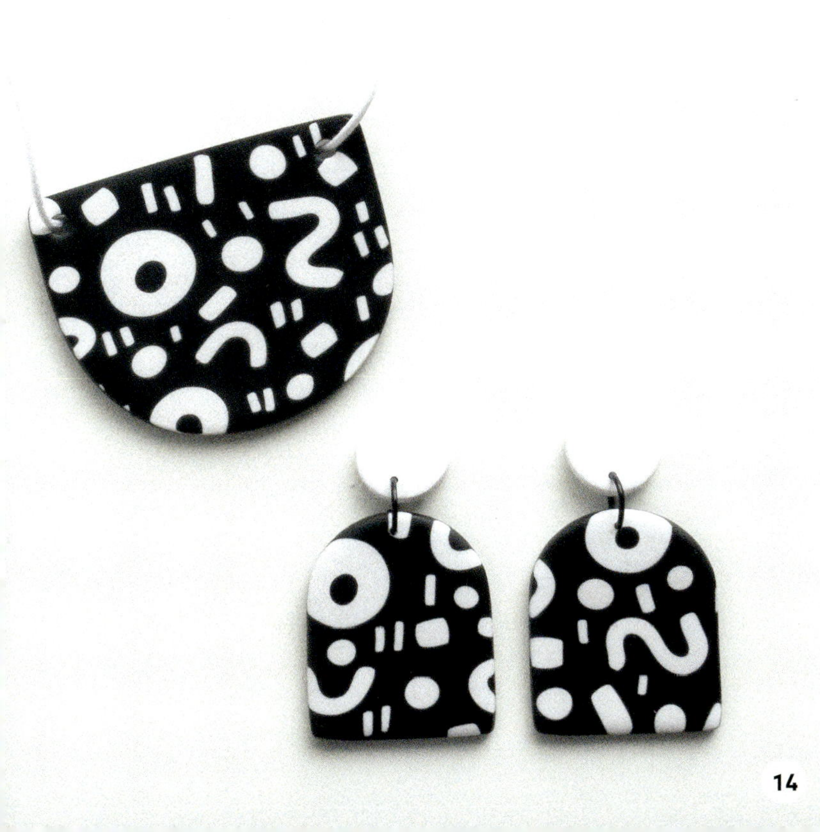
14

10 Stechen Sie nun die Form für den Anhänger aus (Reste unbedingt aufheben!).

11 Aus der weißen Modelliermasse zwei Kreise für die Ohrstecker ausstanzen. Alle Teile zum Härten auf Papier legen (siehe Grundlagen: Arbeitstechniken – Härten).

12 Sobald die Stücke gehärtet sind, kann man Löcher für die Schmuckfournituren bohren (siehe Grundlagen: Schmuckherstellung – Techniken zur Schmuckherstellung).

13 Nach dem Bohren der Löcher für die Schmuckfournituren eventuell noch die Kanten schleifen (siehe Arbeitstechniken – Schleifen).

14 Die Ohrringe nun zusammensetzen, dann eine Kordel durch die Löcher des Anhängers fädeln und mit einem Slipknoten befestigen (siehe Grundlagen: Schmuckherstellung – Techniken zur Schmuckherstellung).

BUNT GEMUSTERTE MINI-KOLLEKTION

Diese Mini-Kollektion aus Anhänger und frei kombinierbaren Ohrringen ist ein prima Beispiel dafür, wie sich ein Schmuckset aus Basisplatten mit unterschiedlichen Mustern zusammenstellen lässt. Hierfür habe ich drei Platten hergestellt – eine Hauptplatte mit einem komplizierten Design und zwei Platten mit deutlich einfacheren Mustern. Sie ergänzen sich sehr schön, weil für alle drei Platten eine sorgfältig ausgewählte Palette komplementärer Farben verwendet wurde.

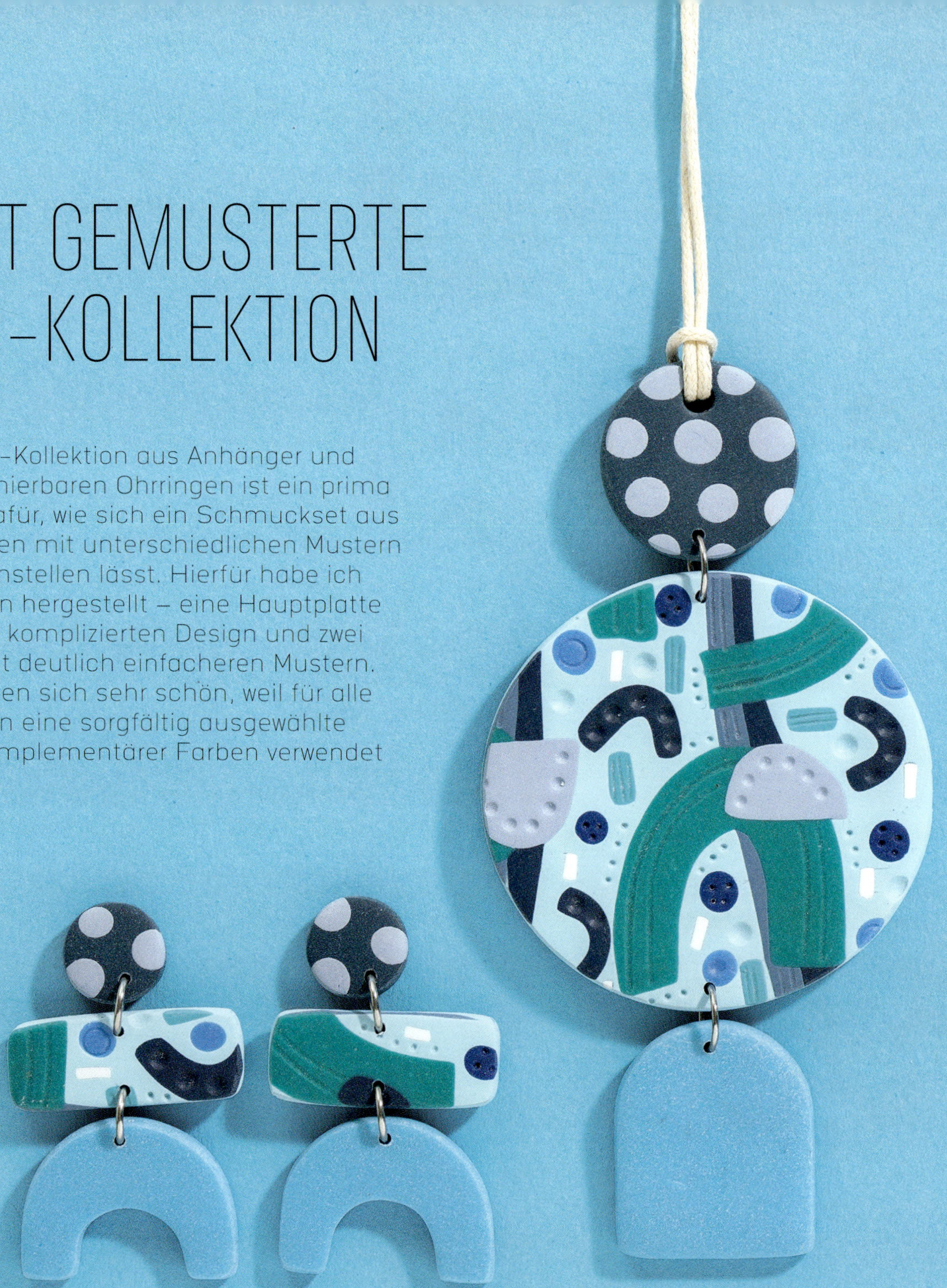

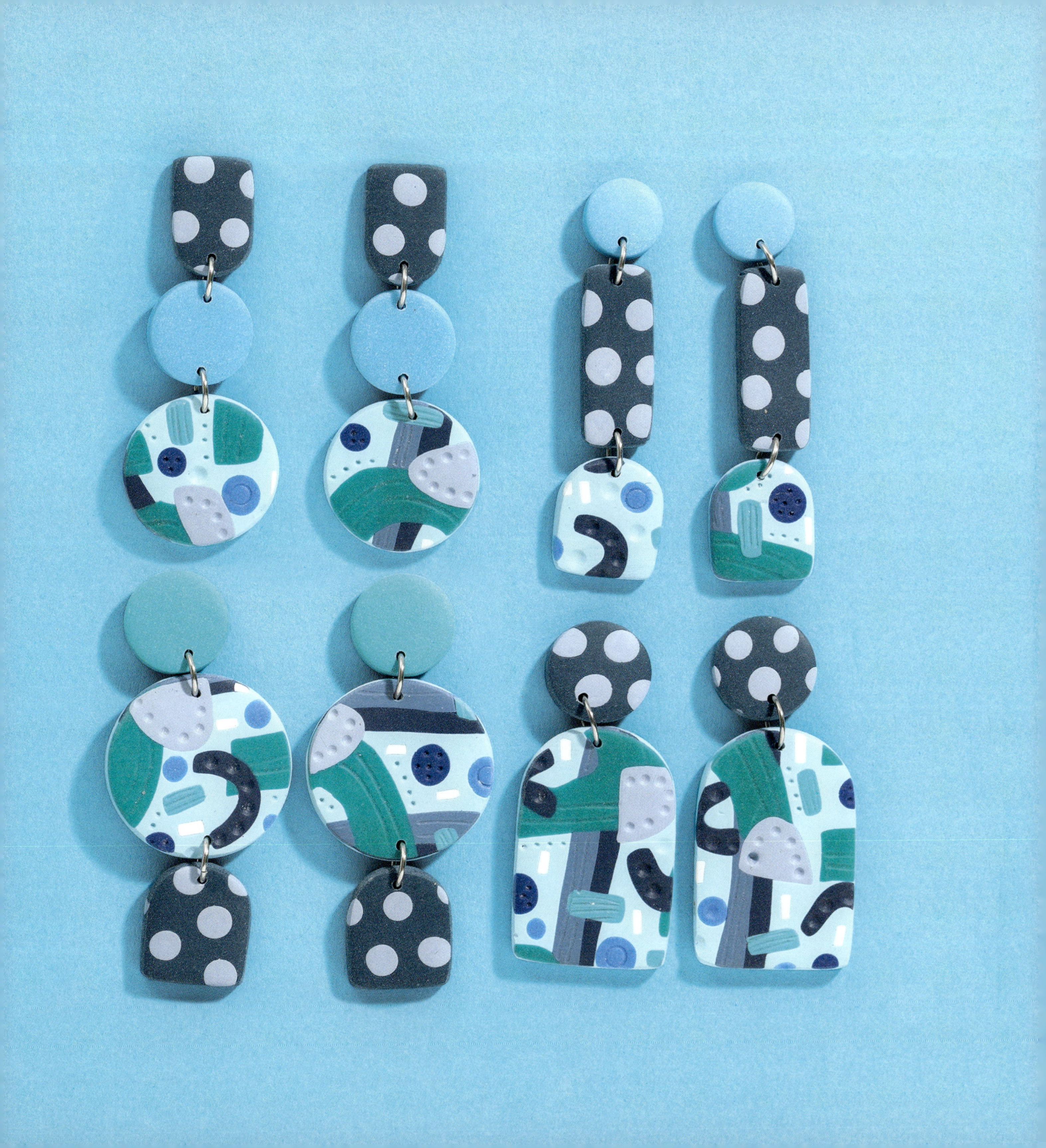

MATERIALLISTE

- farbige Modelliermasse Ihrer Wahl*
- Strukturwerkzeuge
- Ausstecher oder Schablonen (siehe Vorlagen)
- Ohrring-Fournituren und Schmuckzangen
- Baumwollkordel
- Grundausstattung (siehe Grundlagen: Modelliermasse – Arbeitsplatz und Ausstattung)

** Ich habe überwiegend Sculpey Soufflé, aber auch Sculpey Premo verwendet und drei Basisfarben sowie einige Akzentfarben gewählt.*

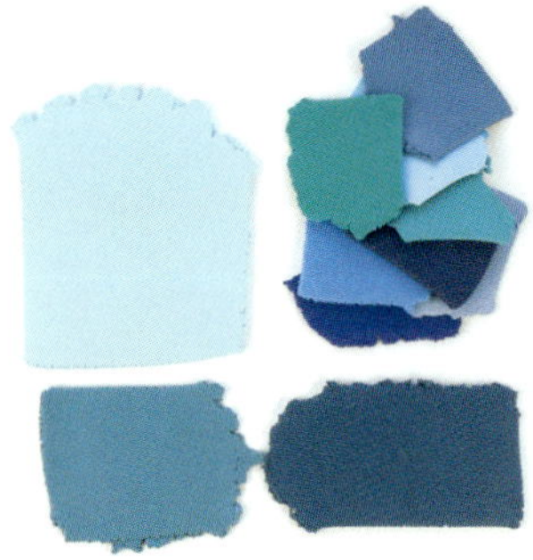

01

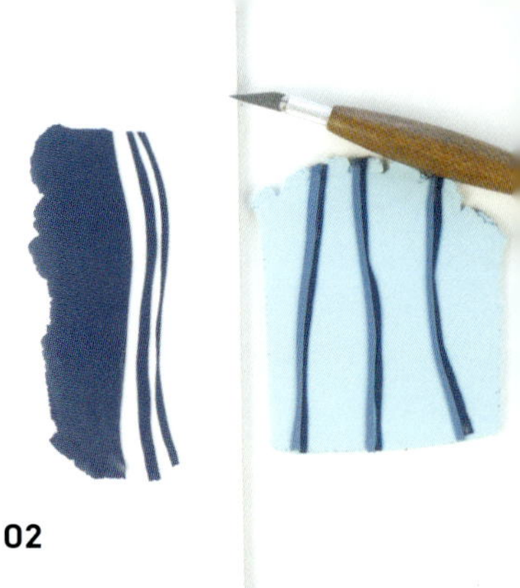

02

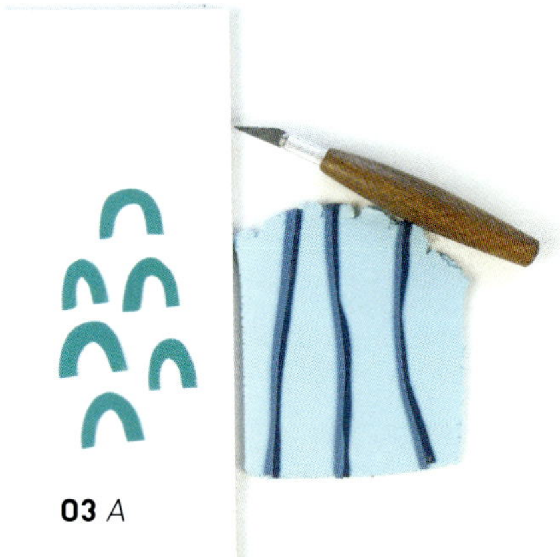

03 *A*

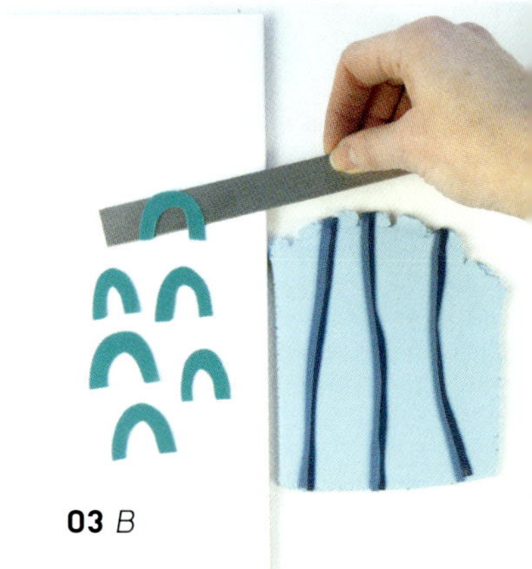

03 *B*

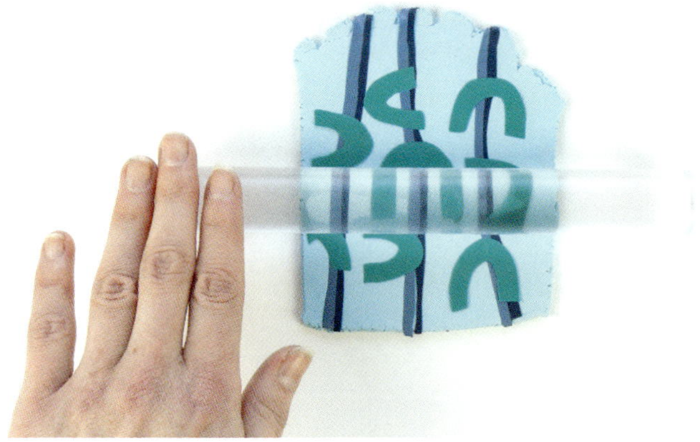

04

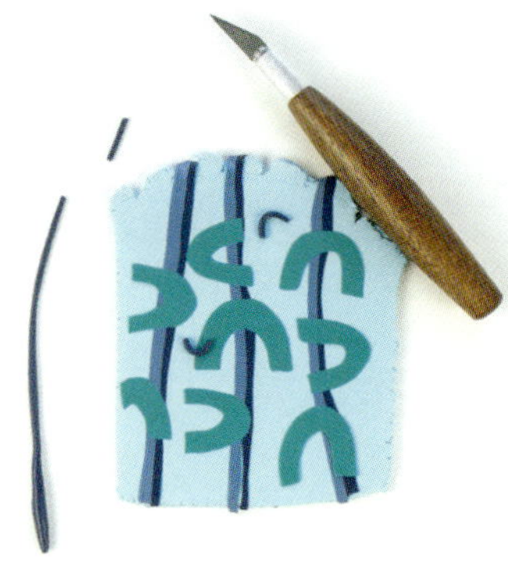

05

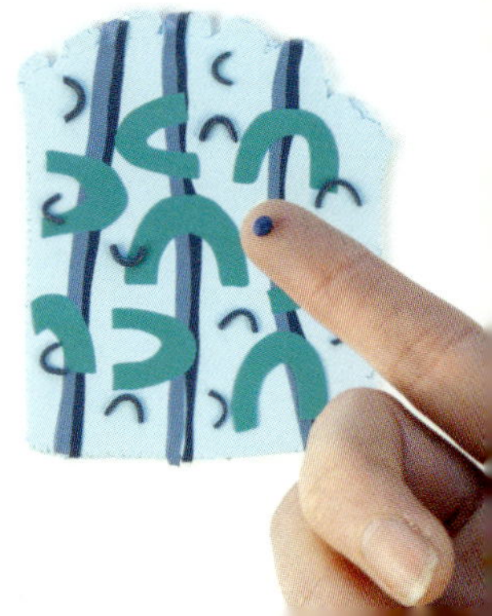

06

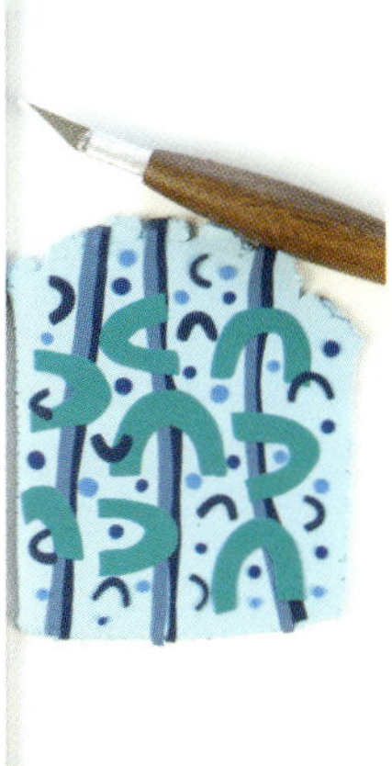

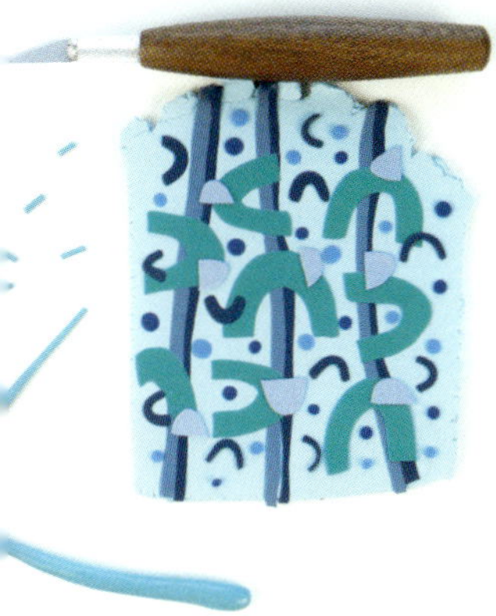

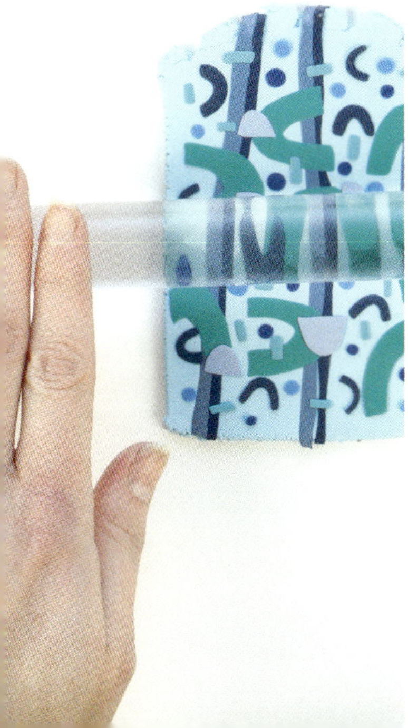

01 Die gewählten Basis- und Akzentfarben gut durchkneten (siehe Grundlagen: Modelliermasse – Kneten).

02 Die Farbe für die Basisplatte 3–4 mm dick ausrollen, dann mit dem Muster beginnen. Aus dünn (1 mm) ausgerollten Akzentfarben einige lange, gewellte Streifen ausschneiden und mit einem Cuttermesser auf die Basisplatte legen, sodass ein gestreifter Hintergrund entsteht.

03 Große, unregelmäßige Bögen sind das hervorstechende Designelement auf dieser Basisplatte. Sie werden aus einer dünn ausgerollten Akzentfarbe gefertigt (A). Mit einer Klinge lassen sich die hauchdünnen Elemente gut von der Kachel abheben (B).

04 Denken Sie daran: Bei einem so detaillierten Muster wie diesem ist es ratsam, hin und wieder mit einem Roller die einzelnen Teile leicht anzudrücken, damit sich das Muster nicht verzieht.

05 Nun aus einer Akzentfarbe eine dünne Schlange rollen, kleine Stücke abtrennen und diese zu kleinen Bögen formen, die mit dem Hauptmotiv korrespondieren. Die Bögen dann so auf der Platte verteilen, dass sie mit der Öffnung immer in eine andere Richtung zeigen.

06 Aus kleinen Kugeln lassen sich Tupfen und Punkte zaubern, mit deren Hilfe sich der Hintergrund schnell füllen lässt. Am besten drückt man die Kügelchen etwas in die Platte, dann lassen sie sich in Schritt 9 leichter einbetten.

07 Einige Kegel ausschneiden und auf sowie neben die Bögen aus Schritt 3 legen.

08 Nun noch aus einer anderen Akzentfarbe eine dünne Schlange rollen, davon kleine Stücke abschneiden und diese quer auf die Streifen im Hintergrund legen sowie im restlichen Muster verteilen.

09 Sobald Ihnen Ihr Design gefällt, die Platte ausrollen, um die einzelnen Teile des Musters darin einzubetten. Dabei die Platte immer wieder drehen, damit sie gleichmäßig 2–3 mm dick wird.

10 Wenn Sie wollen, können Sie jetzt noch Negativ- und Positivräume mit Prägestiften und kleinen Pappstücken texturieren. Arbeiten Sie sorgfältig, damit nichts verschmiert.

10

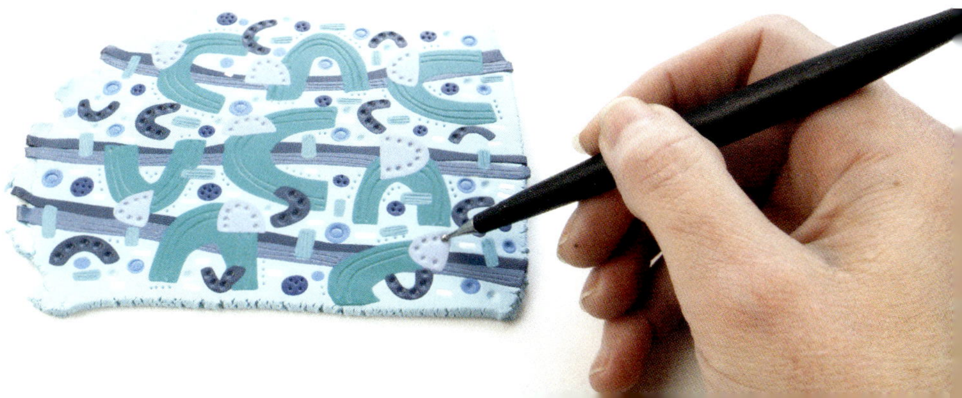

11 Nun fehlen noch die Ergänzungsplatten. Sie sollten deutlich schlichter gemustert und müssen auch nicht texturiert sein. Mit kleinen Kügelchen (A), die man in die Basisplatte einrollt (B), lässt sich ein einfaches Punktemuster herstellen.

12 Auf der zweiten Platte werden dünne Schlangen (A) aufgelegt, die in die Basisplatte eingerollt ein schlichtes Wellenmuster ergeben (B).

13 Alle drei Platten werden nun auf die gleiche Dicke (ca. 2–3 mm) ausgerollt, dann können verschiedene Formen ausgestanzt werden.

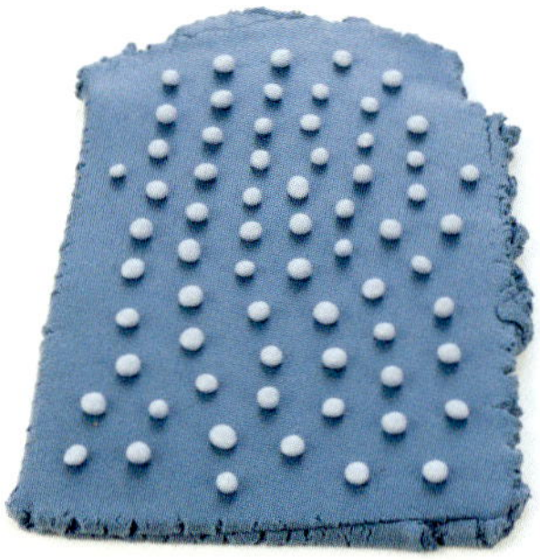

11 *A*

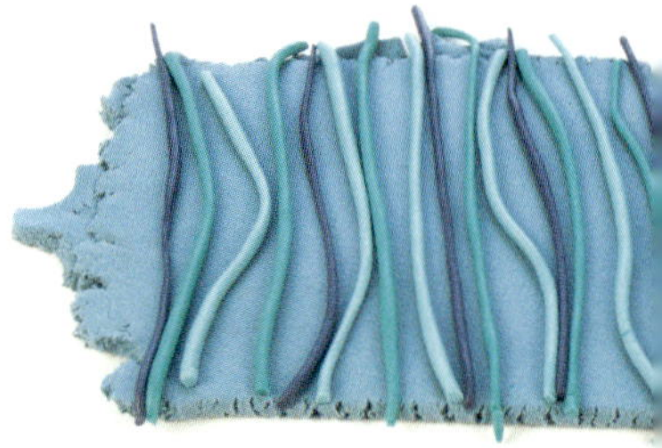

12 *A*

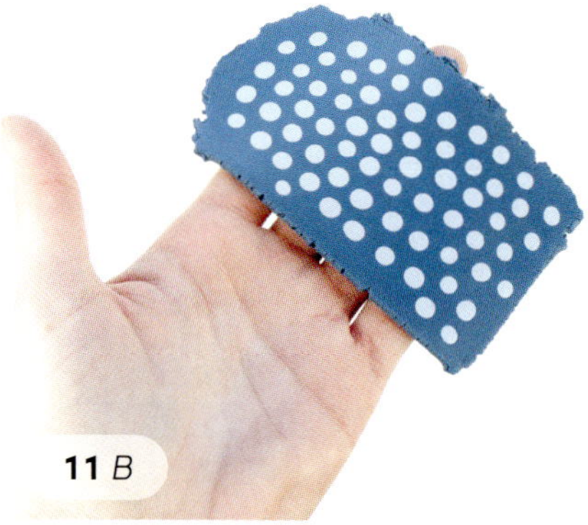

11 *B*

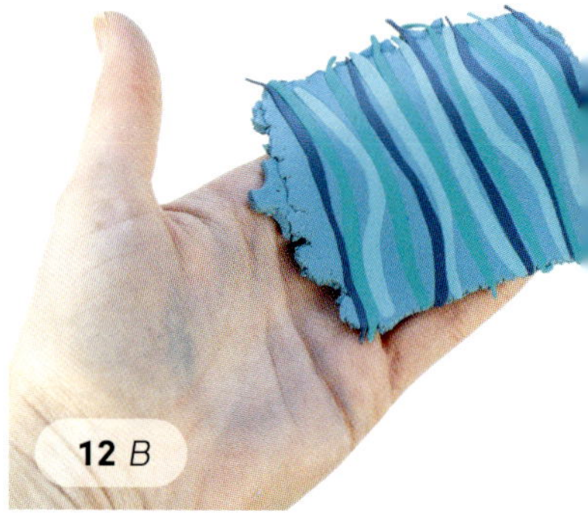

12 *B*

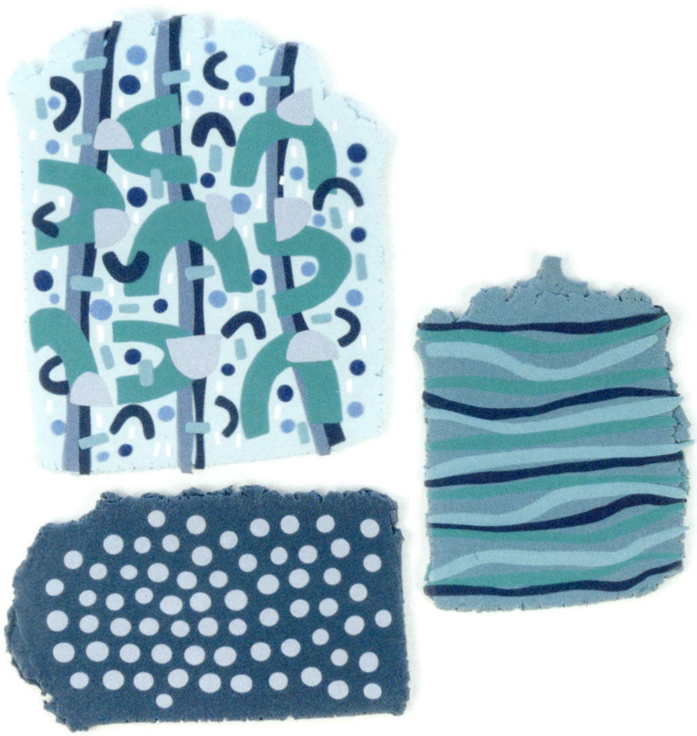

13

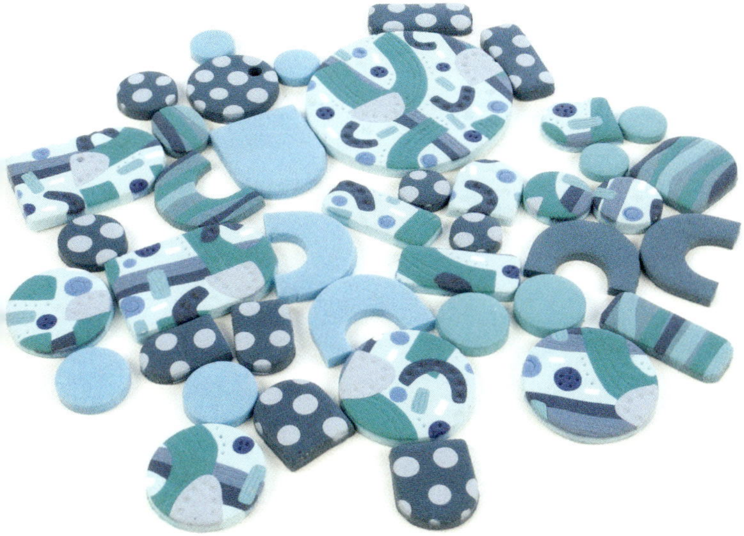

14

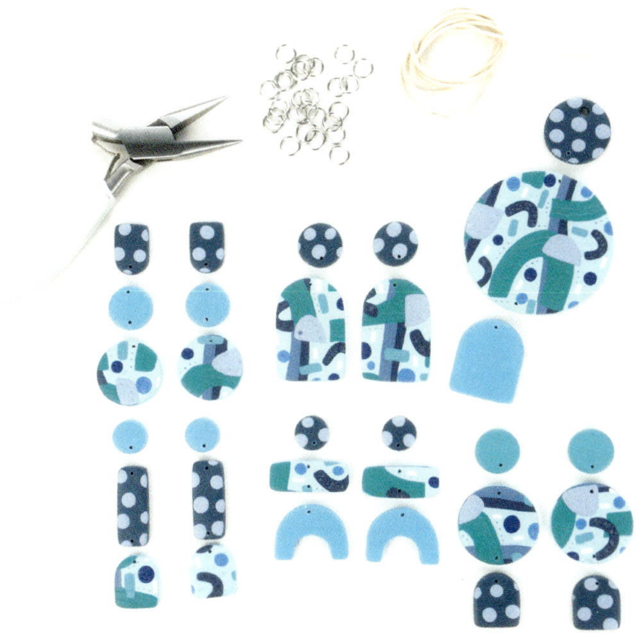

15

14 Arbeitet man mit mehreren Mustern, sollte man zunächst viele verschiedene Formen ausstechen und diese erst später kombinieren. Also so viele Teile wie möglich aus den drei Platten ausstanzen (siehe Ausschneiden und Ausstechen) und anschließend härten (siehe Arbeitstechniken – Härten).

15 Nach dem Schleifen (siehe Arbeitstechniken – Schleifen) der einzelnen Teile kann man die Stücke dann kombinieren und entsprechende Löcher bohren (siehe Grundlagen: Schmuckherstellung – Techniken zur Schmuckherstellung). Dabei sollte man darauf achten, dass bei jedem Schmuckstück mindestens ein Teil von der Basisplatte stammt. Setzen Sie die Einzelteile wie in „Grundlagen: Schmuckherstellung – Techniken zur Schmuckherstellung" beschrieben zusammen.

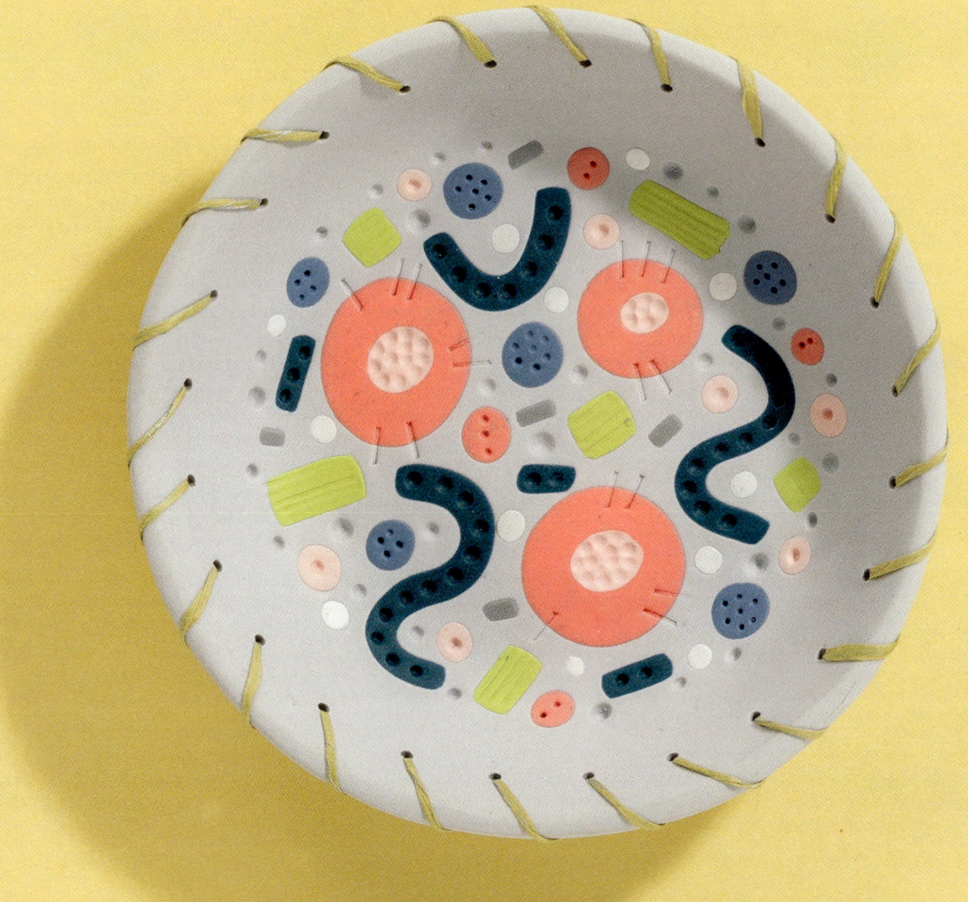

SCHMUCKSCHALE MIT STICKRAND

Schmuckschalen sehen hübsch aus und lassen sich aus Modelliermasse leicht herstellen. Geformt wird die Schale durch Einlegen einer Basisplatte in eine kleine Keramik- oder hitzebeständige Glasschale. Nach dem Härten im Ofen wird die Gussform entfernt, die Schale aus Modelliermasse behält aber ihre Form. Das Muster, das ich für diese Schale entworfen habe, ist zwar an sich schon bunt und reich texturiert, aber ich konnte nicht widerstehen, ein weiteres dekoratives Element hinzuzufügen, nämlich eine hübsche Stickerei am Rand.

MATERIALLISTE

- farbige Modelliermasse Ihrer Wahl*
- kleine Schale aus Keramik oder hitzebeständigem Glas
- Strukturwerkzeuge
- Renaissance Wachs oder Vaseline (optional)
- Handbohrer oder Rotationswerkzeug mit Schleif- und Bohraufsatz
- Nadel und Faden
- Grundausstattung (siehe Grundlagen: Modelliermasse – Arbeitsplatz und Ausstattung)

** Ich habe Sculpey Soufflé verwendet und eine Basisfarbe sowie sieben Akzentfarben gewählt.*

01 Die gewählten Farben gut durchkneten (siehe Grundlagen: Modelliermasse – Kneten), dann die Farbe für die Basisplatte 3–4 mm dick ausrollen. Die umgedrehte Schale nun leicht auf die Platte drücken, um einen Randabdruck zu erhalten – dieser dient als Orientierungshilfe für das Platzieren der Verzierungen.

02 Beginnen Sie innerhalb des Abdrucks mit Ihrem Muster (A), (B). Ich habe hier Kreise, Striche und Schnörkel sowie Punkte verwendet (siehe Eine Basisplatte herstellen, Schritte 2–4). Die Elemente sollten gleichmäßig verteilt sein, am Außenrand sollte ein breiter Streifen frei bleiben.

03 Sobald das Muster vollständig ist, mit einem Acrylroller die Elemente einarbeiten und während des Ausrollens die Platte immer wieder drehen (siehe Eine Basisplatte herstellen, Schritte 6–8). Angestrebt wird eine Dicke von 2–3 mm.

Achtung: Modelliermasse ist nicht lebensmittelecht, daher sollte man in solchen Schalen kein Essen servieren.

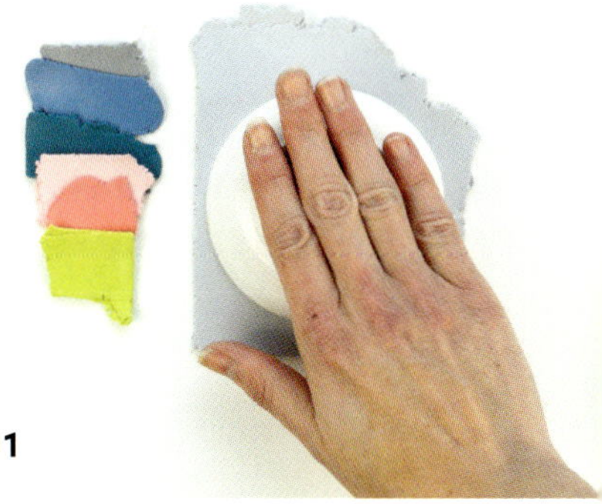

01

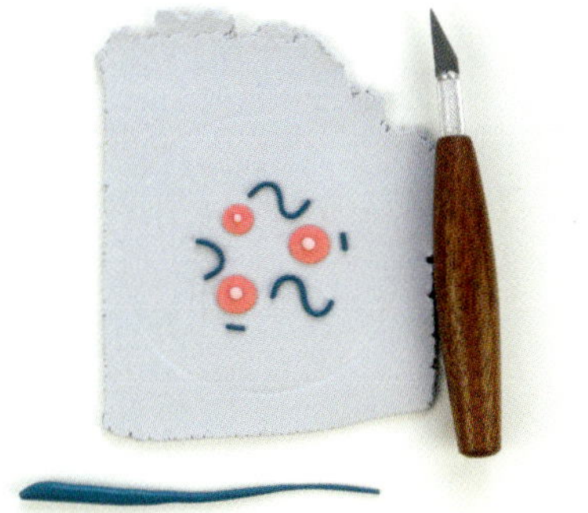

02 *A*

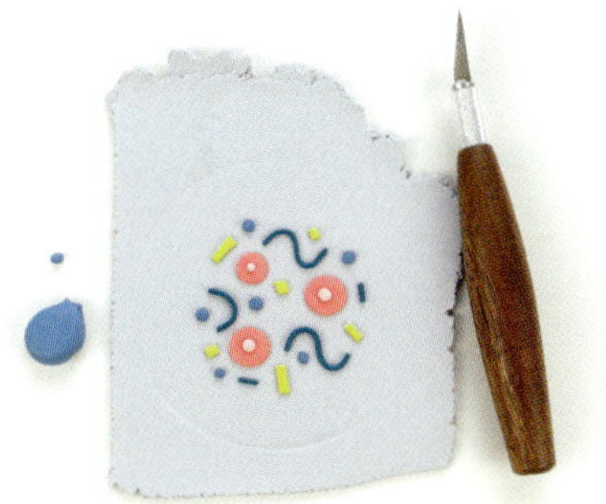

02 *B*

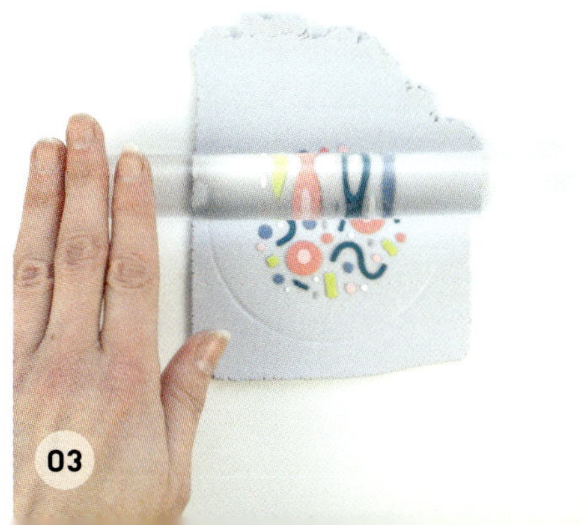

03

04 Nun können Sie die Platte noch nach Belieben texturieren (ich habe dazu Prägestifte und kleine Pappstücke verwendet).

05 Die umgedrehte Keramikschale vorsichtig auf den Randabdruck legen und am Rand entlang einen Kreis ausschneiden.

06 Nun den Kreis mittig in die Schale legen und vorsichtig vom Boden zu den Seiten hin andrücken. Dabei immer wieder den Rand anheben und Luftblasen ausstreichen. Lassen Sie sich Zeit und haben Sie Geduld – das Auskleiden der Schale kann eine Weile dauern!

07 Glättet man jetzt die Oberkante, spart man später beim Schleifen Zeit. Prüfen Sie noch einmal, ob alle Luftblasen entfernt sind und glätten Sie die Oberfläche, um Fingerabdrücke zu beseitigen. Anschließend die verzierte Schale in der Keramik-Gussform im Ofen härten (siehe Arbeitstechniken – Härten).

08 Sobald die Schale abgekühlt ist, kann man sie aus der Form drücken – das gelingt nicht immer auf Anhieb und kann etwas dauern. Mit einem Rotationswerkzeug mit Schleifaufsatz oder Nass-Schleifpapier können Sie nun noch scharfe Kanten glätten (siehe Arbeitstechniken – Schleifen).

09 Wenn Sie möchten, können Sie mit einem feinkörnigen Papier nachschleifen. Renaissance Wachs oder Vaseline beseitigt Schleifspuren und sorgt für einen leichten Glanz.

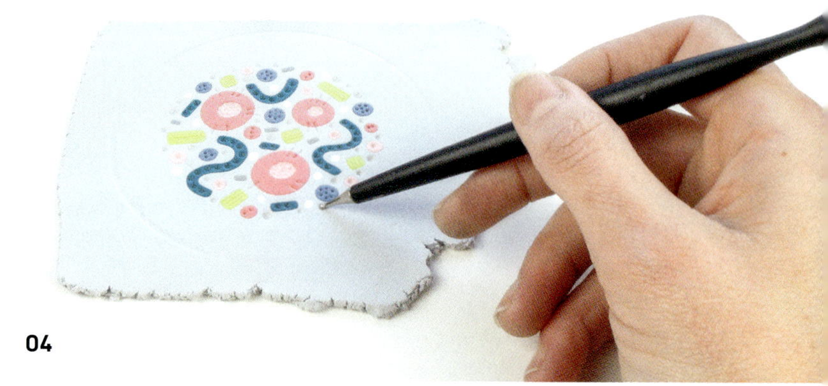
04

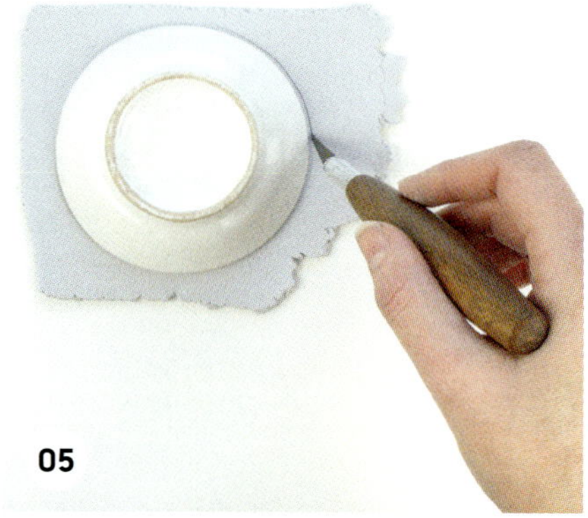
05

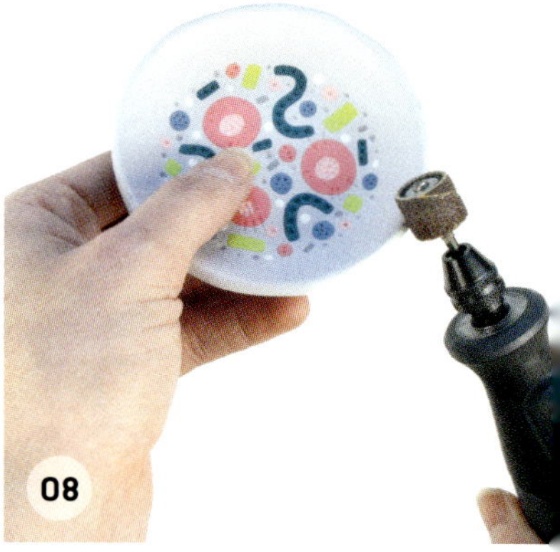
08

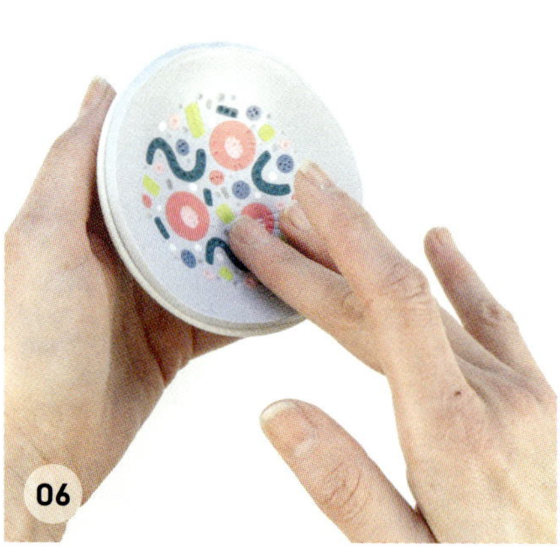
06

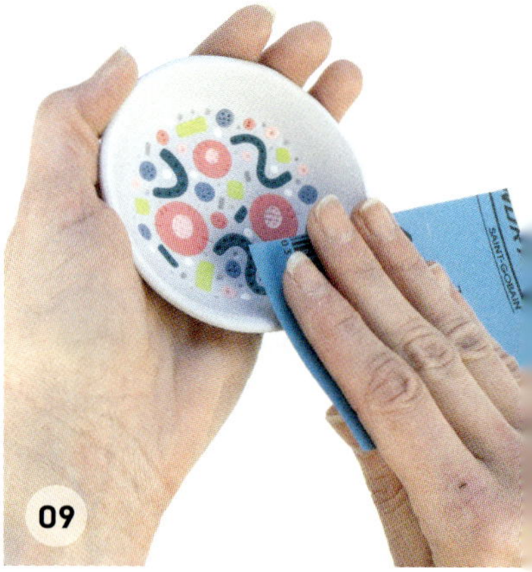
09

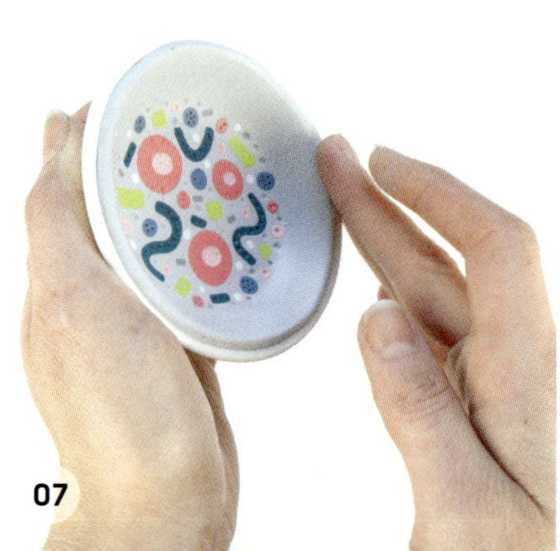
07

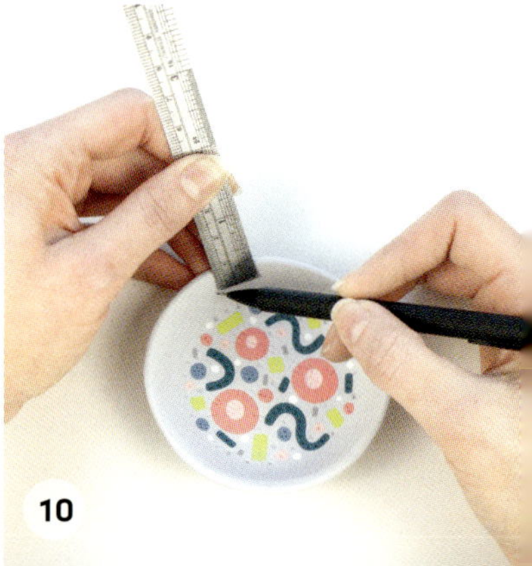
10

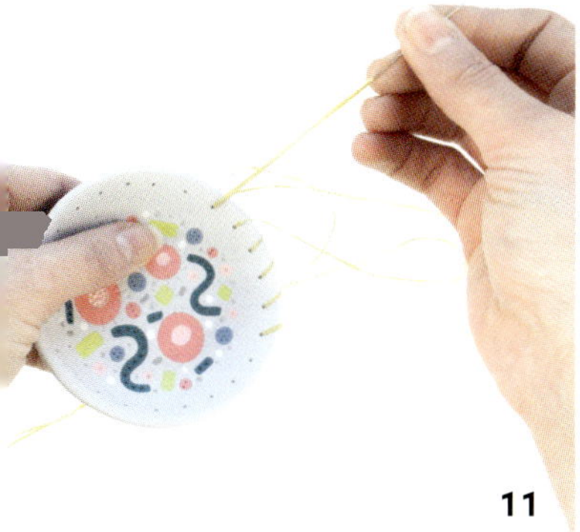
11

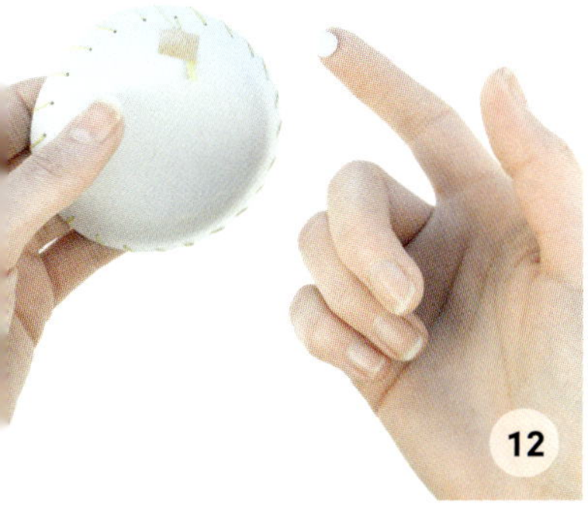
12

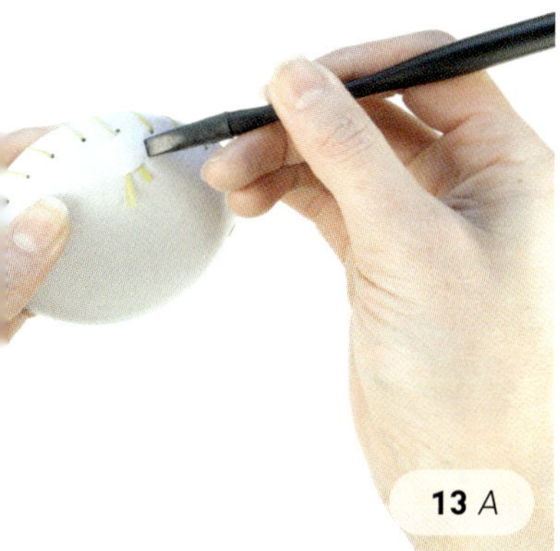
13 *A*

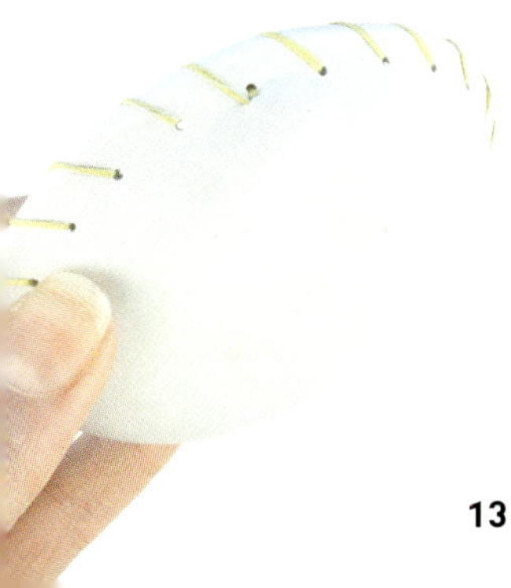
13 *B*

10 Zur Vorbereitung der Randstickerei werden die Bohrlöcher mithilfe eines Lineals zuerst angezeichnet, damit sie alle gleich weit vom Rand und voneinander entfernt liegen, und anschließend mit einem Handbohrer oder Rotationswerkzeug mit 1–1,5-mm-Bohraufsatz gebohrt.

11 Nun den Faden auf die Nadel fädeln (ich habe eine Sticknadel Größe 24 verwendet, aber die Größe kann je nach Bohrlochgröße variieren). Den Faden durch ein Loch ziehen und das Fadenende auf der Rückseite der Schale mit einem Stück Kreppband befestigen. Jetzt können Sie den Rand wie hier abgebildet (aber natürlich auch mit Langetten- oder Kreuzstich) „besticken“.

12 Wieder am Anfang angekommen, wird dieses Fadenende ebenfalls unter das Kreppband geschoben. Die beiden Fadenenden mit einer kleinen Kugel aus Modelliermasse (am besten vorher bereitlegen) bedecken, damit sich die Fäden nicht lösen.

13 Die rohe Modelliermasse auf die Fadenenden drücken, dann verteilen und glattstreichen (A), sodass die Stelle so wenig wie möglich auffällt (B). Abschließend die Schale noch einmal härten.

Tipps zur Problembehebung:

Sollte sich auf dem Schalenboden noch eine Luftblase befinden, wenn sie aus dem Ofen kommt, dann füllen Sie die Schale am besten mit Taschentüchern, drücken die Blase leicht nach unten, legen etwas Schweres darauf und lassen die Schale abkühlen.

Befindet sich im Boden der Schale ein Riss, diesen am besten mit einer dünnen Lage Modelliermasse abdecken und die Schale noch einmal härten.

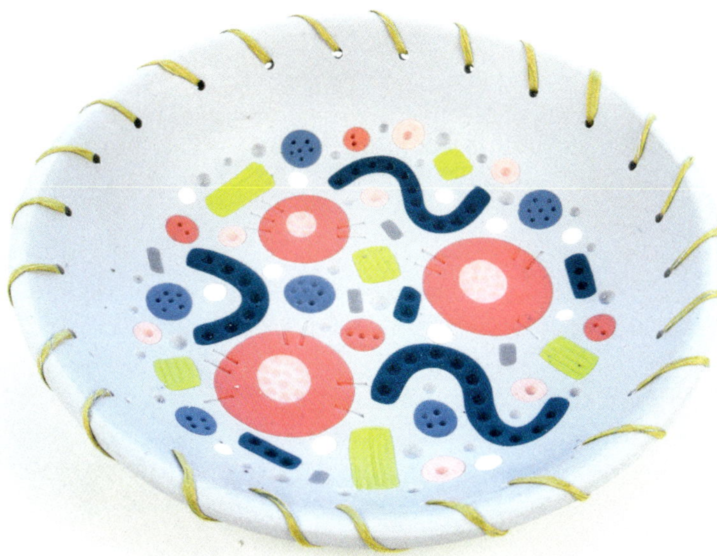

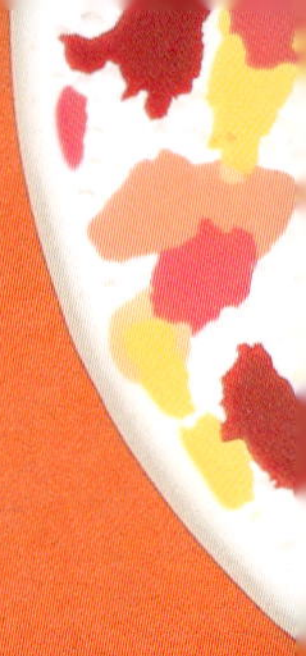

SCHMUCKSCHALEN MIT KONFETTI-MUSTER

Solche Schälchen eignen sich perfekt zur Aufbewahrung all jener alltäglichen kleinen Dinge, die zuhause gerne spurlos verschwinden wie Autoschlüssel, Münzen, Briefmarken und Büroklammern. Dieses farbenfrohe Trio habe ich aus Basisplatten mit einfachen Konfetti-Mustern hergestellt – die Punkttextur im Negativraum zwischen den Farben verleiht zusätzliche Tiefe.

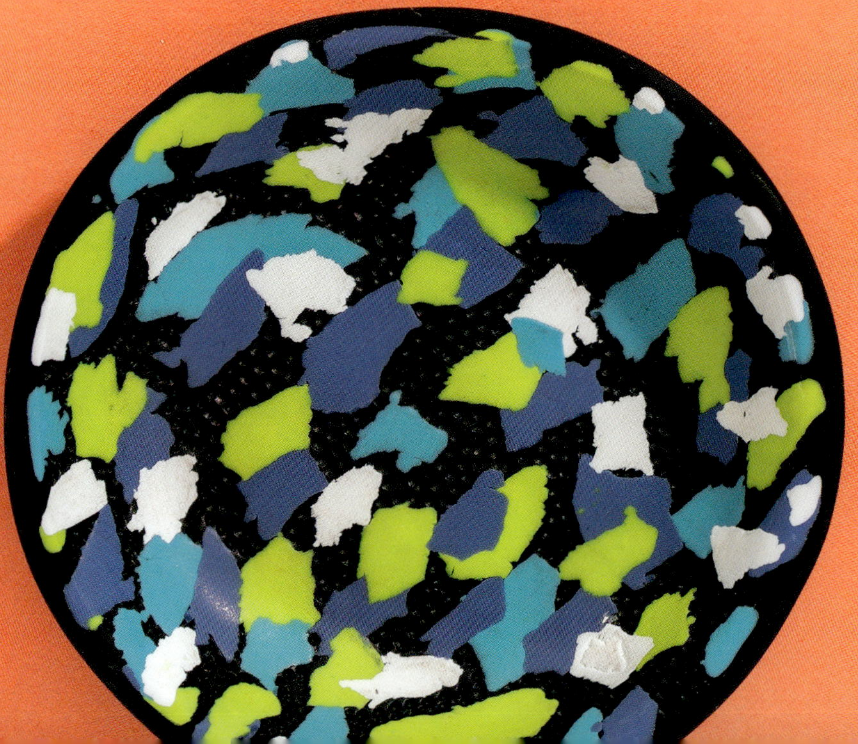

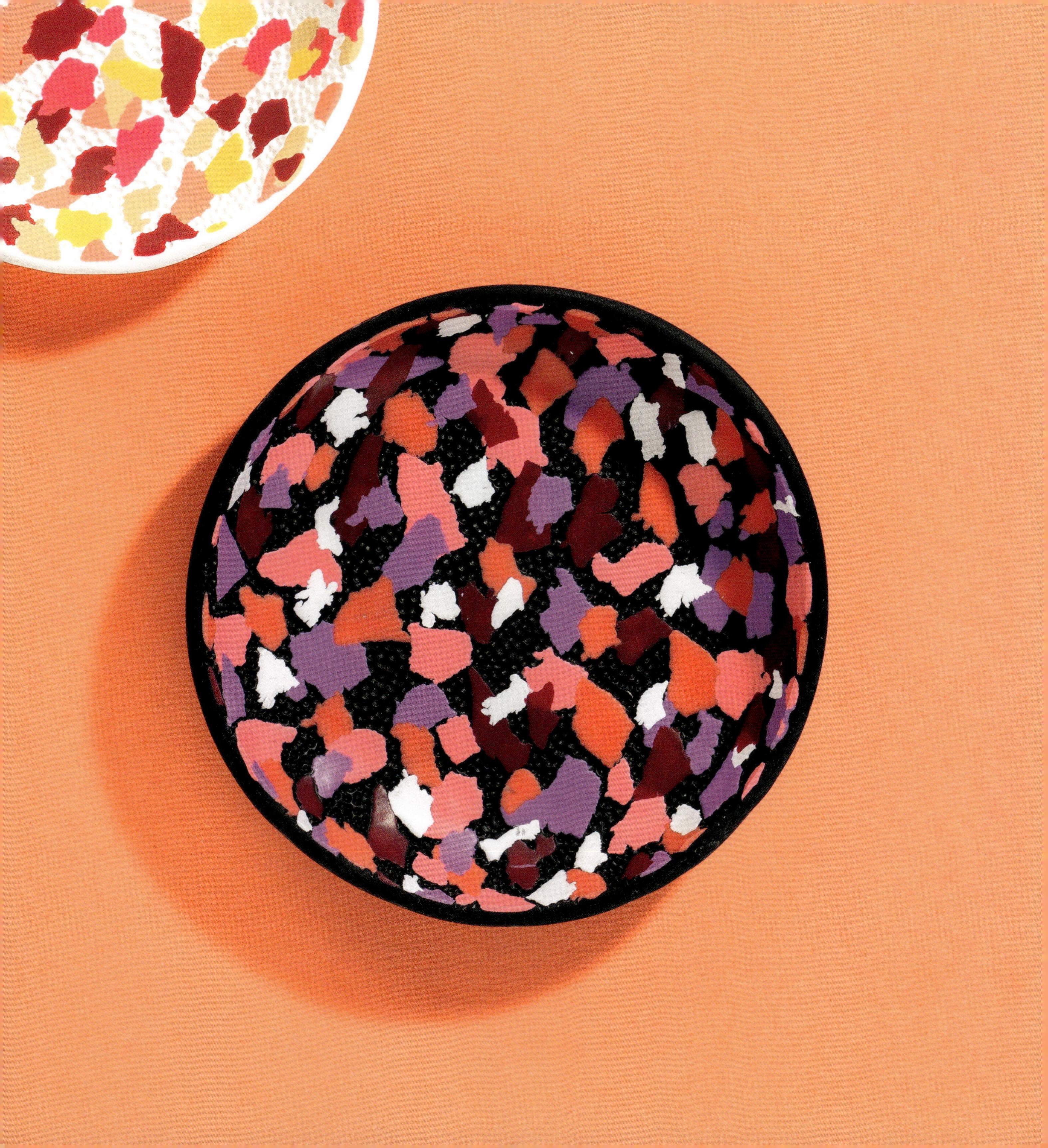

MATERIALLISTE

- farbige Modelliermasse Ihrer Wahl*
- kleine Schale aus Keramik oder hitzebeständigem Glas
- Prägestift
- Renaissance Wachs oder Vaseline (optional)
- Grundausstattung (siehe Grundlagen: Modelliermasse – Arbeitsplatz und Ausstattung)

** Ich habe Sculpey Premo verwendet und eine Basisfarbe sowie fünf Akzentfarben gewählt.*

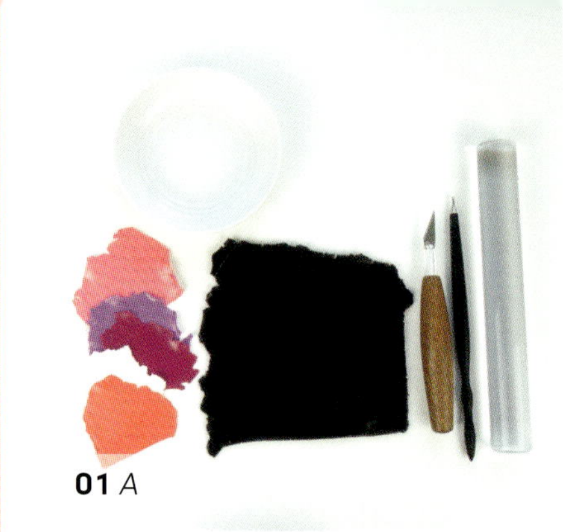

01 *A*

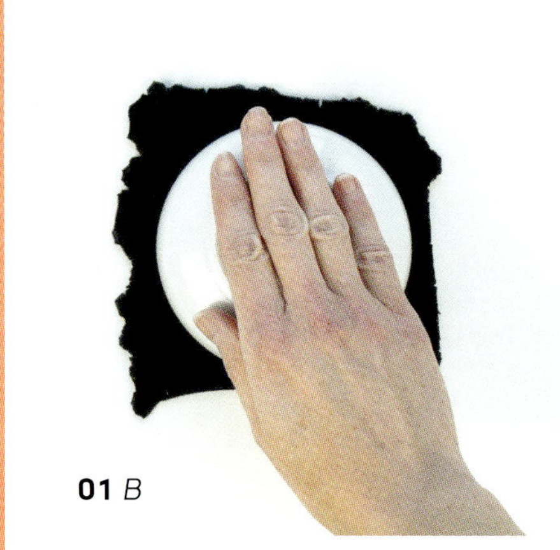

01 *B*

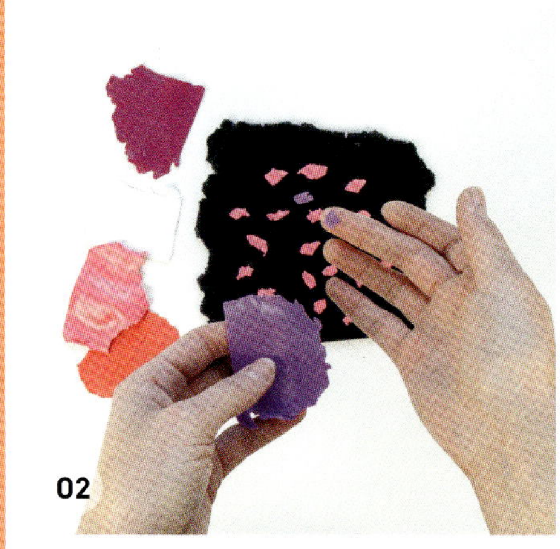

02

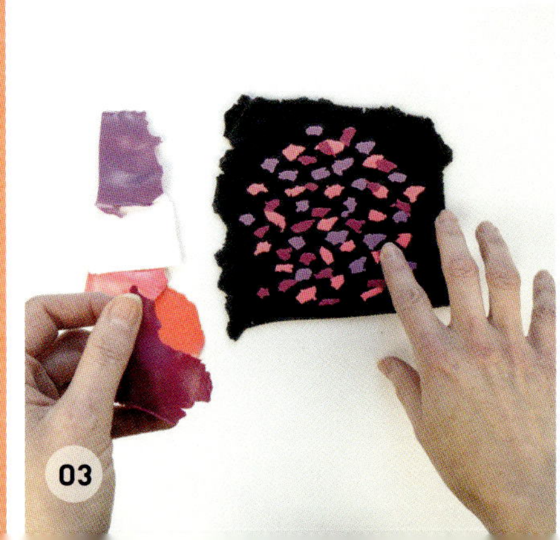

03

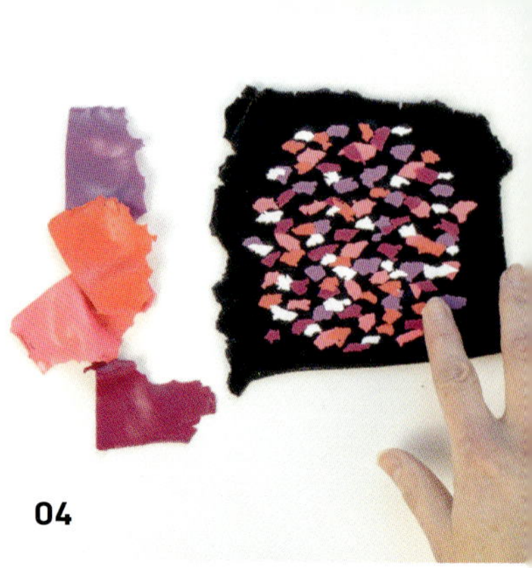

04

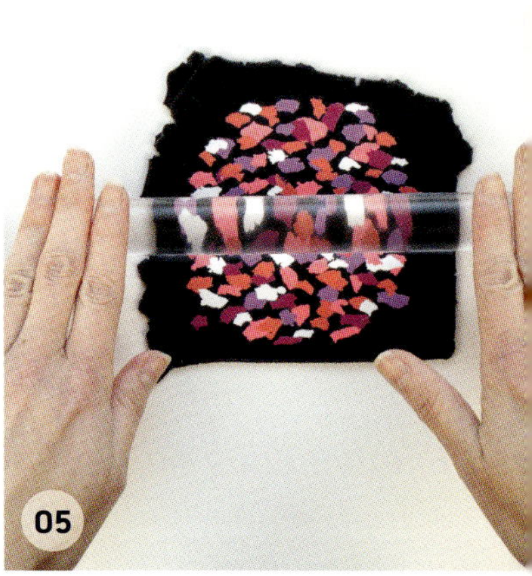

05

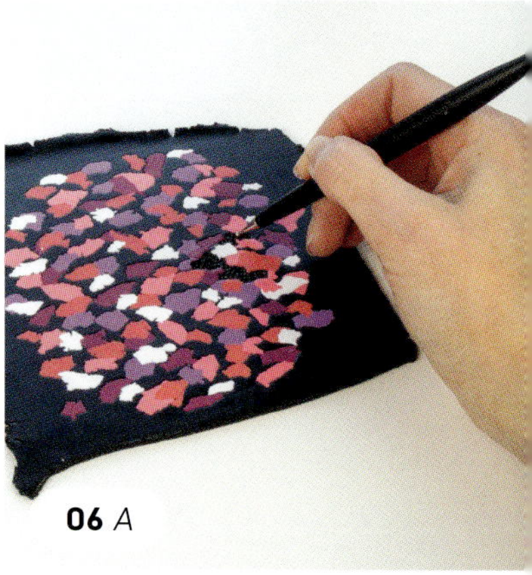

06 *A*

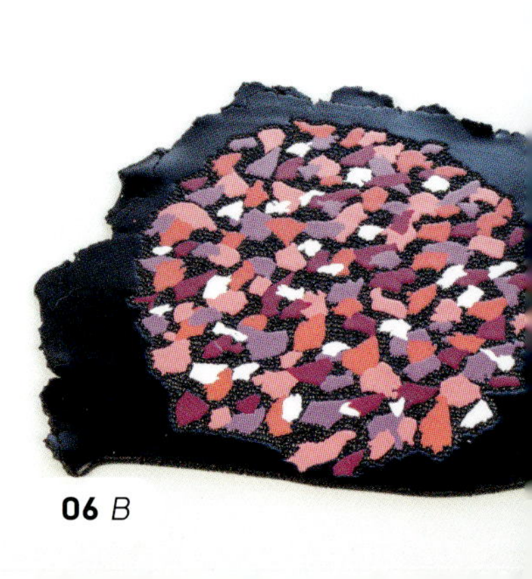

06 *B*

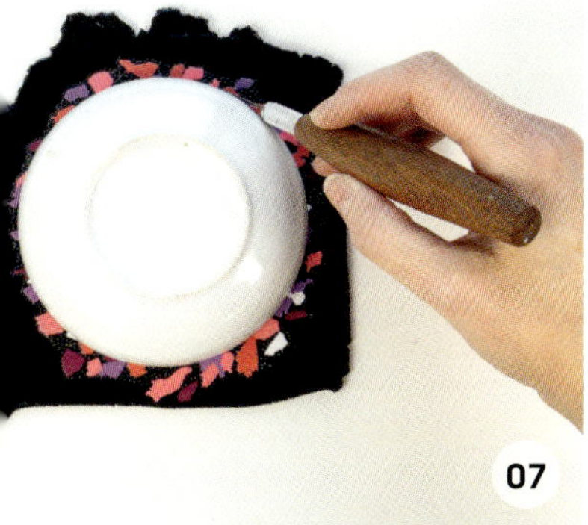

07

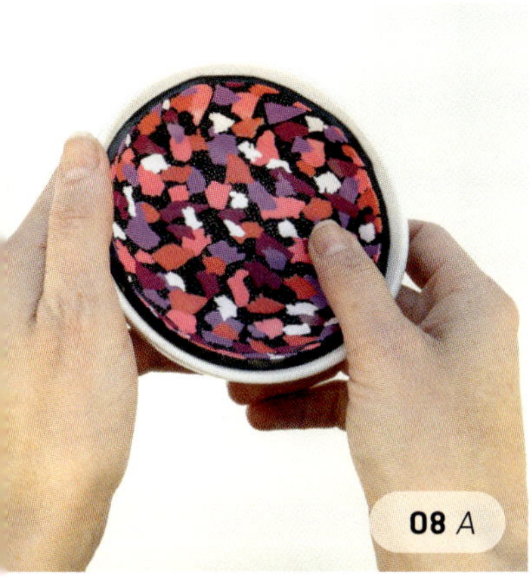

08 *A*

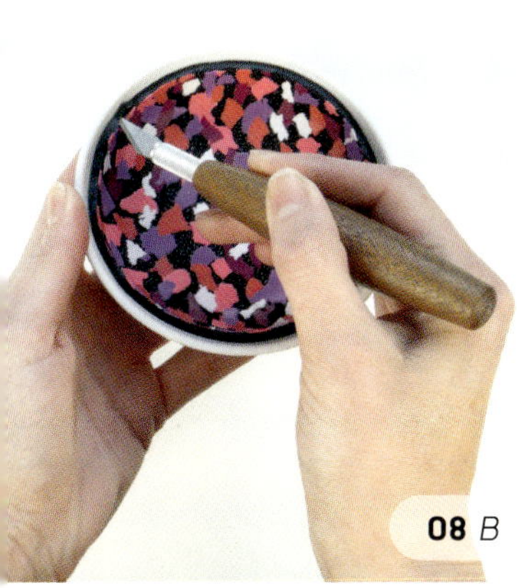

08 *B*

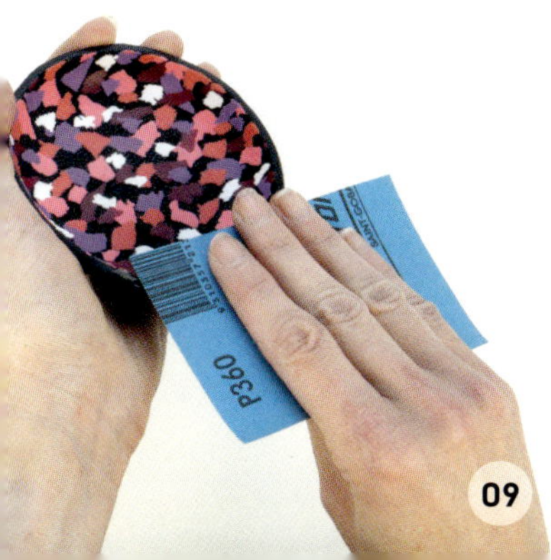

09

01 Die gewählten Farben gut durchkneten (siehe Grundlagen: Modelliermasse – Kneten), dann die Farbe für die Basisplatte 3–4 mm dick ausrollen. Achtung: Die Platte sollte größer sein als die Schale (A). Die umgedrehte Schale nun leicht auf die Basisplatte drücken – der Randabdruck dient als Orientierungshilfe für das Platzieren der Verzierungen (B).

02 Die Akzentfarben für die Verzierungen hauchdünn ausrollen. Dann von der ersten Farbe kleine, etwa gleich große Stücke abzupfen und gleichmäßig innerhalb des Randabdrucks auf der Platte verteilen, anschließend mit der zweiten Akzentfarbe beginnen.

03 Nach und nach mit allen Akzentfarben genauso verfahren, bis die ganze Platte bedeckt ist. Darauf achten, dass die Farbschnipsel gleichmäßig verteilt sind und die Plattenfarbe noch durchschimmert.

04 Sehen Sie sich Ihr Werk dann aus einiger Entfernung an – so lässt sich leichter beurteilen, ob Farben und Schnipsel gleichmäßig verteilt sind.

Achtung: Modelliermasse ist nicht lebensmittelecht, daher sollte man in solchen Schalen kein Essen servieren.

05 Die Schnipsel müssen nun flachgedrückt und in die Basisplatte eingearbeitet werden. Zum Auswalzen einen Acrylroller verwenden und dabei die Platte immer wieder drehen, bis sie etwa 2–3 mm dick ist.

06 Mit einem Prägestift den Negativraum zwischen den Schnipseln texturieren (A). Dabei sorgfältig arbeiten, damit nichts verschmiert, bis der gesamte Negativraum ausgefüllt ist (B).

07 Die umgedrehte Keramikschale vorsichtig auf den Randabdruck legen und am Rand entlang einen Kreis ausschneiden.

08 Nun den Kreis in die Schale legen und zum Härten vorbereiten (siehe Schmuckschale mit Stickrand, Schritte 6–7).

09 Nach dem Härten die Keramikform ablösen und die fertige Schmuckschale schleifen und polieren (siehe Schmuckschale mit Stickrand, Schritte 8–9).

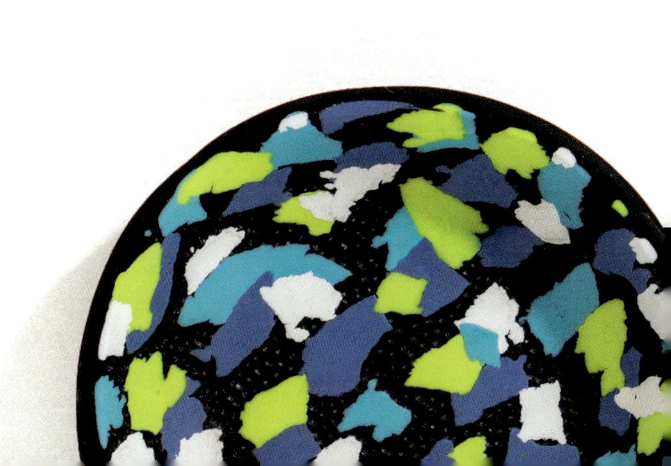

CANES ROLLEN UND SCHICHTEN

Canes sind aus Modelliermasse gefertigte Rollen mit einem sich von einem Ende bis zum anderen erstreckenden, innenliegenden Muster. Schneidet man sie in Scheiben, haben alle ein identisches Muster, das sehr komplex und detailreich sein kann. Erkunden Sie diese wunderbare Technik mit den folgenden vier einfachen Designs.

MATERIALLISTE

- Farbige Modelliermasse Ihrer Wahl, durchgeknetet und zum Verarbeiten vorbereitet*
- Grundausstattung (siehe Grundlagen: Modelliermasse – Arbeitsplatz und Ausstattung)

**Ich empfehle eine feste Modelliermasse, also im Prinzip jede außer Sculpey III.*

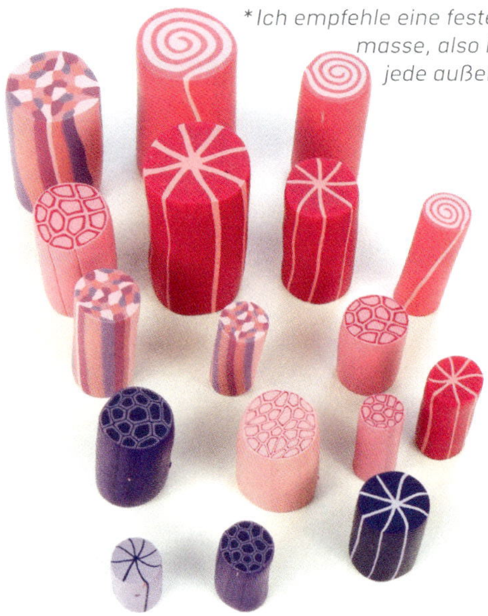

CANE MIT STERN-MUSTER

01 Wählen Sie eine Primär- und eine Sekundärfarbe. Formen Sie aus der Primärfarbe eine dicke, zylinderförmige Rolle und teilen Sie diese mit einer Klinge längs in zwei Teile.

02 Die Sekundärfarbe dünn ausrollen. Ein Stück davon zwischen die beiden Hälften der Primärfarbe setzen und diese wieder gut zusammendrücken, damit die Cane ihre Form behält.

03 Die Cane um 90 Grad drehen und wieder mittig durchschneiden; erneut ein dünnes Stück der Sekundärfarbe einsetzen und zusammendrücken.

04 Dies noch zweimal wiederholen, bis ein typisches Sternenmuster entsteht. Nun ist die Cane fertig für die Reduktion (siehe Canes reduzieren, Schritte 22–25). Sind die eingesetzten Stücke etwas dicker, erhält der Stern ein anderes Aussehen.

Vier einfache Cane-Designs in unterschiedlichen Größen. Canes lassen sich durch Zusammendrücken und Rollen reduzieren, d. h. strecken. Dadurch reduziert sich nicht nur ihr Durchmesser, sondern auch das Muster wird kleiner. Diese Technik wird in „Canes reduzieren, Schritte 22–25" beschrieben.

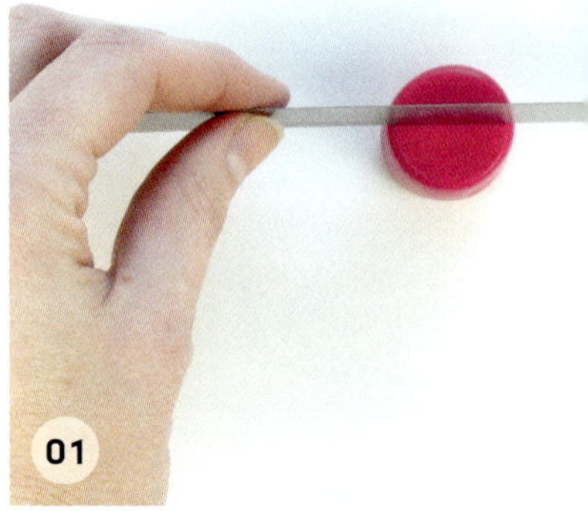

01

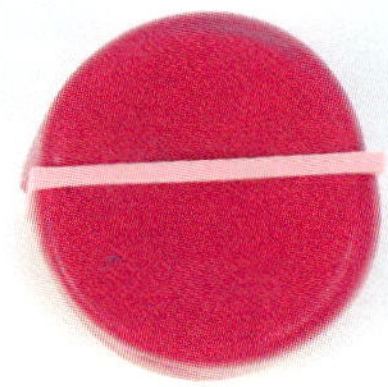

02

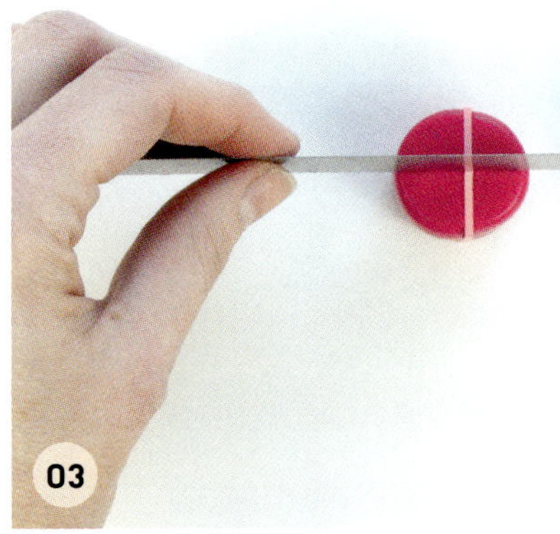

03

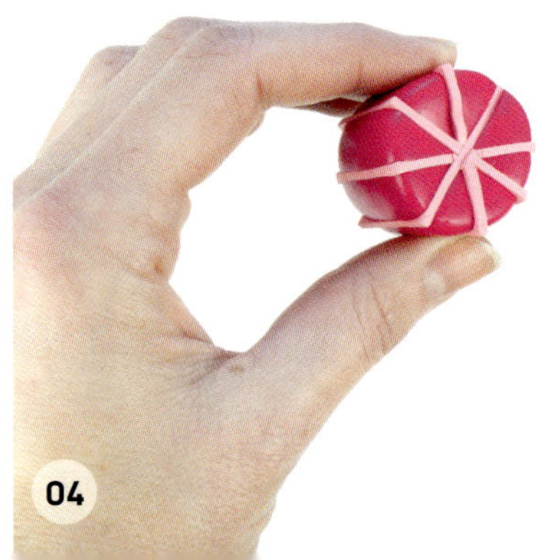

04

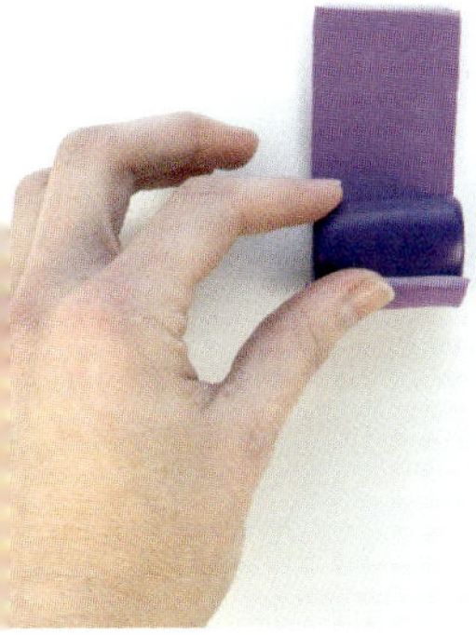

05

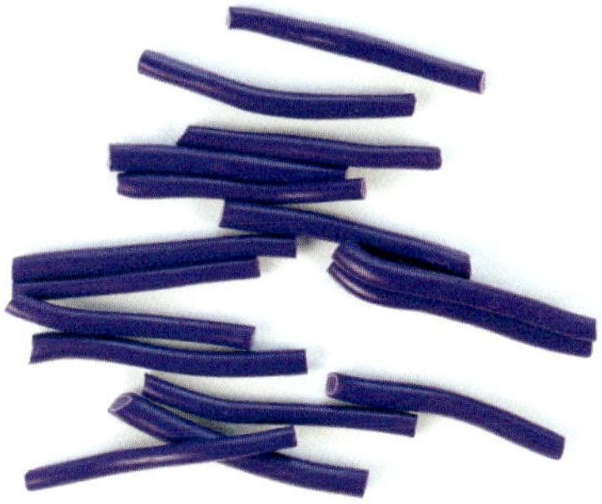

09

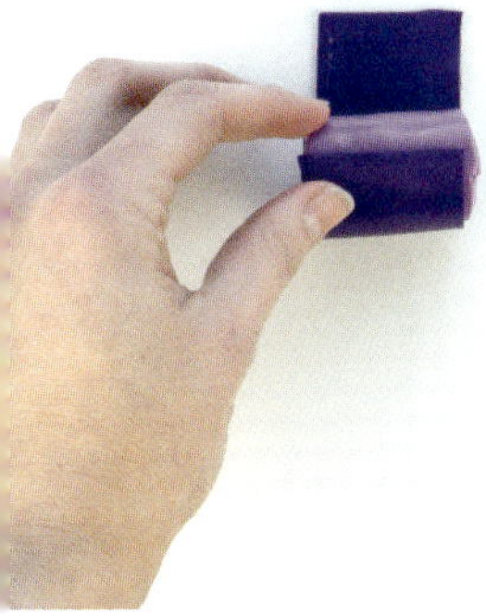

06

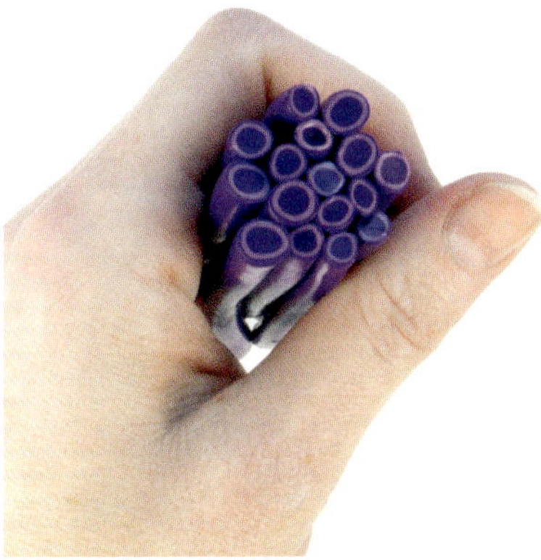

10

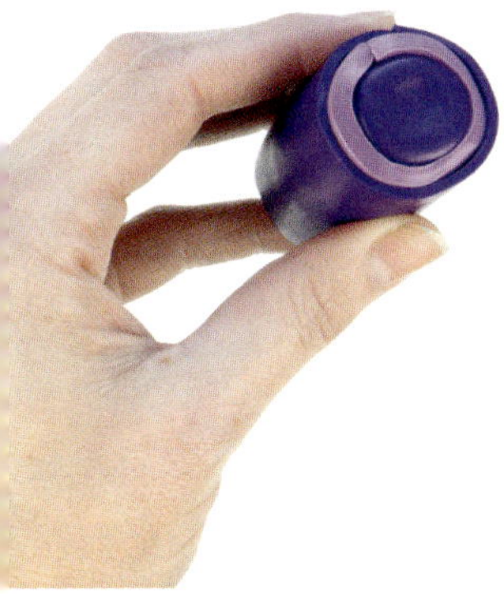

07

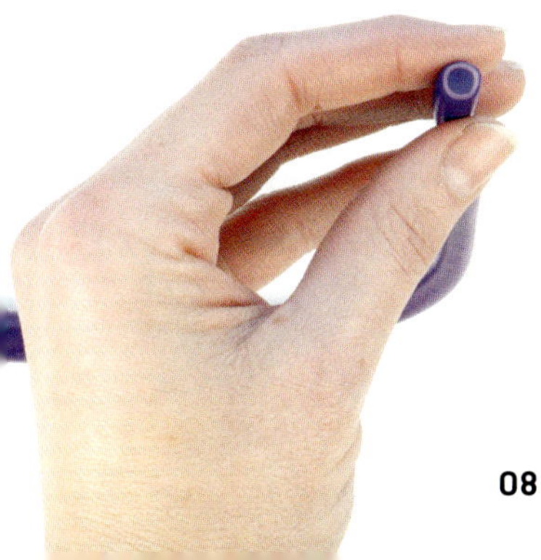

08

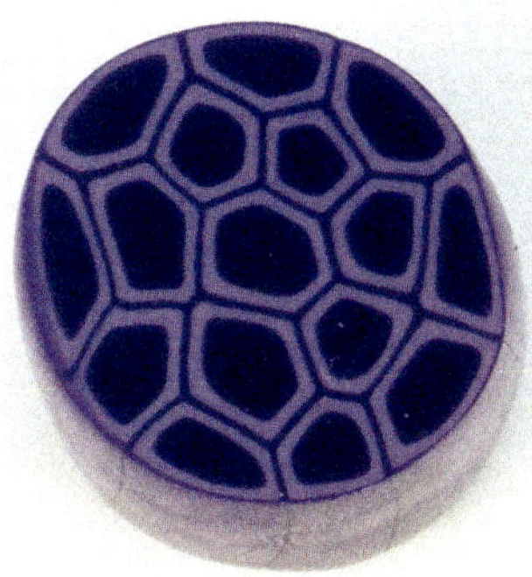

11

FACETTEN-CANE

05 Eine Facetten-Cane sieht so kompliziert aus und ist doch so einfach herzustellen. Ich habe hier zwei Farben verwendet, Sie können es aber auch mit drei Farben versuchen. Stellen Sie aus Ihrer Primärfarbe einen Zylinder her und wickeln Sie diesen in ein nicht zu dünn ausgerolltes Stück Sekundärfarbe ein.

06 Umwickeln Sie das Ganze noch einmal mit einem etwas dünneren Stück der Primärfarbe.

07 So sollte Ihr Werkstück in diesem Stadium aussehen. Nun die Cane wie in „Canes reduzieren, Schritte 22–25" beschrieben reduzieren.

08 Die Cane solange reduzieren, bis eine lange Schlange entstanden ist. Das dauert eine Weile, aber mit Geduld und etwas gutem Willen wird es sicher klappen!

09 Die Schlange einmal halbieren, dann nochmals halbieren usw., bis Sie 16 kürzere Stücke erhalten haben.

10 Nun aus den 16 kürzeren Stücken eine neue Cane herstellen: wie oben beschrieben zu einem Zylinder rollen und wieder reduzieren.

11 So sollte Ihre fertige Cane aussehen. Sie können noch mehr Canes dieser Art herstellen und dabei z. B. in Schritt 10 weniger oder auch mehr Stücke nehmen, sodass sich ihr Aussehen immer wieder verändert.

CANE MIT FLECKENMUSTER

12 Wählen Sie einige ähnliche Farbtöne aus (ich habe hier fünf Farbtöne verwendet) und rollen Sie sie zu Schlangen von ähnlicher Dicke und Länge.

13 Schichten Sie alle Schlangen zu einem Stapel.

14 Halbieren Sie den Stapel mit einer Klinge.

15 Vergrößern Sie Ihren Stapel um das Doppelte, wie hier auf dem Foto zu sehen, und wiederholen Sie dann diesen Schritt noch einmal.

16 Drücken Sie den Stapel zu einem Zylinder zusammen und reduzieren Sie dann die Cane wie in „Canes reduzieren, Schritte 22–25" beschrieben.

17 Die fertige Cane. Je nachdem, wie oft Sie die Stangen halbieren und wieder stapeln, verändert sich das Aussehen der Cane. Solche Canes sind ideal, um Reste aufzubrauchen, und man kann natürlich auch weniger oder mehr Farben verwenden.

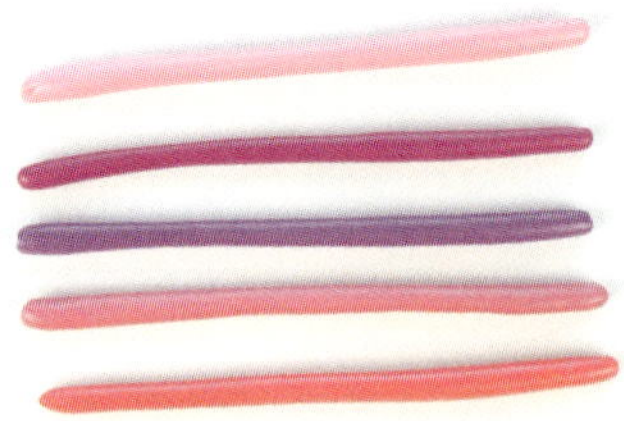

12

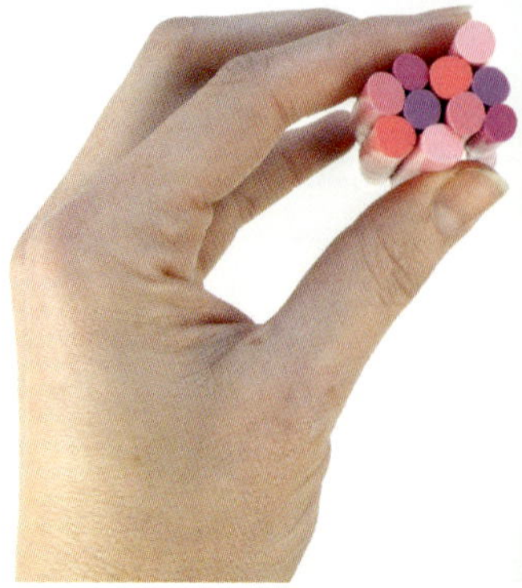

15

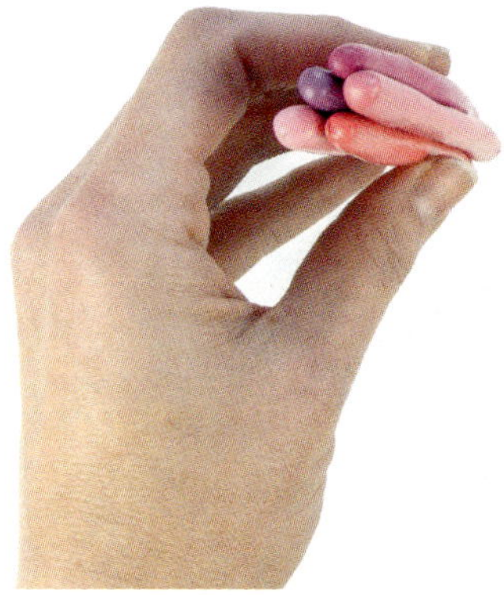

13

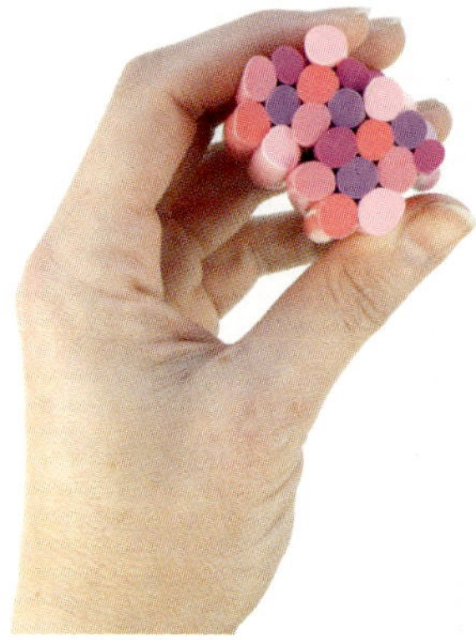

16

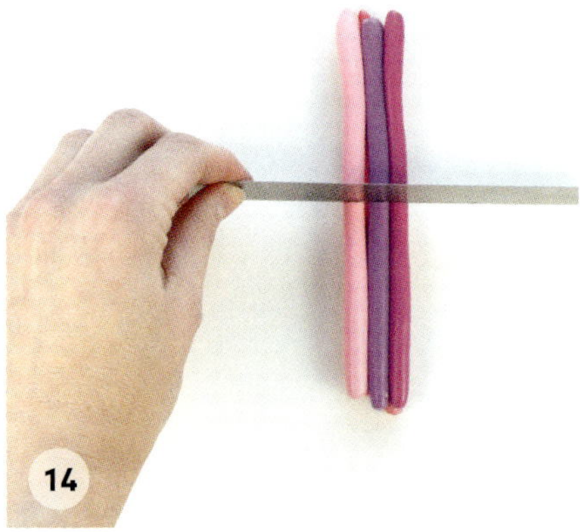

14

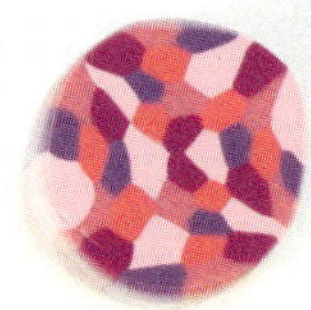

17

Reste nicht wegwerfen, sie lassen sich prima wiederverwenden! Im Kapitel „Resteverwertung" können Sie sich inspirieren lassen.

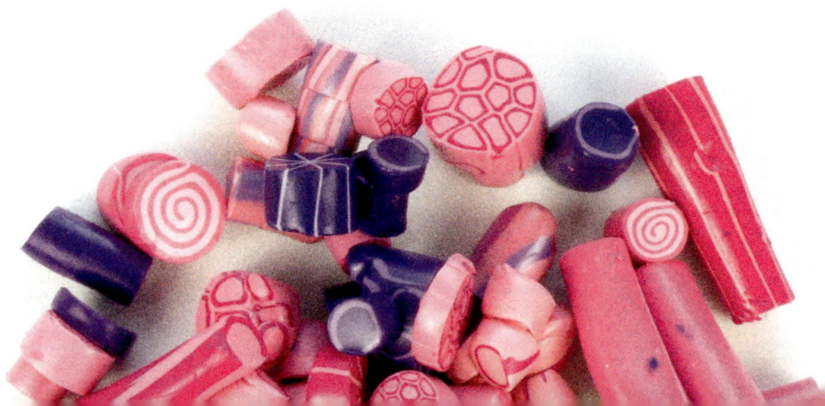

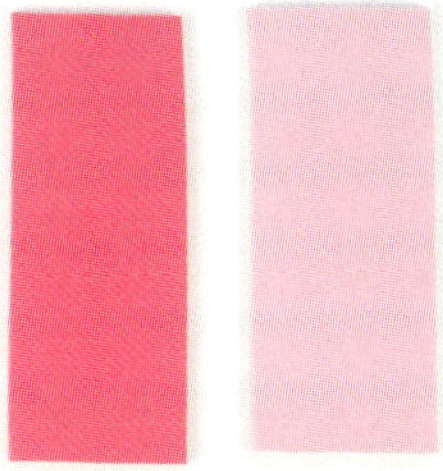

18

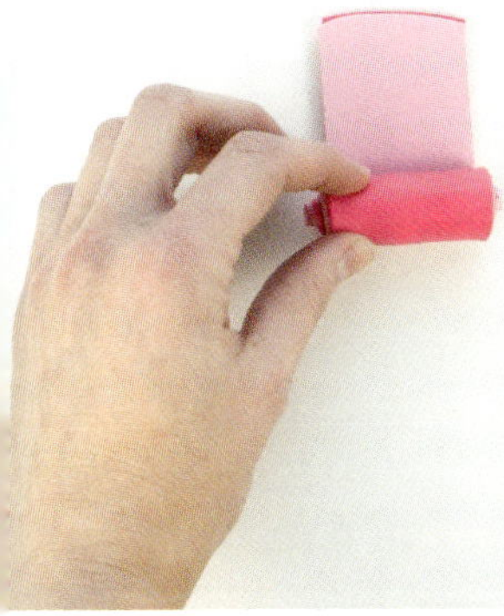

19

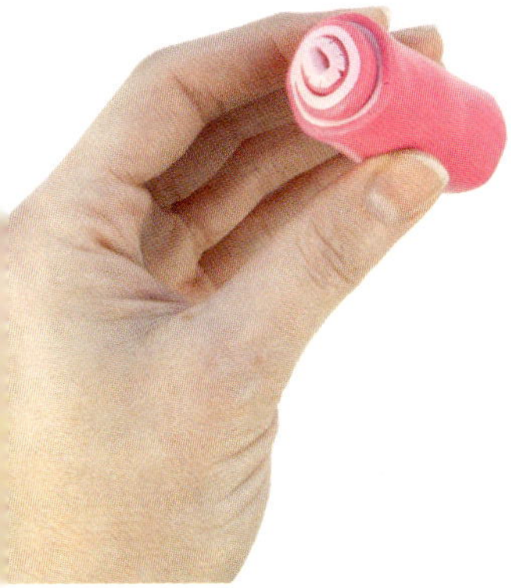

20

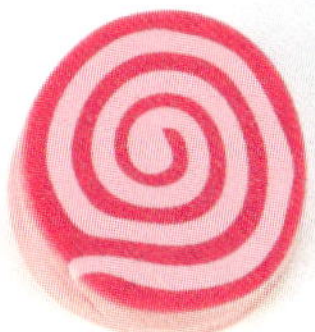

21

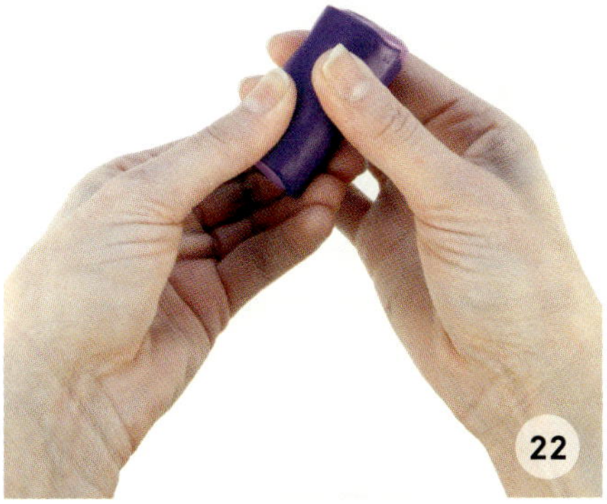

22

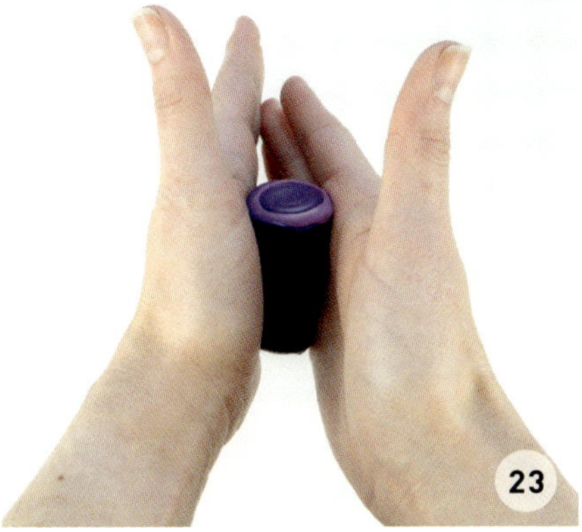

23

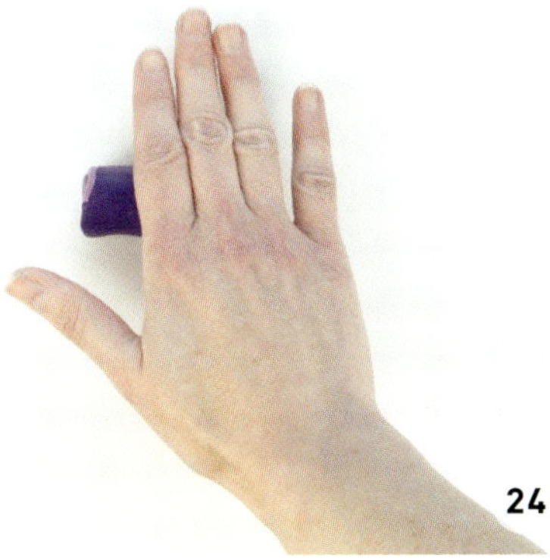

24

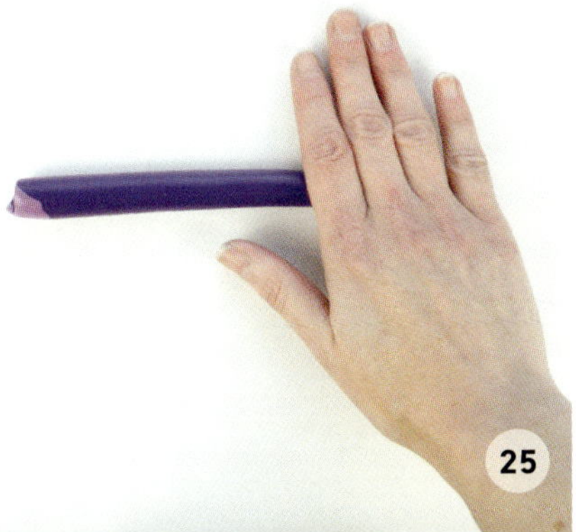

25

SPIRAL-CANE (JELLYROLL)

18 Zwei verschiedenfarbige Platten ausrollen und daraus gleich große, schmale Rechtecke schneiden. Beide aufeinanderlegen und mit dem Acrylroller vorsichtig auswalzen.

19 Die Enden mit einer Klinge gerade abschneiden, dann vorsichtig ein Ende nach innen falten und eine feste Spirale rollen.

20 Nun die Cane wie in „Canes reduzieren, Schritte 22–25" beschrieben reduzieren.

21 Die fertige Cane! Haben Sie vielleicht Lust, noch eine Cane zu fertigen, dieses Mal aber mit mehr als zwei Farben?

CANES REDUZIEREN (STRECKEN)

22 Beginnen Sie damit, die Cane in der Mitte mit den Fingerspitzen vorsichtig zusammenzudrücken und sich von dort aus zu den Enden vorzuarbeiten.

23 Sie können die Cane auch vorsichtig zwischen den Handflächen rollen, aber lassen Sie sich dabei Zeit – reduziert man eine Cane zu schnell, riskiert man, dass sie sich verdreht.

24 Wechseln Sie ab zwischen drehen, zusammendrücken und rollen. Nun kann man die Cane auch auf der Arbeitsfläche rollen, dabei wird sie immer dünner.

25 Solange sanft weiterrollen, bis die gewünschte Dicke erreicht ist, dann das Ende abschneiden, sodass das fertige Muster erkennbar ist.

KOLLEKTION MIT STERNEN-CANES

Ich möchte Ihnen nun zeigen, was sich aus ein paar schlichten Canes mit Stern-Muster alles machen lässt. Ob Ohrringe in verschiedenen Formaten, Anhänger oder Wandschmuck – auf all diesen Werkstücken sind mehrere Cane-Scheiben gruppiert, wobei die wichtigsten Arbeitsschritte bei allen in etwa gleich sind. Sie müssen nun lediglich noch Farben auswählen, und schon bald können Sie sich an einer ganz besonderen Kollektion erfreuen.

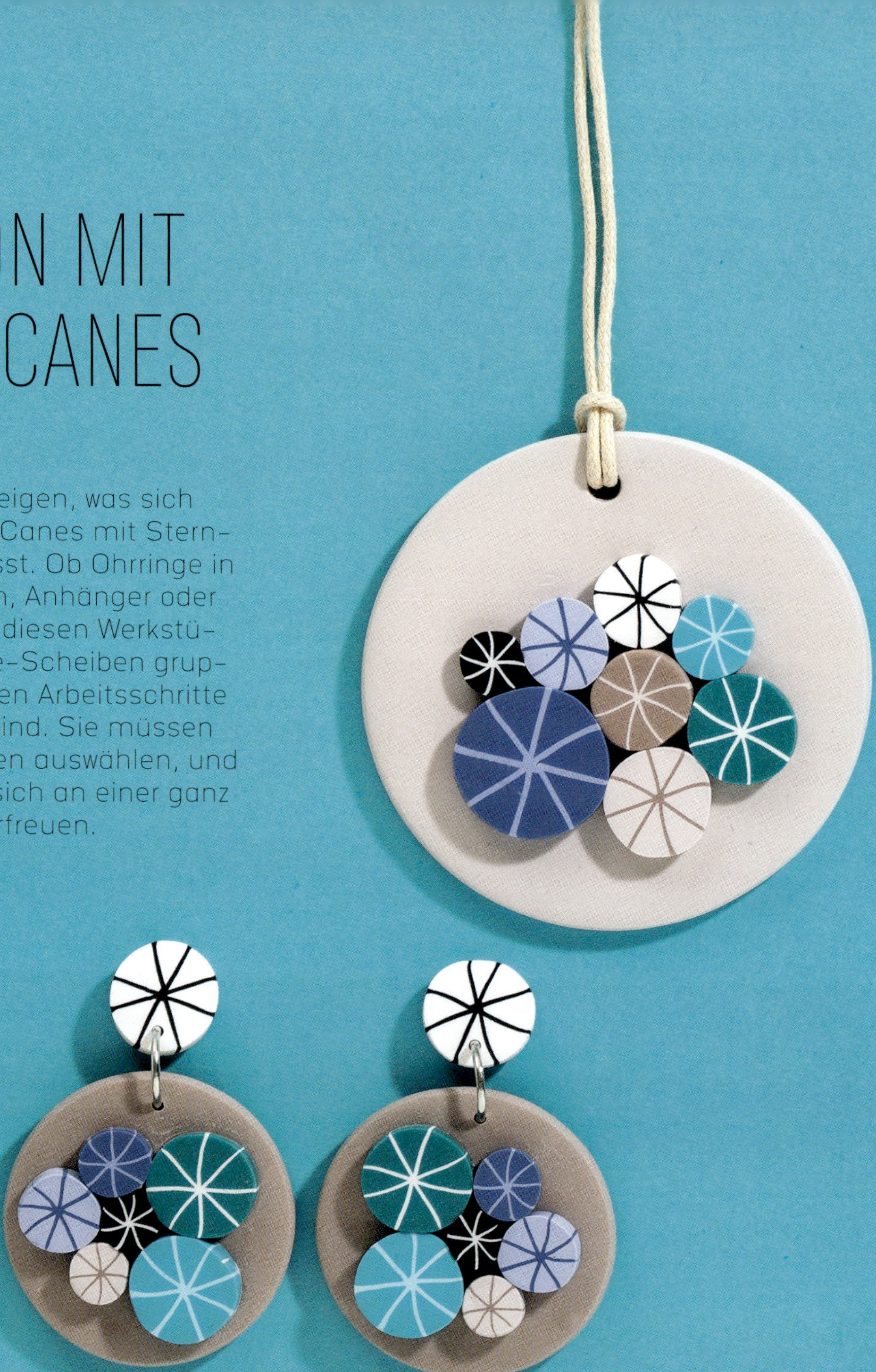

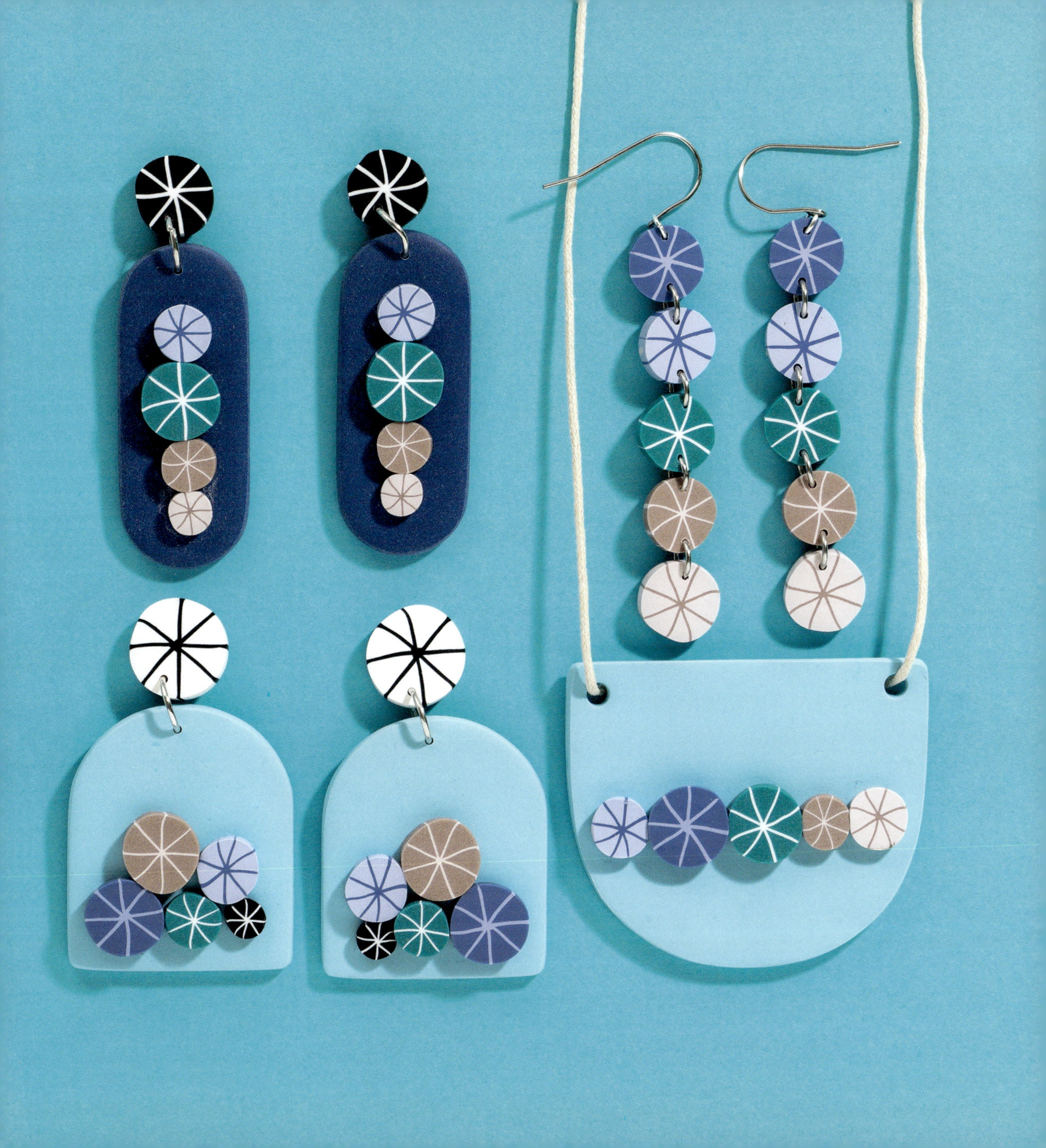

MATERIALLISTE

- Canes mit Stern-Muster in verschiedenen Farben und Größen (siehe Canes rollen und schichten: Cane mit Stern-Muster)
- Modelliermasse in verschiedenen Farben, die zu den Canes mit Stern-Muster passen
- Ausstecher oder Schablonen (siehe Vorlagen)
- flüssige Modelliermasse (optional)
- 5-mm-Lochstanzer
- Baumwollkordel
- Ohrring-Fournituren und Schmuckzangen
- Grundausstattung (siehe Grundlagen: Modelliermasse – Arbeitsplatz und Ausstattung)

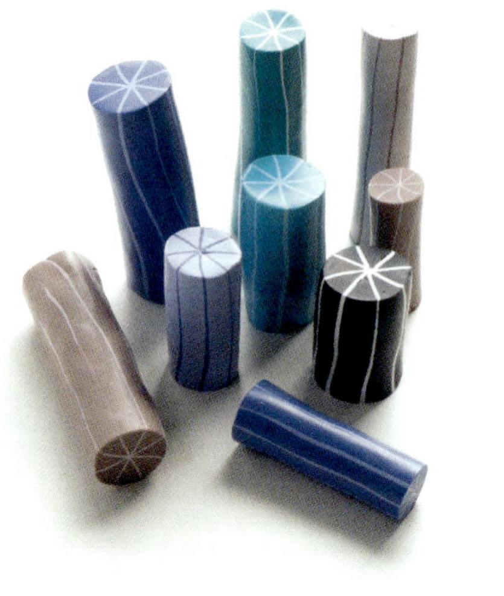

01

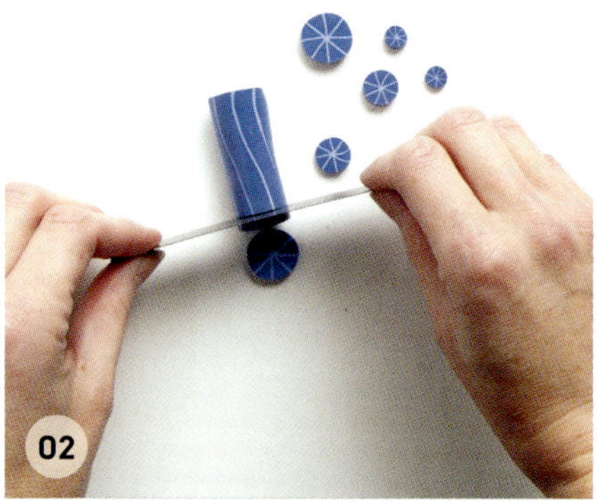

02

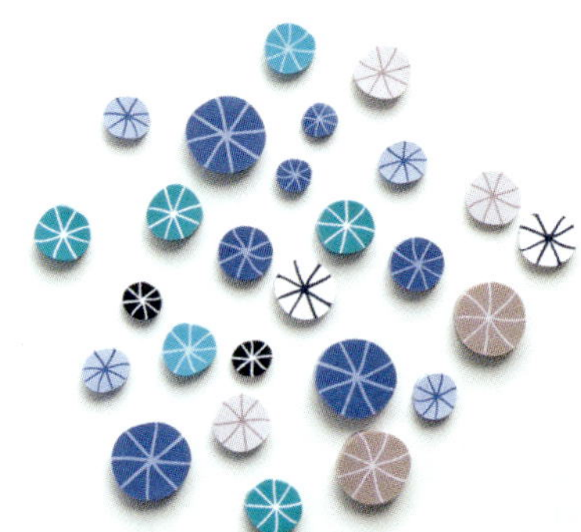

03

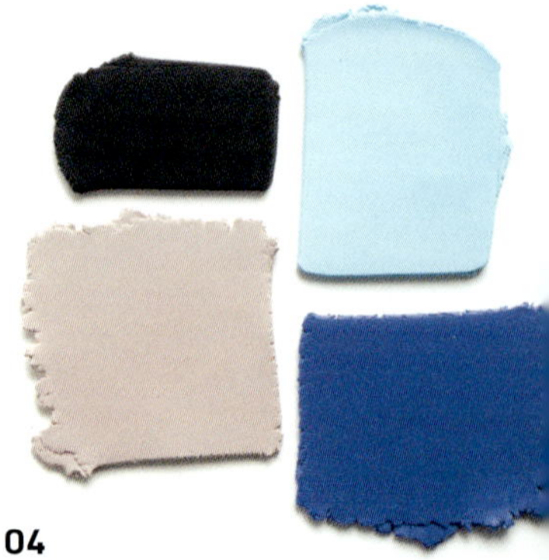

04

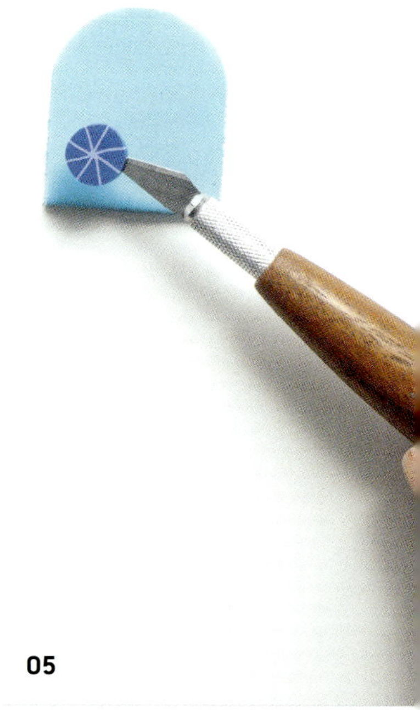

05

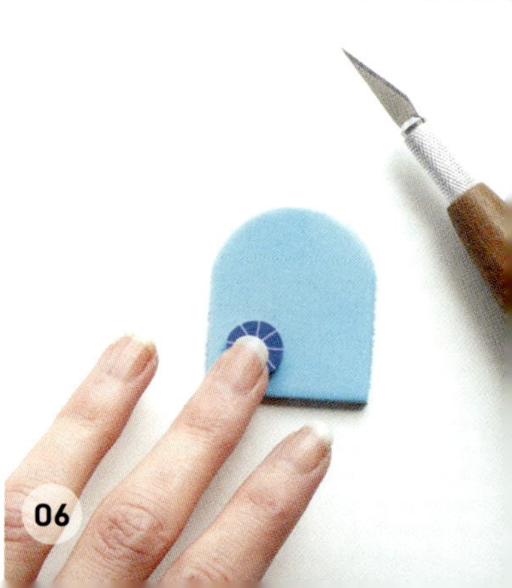

06

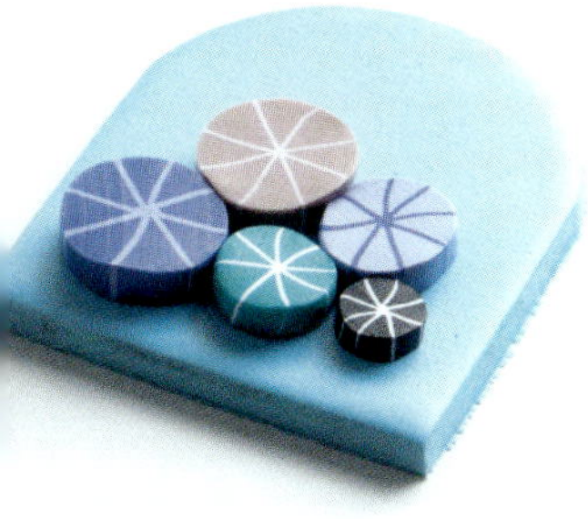

07

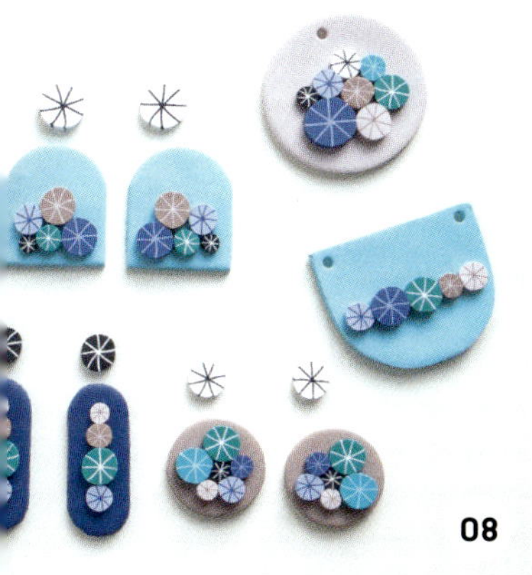

08

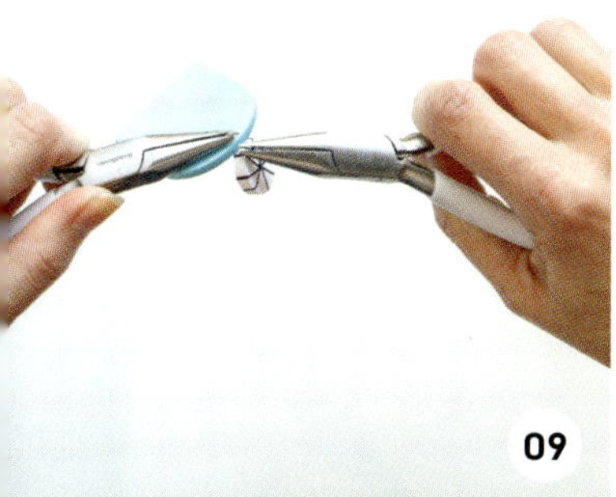

09

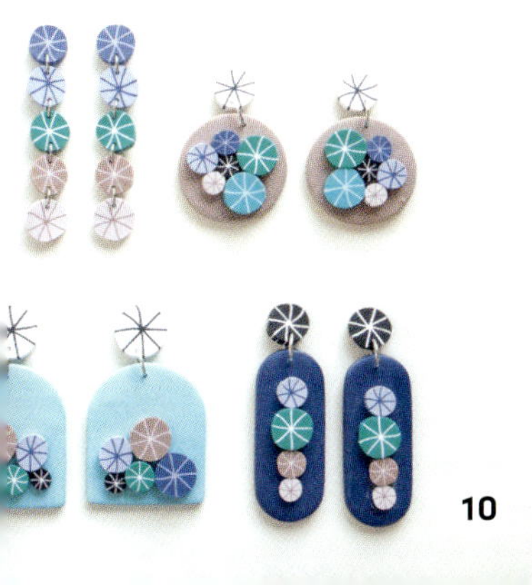

10

01 Stellen Sie eine Auswahl farblich zusammenpassender Stern-Canes in Farben, die Sie mögen, zusammen.

02 Schneiden Sie von den Canes mit einer scharfen Klinge etwa 2–3 mm breite – mal etwas dickere, mal dünnere – Scheiben ab.

03 Achten Sie auf eine umfang- und abwechslungsreiche Zusammenstellung von Cane-Scheiben in verschiedenen Farben und Größen.

04 Einige Basisplatten (siehe Grundlagen: Modelliermasse – Kneten), die farblich auf Ihre Stern-Canes-Sammlung abgestimmt sind, vorbereiten und dann mit Ausstechern oder Schablonen die Formen für die Werkstücke ausstanzen, z. B. Kapselformen, mittelgroße und große Kreise und Bögen.

05 Die Cane-Scheiben mit einem Cuttermesser von der Arbeitsfläche abnehmen und auf die Formen legen – je weniger Sie die Scheiben berühren, desto besser. Dann die Scheiben nach Belieben anordnen.

06 Vorsichtig, aber mit leichtem Druck die Cane-Scheibe mit der Fingerspitze andrücken, sodass sie an der Platte haften bleibt. Falls dies nicht ausreicht, die Rückseite mit etwas flüssiger Modelliermasse bestreichen und die Scheibe dann aufkleben.

07 Verfahren Sie nun mit sämtlichen Cane-Scheiben so, bis die Muster auf allen Werkstücken vollendet sind. Nehmen Sie gezielt unterschiedlich dicke Scheiben, um den Werkstücken Tiefe zu verleihen. Lassen Sie beim Anordnen der Scheiben Ihrer Fantasie freien Lauf.

08 Beispiele für verschiedene Gruppierungen. Bei Ohrringen darf man nicht vergessen, das Muster, wie hier bei den Bögen und kleinen Kreisen, spiegelbildlich anzuordnen. Vor dem Härten der Werkstücke einige Cane-Scheiben für die Ohrstecker und einige extra ausstanzen, dann mit dem 5-mm-Lochstanzer Löcher in Anhänger und Wandschmuck stechen und Kordeln durchziehen.

09 Alle Werkstücke härten (siehe Arbeitstechniken – Härten), dann die größeren Stücke schleifen (siehe Arbeitstechniken – Schleifen) – bei den Cane-Scheiben ist dies nicht nötig. Die Einzelteile nun nach Belieben zusammenstellen, falls nötig, noch Löcher für Fournituren bohren, und die Schmuckstücke fertigstellen (siehe Grundlagen: Schmuckherstellung – Techniken zur Schmuckherstellung).

10 Vier ganz unterschiedliche Paar Ohrringe, aber alle eindeutig aus der gleichen Kollektion. Aus den extra Cane-Scheiben können Sie noch ein Paar Ohrhänger (oben links) anfertigen, und aus einzelnen gehärteten Scheiben lassen sich durch Aufkleben von Steckern auf der Rückseite ruck, zuck niedliche Ohrstecker machen.

OHRRINGE MIT CANES IM 3D-DESIGN

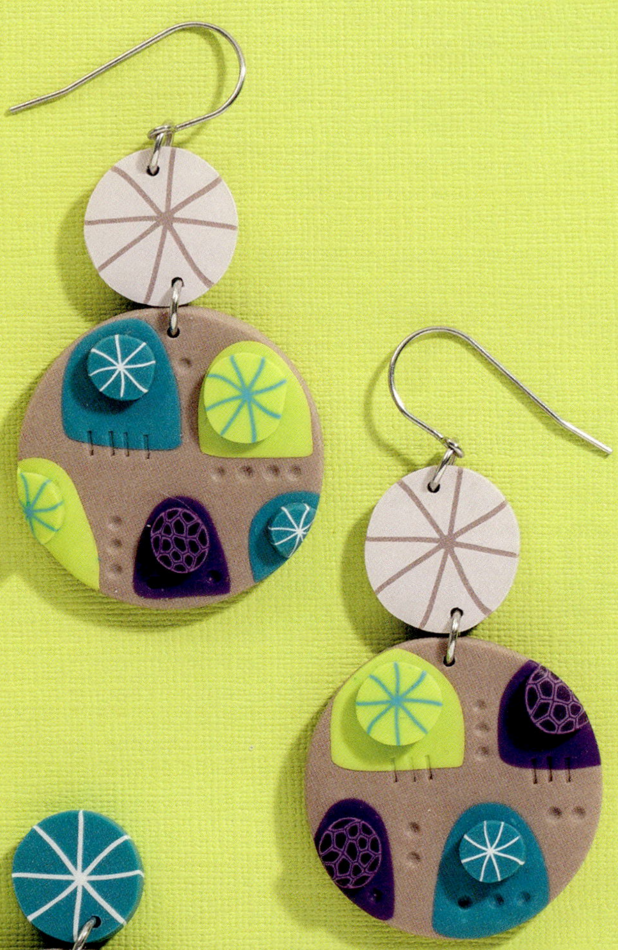

Dieses Projekt vereinigt sowohl die Herstellung von Basisplatten als auch die von Canes an sich – zwei meiner liebsten Arbeitstechniken mit Modelliermasse. Sie werden sehen, wie sich eine schlichte Platte durch Cane-Scheiben aufpeppen lässt und wunderschöne Texturen entstehen. Mit dieser Platte habe ich dann zwei Paar Ohrringe mit ungewöhnlichem Design angefertigt.

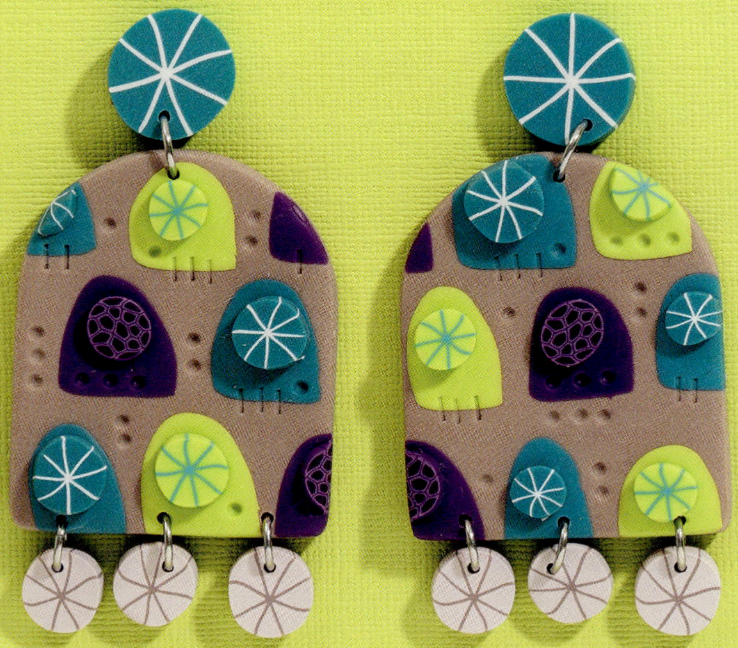

MATERIALLISTE

- Canes mit Stern-Muster in verschiedenen Farben und Designs
- Modelliermasse in einer Farbe Ihrer Wahl für die Basisplatte*
- einige Farben, die zu den Stern-Canes passen, zum Verzieren der Platte
- Ausstecher oder Schablonen (siehe Vorlagen)
- Ohrring-Fournituren und Schmuckzangen
- Grundausstattung (siehe Grundlagen: Modelliermasse – Arbeitsplatz und Ausstattung)

** Ich habe Sculpey Soufflé Macha für die Basisplatte verwendet und Sculpey Pemo Lila, Wasabi und Türkis für die Verzierungen.*

01 Legen Sie Ihre vorgefertigten Canes bereit – als Hauptkomponenten habe ich zwei Stern-Canes in verschiedenen Farben und eine Facetten-Cane gewählt sowie eine weitere Stern-Cane für die anderen Ohrring-Teile. Nun alle Farben gut durchkneten (siehe Grundlagen: Modelliermasse – Kneten), dann die für die Basisplatte etwa 3 mm und die für die Verzierungen etwa 1 mm dick ausrollen.

02 Die dünn ausgerollten Farben auf eine Kachel legen und mit einem Cuttermesser frei Hand aus jeder Farbe kleine Bögen ausschneiden. Diese müssen nicht identisch sein, ja, es wirkt sogar besser, wenn sie alle etwas unterschiedlich sind. Die überschüssige Modelliermasse abziehen, sodass nur die ausgeschnittenen Bögen auf der Kachel bleiben.

03 Nun geht es an die Gestaltung der Basisplatte. Um zu verhindern, dass sich die Bögen beim Transfer auf die Platte verziehen, löst man zunächst mit einer Klinge vorsichtig den unteren Teil jedes Bogens ab, bevor die Bögen dann mit dem Cuttermesser einzeln auf die Basisplatte gelegt werden.

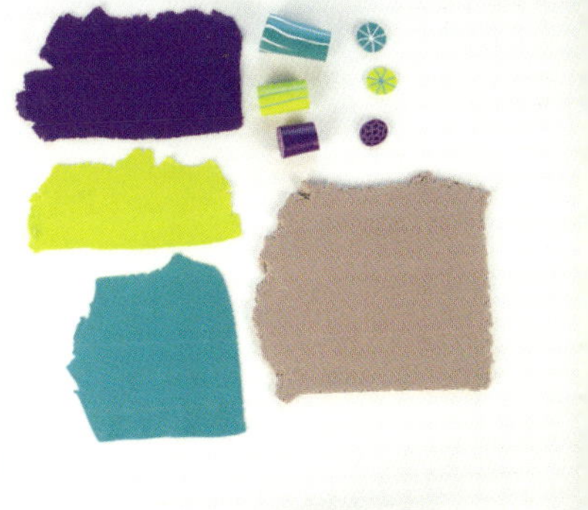

01

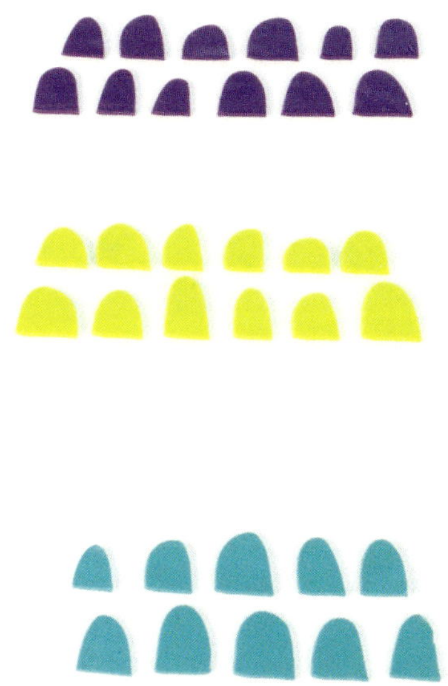

02

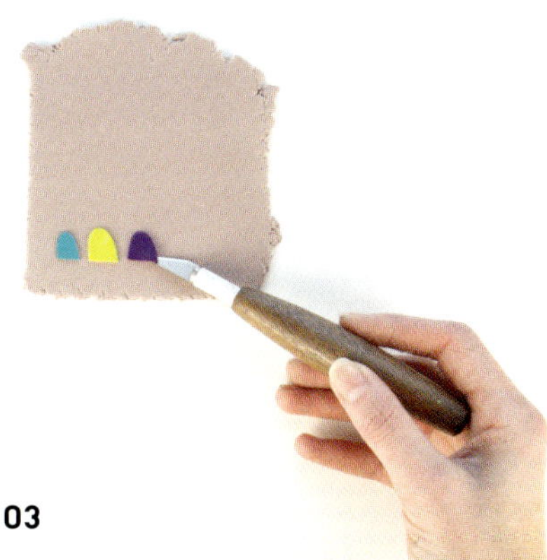

03

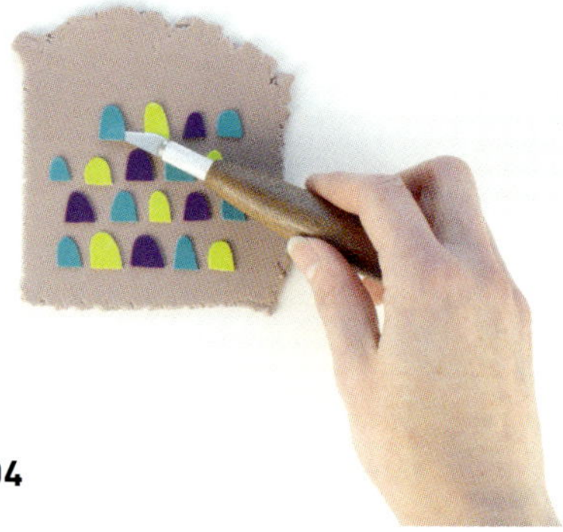
04

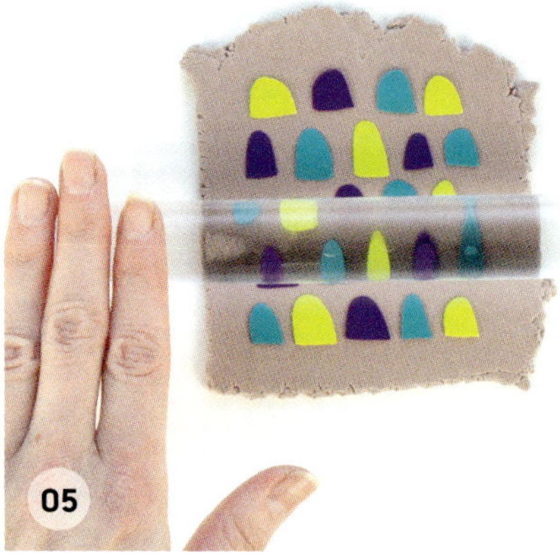
05

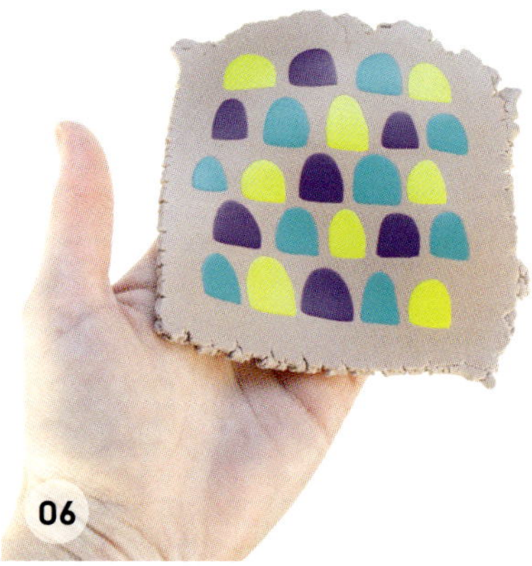
06

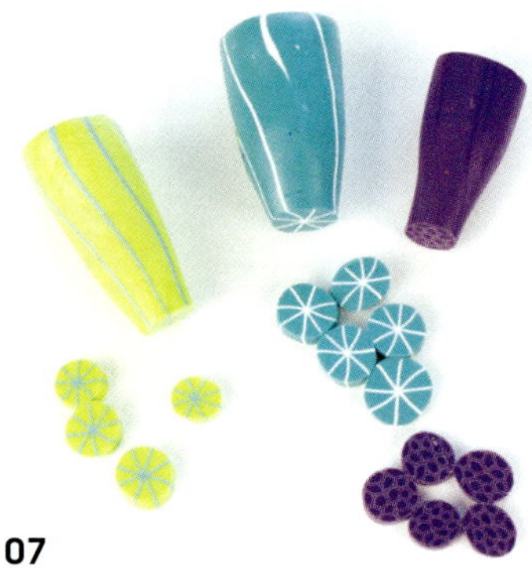
07

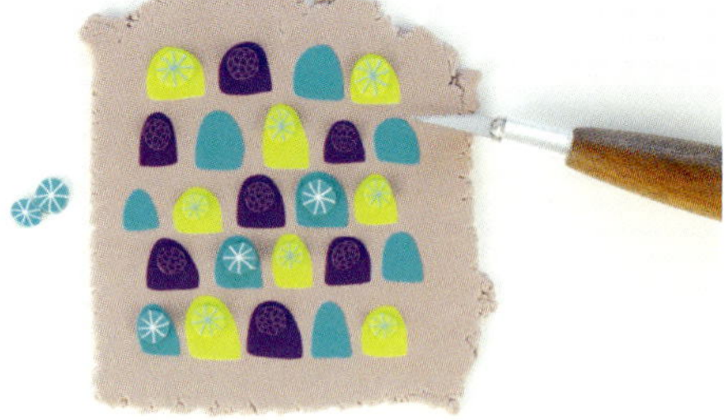
08

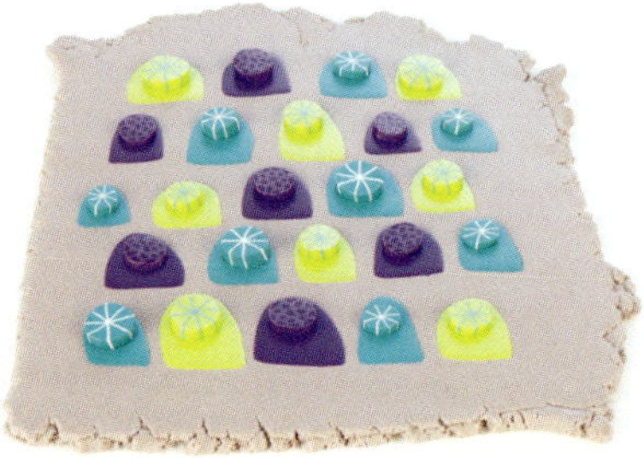
09

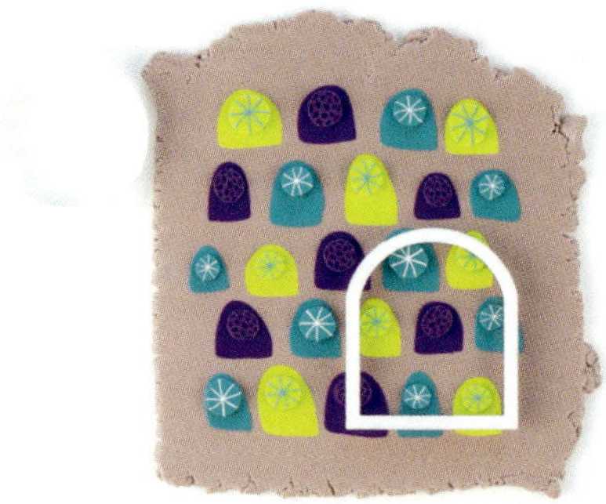
10 *A*

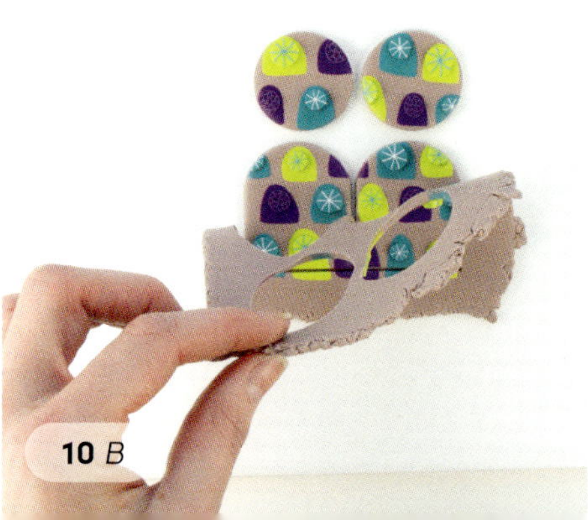
10 *B*

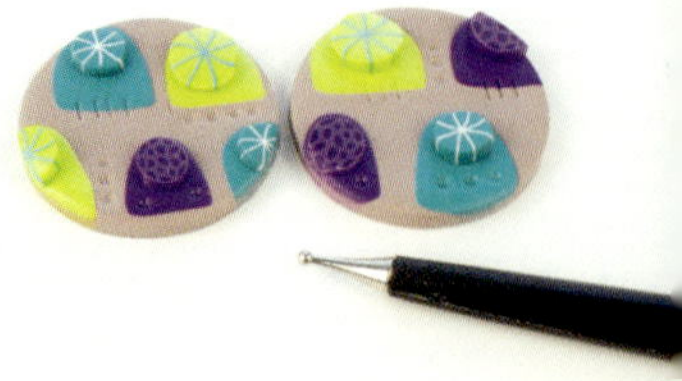
11

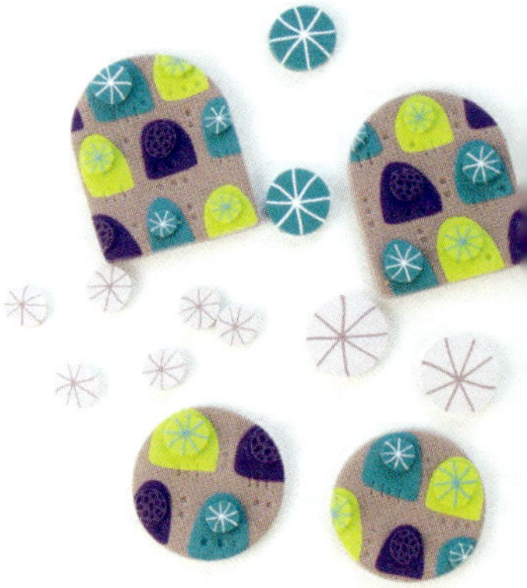
12

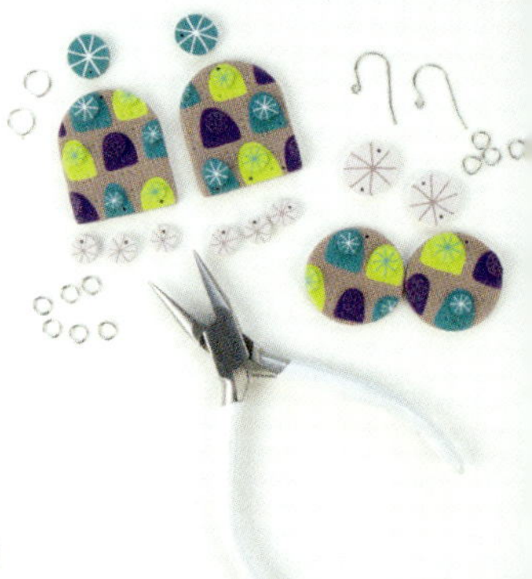
13

04 Sie können einem bestimmten Muster folgen, indem Sie wie hier die Farben in jeder Reihe um eine Position verschieben, Sie können sie aber auch völlig nach Belieben anordnen. Denken Sie daran, dass die Bögen beim Einrollen in die Basisplatte etwas breiter werden – sollen sie sich nicht berühren, ist es ratsam, die Abstände zwischen ihnen zu vergrößern.

05 Nun mit einem Acrylroller die Formen in die Basisplatte einrollen. Vergessen Sie nicht, die Platte nach jedem Rollvorgang zu drehen, damit sich das Muster nicht verzieht.

06 Die ausgewalzte Platte ist jetzt etwas dünner, d. h., etwa 2,5 mm dick, und kann nun mit den Cane-Scheiben verziert werden.

07 Zunächst die Canes in etwa 2 mm dicke Scheiben schneiden (sie müssen nicht alle gleich dick sein). Bevor Sie mit dem Schneiden beginnen, sollten Sie prüfen, ob die Scheiben überhaupt in die Bögen passen, sonst müssen die Canes noch etwas reduziert werden.

08 Nun die Cane-Scheiben auf die Bögen verteilen. Ob sie farblich aufeinander abgestimmt sind – Scheiben auf Bögen gleicher Farbe – oder kontrastieren, bleibt Ihnen überlassen.

09 Dieses Foto zeigt, wie die Cane-Scheiben dem doch eher schlichten Plattendesign Tiefe verleihen und es dadurch interessanter wird. Damit die Scheiben gut auf der Unterlage haften, sollte man sie vor dem Ausschneiden der Formen mit der Fingerkuppe nochmals kräftig andrücken.

10 Mit Ausstechern oder Schablonen (siehe Ausschneiden und Ausstechen) nun die Formen für die Ohrringe – große Bögen (A) und Kreise (B) – ausstanzen.

11 Möchten Sie die Formen noch texturieren, können Sie mit Prägestift und Modellierstäbchen ein schlichtes Punkt-Streifen-Muster hinzufügen.

12 Nun noch einige Cane-Scheiben für die restlichen Ohrring-Teile abschneiden und dann alle Stücke im Ofen härten (siehe Arbeitstechniken – Härten). Nach dem Härten sollte man die größeren Teile abschleifen (siehe Arbeitstechniken – Schleifen), bei den einzelnen Scheiben ist dies nicht nötig.

13 Die Teile nun nach Belieben zusammenstellen, Löcher für die Fourrituren bohren und die Einzelteile zu Schmuckstücken zusammenfügen (siehe Grundlagen: Schmuckherstellung – Techniken zur Schmuckherstellung).

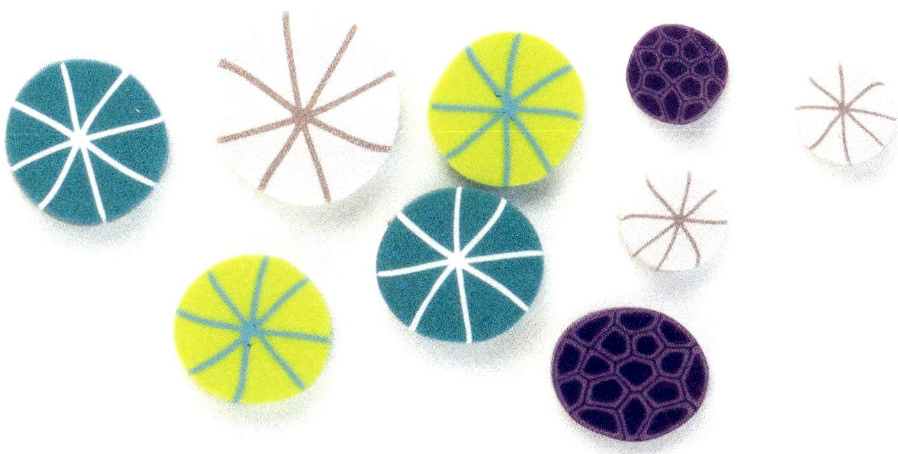

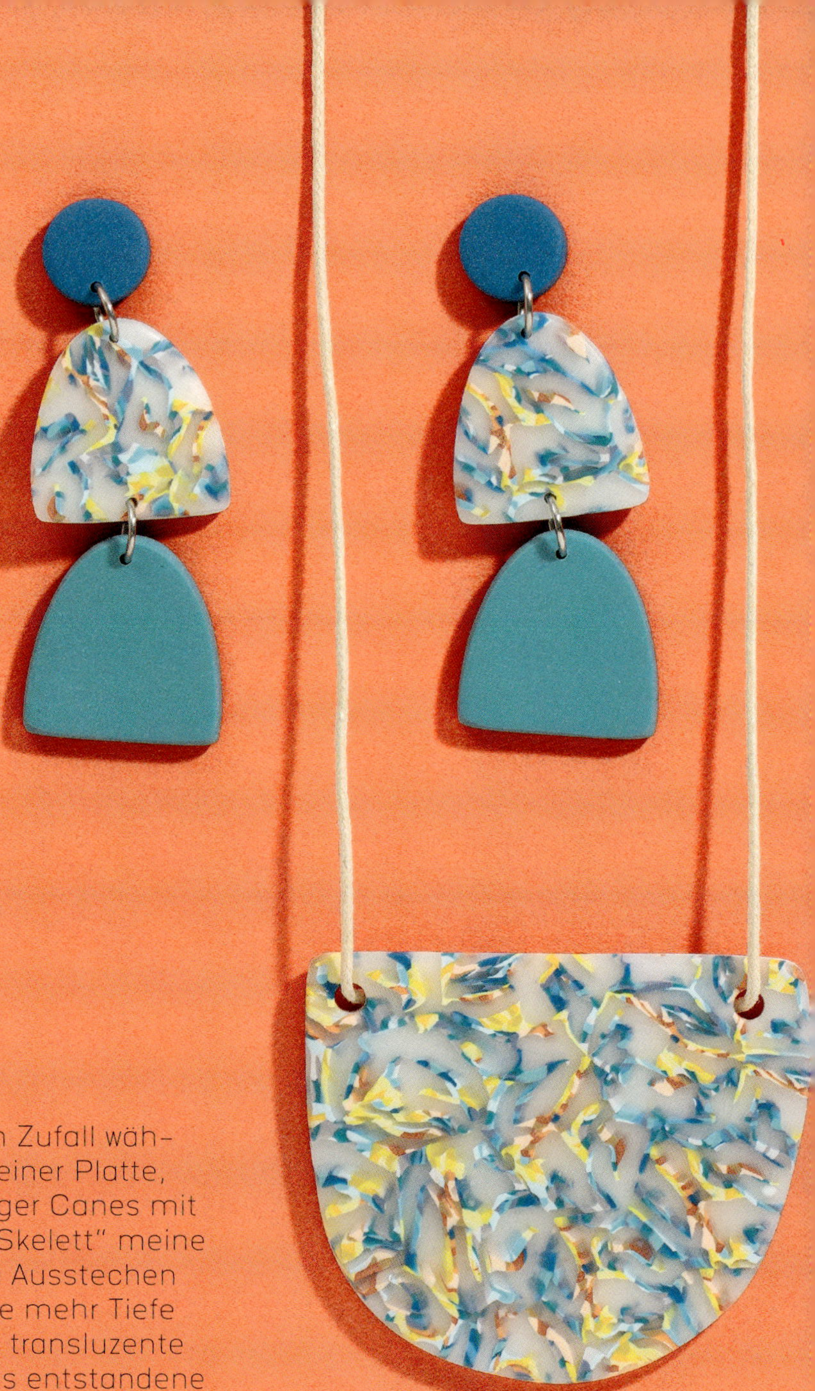

SCHMUCKSET IN OPAL-OPTIK

Diese Technik entstand aus purem Zufall während der Arbeit mit dem „Skelett" einer Platte, die mit Scheiben verschiedenfarbiger Canes mit Fleckenmuster verziert war – mit „Skelett" meine ich die Plattenreste, die nach dem Ausstechen der Formen übrig bleiben. Ich wollte mehr Tiefe gewinnen und fügte deshalb etwas transluzente Modelliermasse hinzu. Da mich das entstandene Muster an das buntfleckige Farbenspiel von Opalen erinnert, nenne ich dies nun meine „Opal"-Technik. Aus einer Platte mit Opal-Muster lässt sich ein solch exquisites Schmuckset mit Ohrringen und Anhänger fertigen.

MATERIALLISTE

- einige schlichte Canes mit Fleckenmuster in verschiedenen Farben Ihrer Wahl
- Farben Ihrer Wahl für weitere Ohrring-Teile
- transparente (transluzente) Modelliermasse*
- weiße Modelliermasse
- runder 20-mm-Ausstecher
- Ausstecher oder Schablonen (siehe Vorlagen)
- Baumwollkordel
- Schmuck-Fournituren und Schmuckzangen
- Grundausstattung (siehe Grundlagen: Modelliermasse – Arbeitsplatz und Ausstattung)

** Ich verwende am liebsten Cernit.*

01 Für dieses Projekt habe ich vier verschiedenfarbige schlichte Canes mit Fleckenmuster verwendet. Je nachdem, ob man mehr oder weniger nimmt, sieht das Ergebnis immer anders aus!

02 Ein wenig transluzente Modelliermasse gut durchkneten (siehe Grundlagen: Modelliermasse – Kneten) und etwa 3 mm dick ausrollen.

03 Die Canes in ca. 2 mm dicke Scheiben schneiden, die ruhig etwas unregelmäßig sein dürfen. Dann die Scheiben auf die Platte legen (A) und darauf achten, dass die Farben gleichmäßig verteilt sind (B).

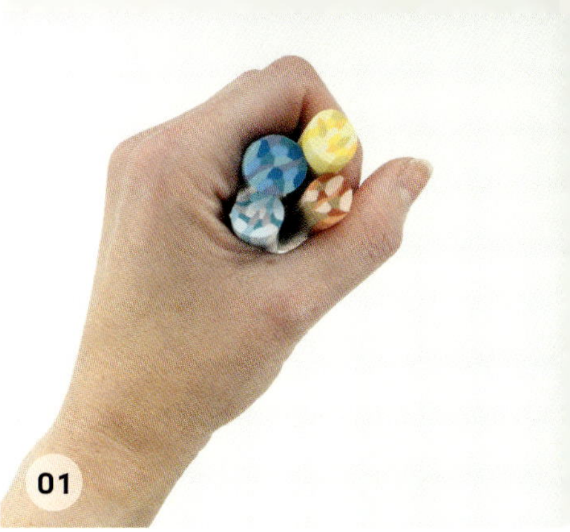

01

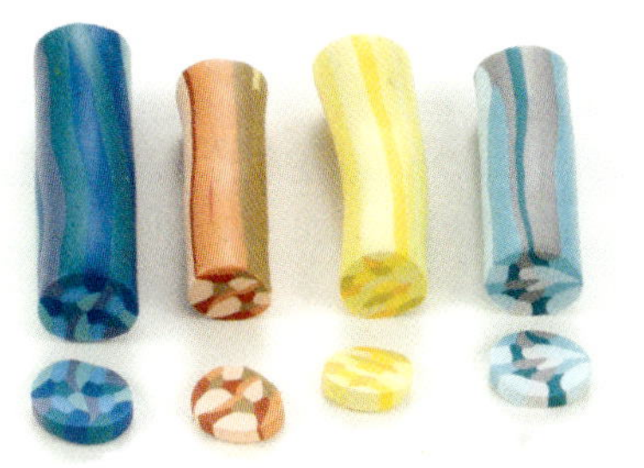

02

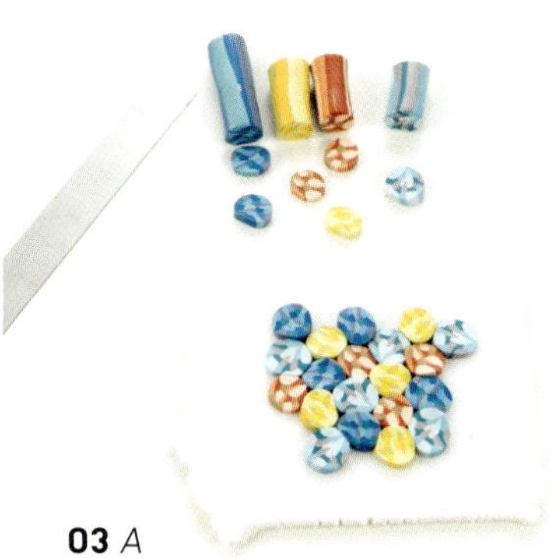

03 *A*

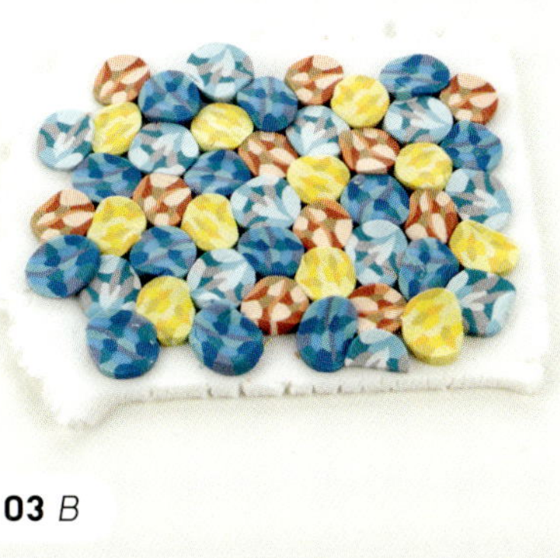

03 *B*

04 Mit einem Acrylroller die Scheiben in die Basisplatte einrollen (A), bis die Platte gleichmäßig etwa 3 mm dick ist (B).

05 Aus der Platte kleine Kreise ausstechen; dabei darauf achten, dass der Ausstecher wirklich bis zur Arbeitsunterlage durchgedrückt wird. Ziel ist es, ein „Plattenskelett" zu erhalten, deshalb sollten die ausgestanzten Kreise gleichmäßig auf der Oberfläche verteilt und die Lücken dazwischen nur klein sein.

06 Nun das „Skelett" abziehen und neben die ausgestanzten Kreise legen, die immer noch an der Arbeitsfläche haften. Jetzt müssen Sie entscheiden, ob Sie aus den Kreisen separate Ohrstecker machen möchten oder sie weiterverarbeiten wollen.

07 Sollen die Kreise mitverarbeitet werden, wird das Skelett auf links gedreht und die Kreise, mit der farbigen Seite nach oben wie hier, auf die Unterseite des Skeletts gelegt.

08 Nun mit der Hand alles zusammenkneten (A) und zu einer Kugel rollen (B). Dabei kräftig drücken, damit eingeschlossene Luft entweichen kann.

09 Die Kugel zwischen den Händen zu einem langen, etwa daumendicken (ca. 20 mm breiten) Zylinder rollen.

10 Die so entstandene Opal-Cane kann nun in mehrere kürzere Stangen geschnitten werden.

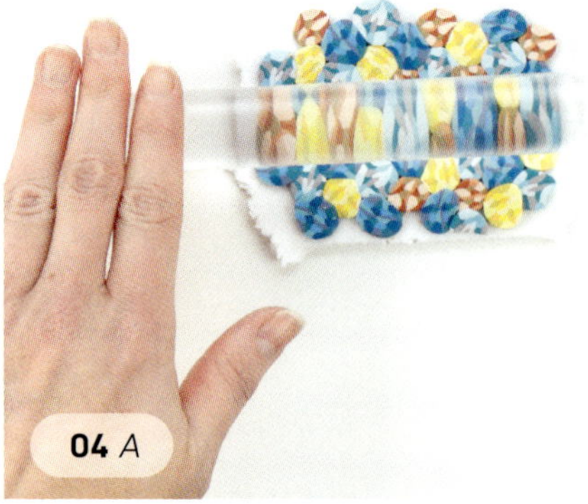
04 *A*

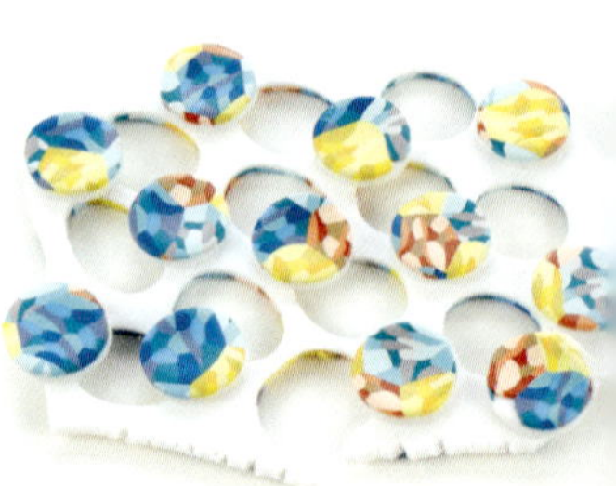
07

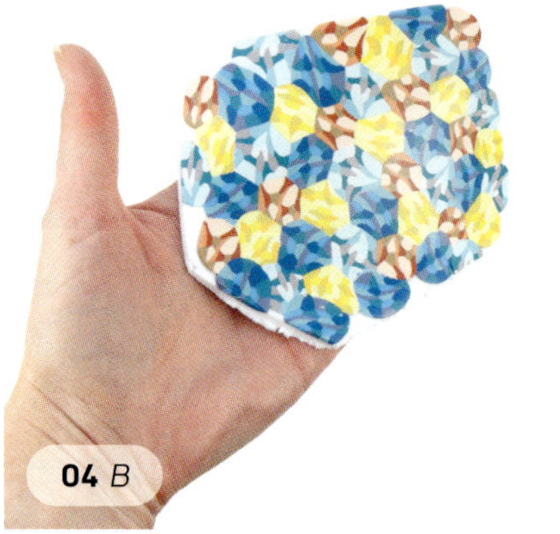
04 *B*

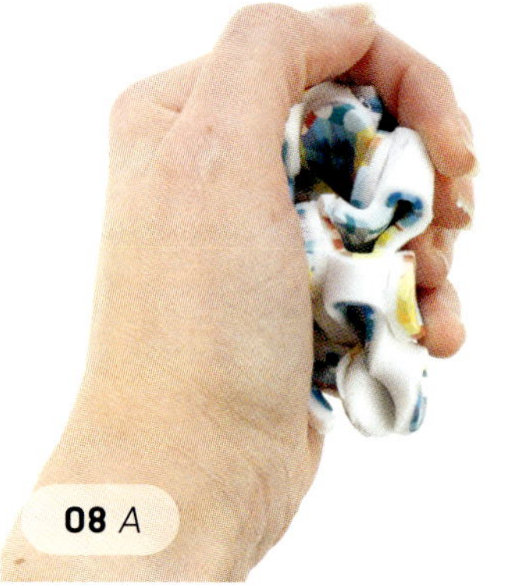
08 *A*

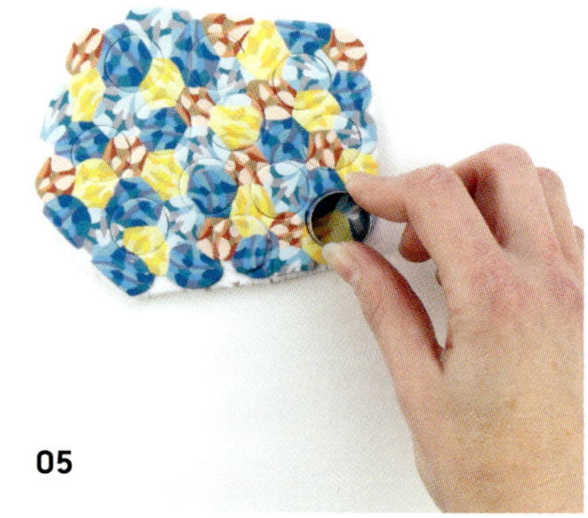
05

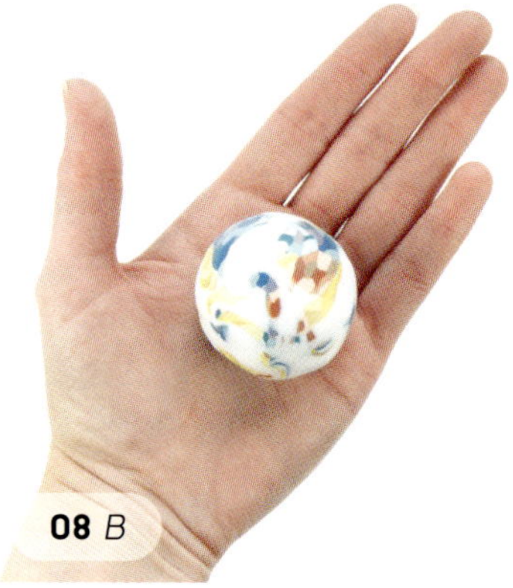
08 *B*

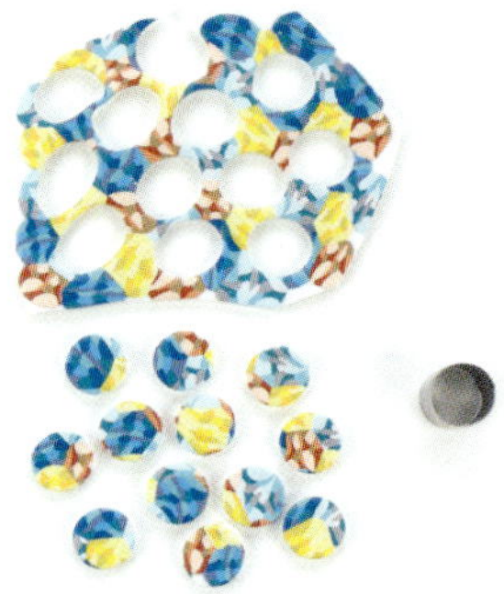
06

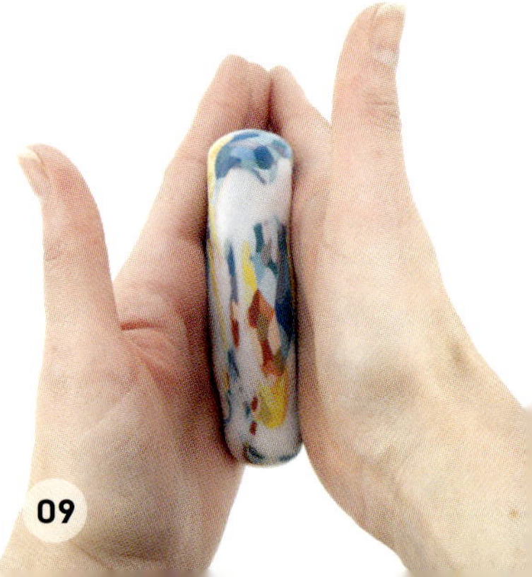
09

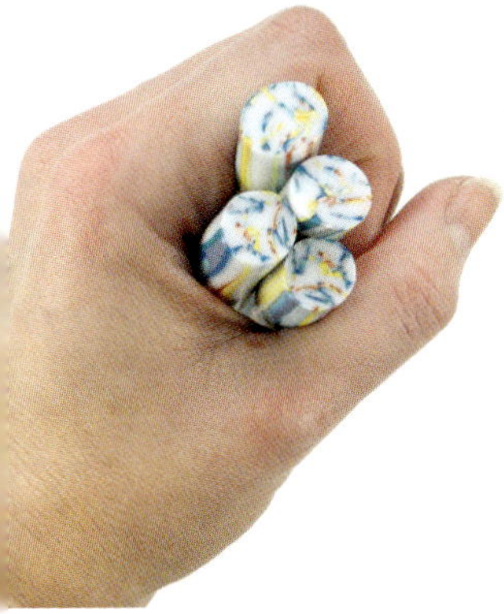

10

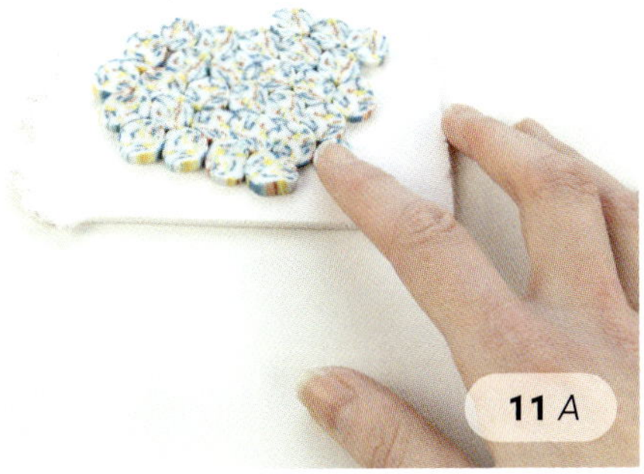

11 *A*

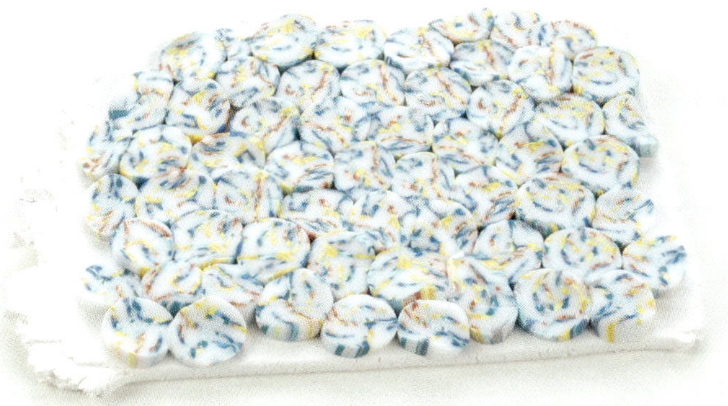

11 *B*

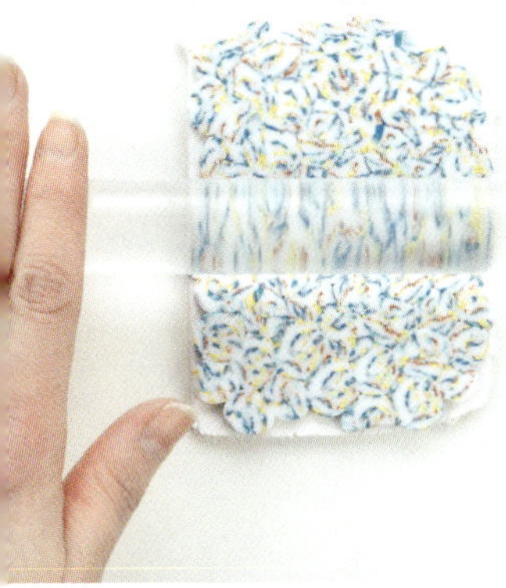

12

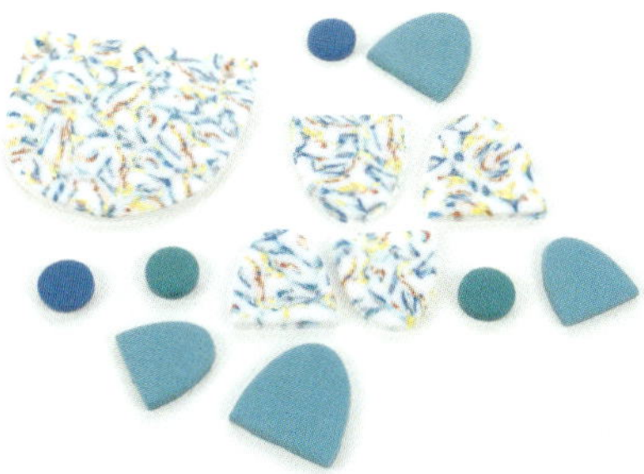

14

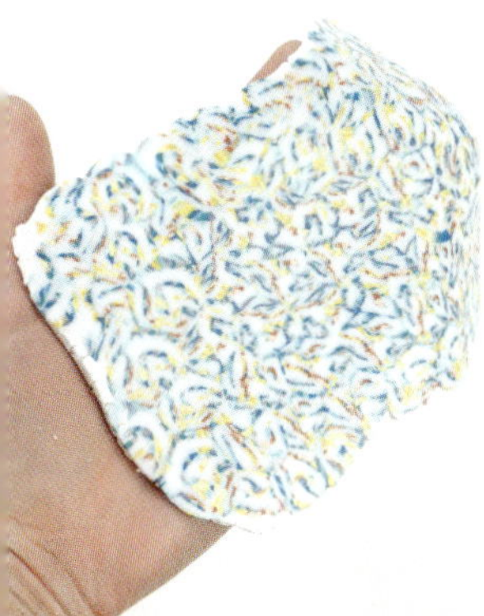

13

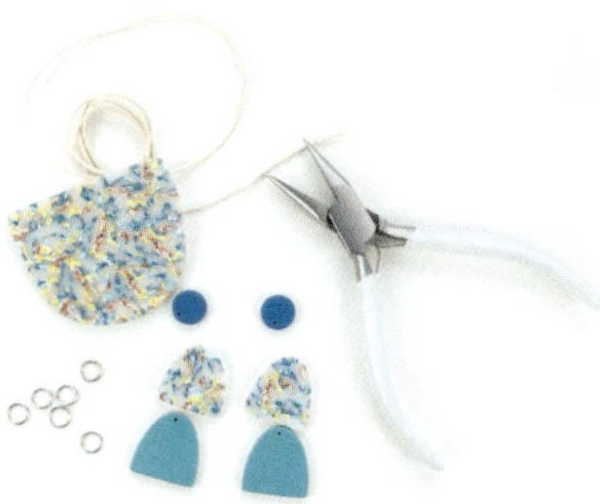

15

11 Jetzt geht es an die Herstellung der eigentlichen Opalplatte, dieses Mal auf Basis einer Platte aus weißer Modelliermasse. Dazu die Opal-Canes in Scheiben schneiden und sehr dicht nebeneinander (A) oder sogar etwas überlappend auf der Platte anordnen, bis diese komplett bedeckt ist (B).

12 Mit einem Acrylroller die Basisplatte etwa 3 mm dick ausrollen und die Platte nach jedem Rollvorgang drehen.

13 Sollten zwischen den Cane-Scheiben noch Lücken oder Nahtstellen zu sehen sein, die Ränder der Platte mit den Fingern oder einer Klinge nach innen drücken. Solange weiterrollen, bis keine Nahtstellen mehr zu sehen sind und die Platte glatt und ebenmäßig ist.

14 Nun aus der Opalplatte den Anhänger und die mittleren Bögen für die Ohrringe sowie die restlichen Teile für Ohrringe sowie Ohrstecker und zwei weitere Bögen aus der einfarbigen Modelliermasse ausstechen. Zum Schluss alle Teile im Ofen härten (siehe Arbeitstechniken – Härten).

15 Nach dem Härten wirken die Opalteile dunkler und transluzenter. Jetzt können die Kanten geschliffen (siehe Arbeitstechniken – Schleifen) sowie die Löcher für die Fournituren an den Ohrringen und die Anhängerkordel gebohrt werden. Dann die Ohrringe zusammensetzen und die Kordel durch die Anhängerlöcher ziehen und mit einem Slipknoten befestigen (siehe Grundlagen: Schmuckherstellung – Techniken zur Schmuckherstellung).

OBERFLÄCHEN GESTALTEN UND VERZIEREN

Modelliermasse lässt sich auf vielfältige Weise verzieren und gestalten – die kleine Auswahl hier ist nur die Spitze des Eisbergs, sozusagen Ihr Ausgangspunkt für weitere Experimente und Entdeckungsreisen.

Viele Verzierungen bedürfen einer Versiegelung. Welche dafür infrage kommt, finden Sie im Kapitel Grundlagen: Modelliermasse – Arbeitstechniken.

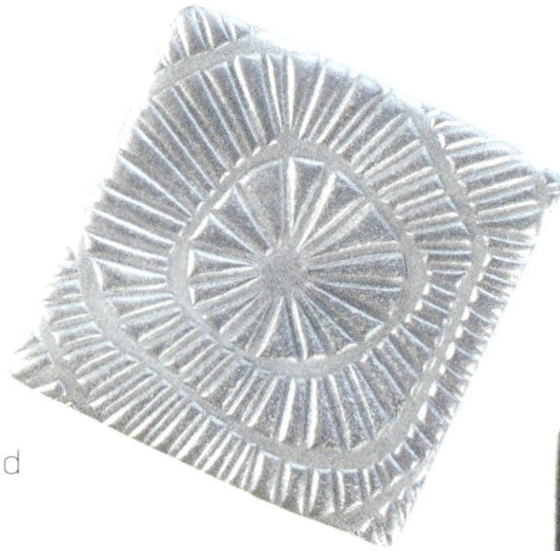

04

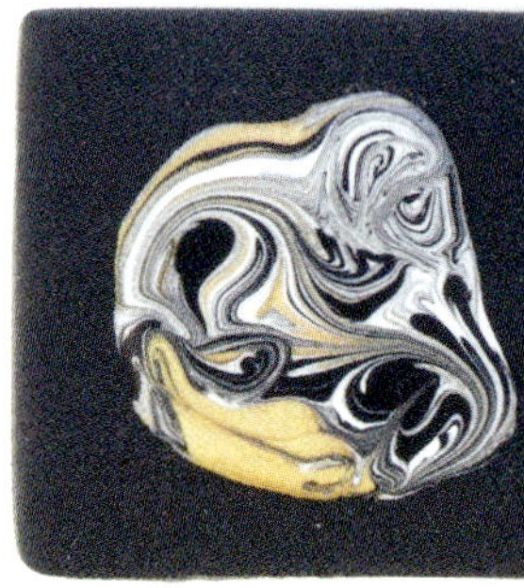

09

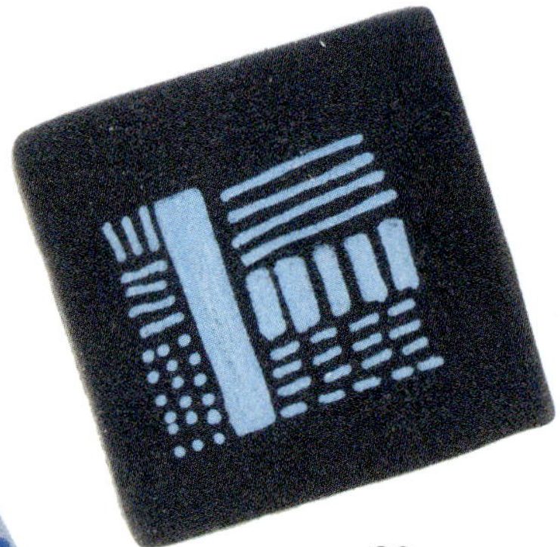

03

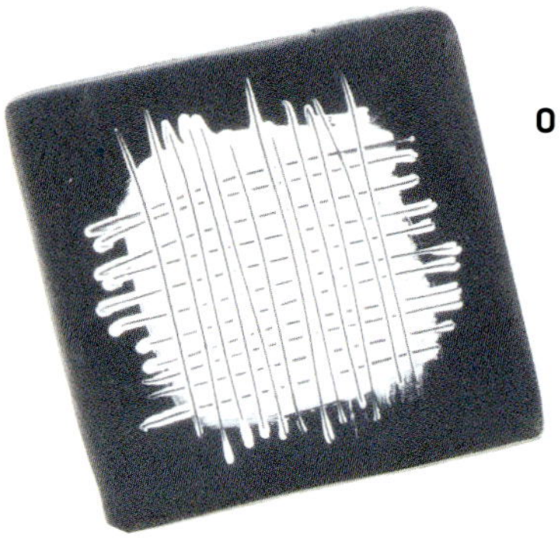

01

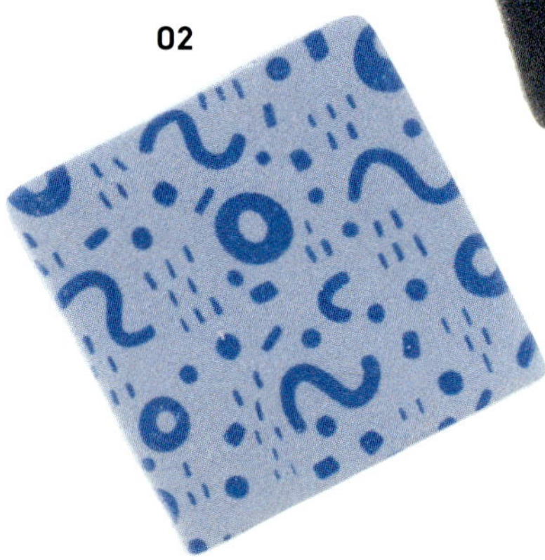

02

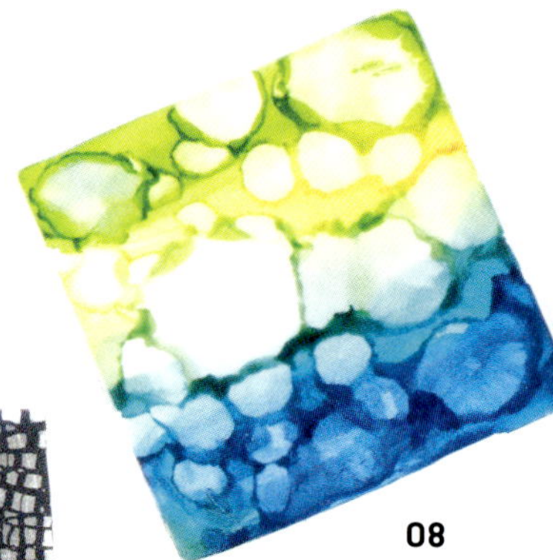

08

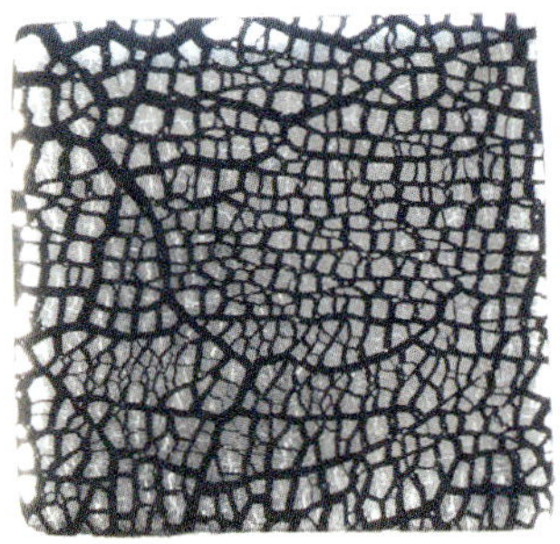

07

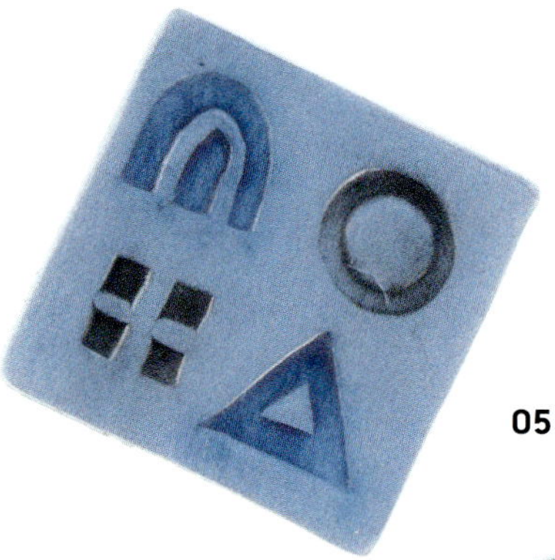

05

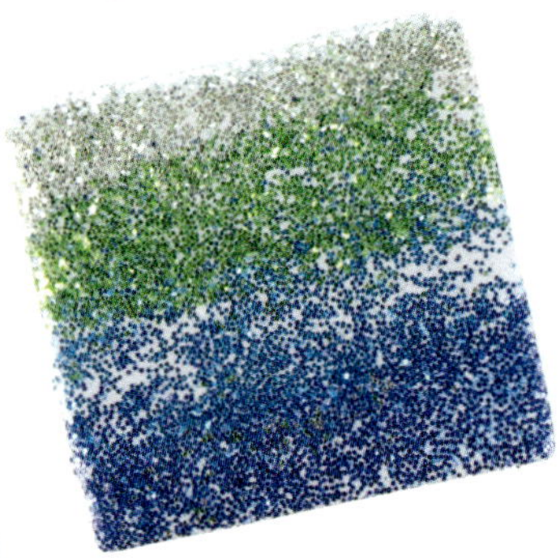

06

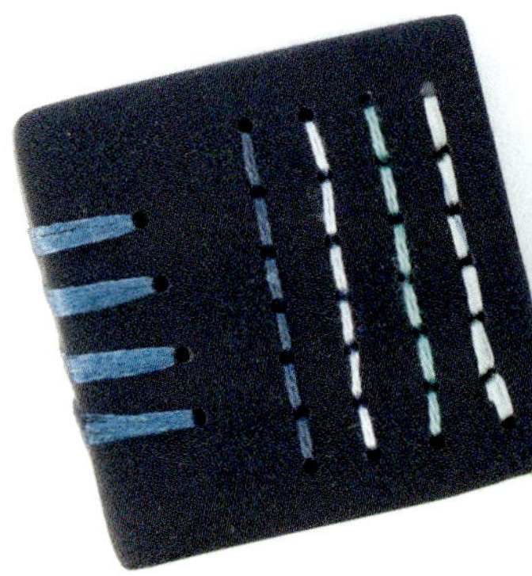

12

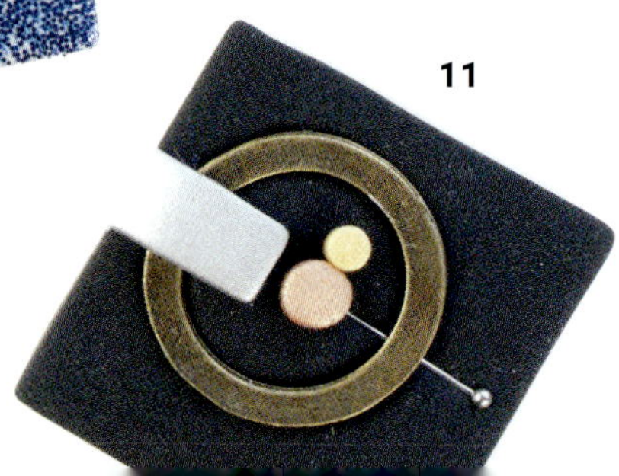

11

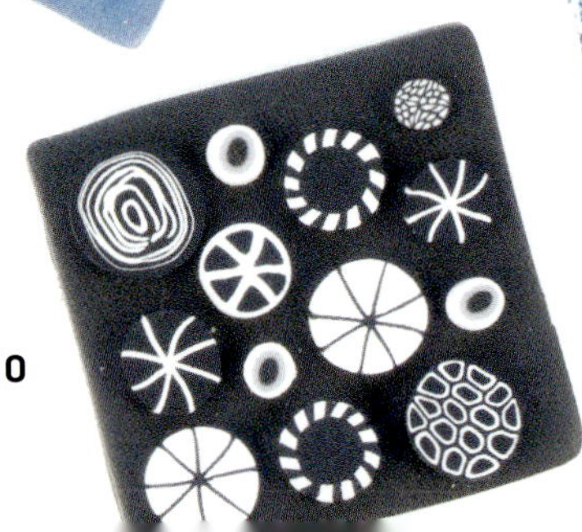

10

FARBE

01 Direktauftrag Acryl- (und Öl-)farben können direkt auf Modelliermasse aufgebracht und – nass oder trocken – zum Bemustern und Texturieren verwendet werden. Mit ihnen lässt sich Modelliermasse auch färben. Ob die Oberfläche versiegelt werden muss, ist abhängig von der Art der Farbe und dem verzierten Objekt.

02 Siebdruck Detaillierte Informationen hierzu finden Sie unter „Musterauftrag mit Siebdruckvorlagen".

03 Acrylstifte Mit diesen können feine Details auf gehärtete Modelliermasse gezeichnet werden. Erhältlich sind u.a. deckende wie auch Metallicfarben in unterschiedlichen Strichstärken. Wird der bemalte Gegenstand oft angefasst, sollte man ihn versiegeln.

PULVER

04 Mica-Pulver (Pigmente mit Perlmutteffekt) Durch Zugabe von feinem Mica-Pulver kann man Oberflächen von Modelliermassen, vor allem texturierten wie hier, einen wunderschönen Perlmuttglanz verleihen. Mica-Pulver bleibt nach dem Härten zwar haften, doch ist eine Versiegelung ratsam, damit der Glanzeffekt erhalten bleibt. Es eignet sich besonders gut, um Reste aufzupeppen.

05 Pastellkreide Mit dieser kann man Modelliermasse, vor allem transluzente, hervorragend färben, doch lässt sie sich auch mit dem Pinsel auftragen, um (wie hier zu sehen) zarte Schattierungen und Farbeffekte zu erzielen. Mit roher Modelliermasse vermischt und gehärtet, ist eine Versiegelung nicht notwendig.

06 Glitter Diesen kann man in Modelliermasse einkneten, z. B. um einen Graniteffekt zu erzielen, oder lediglich auf die Oberfläche geben und andrücken, wie hier. Ist Letzteres der Fall, sollte er mit flüssiger Modelliermasse festgeklebt und anschließend versiegelt werden, damit er sich nicht ablöst.

WEITERE MÖGLICHKEITEN

07 Metallfolien Diese sind hauchdünn und in allen Farben erhältlich. Werden sie auf roher Modelliermasse ausgerollt, dehnen sich sich aus und reißen. Damit sie sich nicht eintrüben und stumpf werden, ist eine Versiegelung ratsam.

08 Alkoholtinte Diese hochgesättigte Tinte lässt sich gut zum Färben von transluzenter und weißer Modelliermasse verwenden, aber auch, um dekorative Effekte auf der Oberfläche roher oder gehärteter Modelliermasse zu erzielen. Eine Versiegelung ist ratsam.

09 Flüssige Modelliermasse wird meist zum Versiegeln verwendet, ist aber auch sehr gut zum Verzieren geeignet. Hier habe ich mit einem Zahnstocher drei Farben zu einem Marmormuster zusammengerührt. Flüssige Modelliermasse ist in allen Farben erhältlich, lässt sich aber auch mit Pulver und Tinte einfärben. Nach dem Härten ist keine Versiegelung notwendig.

10 Feste Modelliermasse Bei der Herstellung von Basisplatten und Canes haben wir bereits gesehen, wie auch mit fester Modelliermasse Muster hergestellt werden können. Die Cane-Scheiben hier sind nicht vollständig in die Platte eingerollt, sodass ein 3D-Effekt entsteht.

11 Schmuckfournituren In Modelliermasse lässt sich alles Mögliche einbetten, z. B. Muscheln, Perlen, Draht, Glas, Steine – eigentlich alles, was im Ofen temperaturbeständig ist, wobei vor allem Metall eine tolle Wirkung erzielt. Hier wurden Schmuckfournituren tief in die Modelliermasse gedrückt, und das Härten im Ofen sorgt dafür, dass sie sich nicht ablösen.

12 Besticken Auch mit Nadel und Faden lässt sich Modelliermasse verzieren! Sowohl in rohe als auch gehärtete Modelliermasse lassen sich leicht Löcher für den Faden anbringen.

OHRHÄNGER IM METALLIC-STRUKTUR-LOOK

Ich liebe Modelliermasse mit Metallic-Effekt, ich liebe Texturen und ich liebe aus vielen Einzelteilen bestehende Ohrringe! In diesem Projekt lassen sich alle drei Vorlieben verbinden, und heraus kommen einfach umwerfende Ohrringe. Zudem bietet sich Gelegenheit, verschiedene Texturierungsmöglichkeiten auszuprobieren und mit Werkzeugen zu experimentieren, seien es Spezialwerkzeuge oder selbst gemachte. Ob Sie größere oder kleinere Teile oder auch andere Farben nehmen – die Wahl liegt ganz bei Ihnen. Lassen Sie Ihrer Fantasie einfach freien Lauf!

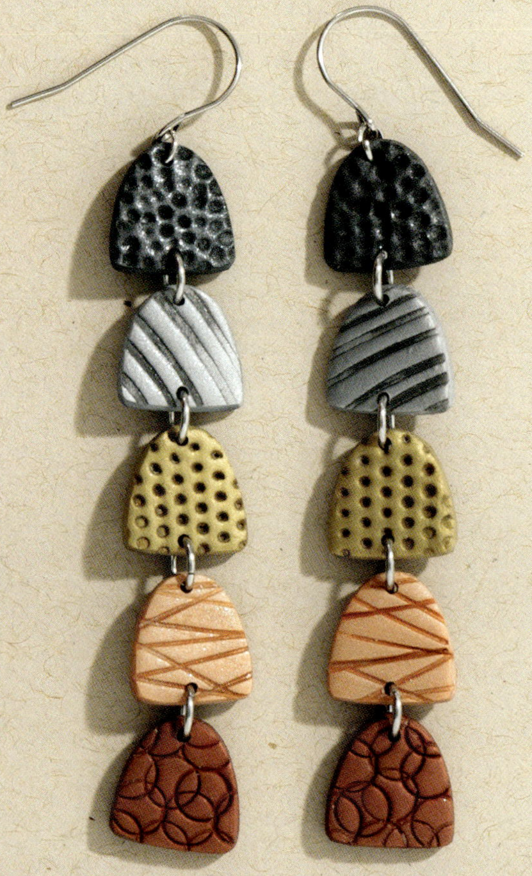

MATERIALLISTE

- Modelliermasse mit Metallic-Effekt Ihrer Wahl*
- Ausstecher oder Schablonen (siehe Vorlagen)
- Werkzeuge für Struktureffekte, Stempel oder Texturmatten
- Pastellkreiden, die eine Nuance dunkler sind als die gewählte Modelliermasse
- Pinsel
- Feuchttücher und Reinigungsalkohol
- Handbohrer oder Rotationswerkzeug mit Bohraufsatz
- Ohrring-Fournituren und Schmuckzangen
- Grundausstattung (siehe Grundlagen: Modelliermasse – Arbeitsplatz und Ausstattung)

** Ich habe hier Sculpey Premo Accents Silber, Graphite Pearl, Antique Gold, Kupfer und Bronze verwendet.*

01 Die gewählten Farben kräftig durchkneten (siehe Grundlagen: Modelliermasse – Kneten), dann jede Farbe etwa 2–3 mm dick ausrollen (A) und die Texturierungswerkzeuge zurechtlegen (B) – einige Vorschläge finden Sie unter Grundlagen: Modelliermasse – Arbeitsplatz und Ausstattung.

02 Mit Ausstechern oder Schablonen (siehe Ausschneiden und Ausstechen) auf jeder Farbe zwei leichte Abdrücke für die Ohrringteile machen.

01 *A*

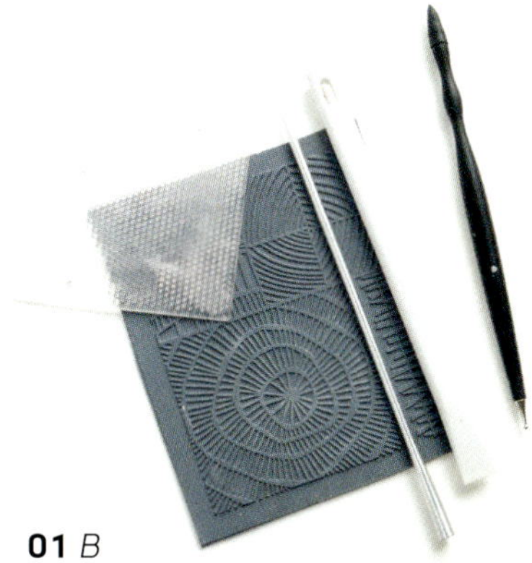

01 *B*

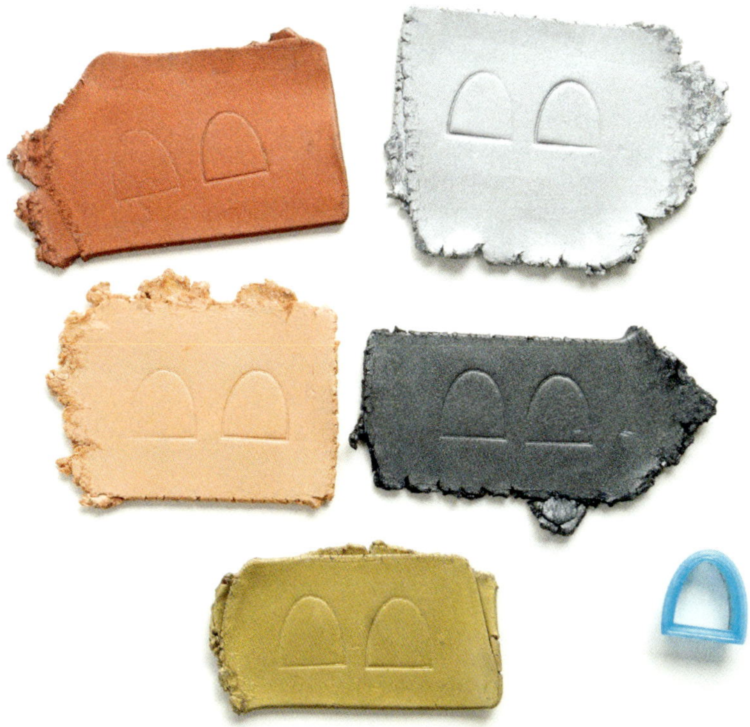

02

03 Nacheinander die jeweiligen Formen auf den verschiedenen Farben texturieren. Auf Bild A wird eine Texturmatte fest auf die Modelliermasse gedrückt, auf Bild B ist der Abdruck zu sehen, den die Matte hinterlassen hat. Ich habe hier eine Texturmatte der Marke Lucy Clay verwendet, sie sind aber auch bei anderen Herstellern wie Fimo, Cernit etc. erhältlich). Einen ähnlichen Abdruck erhalten Sie auch mit einem groben Gewebe oder einem Netz.

04 Dieses Muster aus überlappenden Kreisen habe ich mit einem „Etch 'n' Pearl Tool" der Marke Sculpey gemacht, wobei ein Strohhalm den gleichen Zweck erfüllt.

05 Hier entstand mithilfe eines Spatels (steife Pappe tut es auch) ein Linienmuster. Die Muster in den beiden restlichen Modelliermassen wurden mithilfe eines Prägestifts von Sculpey und einer Strukturplatte der Marke Helen Breil hergestellt.

06 Wählen Sie nun die Pastellkreiden aus. Achten Sie darauf, dass sie zur jeweiligen Metallicfarbe passen und eine Nuance dunkler sind als diese.

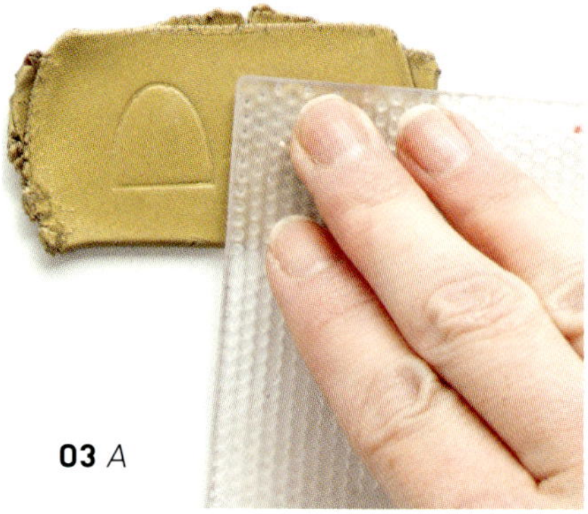

03 *A*

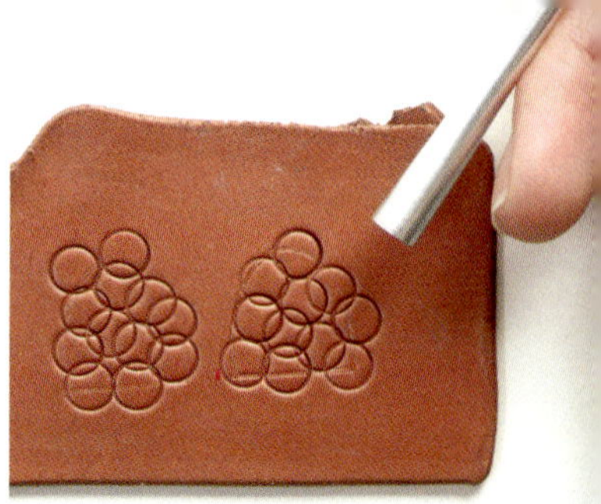

04

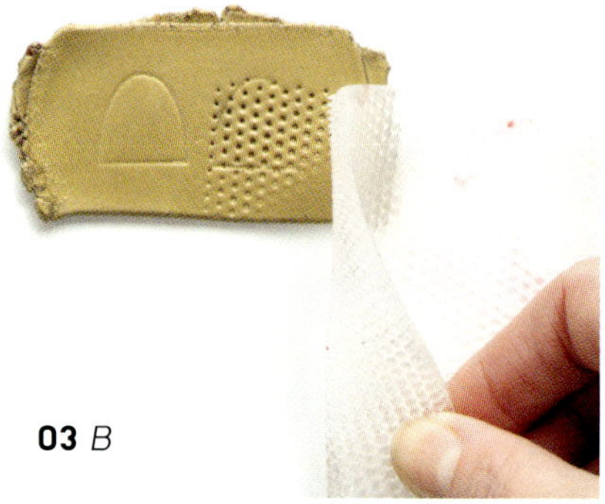

03 *B*

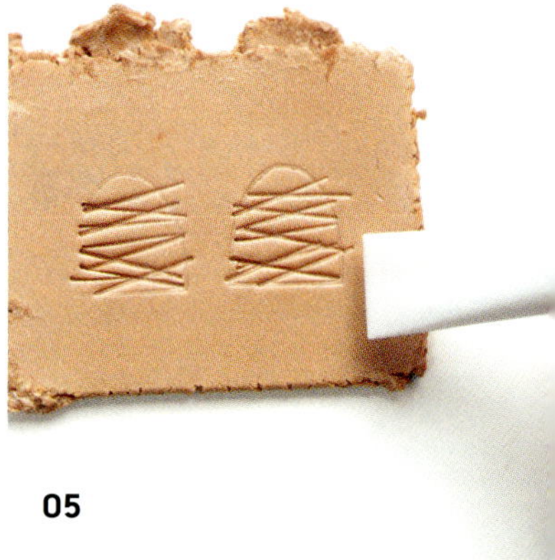

05

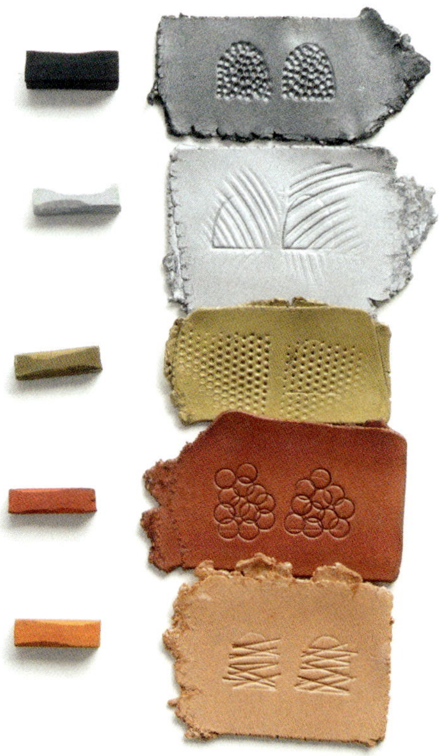

06

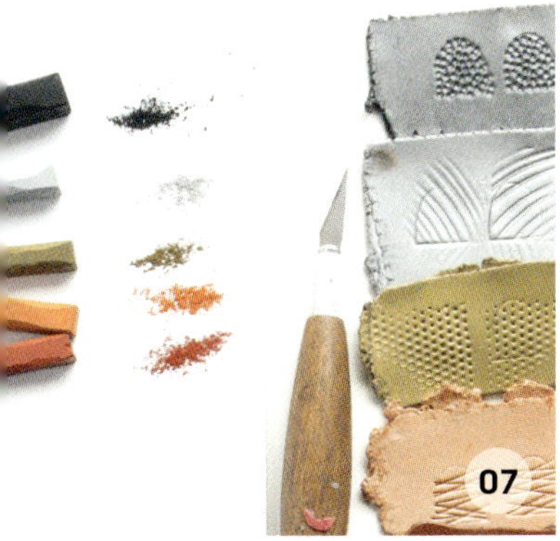
07

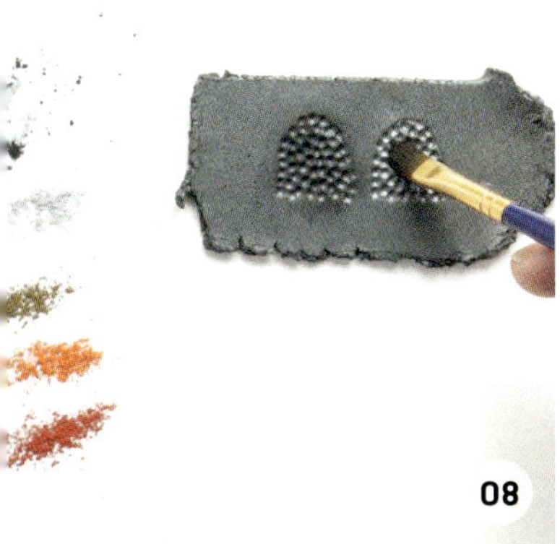
08

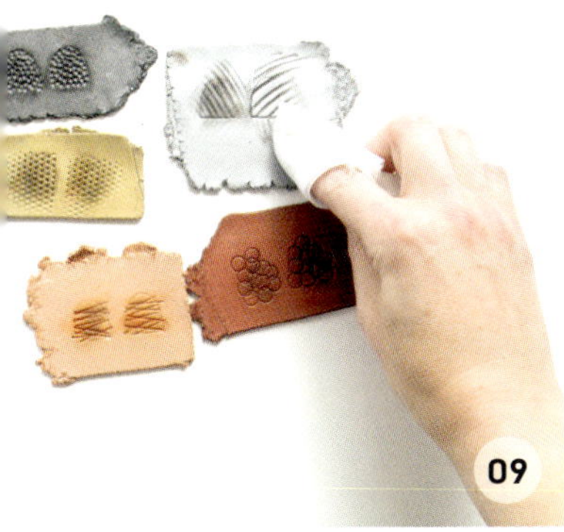
09

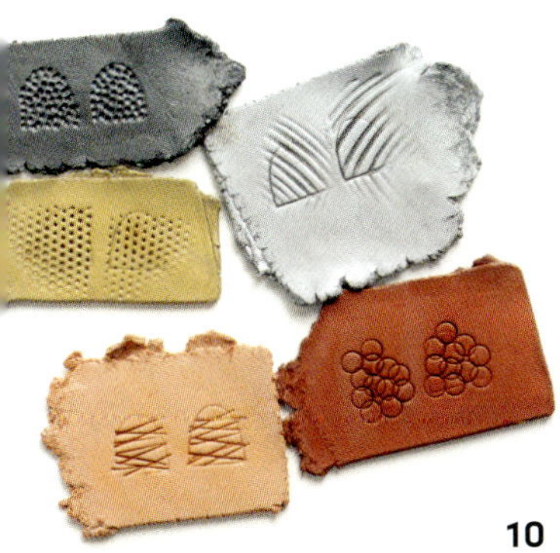
10

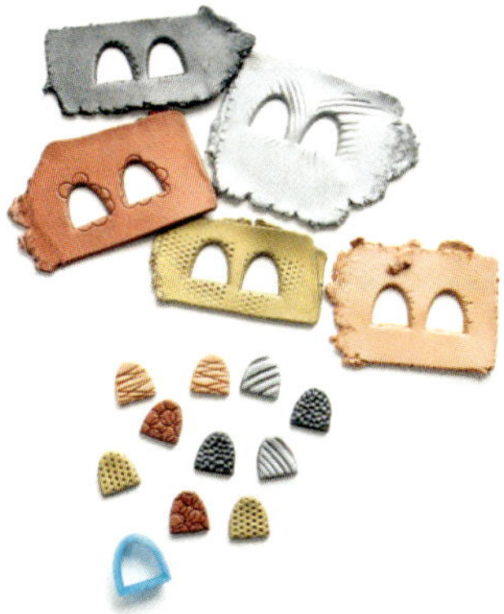
11

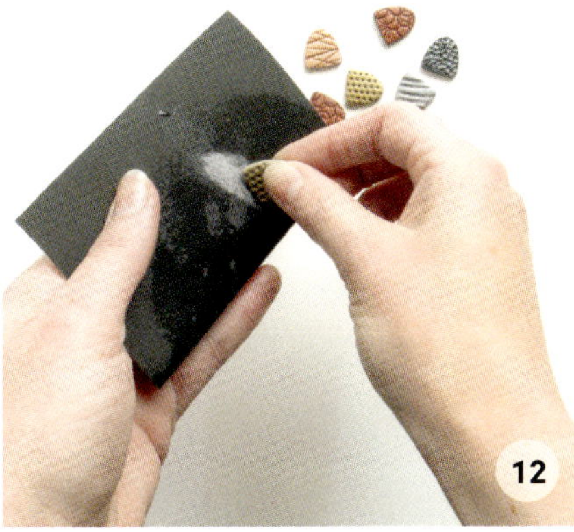
12

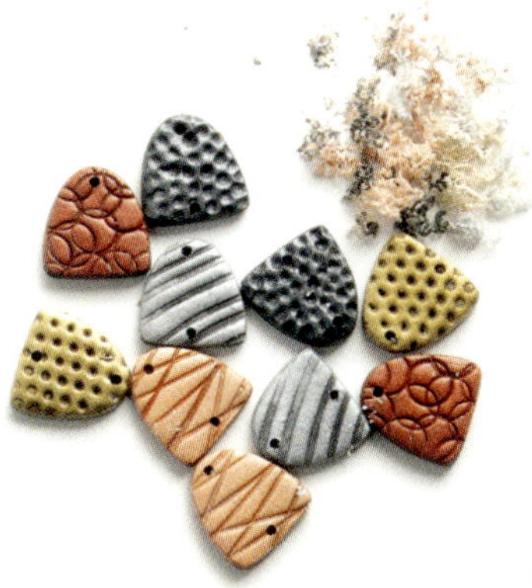
13

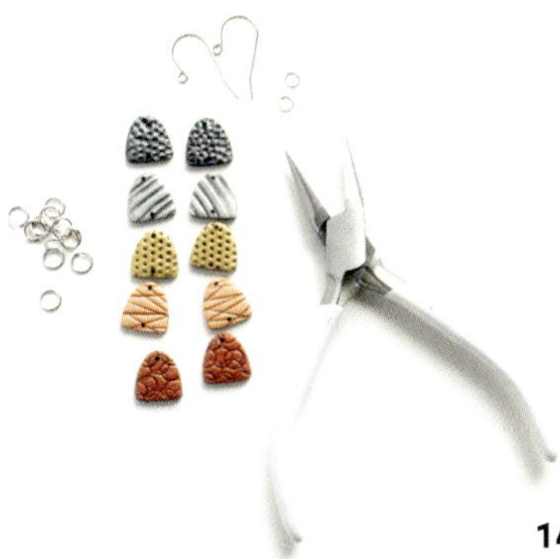
14

07 Schaben Sie mit einem Cuttermesser ein wenig von jeder Pastellkreide ab.

08 Mit einem Pinsel das Kreidepulver auf die strukturierten Flächen auftragen. Vor dem Wechsel zu einer anderen Farbe und dem Farbauftrag dort sollte man den Pinsel jeweils an einem trockenen Tuch sauberwischen.

09 Überschüssiges Pulver mit einem in Alkohol getränkten Tuch von der Modelliermasse wischen. Dabei das Tuch waagerecht halten und immer ein wenig drehen, damit die Wischfläche sauber bleibt.

10 Die gesäuberten Mini-Platten sind nun bereit für den nächsten Bearbeitungsschritt.

11 Mithilfe von Ausstechern oder Schablonen werden jeweils zwei Formen aus den texturierten Flächen jeder Platte ausgestanzt (die ursprünglichen Abdrücke sollten noch erkennbar sein).

12 Nun alle Teile im Ofen härten (siehe Arbeitstechniken – Härten) und anschließend schleifen (siehe Arbeitstechniken – Schleifen).

13 Bohren Sie die Löcher für die Schmuckfournituren (siehe Grundlagen: Schmuckherstellung). Beachten Sie, dass die oberen vier Teile jeweils oben und unten Löcher benötigen, das fünfte hingegen nur ein Loch oben.

14 Setzen Sie nun die einzelnen Teile zu Ohrringen zusammen (siehe Grundlagen: Schmuckherstellung – Techniken zur Schmuckherstellung).

BUNTE PASTELLKREIDE-OHRRINGE MIT STEMPELDRUCK

In diesem Projekt lernen Sie das Texturieren mittels – egal ob selbst hergestellten oder im Hobbyfachhandel gekauften – Stempeln. Zugleich zeige ich Ihnen, wie man die Stempelabdrücke mit Pastellkreide kräftig und dauerhaft färben kann. Die fröhlichen, bunten Formen lassen sich auf unzählige Arten kombinieren – zu Ohrringen, aber auch zu Anhängern.

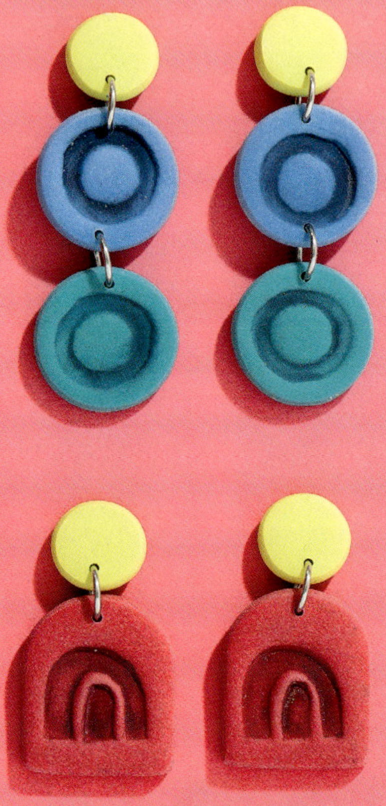

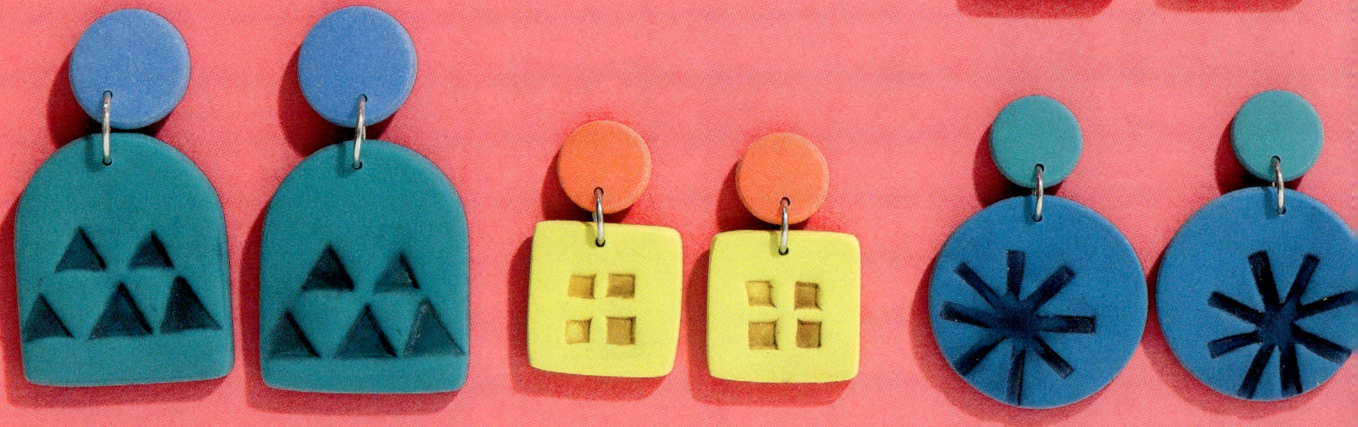

MATERIALLISTE

- Modelliermasse in Farben Ihrer Wahl*
- Stempel Ihrer Wahl
- Ausstecher oder Schablonen (siehe Vorlagen)
- Pastellkreiden, die jeweils eine Nuance dunkler sind als die Modelliermassen
- Pinsel
- Feuchttücher und Reinigungsalkohol
- Handbohrer oder Rotationswerkzeug mit Bohraufsatz
- Ohrring-FourNituren und Schmuckzangen
- Grundausstattung (siehe Grundlagen: Modelliermasse – Arbeitsplatz und Ausstattung)

** Ich habe hier Sculpey Soufflé in sechs lebhaften Farben verwendet.*

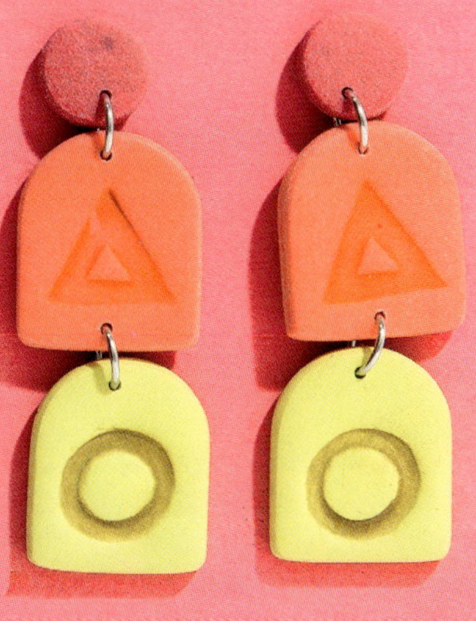

01 Die gewählten Modelliermassen jeweils gut durchkneten (siehe Grundlagen: Modelliermasse – Kneten), dann jede Farbe etwa 2–3 mm dick ausrollen.

02 Die Stempel (ich habe meine selbst geschnitzt) (A) und weitere Materialien (B) bereitlegen.

03 Machen Sie auf jeder ausgerollten Platte zwei leichte Abdrücke für die jeweiligen Ohrringteile, damit Sie wissen, wo Sie den Stempel aufsetzen müssen.

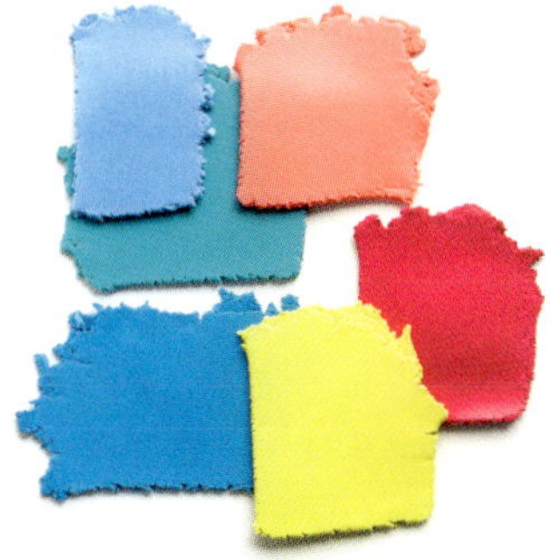

01

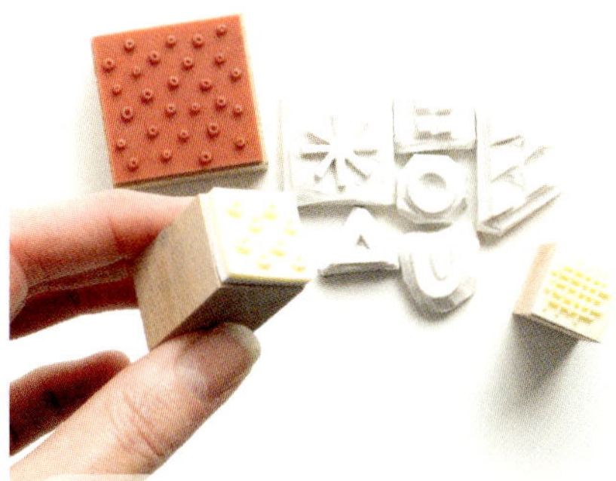

02 *A*

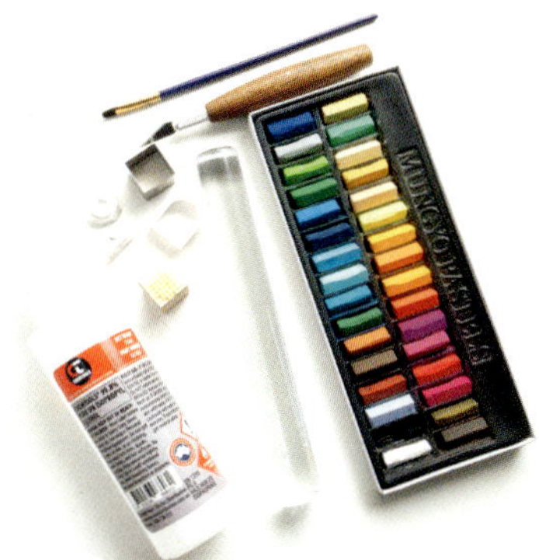

02 *B*

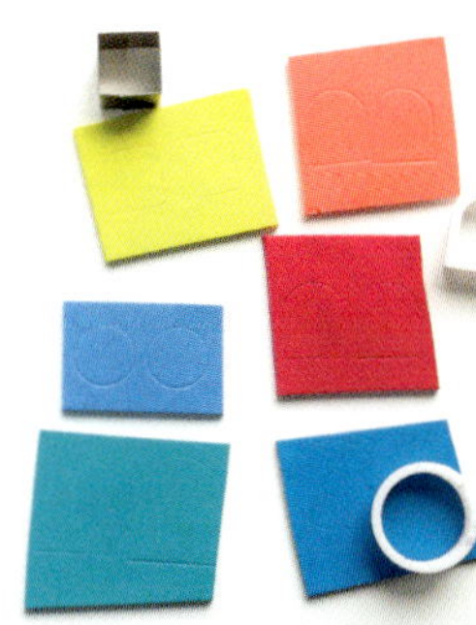

03

04 Nun innerhalb der Abdrücke stempeln (A). Üben Sie zuvor ein wenig auf Reststücken, damit Sie wissen, wie kräftig der Stempel aufgedrückt werden muss, um eine Textur zu erzeugen, in der die Kreidepigmente haften bleiben (B).

05 Wählen Sie die Pastellkreiden aus, und achten Sie darauf, dass diese jeweils zur Farbe der Modelliermasse passen und eine Nuance dunkler sind als diese. Mit einem Cuttermesser ein wenig von jeder Pastellkreide abschaben.

06 Tragen Sie nun mit einem Pinsel das Kreidepulver auf die strukturierten Flächen auf. Vor dem Wechsel zu einer anderen Platte und dem Farbauftrag dort den Pinsel jeweils an einem trockenen Tuch sauberwischen.

07 Überschüssige Kreide mit einem in Alkohol getränkten Tuch von der Modelliermasse wischen. Dabei das Tuch waagerecht halten und immer ein wenig drehen, damit die Wischfläche sauber bleibt.

08 Nach dem Reinigen werden die gestempelten Formen ausgestanzt (die ursprünglichen Abdrücke sollten noch erkennbar sein).

09 Ein Set Einzelteile ist nun fertig zum Ofenhärten! Vergessen Sie nicht, auch einige Ohrstecker (kleine Kreise) auszustechen.

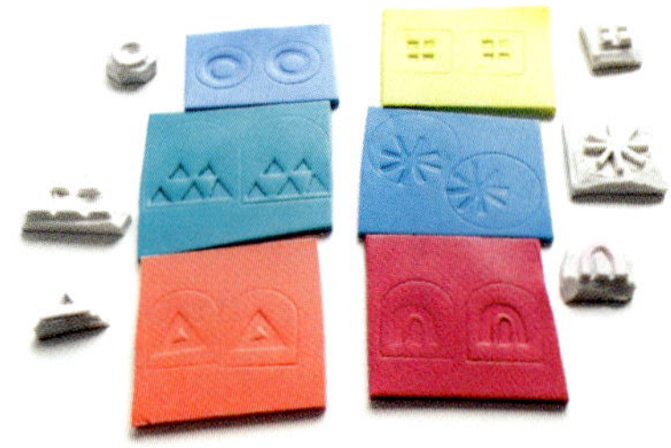

04 *A*

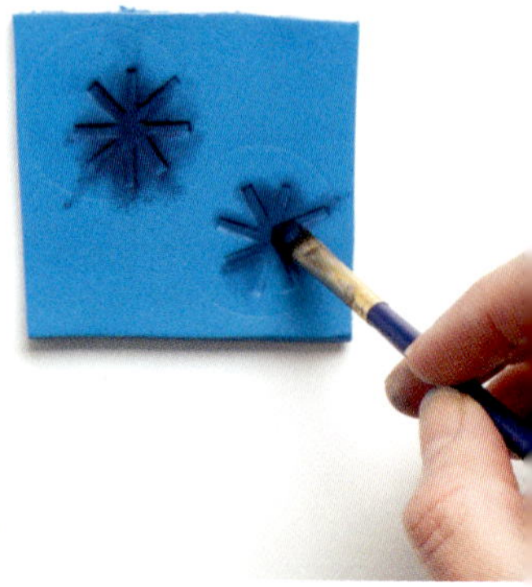

06

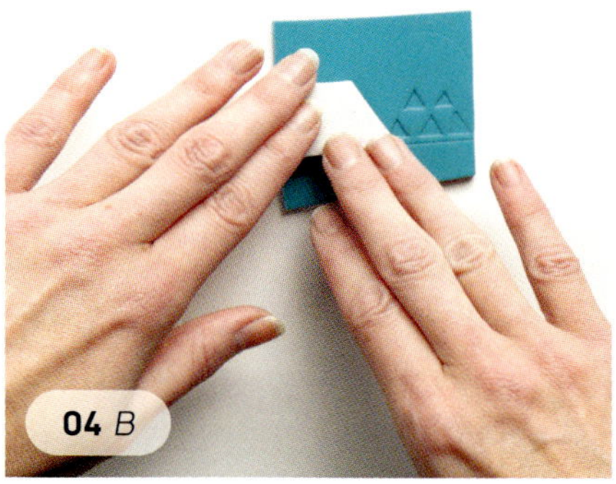

04 *B*

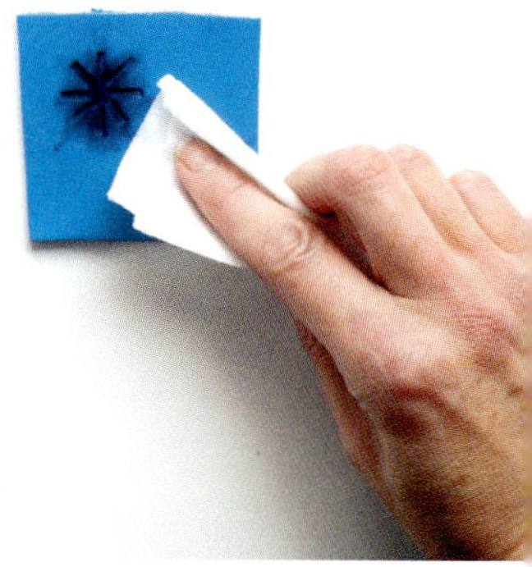

07

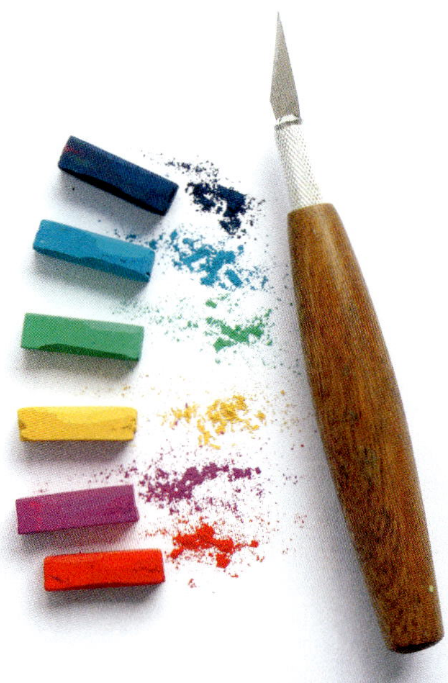

05

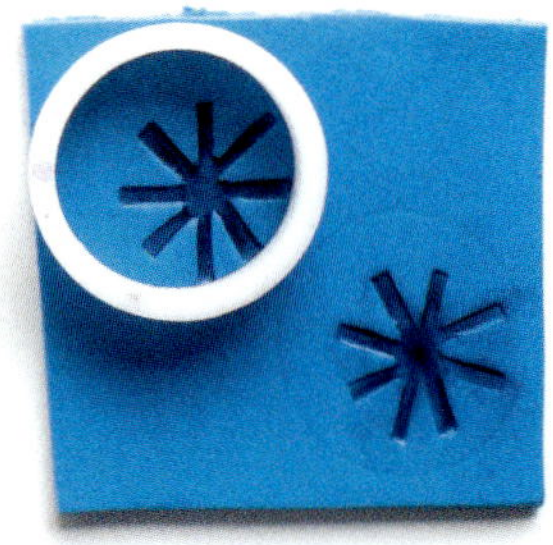

08

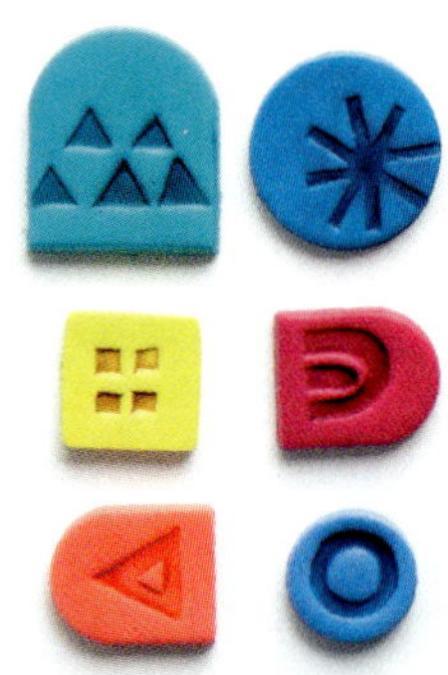

09

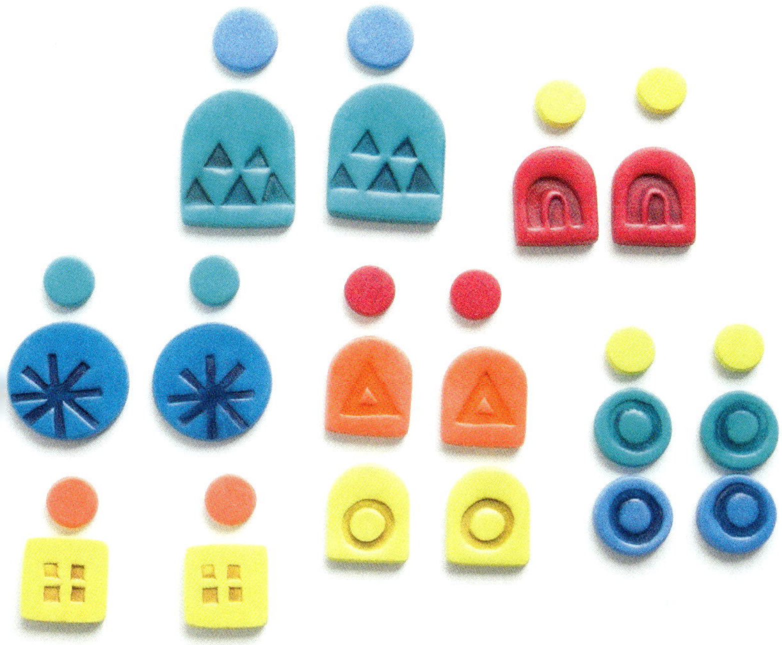

10

10 Nun alle Teile im Ofen härten (siehe Arbeitstechniken – Härten), anschließend schleifen (siehe Arbeitstechniken – Schleifen) und die Einzelteile kombinieren.

11 Bohren Sie nun mit einem Handbohrer oder Rotationswerkzeug mit 1,5-mm-Bohraufsatz die Löcher für die Schmuckfournituren (siehe Grundlagen: Schmuckherstellung). Heben Sie die bunten Raspel, die beim Bohren entstehen, unbedingt auf, denn diese lassen sich noch verwenden (siehe Resteverwertung: Ohrringe aus Bohrspänen).

12 Setzen Sie nun Ihre Teile zu Ohrringen zusammen (siehe Grundlagen: Schmuckherstellung – Techniken zur Schmuckherstellung).

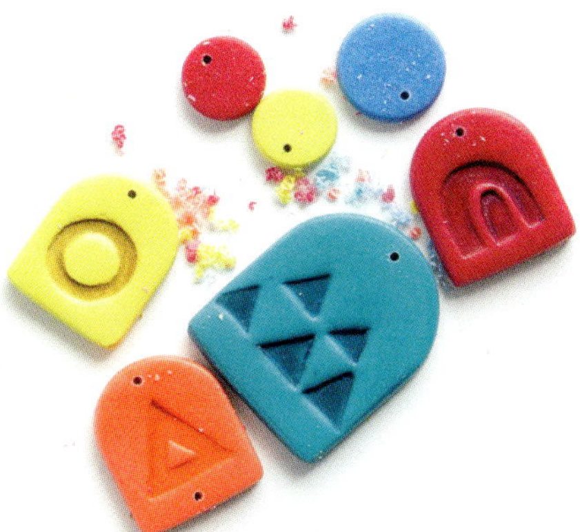

11

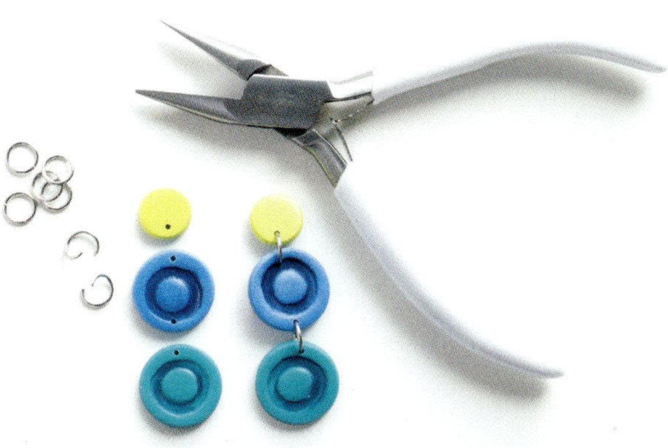

12

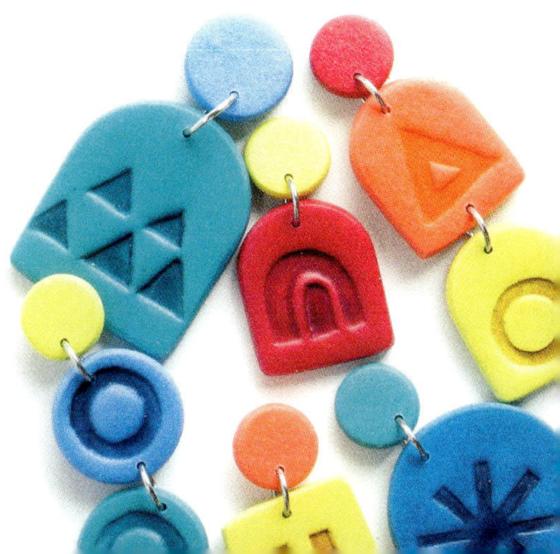

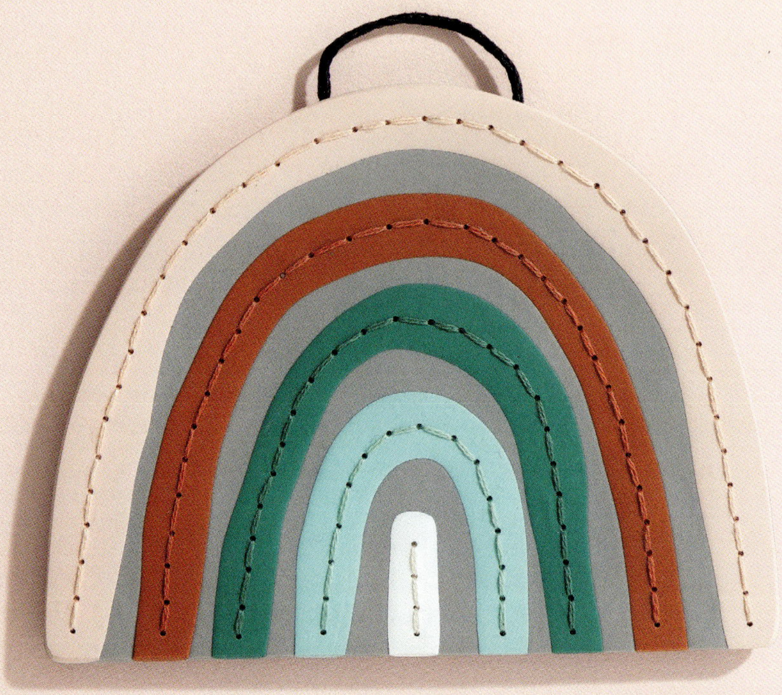

BESTICKTER REGENBOGEN-WANDSCHMUCK

Modelliermasse zu besticken, macht wirklich Spaß, wie Sie bei der Herstellung dieses wunderbar einfachen Dekorationsobjektes sicher auch feststellen werden. Ich habe für den Regenbogen eher dezente Farben gewählt und nur jeden zweiten Bogen bestickt. Natürlich können Sie auch andere Versionen machen, z. B. mit allen sieben Regenbogenfarben oder in denen sich die Bögen berühren oder alle bestickt sind! Dieses Design eignet sich nicht nur für einen Wandschmuck, sondern auch für einen hübsch verzierten Anhänger, wenn Ihnen das besser gefällt.

MATERIALLISTE

- Modelliermasse in Farben Ihrer Wahl für Hintergrund und Bögen*
- Rotationswerkzeug mit 1-mm-Bohraufsatz
- Stickgarn in zur Modelliermasse passenden Farben sowie eine Sticknadel
- Sekundenkleber
- Baumwollkordel
- flüssige Modelliermasse
- Grundausstattung (siehe Grundlagen: Modelliermasse – Arbeitsplatz und Ausstattung)

* *Ich habe Sculpey Soufflé verwendet: grau für den Hintergrund und fünf Farben für die Bögen.*

01 Die gewählten Modelliermassen gut durchkneten (siehe Grundlagen: Modelliermasse – Kneten), dann die Hintergrundfarbe mit einem Acrylroller 3 mm dick ausrollen. Die Farben für die Bögen von Hand zu dünnen Schlangen rollen.

02 Legen Sie ein Stück der für das Innere des Regenbogens vorgesehenen Farbe unten mittig auf die Platte und trennen Sie das überstehende Teil mit einem Cuttermesser ab.

03 Mit einem Acrylroller das gerade platzierte Stück nun leicht flachdrücken.

04 Nun für den ersten Bogen eine weitere Farbe bogenförmig um den flachen Innenteil legen. Keine Sorge, es muss nicht alles 100%-ig symmetrisch sein. Auch diesen Bogen flachrollen.

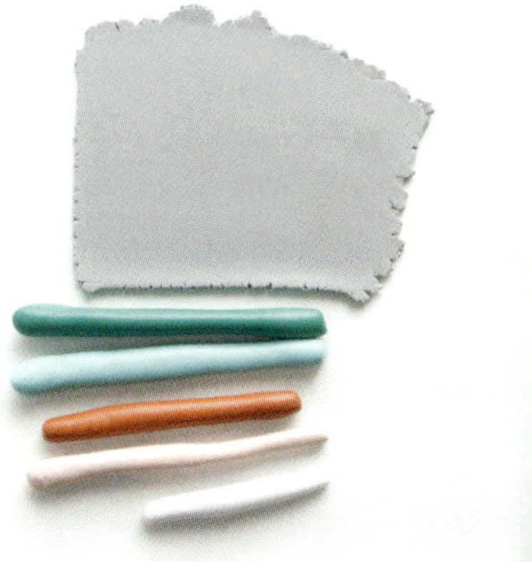

01

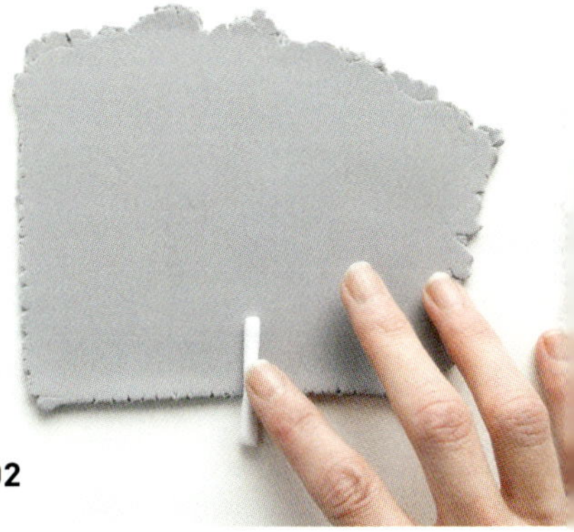

02

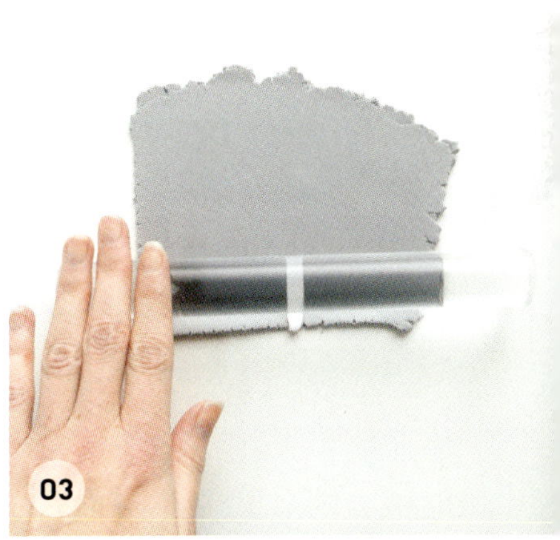

03

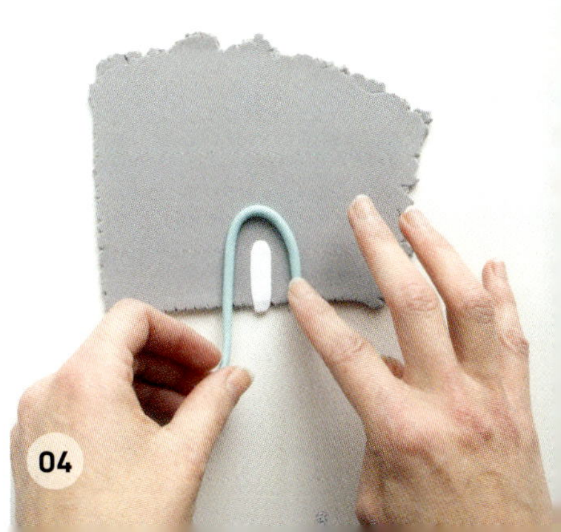

04

05 Jetzt noch die restlichen Farbschlangen hinzufügen (A), indem jede bogenförmig über den vorigen Bogen gelegt wird (B). Vor dem Auflegen eines neuen Bogens den darunterliegenden jeweils mit dem Roller flachdrücken (C).

06 Sind alle Farbbögen aufgelegt, wird die gesamte Platte vorsichtig ausgerollt und dabei immer wieder gedreht, damit sich das Muster nicht verzieht.

07 Die untere Kante der Platte mit einer scharfen Klinge begradigen, dann den Regenbogen mit einem Cuttermesser entlang des äußeren Bogens ausschneiden und anschließend im Ofen härten (siehe Arbeitstechniken – Härten).

08 Nun den Rand des gehärteten Regenbogens ringsrum abschleifen (siehe Arbeitstechniken – Schleifen).

09 Vor dem Besticken im Innenteil und mittig in den Farbbögen zahlreiche Löcher bohren, am besten mit einem Rotationswerkzeug mit Bohraufsatz; dabei ist es nicht so wichtig, dass die Löcher exakt ausgerichtet sind. Testen Sie, ob die Nadel gut durch die Löcher passt und fädeln Sie zwei Fäden eines sechssträngigen Garns (passend zur Farbe des äußeren Bogens) auf die Nadel.

10 An Anfang und Ende jeder Stickreihe wird der Faden mit einem winzigen Stück Kreppband, das später wieder entfernt wird, auf der Rückseite festgeklebt.

11 Beginnen Sie mit einem einfachen Heftstich, d. h., stechen Sie die Nadel immer durch ein Loch nach oben und im nächsten nach unten, bis zum Ende des Bogens

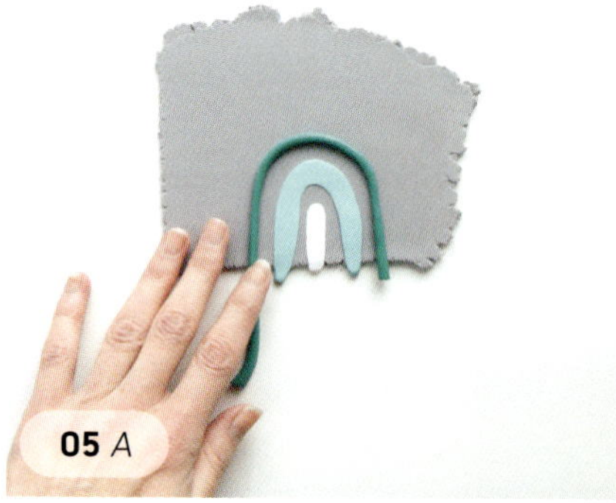

05 *A*

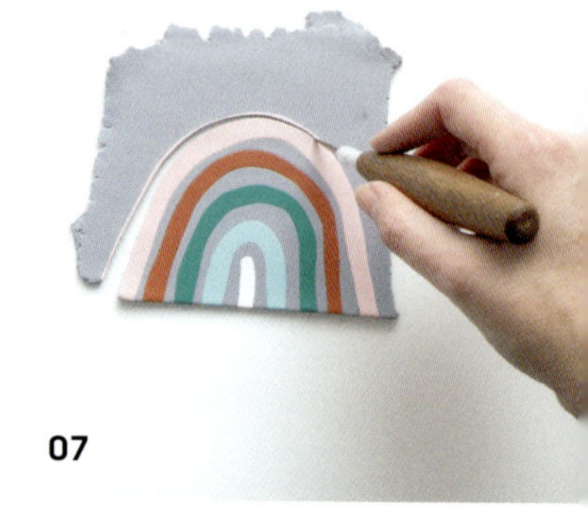

07

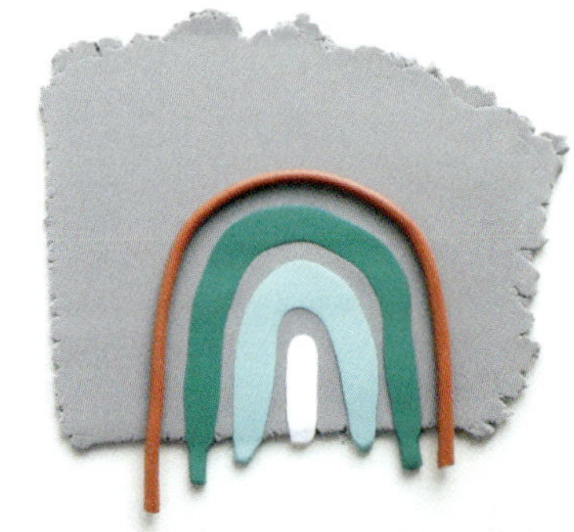

05 *B*

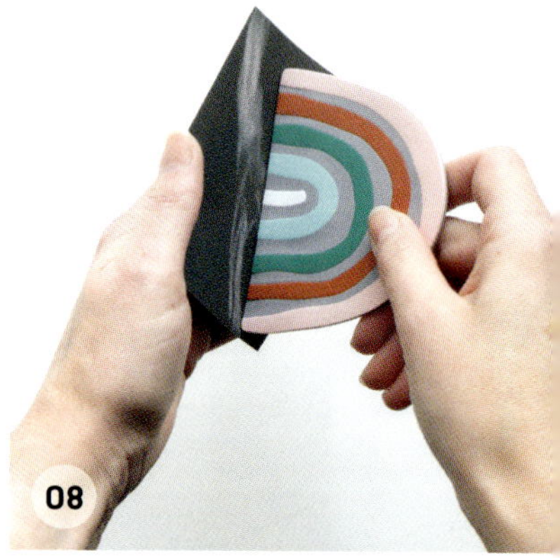

08

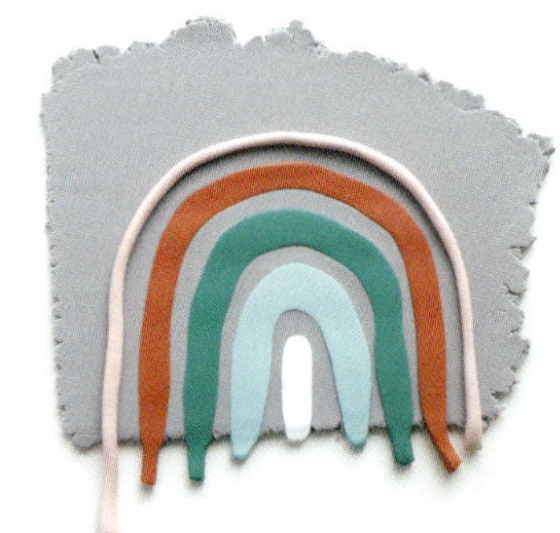

05 *C*

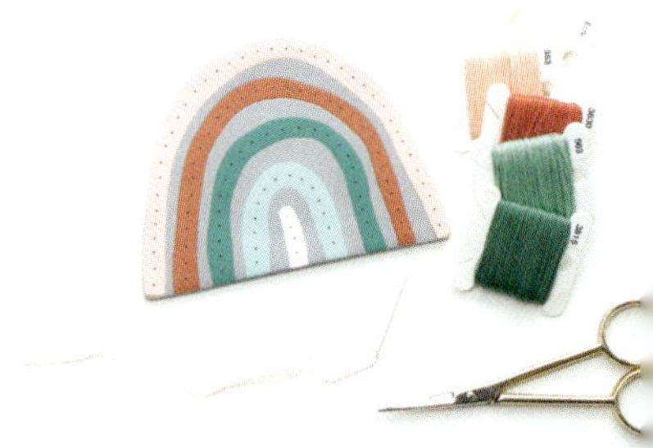

09

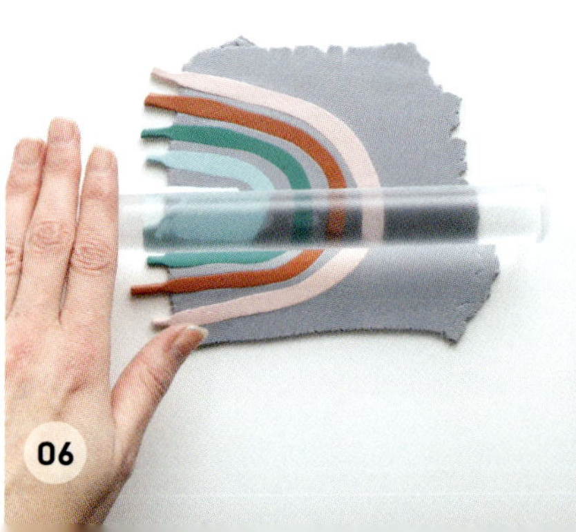

06

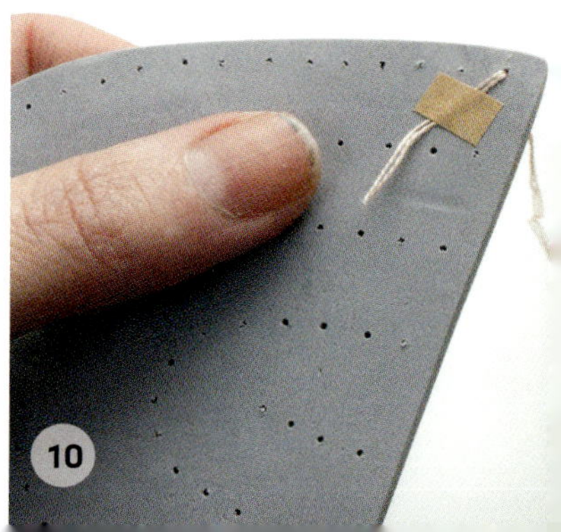

10

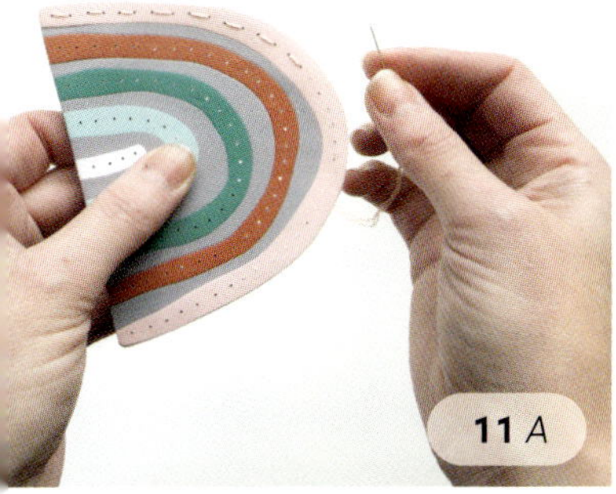

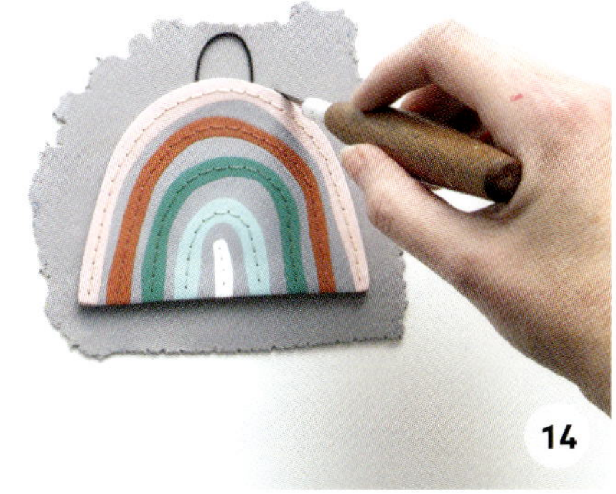

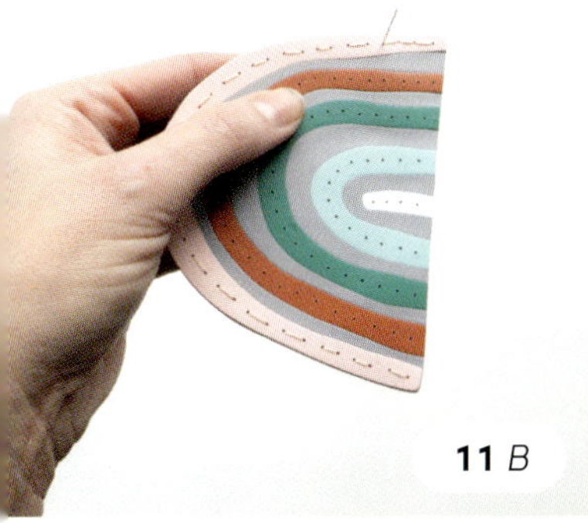

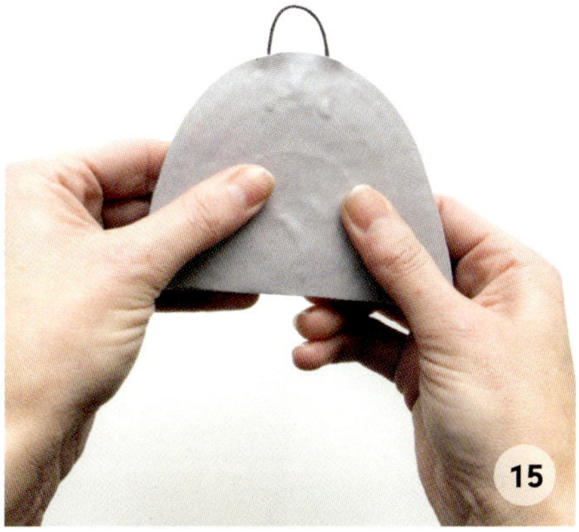

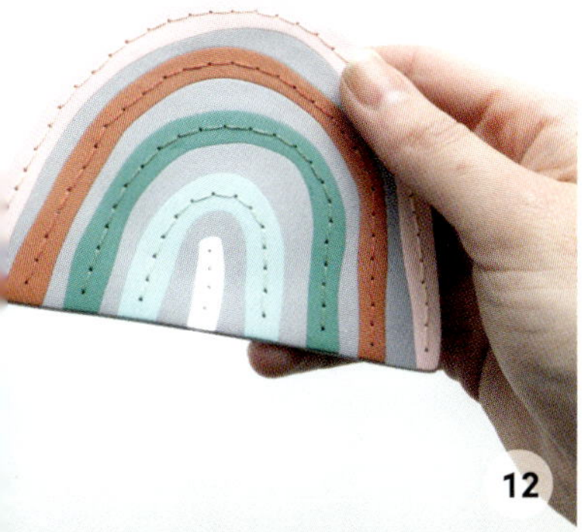

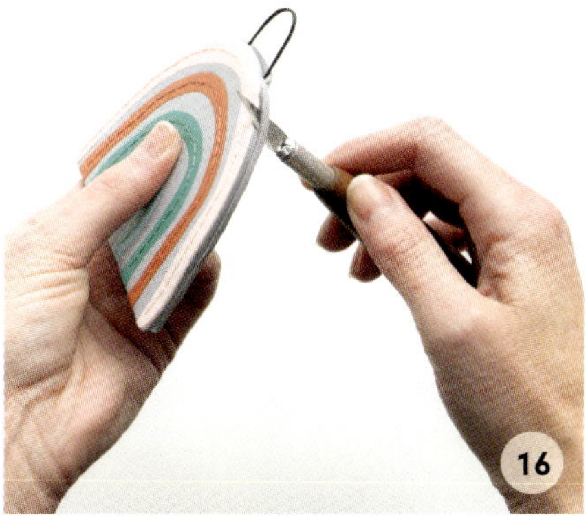

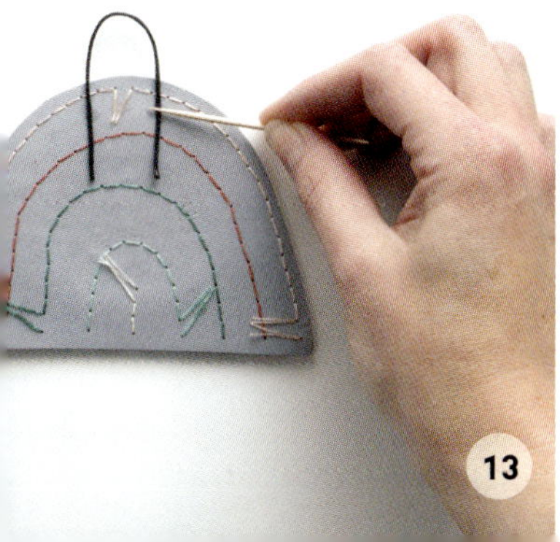

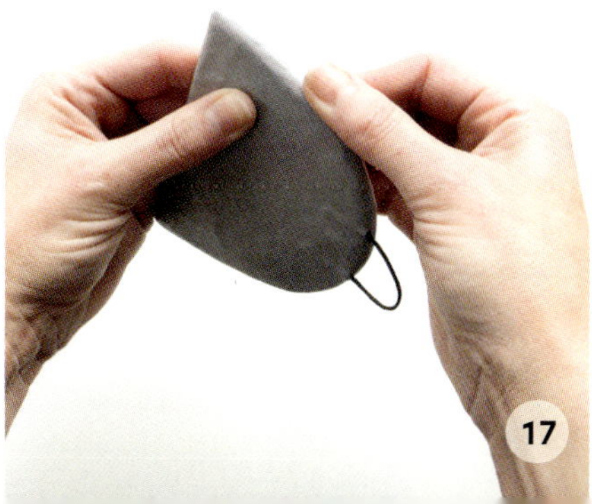

(A). Dann das Ganze in die Gegenrichtung wiederholen, um die Lücken zwischen den Stichen zu füllen (B).

12 Wiederholen Sie die Schritte 10 und 11 bei den restlichen Bögen; denken Sie daran, immer die zum Bogen passende Garnfarbe zu wählen.

13 Wenn alle Fäden aufgestickt sind, können die Kreppbandstücke entfernt und die Garnenden mithilfe eines Zahnstochers mit Sekundenkleber festgeklebt werden. Oben wird zudem eine Baumwollkordel als Aufhängeöse festgeklebt.

14 Nun die Garnenden auf der Rückseite des Regenbogens mit Modelliermasse verblenden. Dazu etwas geknetete Modelliermasse etwa 1–2 mm dick ausrollen, dann den Regenbogen als Vorlage zum Ausschneiden der Verblendung verwenden. Vorsicht: nicht die Aufhängeöse durchschneiden!

15 Die Rückseite des Regenbogens dünn mit flüssiger Modelliermasse bestreichen, dann die Verblendung passgenau auflegen und, ausgehend von der Mitte, fest andrücken, glätten, wieder andrücken usw., bis zum Rand.

16 Mit einem Cuttermesser etwaige überstehende Modelliermasse am Rand abschneiden.

17 Nun den Rand, an dem rohe Modelliermasse und gehärteter Regenbogen aufeinandertreffen, mit den Fingern glätten, bis kein Übergang mehr zu erkennen ist. Die Verblendung kann man ebenfalls mit den Fingern glattstreichen oder mit einem Schwamm texturieren. Den fertigen Regenbogen noch einmal im Ofen härten.

ANHÄNGER MIT METALLIC-AKZENTEN

Dieses plakative grafische Design ist schlicht, aber auffällig. Verwendet wurden perlmuttfarbene Modelliermasse als Basis und für die Akzente Modelliermasse mit Metallic-Effekt – das Projekt ist einfach, das Ergebnis sieht aber definitiv nicht danach aus. Angewandt werden einfache Texturierungstechniken, verziert werden die Markierungen mit Pastellkreidepigmenten. Natürlich können Sie hier Ihre Farbkombinationen frei wählen, es müssen nicht unbedingt Metallicfarben sein. Wie Sie sehen, ist diese Technik vielseitig verwendbar!

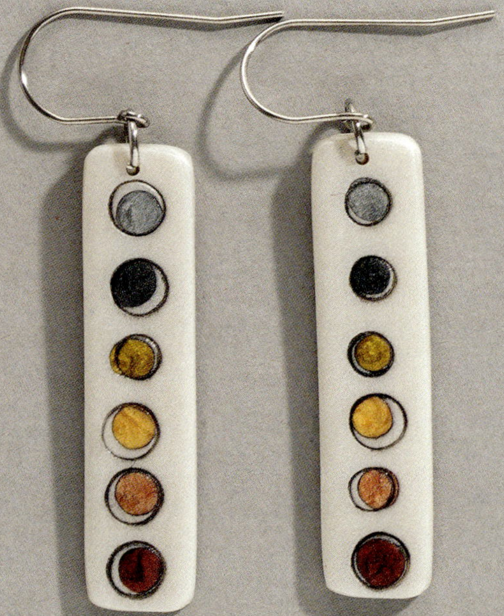

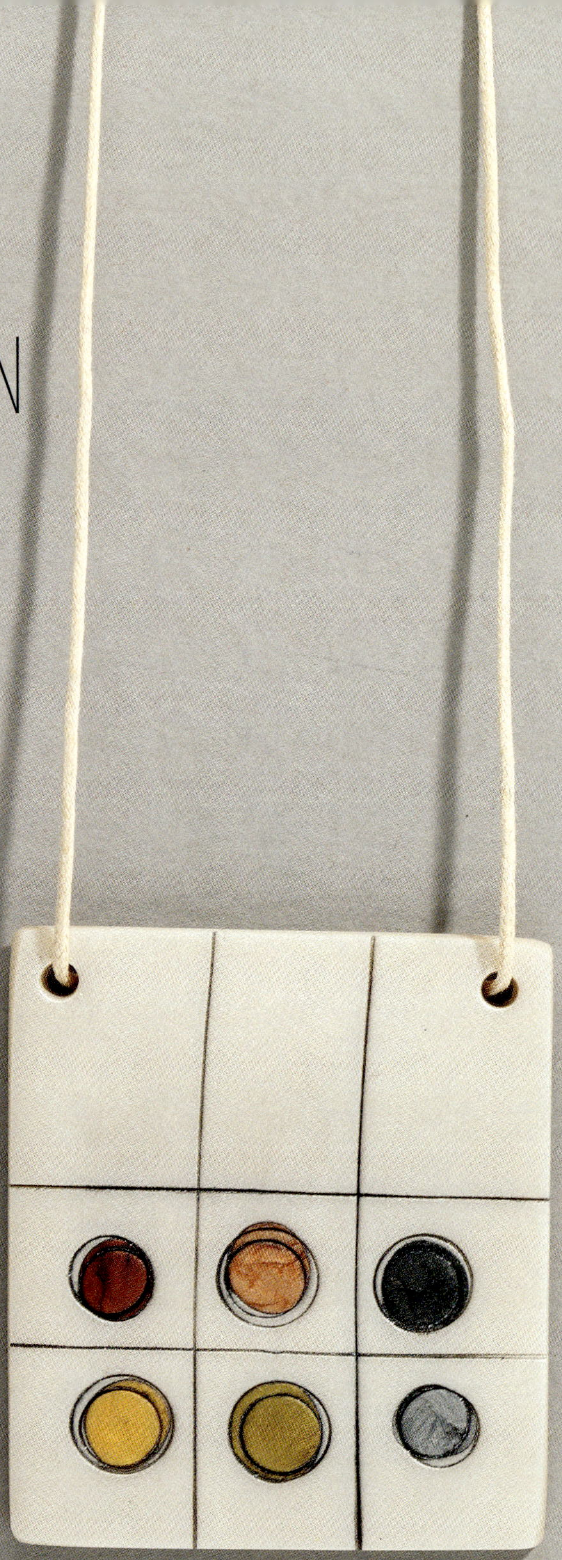

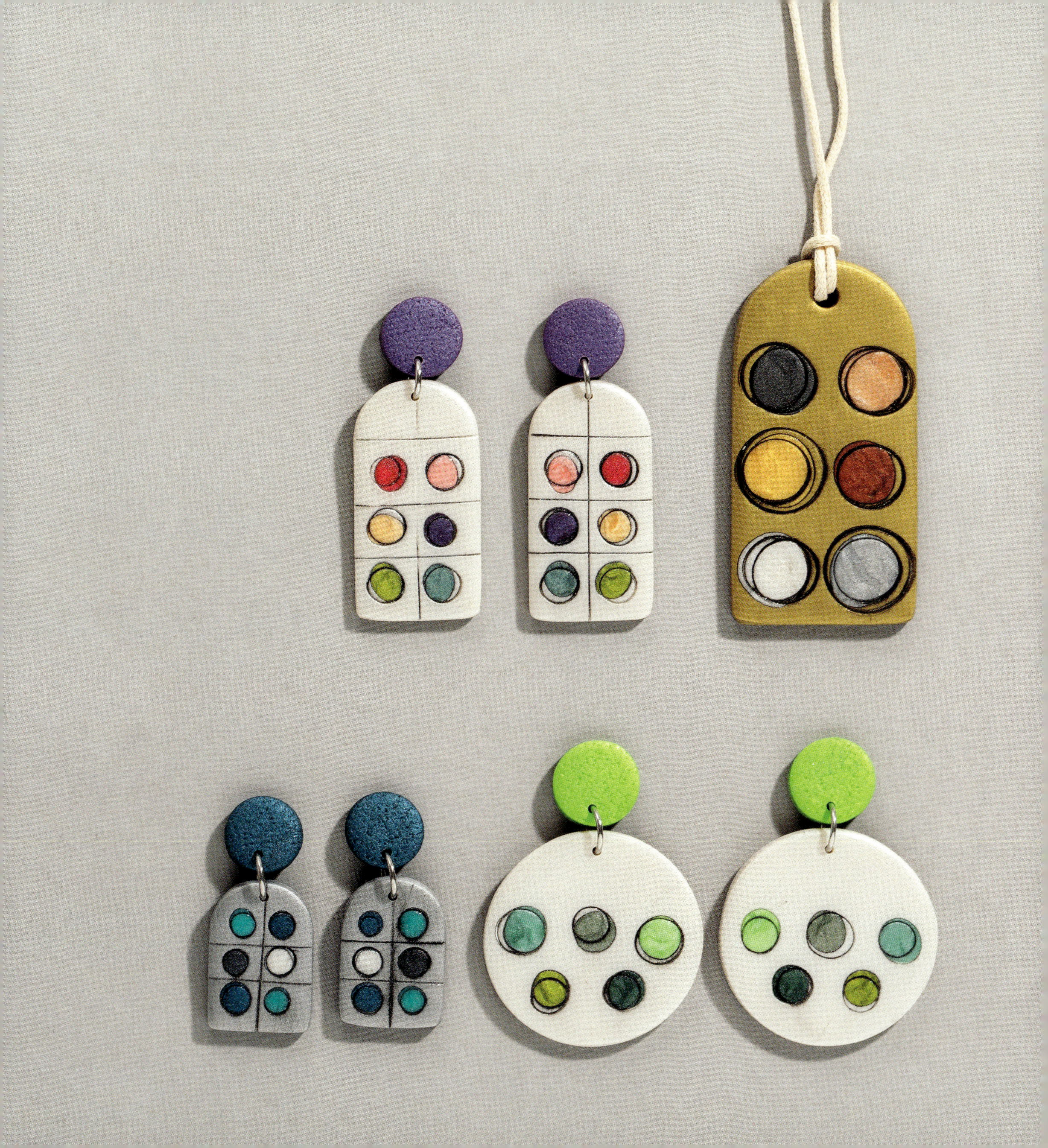

MATERIALLISTE

- perlmuttfarbenene Modelliermasse*
- kleine Mengen Modelliermasse mit Metallic-Effekt in Farben Ihrer Wahl
- schwarze Pastellkreide
- Pinsel
- Feuchttücher und Reinigungsalkohol
- Lochstanzer in verschiedenen Größen: 4 mm, 7 mm, 8 mm und 10 mm
- Baumwollkordel
- Grundausstattung (siehe Grundlagen: Modelliermasse – Arbeitsplatz und Ausstattung)*
- *Ich habe Sculpey Premo Accents Pearl verwendet.*

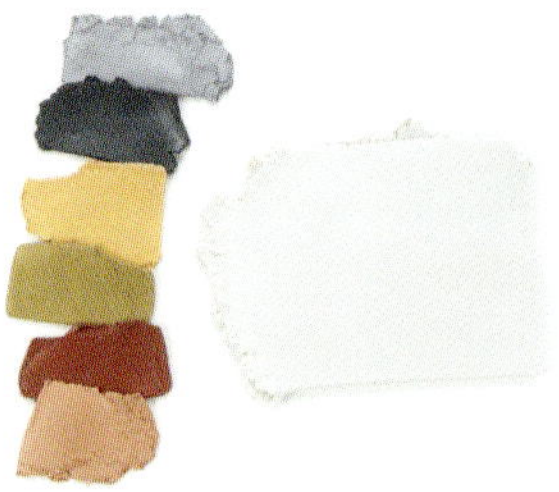

01

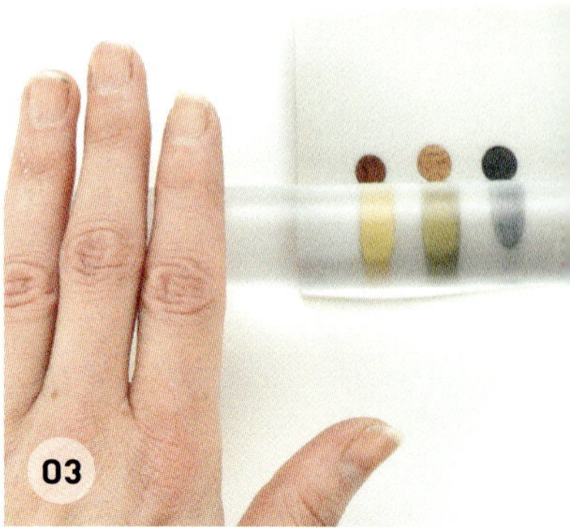

03

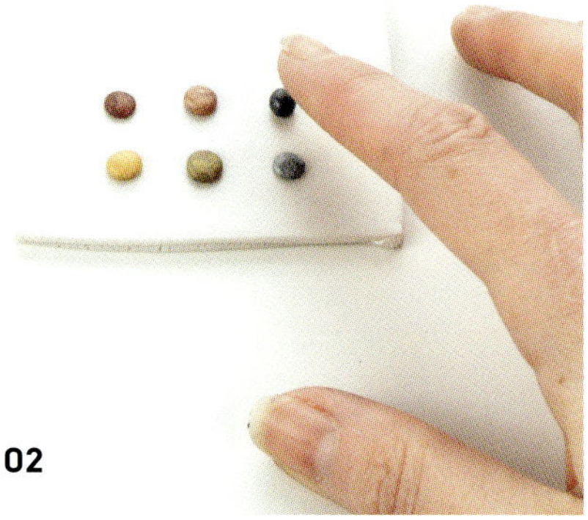

02

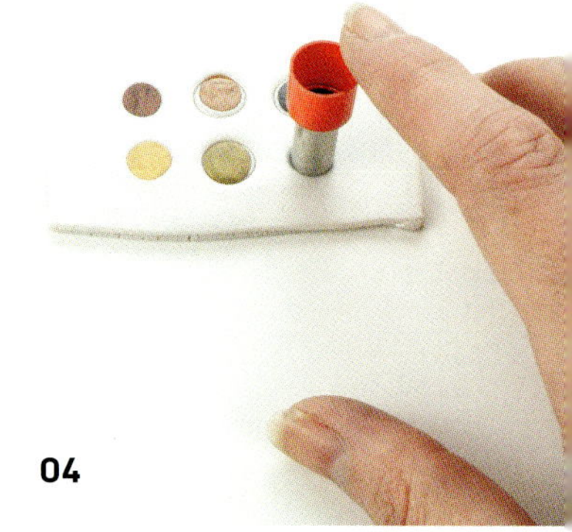

04

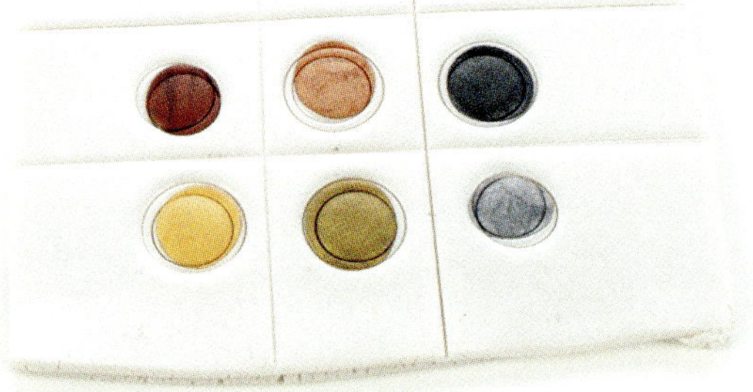

05

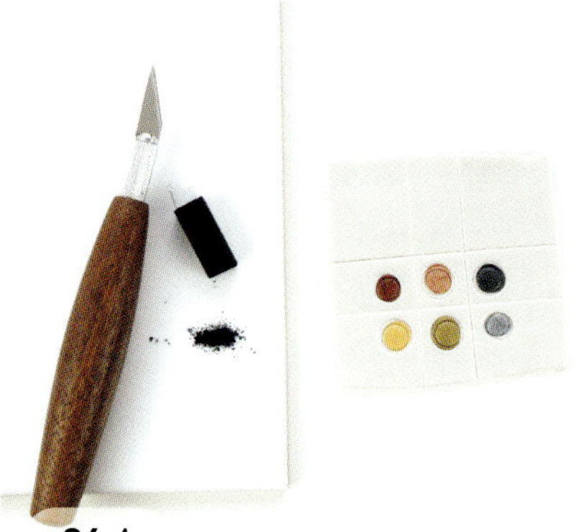

06 *A*

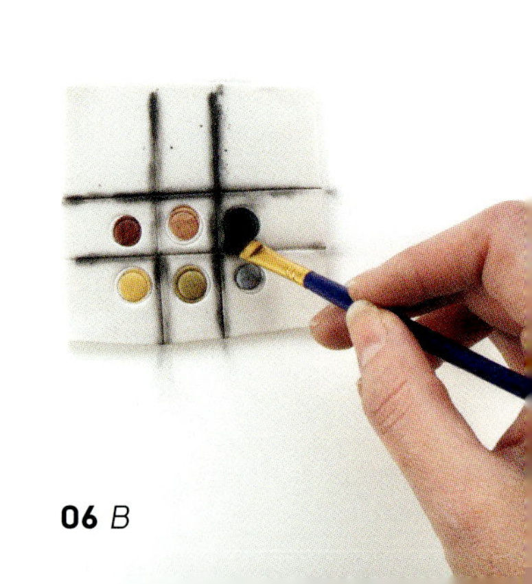

06 *B*

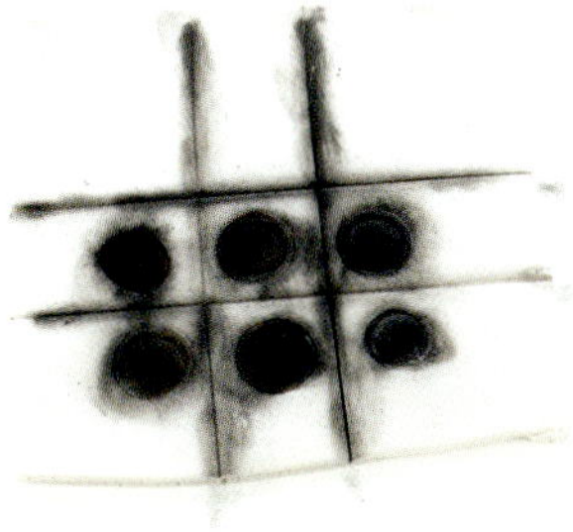

07 *A*

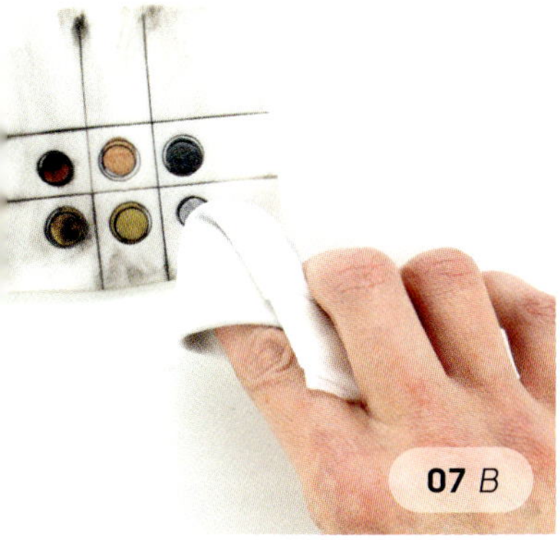

07 *B*

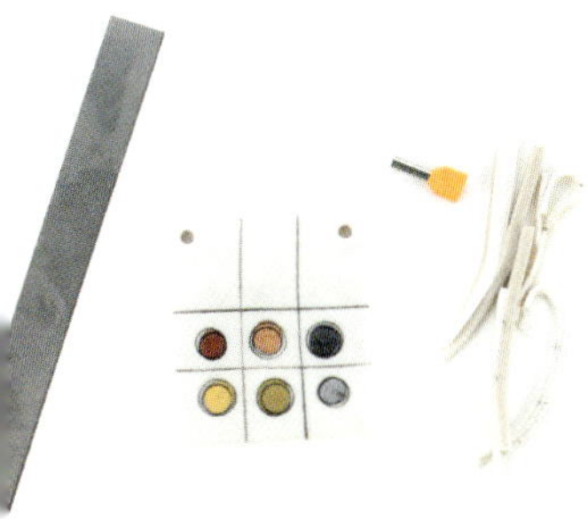

08

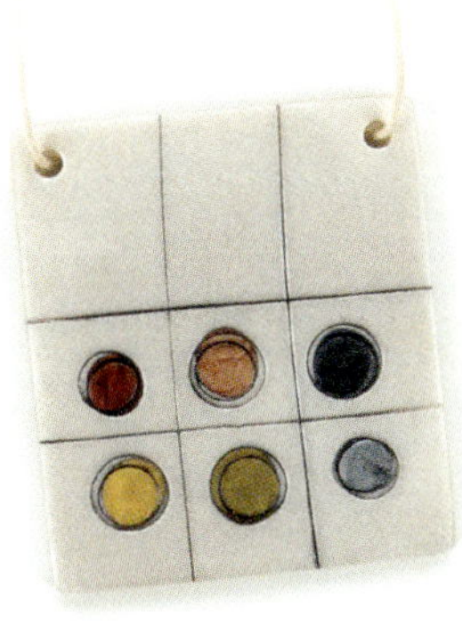

09

01 Die Modelliermassen für die Basis und die Akzente jeweils gut durchkneten, die perlmuttfarbene etwa 3 mm dick ausrollen.

02 Von jeder Metallicfarbe ein Stück nehmen, jedes zu einer Kugel rollen und anschließend auf die vorbereitete Perlmuttplatte legen – Sie können sich hier am Foto orientieren. Die Kügelchen müssen nicht alle gleich groß oder perfekt ausgerichtet sein.

03 Mit einem Acrylroller die metallicfarbenen Kügelchen vorsichtig in die perlmuttfarbene Modelliermasse einrollen.

04 Nun den flachen, metallicfarbenen Kreisen noch Textur verleihen – dazu mit den drei größeren Lochstanzern (7 mm, 8 mm und 10 mm) mehrfach runde Abdrücke um die Kreise vornehmen (nicht die Platte durchstechen!).

05 Mit der stumpfen Seite einer Klinge gerade Linien zwischen den metallicfarbenen Kreisen ziehen.

06 Mit einem Cuttermesser ein wenig von der schwarzen Pastellkreide abschaben – Sie benötigen nicht viel (A) –, dann mit einem trockenen Pinsel das Kreidepulver auf alle strukturierten Flächen auftragen (B).

07 Ihr Werkstück kann nun gereinigt werden (A). Überschüssige Kreide mit einem in Alkohol getränkten Tuch von der Platte wischen. Das feuchte Tuch beim Wischen waagerecht halten (B) und solange weiterwischen, bis Ihnen das Ergebnis zusagt.

08 Nun mit einer Klinge die Anhängerform ausstechen (siehe Vorlagen), dann mit dem 4-mm-Lochstanzer in die beiden oberen Ecken je ein Loch für die Kordel stanzen und anschließend den Anhänger im Ofen härten (siehe Arbeitstechniken – Härten).

09 Nach dem Aushärten die Kanten abschleifen (siehe Arbeitstechniken – Schleifen), dann eine Baumwollkordel durch die Löcher ziehen und mit einem Slipknoten befestigen (siehe Grundlagen: Schmuckherstellung – Techniken zur Schmuckherstellung).

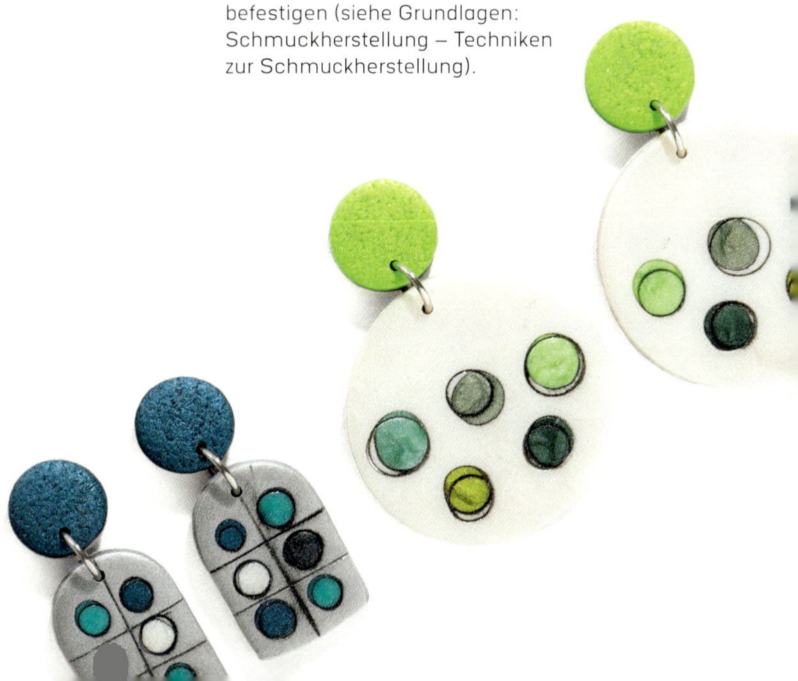

MICA-SHIFT-TECHNIK

Bei der Mica-Shift-Technik werden winzige Glimmerplättchen in der Modelliermasse, die ihr den metallenen Schimmer verleihen, neu angeordnet. Werden sie beim Kneten zunächst alle in einer Reihe ausgerichtet, wird diese Ausrichtung beim Texturieren wieder zerstört. Schneidet man dann den erhabenen Teil der Textur ab, entsteht nach dem Ausrollen eine glatte Oberfläche mit 3D-Effekt.

MATERIALLISTE

- Modelliermasse mit Metallic-Effekt Ihrer Wahl*
- Strukturwerkzeuge, Stempel oder Texturmatten
- Grundausstattung (siehe Grundlagen: Modelliermasse – Arbeitsplatz und Ausstattung)

** Ich habe Sculpey Premo Accents Silber und Cernit Gold verwendet.*

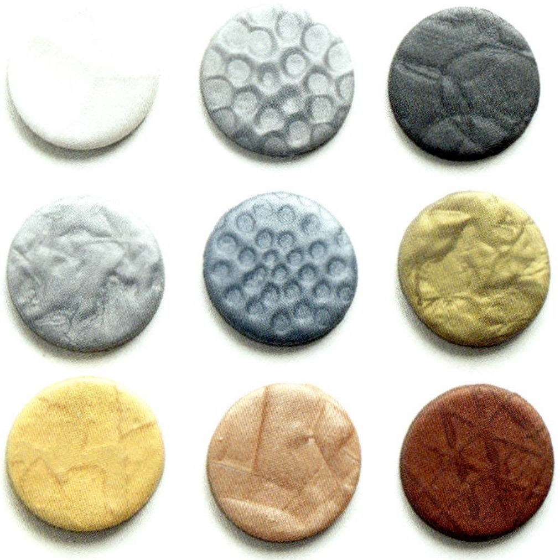

01 Wählen Sie Ihre Modelliermasse aus: Ich habe mich für zwei verschiedene Marken entschieden, und man kann schon beim Auspacken erkennen, wie unterschiedlich ihre Beschaffenheit ist. Nach dem Durchkneten sind sie jedoch in Aussehen und Eigenschaften gleich.

02 Die Modelliermassen gut durchkneten (siehe Grundlagen: Modelliermasse – Kneten), bis alle Mica-Partikel auf der Oberfläche der Modelliermasse gleich ausgerichtet sind – das merken Sie daran, dass die Fläche komplett einheitlich aussieht.

03 Das Texturwerkzeug Ihrer Wahl nun in die Platte drücken und anschließend mit einer Klinge ganz vorsichtig den hochgewölbten Teil des Musters abschaben.

04 Achten Sie darauf, die gesamte erhöhte Schicht abzunehmen und bewahren Sie die Reststücke auf – sie können wieder verknetet und für andere Projekte verwendet werden (siehe Resteverwertung).

Bei der Mica-Shift-Technik zeichnet sich nach der Bearbeitung die Textur in einer Modelliermasse nur noch entfernt ab, wie eine Art „Phantommuster". Es macht Spaß, mit verschiedenen Texturen zu experimentieren – und wenn einem etwas nicht gefällt, kann man alles wieder zusammenkneten und von vorne anfangen.

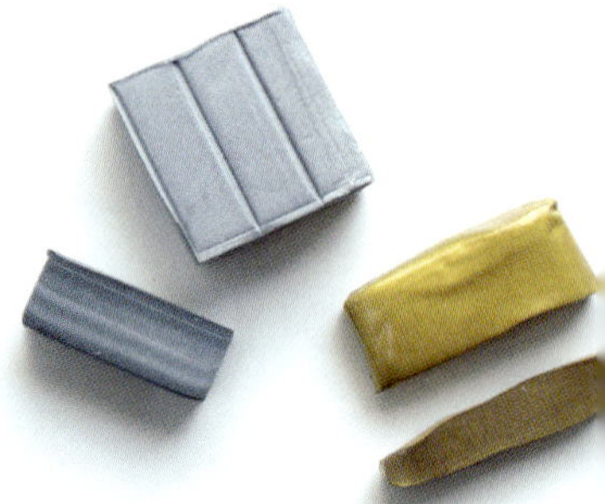

01

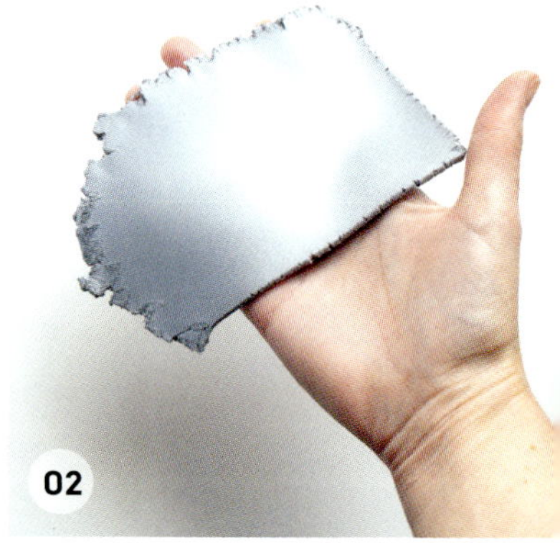

02

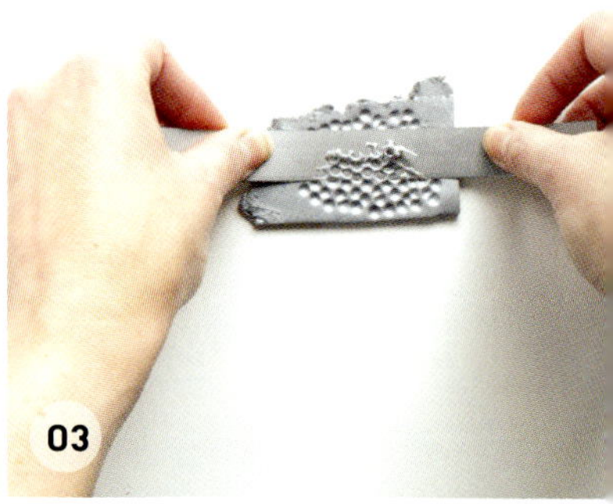

03

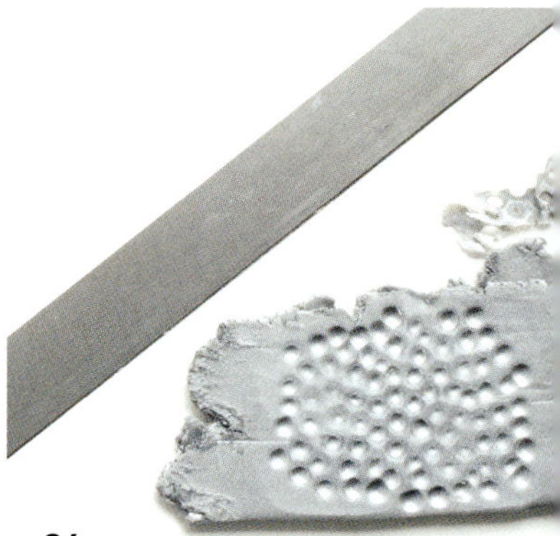

04

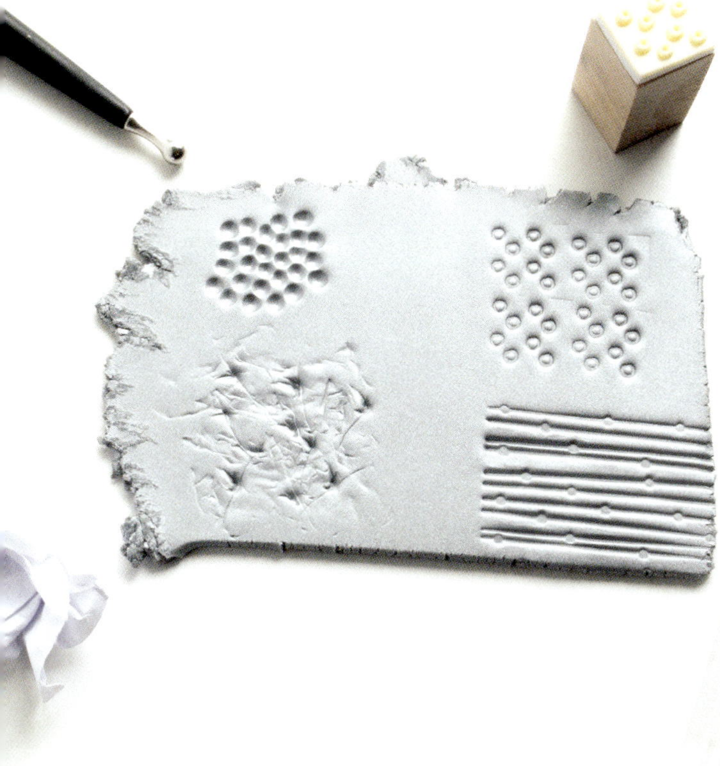

05

05 Zum Texturieren von Metallic-Platten können Sie alles verwenden, was Ihnen gefällt, ob Prägestift, Stempel, Texturmatte oder zerknülltes Papier.

06 Mit dem Acrylroller wird die texturierte Platte glattgerollt.

07 Das Ergebnis ist eine absolut glatte Oberfläche, in der sich die Texturen noch entfernt abzeichnen.

08 Hier sehen Sie auf bronzefarbener Modelliermasse ein Mica-Shift-Muster, das mit zerknülltem Papier erzeugt wurde.

09 Ein Mica-Shift-Muster lässt sich aber auch herstellen, indem man von einer Platte Modelliermasse abschneidet, statt etwas in sie einzudrücken. Hier habe ich vor dem Ausrollen der Modelliermasse mit einer Riffelklinge Scheiben abgetrennt (siehe Grundlagen: Modelliermasse – Arbeitsplatz und Ausstattung).

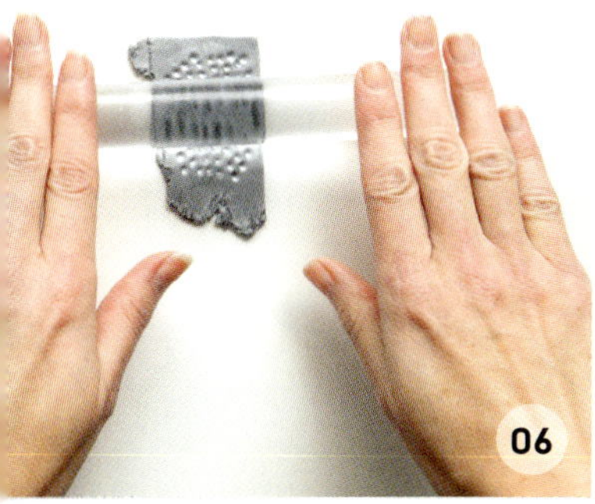

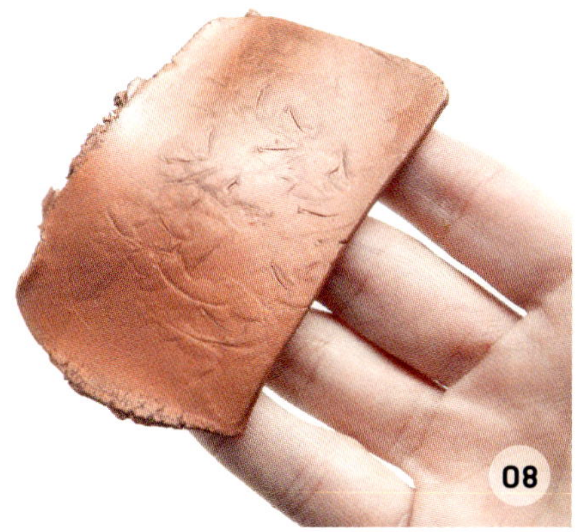

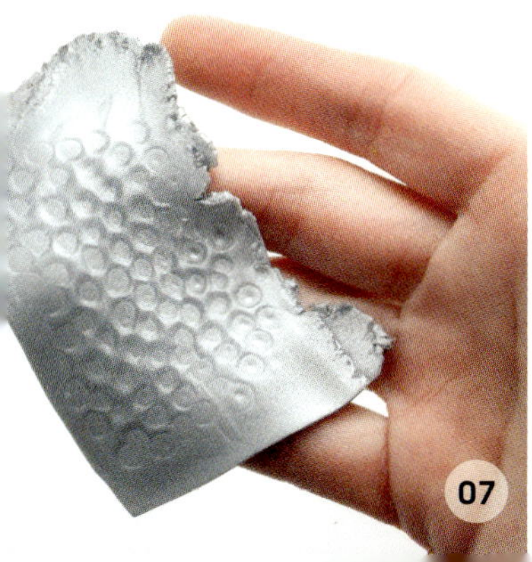

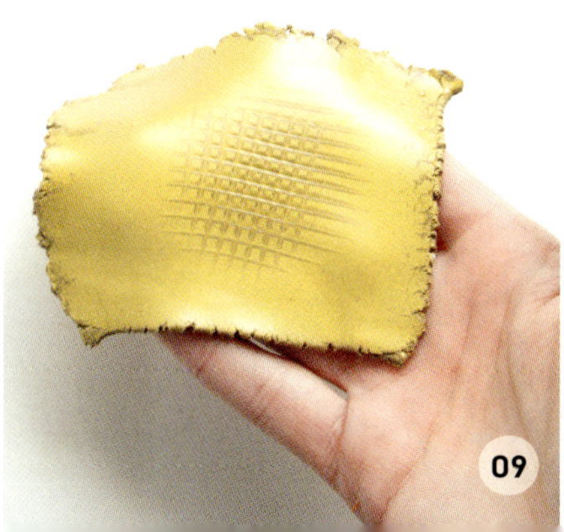

Eine kleine Auswahl an Stempeln, Texturmatten und -platten, mit denen sich Mica-Shift-Muster in Modelliermasse mit Metallic-Effekt herstellen lassen. Weiteres finden Sie unter Grundlagen: Modelliermasse – Arbeitsplatz und Ausstattung.

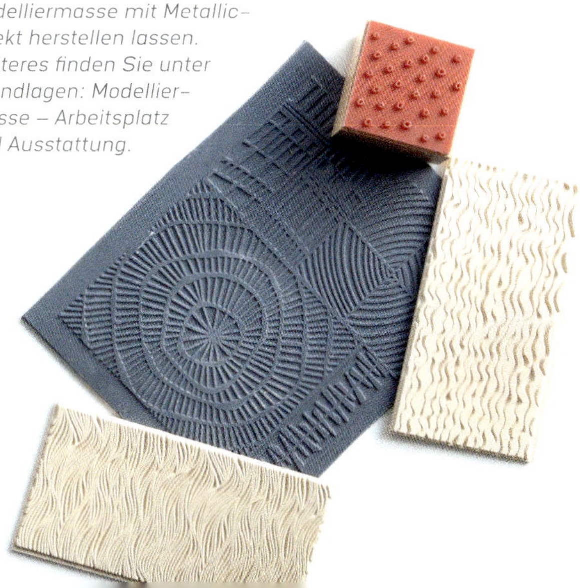

ANHÄNGER MIT KUGELN IN 3D-OPTIK

Bei der Herstellung dieses eleganten Anhängers können Sie sich mit der Mica-Shift-Texturierungstechnik näher vertraut machen und lernen, wie sich mit Modelliermasse relativ einfach ein 3D-Effekt erzielen lässt. Für das „Phantommuster" auf der Metallicfarbe habe ich zerknülltes Papier verwendet, aber Sie können natürlich auch anderweitig experimentieren, z. B. andere Metallicfarben oder deckende Modelliermasse verwenden oder eine andere Anhängerform wählen.

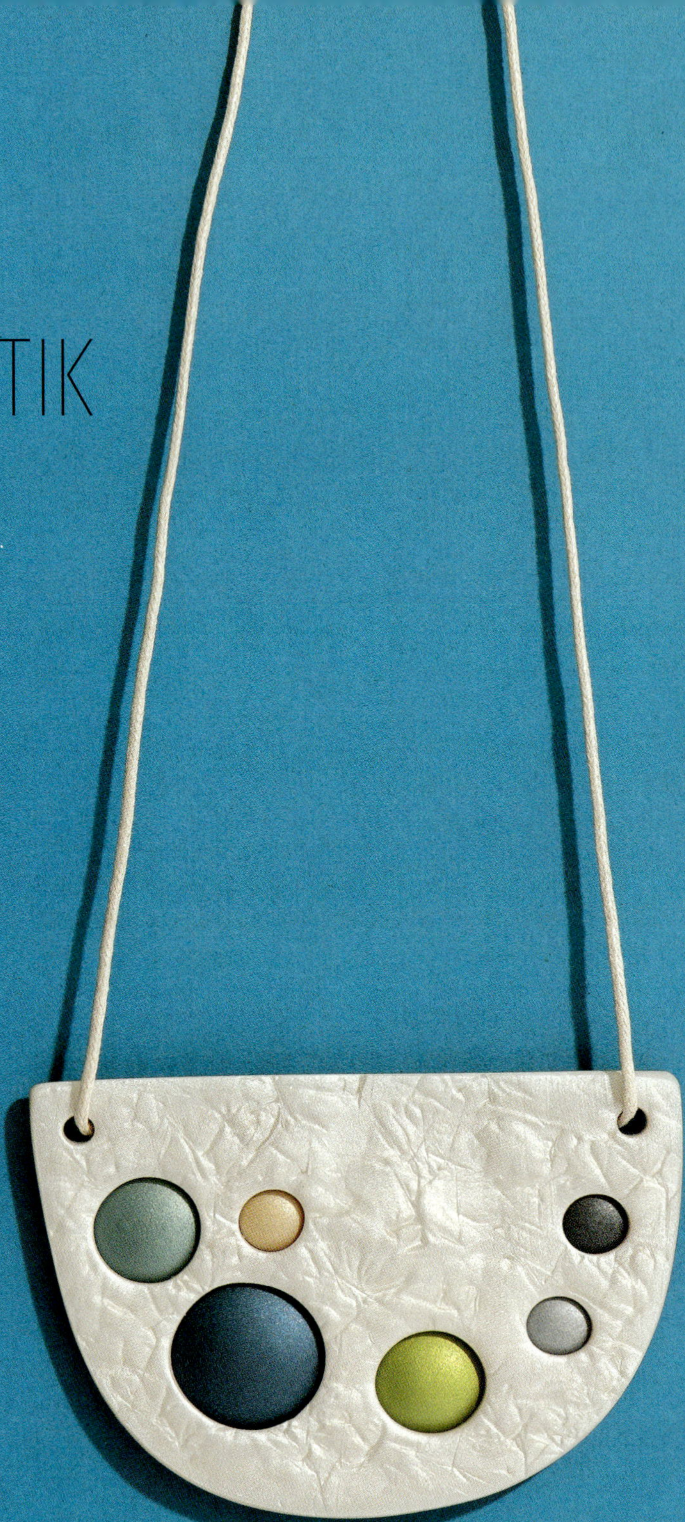

MATERIALLISTE

- Modelliermasse mit Metallic-Effekt in Farben Ihrer Wahl: eine für den Anhänger und bis zu sechs andere für die 3D-Effekte*
- Texturschwamm (optional)
- runder 20-mm-Ausstecher
- Lochstanzer in verschiedenen Größen: 4 mm, 9 mm, 13 mm und 15 mm
- Baumwollkordel
- Renaissance Wachs oder Vaseline (optional)
- Grundausstattung (siehe Grundlagen: Modelliermasse – Arbeitsplatz und Ausstattung)

** Ich habe Sculpey Premo Accents Pearl für die Anhängerbasis verwendet. Für die Kugeln eignen sich sowohl Sculpey Premo Accents als auch Cernit sehr gut.*

01 Alle Farben gut durchkneten, dann die Farbe für den Anhänger etwa 4 mm dick ausrollen. Dabei darauf achten, dass die ausgerollte Platte größer ist als der Anhänger (siehe Vorlagen).

02 Zerknüllen Sie nun ein kleines Stück Papier und drücken Sie das Papierknäuel kräftig auf die Platte. Bringen Sie die Textur auf der gesamten Oberfläche auf; dabei die Platte immer wieder drehen, damit ein zufälliges Muster entsteht.

03 Nun mit einer Klinge vorsichtig die hochgewölbte Texturschicht abtrennen.

04 Achten Sie darauf, die gesamte erhöhte Schicht abzunehmen und bewahren Sie die Reststücke auf – sie können zusammengeknetet und für andere Projekte wiederverwendet werden (siehe Resteverwertung).

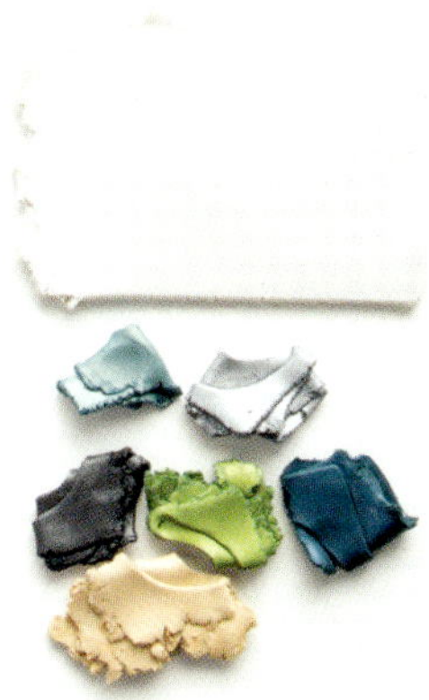

01

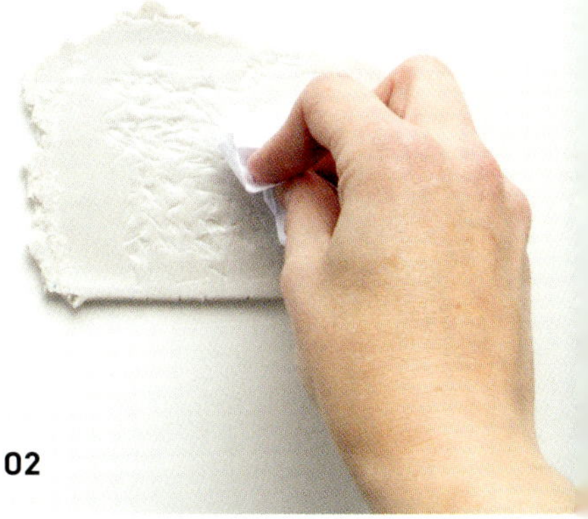

02

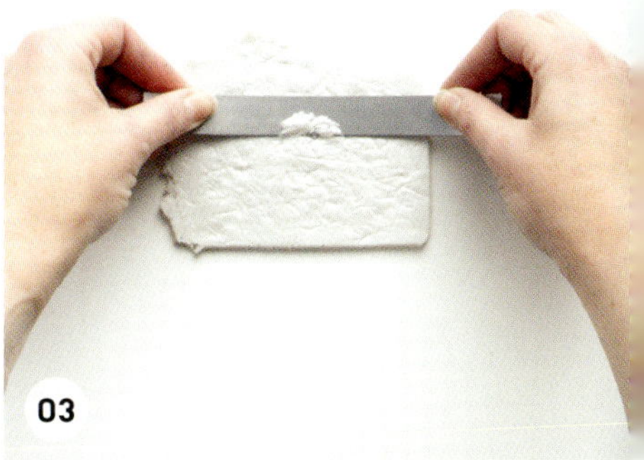

03

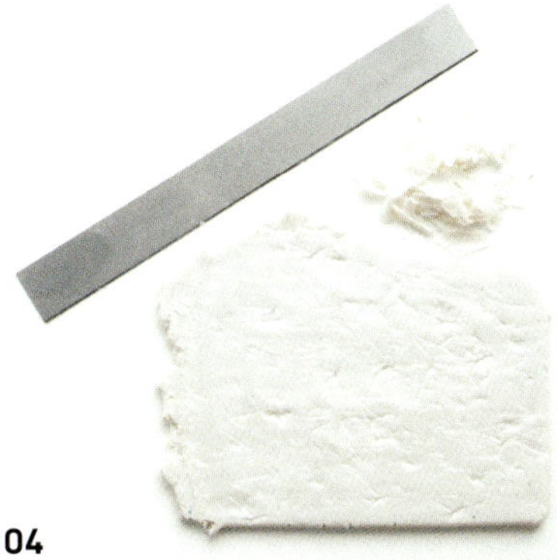

04

05 Mit einem Acrylroller nun die Platte flach ausrollen, bis die Oberfläche ganz glatt ist.

06 Die Platte auf die Arbeitsfläche und die Schablone auf die Platte legen, dann mit einer Klinge den oberen Rand begradigen. Anschließend mit einem Cuttermesser die Schablone ausschneiden – für einen sauberen Schnitt die Klinge senkrecht halten.

07 Mit dem 4-mm-Lochstanzer an den oberen Ecken die Löcher für die Kordel und mit dem runden 20-mm-Ausstecher das größte Loch ausstechen (A). Entsprechend der Vorlage mit den restlichen Ausstechern auch die anderen Löcher ausstechen (B).

08 Nun den Anhänger im Ofen härten (siehe Arbeitstechniken – Härten). Ist der Anhänger danach etwas verzogen, legen Sie ihn zwischen zwei Blatt Papier unter ein paar schwere Bücher, bis er abgekühlt ist. Anschließend die Außenkanten schleifen (siehe Arbeitstechniken – Schleifen).

09 Nun die gekneteten Modelliermassen für die Kugeln je 2 mm dick ausrollen und mit einem Lochstanzer aus jeder einen Kreis ausstechen, der jeweils etwas größer ist als das entsprechende Loch im Anhänger.

10 Die farbigen Kreise werden nun auf der Rückseite des Anhängers jeweils über das passende Loch gelegt und am Rand vorsichtig angedrückt, damit sie haften bleiben. Achtung: Die Kreise noch nicht durch die Löcher drücken!

11 Liegen zwei Kreise sehr nah beieinander, schneidet man bei einem ein wenig vom Rand weg, damit sie besser nebeneinander passen.

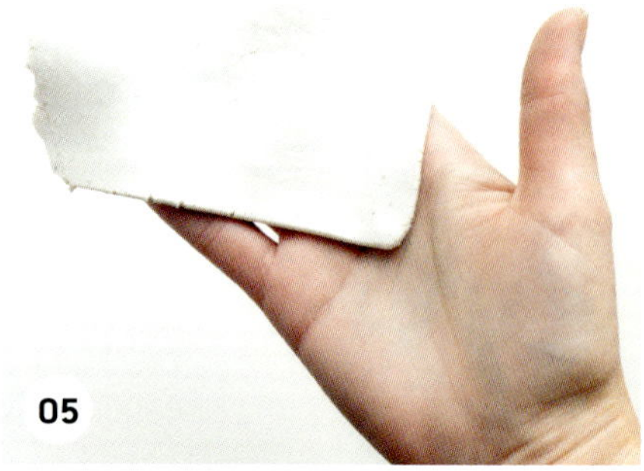
05

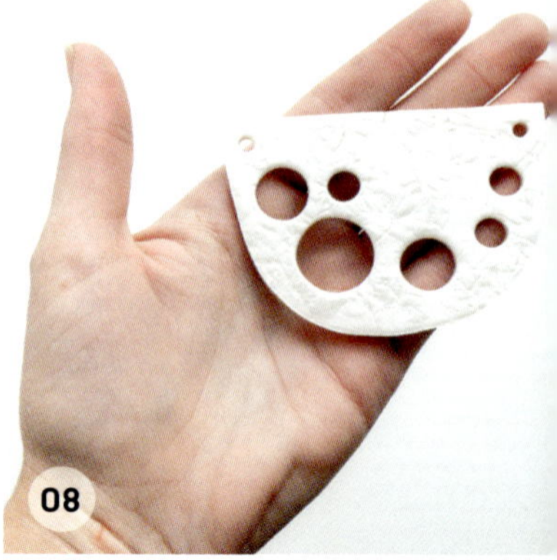
08

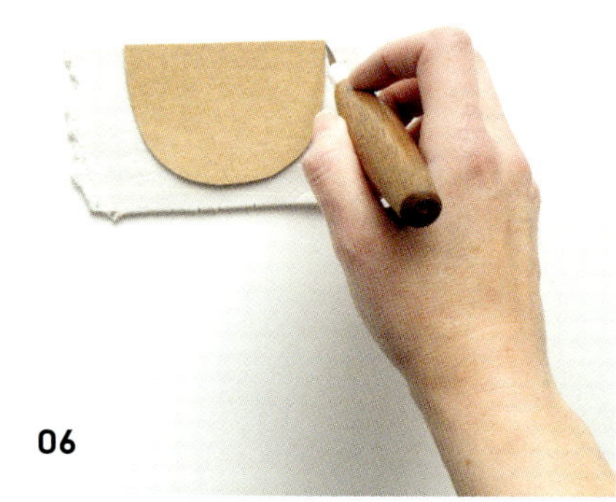
06

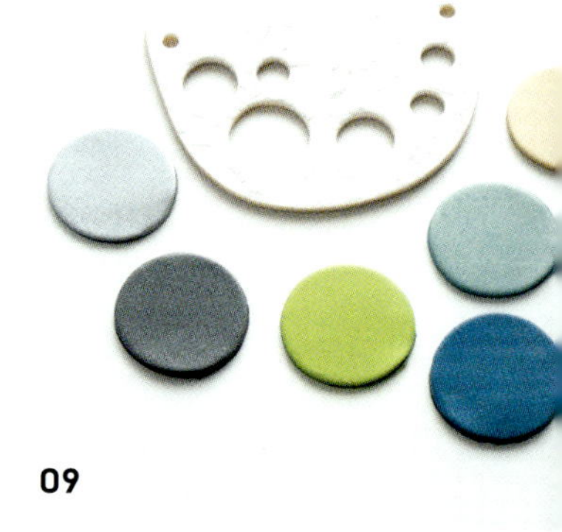
09

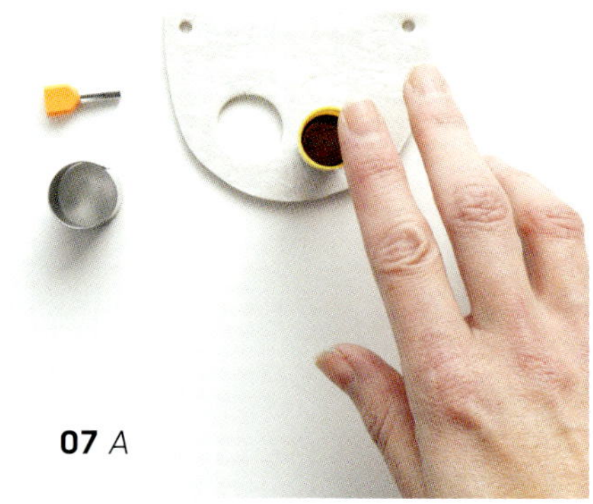
07 *A*

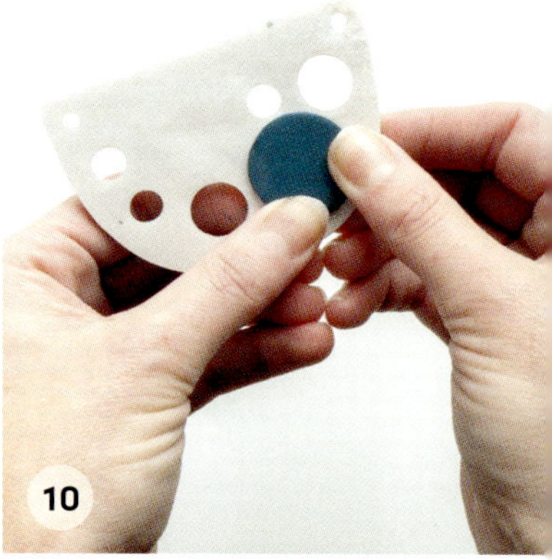
10

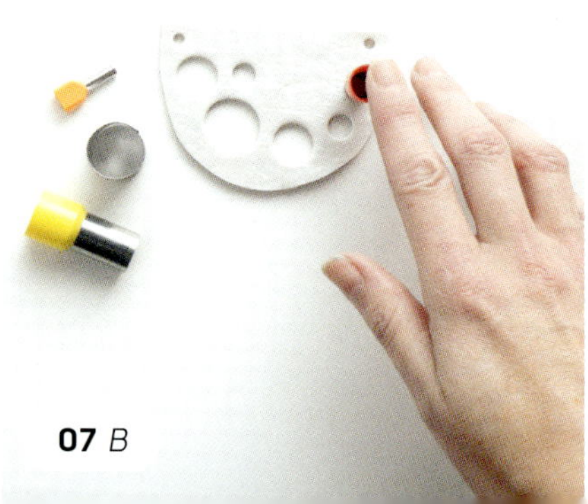
07 *B*

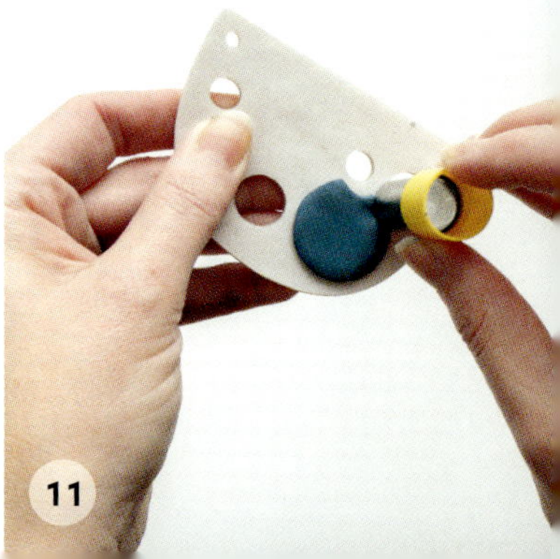
11

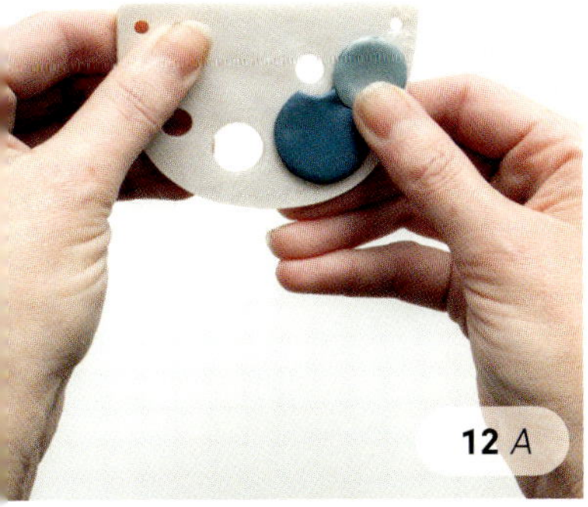
12 *A*

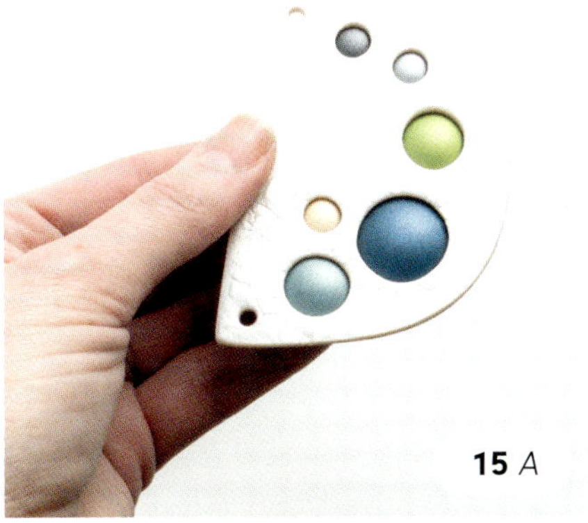
15 *A*

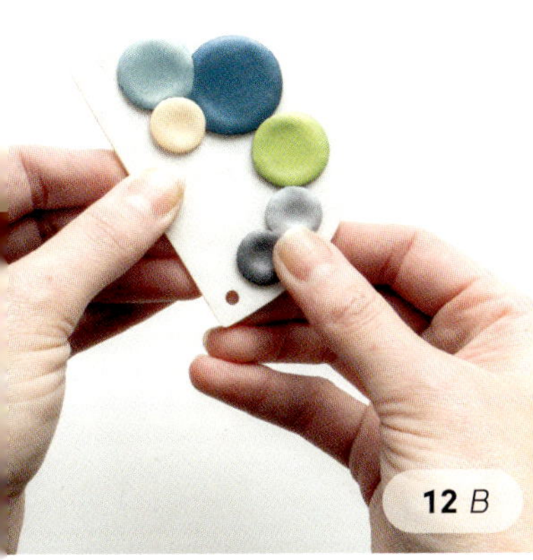
12 *B*

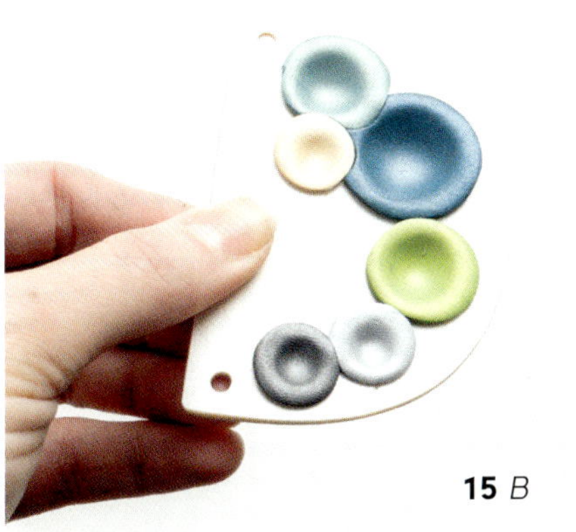
15 *B*

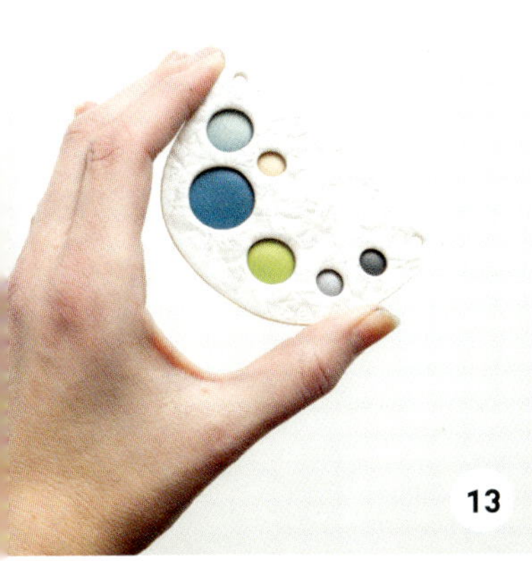
13

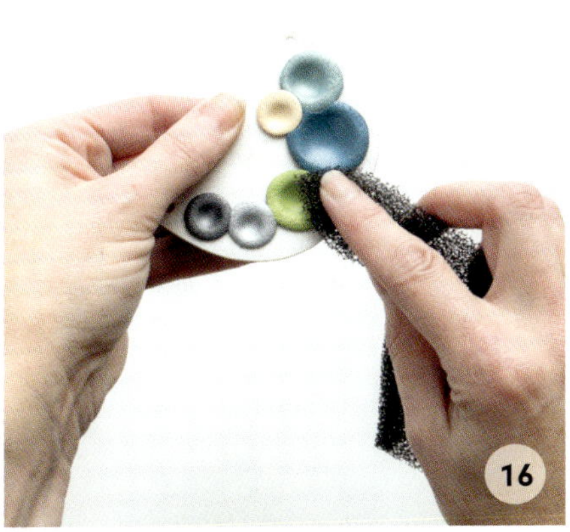
16

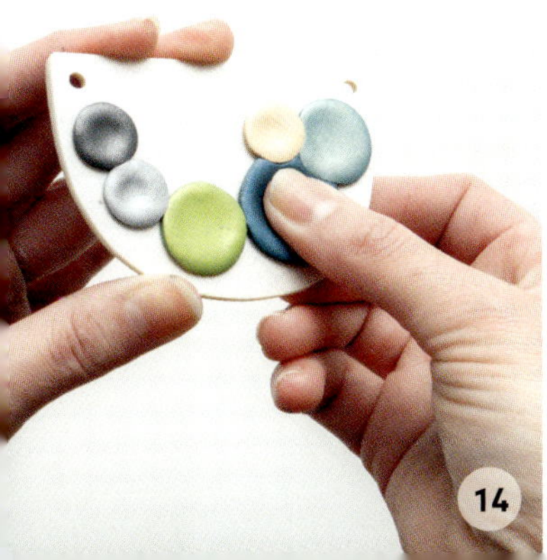
14

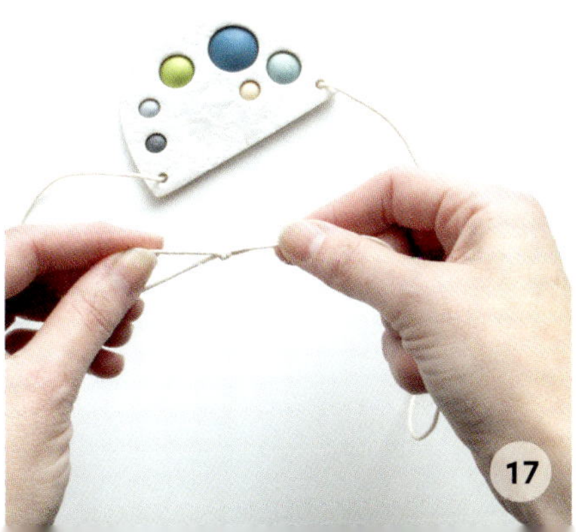
17

12 Nun alle Löcher mit den ausgestochenen Kreisen bedecken. Dabei darauf achten, dass die rohe Modelliermasse nur entlang der Ränder fest angedrückt wird (A). Die Kreise bleiben nach dem Härten des Anhängers gut haften (B).

13 Wenn Sie den Anhänger umdrehen, sollte er nun aussehen wie hier auf dem Bild (gut zu erkennen ist, dass sich die farbigen Kreise hinter den Löchern noch nicht nach vorne wölben).

14 Den Anhänger wieder umdrehen und die Kreise vorsichtig mit der Fingerkuppe durch die Löcher drücken; dabei immer wieder die Vorderseite überprüfen.

15 Nun sollten alle farbigen Kreise schön nach oben gewölbt sein und die Vorderseite wie hier (A) und die Rückseite wie hier (B) aussehen.

16 Glätten Sie die Modelliermasse auf der Rückseite nun mit den Fingern oder einem Texturschwamm. Dabei die Kreise nicht weiter durch die Löcher drücken!

17 Den Anhänger abschließend noch einmal im Ofen härten. Wenn Sie möchten, können Sie ihm mit Renaissance Wachs oder Vaseline auch noch etwas mehr Glanz verleihen (siehe Grundlagen: Modelliermasse – Arbeitsplatz und Ausstattung). Zum Abschluss noch die Baumwollkordel durch die Löcher in den Ecken ziehen und mit einem Slipknoten befestigen (siehe Grundlagen: Schmuckherstellung – Techniken zur Schmuckherstellung).

MOKUME GANE

Als Mokume Gane bezeichnet man eine Technik, die auf einer traditionellen japanischen Metallschmiedetechnik basiert. Dabei werden Schichten von Modelliermasse mehrfach gestapelt und zusammengepresst – schneidet man dann Scheiben vom Stapel ab, zeigen sich die tollsten Muster.

MATERIALLISTE

- mindestens zwei Modelliermassen in verschiedenen Farben*
- Gerätschaften, um Muster zu erzeugen: Texturierungswerkzeuge, Ausstecher, etc.
- Grundausstattung (siehe Grundlagen: Modelliermasse – Arbeitsplatz und Ausstattung)

** Ich habe sechs Metallicfarben verwendet (Premo und Cernit), einige direkt aus der Packung, andere gemischt.*

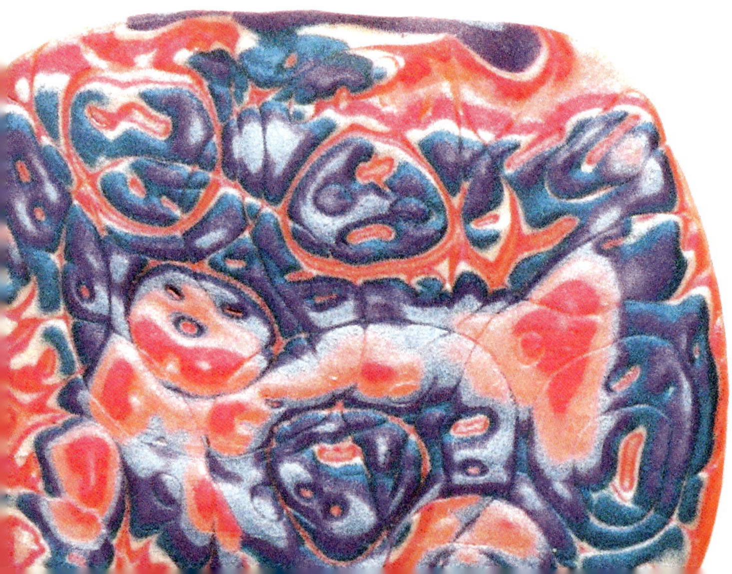

01 Die gewählten Farben gut durchkneten (siehe Grundlagen: Modelliermasse – Kneten), dann alle gleich dick ausrollen.

02 Aus jeder Farbe mit einem Ausstecher oder frei Hand Stücke gleicher Größe und Form ausschneiden.

03 Überlegen Sie, wie Sie Ihre Farben anordnen wollen. Wollen Sie lieber ähnliche oder lieber kontrastierende Farbtöne gruppieren? Probieren Sie einfach mehrere Varianten aus.

04 Das ist die Anordnung, die ich für dieses Beispiel gewählt habe. Je nach Anordnung der Farben sieht das Resultat anders aus.

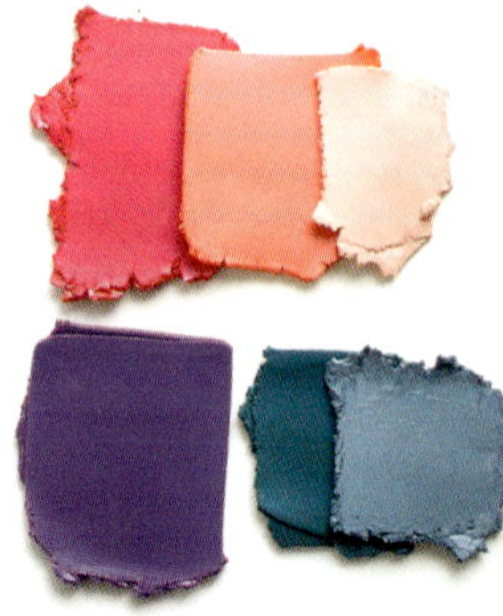

01

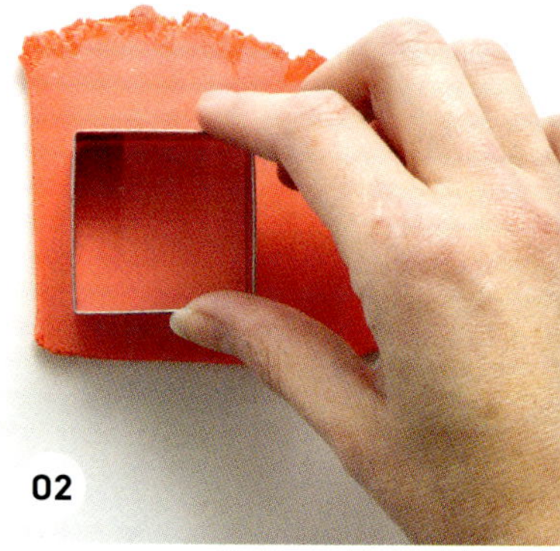

02

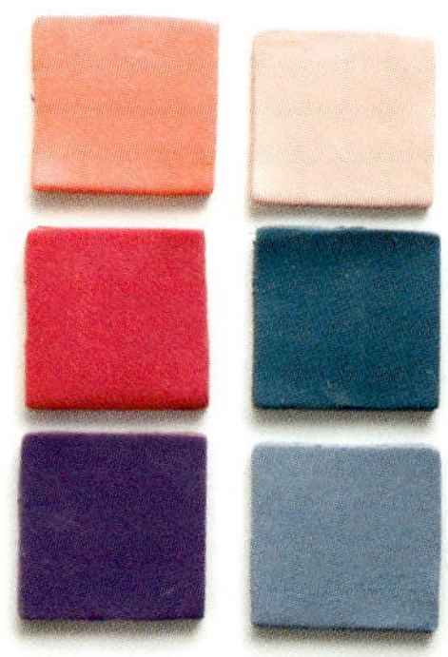

03

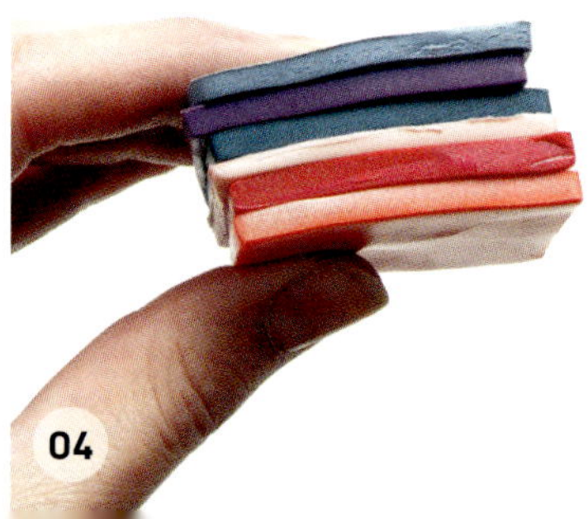

04

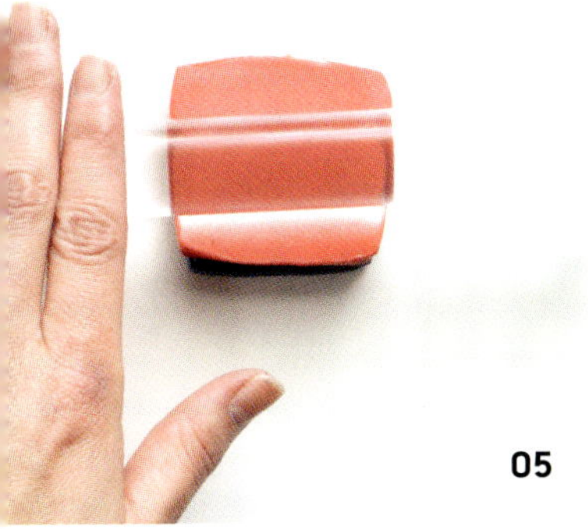
05

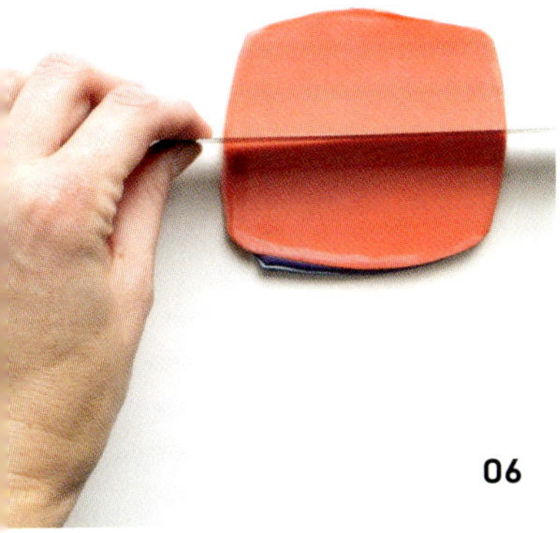
06

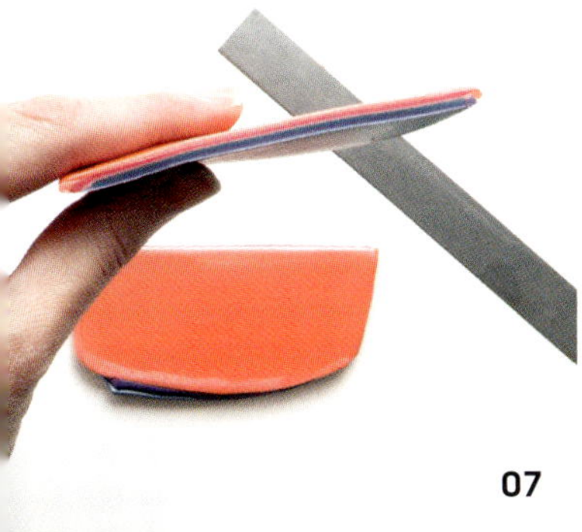
07

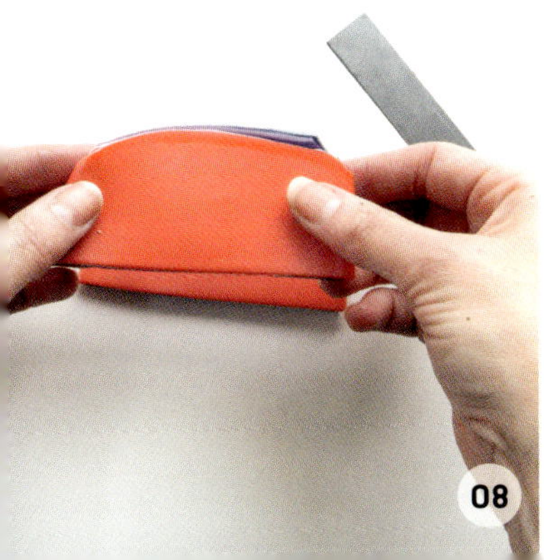
08

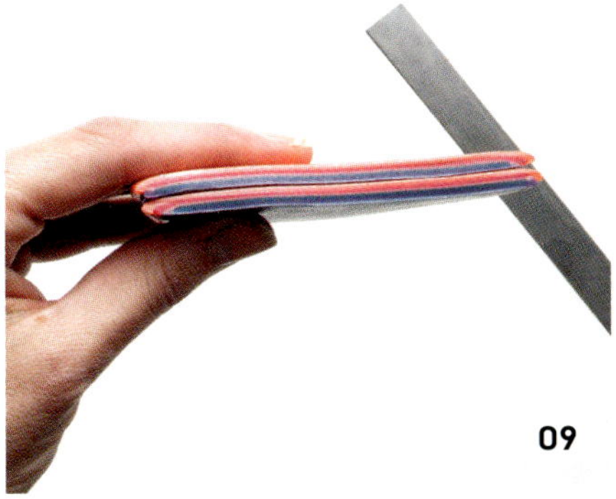
09

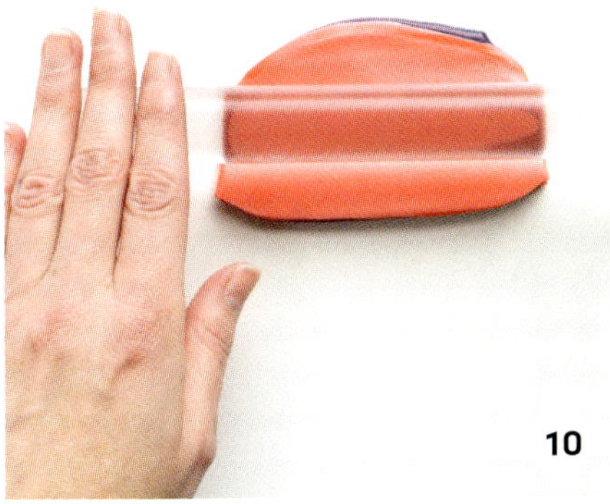
10

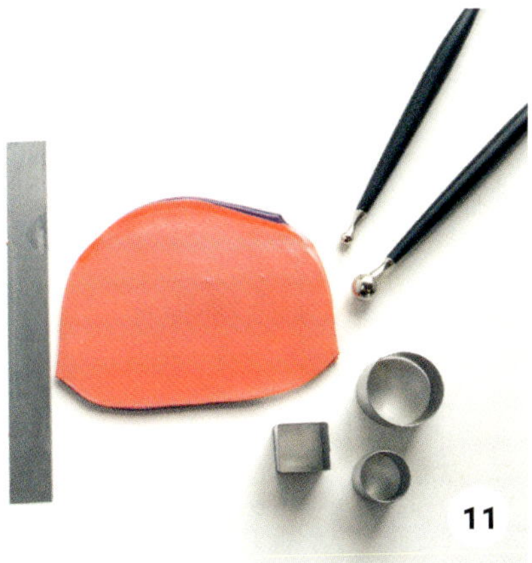
11

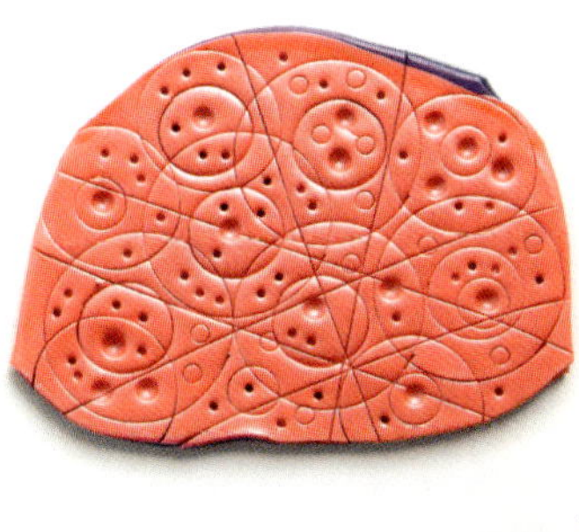
12

05 Den Stapel nun zum Abflachen ausrollen, wenden und weiterrollen, damit beide Seiten einheitlich glatt werden. Ich habe meinen hier etwa 4–5 mm dick ausgerollt.

06 Den Stapel mit einer scharfen Klinge mittig halbieren.

07 Hier ist der Stapel mit den sechs Farben etwa 4–5 mm dick.

08 Beide Hälften aufeinanderlegen, sodass der Stapel doppelt so hoch wird.

09 Dabei darauf achten, dass die Farbabfolge in beiden Stapeln dieselbe ist. Sie können nun hier aufhören, wie ich das getan habe, oder den Stapel nochmals teilen und die Hälften wieder stapeln, um noch mehr farbige Schichten zu erhalten.

10 Diesen neuen Stapel wieder ausrollen, bis er etwa 4–5 mm dick ist. Denken Sie daran, die Platte beim Ausrollen zu drehen und zu wenden.

11 Legen Sie sich Texturwerkzeuge zurecht, mit denen Sie Muster erzeugen wollen – egal welche, Hauptsache, es lassen sich damit alle Lagen der Platte durchdringen.

12 Die Texturwerkzeuge und Ausstecher kräftig in die Modelliermasse drücken – es macht nichts, wenn sie bis auf die Arbeitsfläche durchdrücken. Ob Sie viel oder wenig Textur auftragen, bleibt ganz Ihnen überlassen.

13 Drücken Sie nun alle Seiten der dünnen Platte vorsichtig nach innen. Achten Sie darauf, dass die Modelliermasse dabei auf der Arbeitsfläche nicht verrutscht.

14 Hierfür können Sie die Finger, aber auch eine Klinge nehmen. Es macht nichts, wenn sich die Modelliermasse dabei von der Arbeitsfläche löst und aufreißt. Setzen Sie die Platte einfach wieder zusammen und drücken Sie weiter die Seiten nach innen.

15 Fahren Sie fort – der Stapel wird nun immer kleiner und höher.

16 Drücken Sie weiter alle Seiten des Stapels schön gleichmäßig nach innen. Nicht den Mut verlieren – Sie haben es fast geschafft!

17 Hier sieht man, wie sich die Lagen verschoben haben. Dieser Stapel ist nun etwa 12 mm dick.

18 Nehmen Sie jetzt den Acrylroller zur Hand – es ist wieder Zeit zum Ausrollen!

19 Den Stapel auf etwa 5 mm Dicke ausrollen und dabei immer wieder drehen und wenden.

20 Von der gleichmäßig ausgerollten Platte können nun mit einer scharfen, biegsamen Klinge hauchdünne Schichten abgetrennt werden. Legt man sie dabei auf eine Kachel, rutscht sie nicht weg. Nicht zu tief einschneiden!

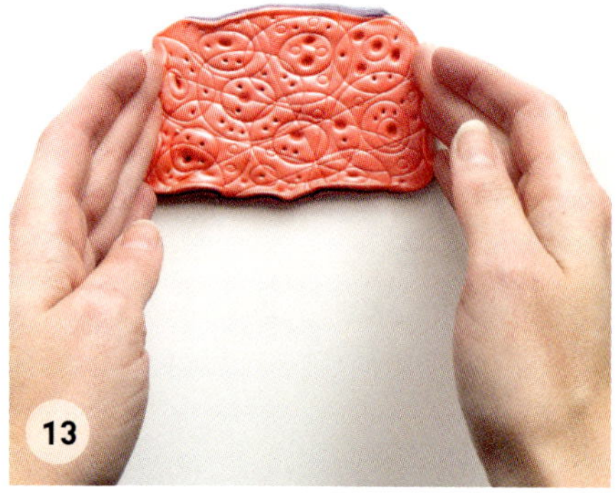

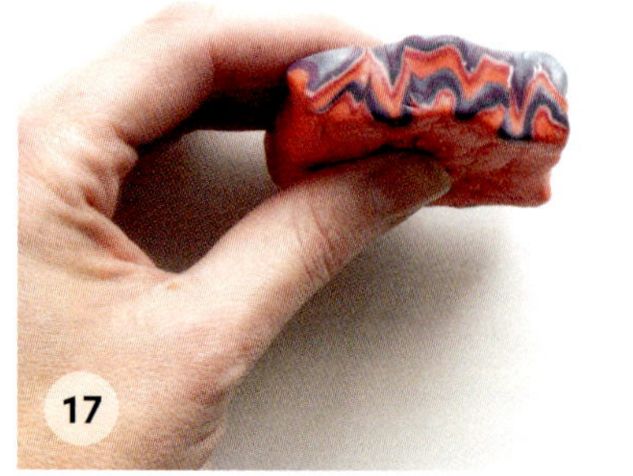

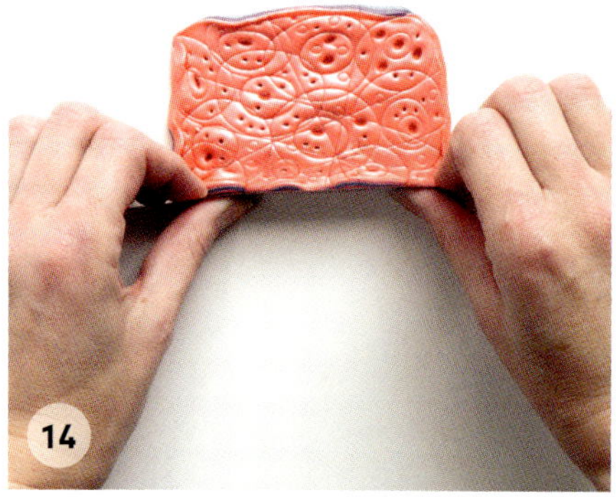

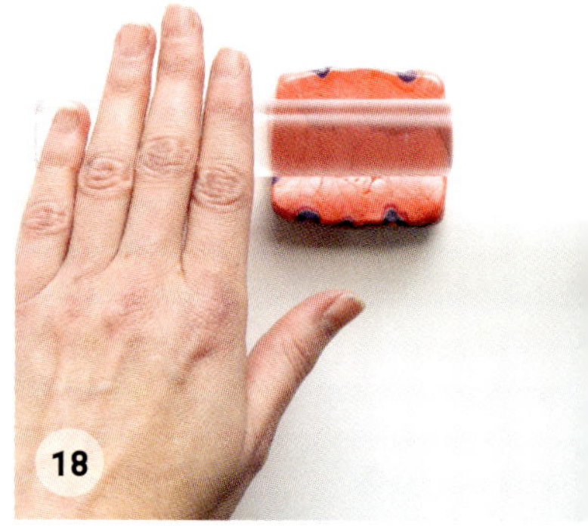

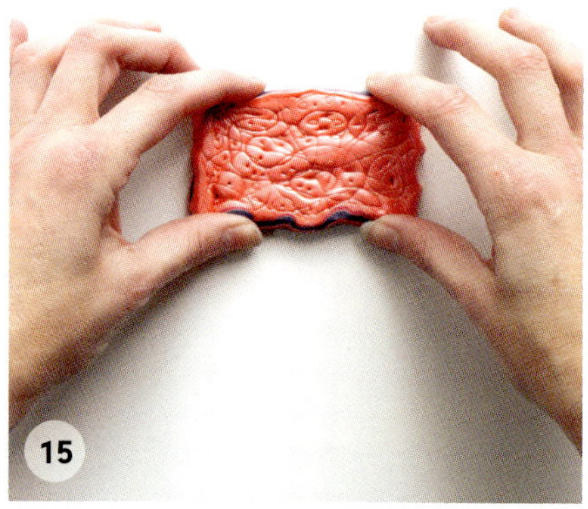

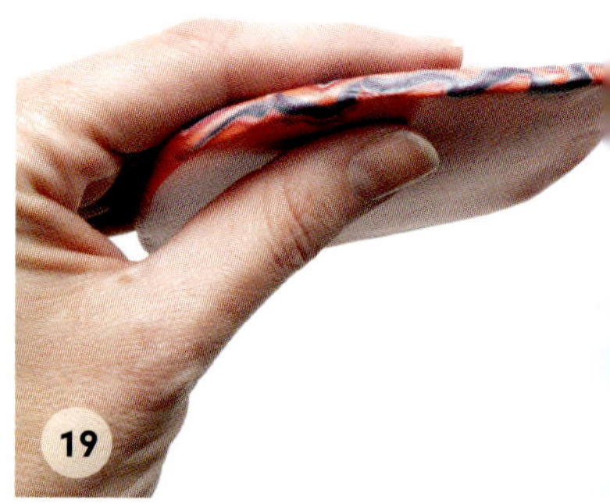

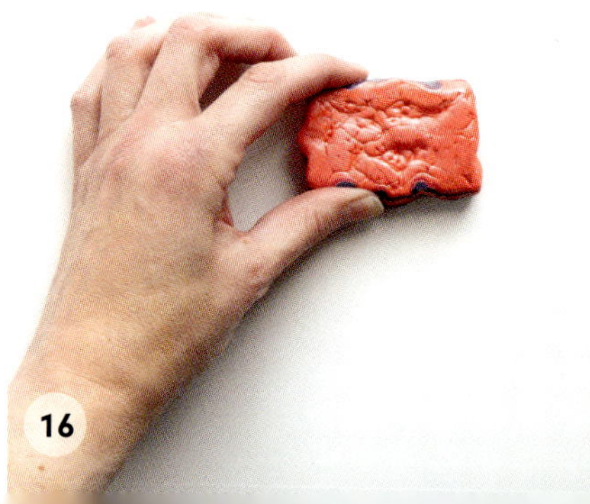

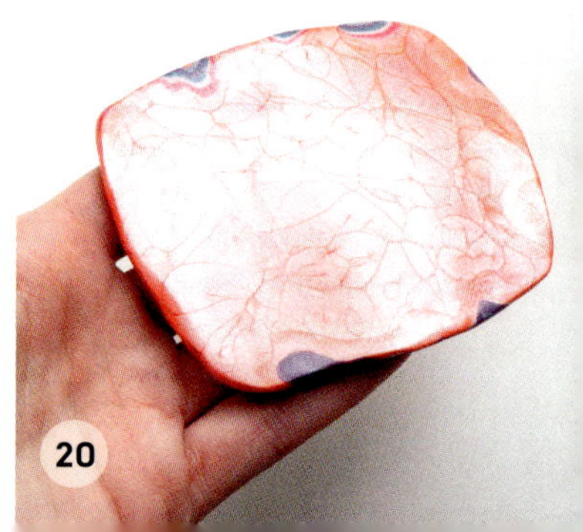

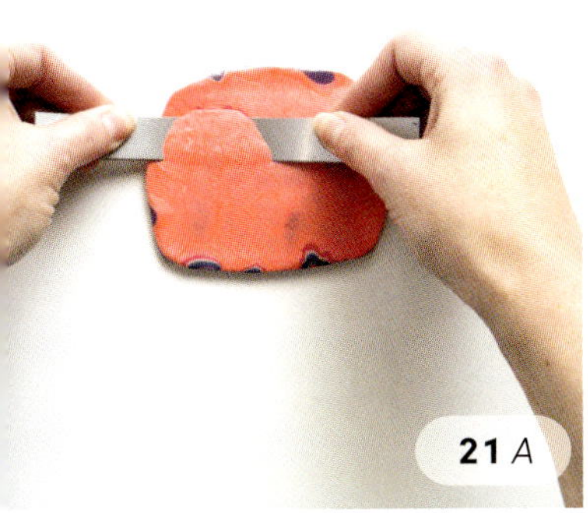

21 A

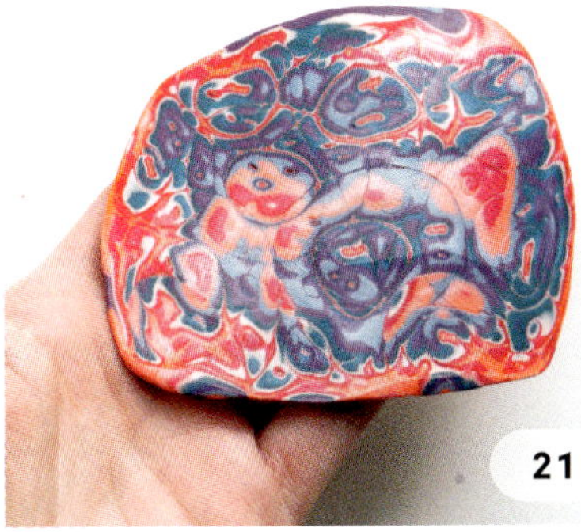

21 C

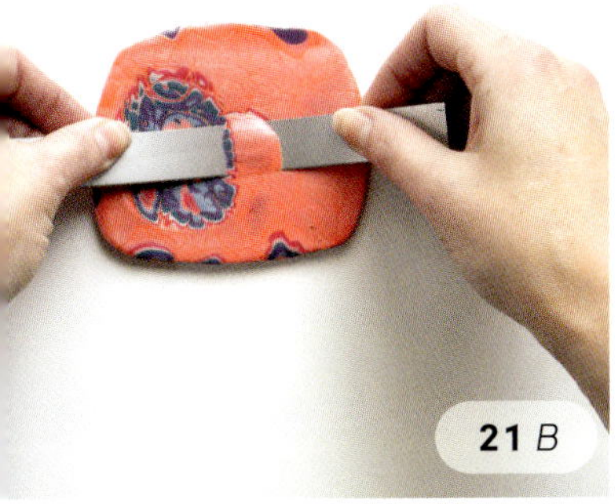

21 B

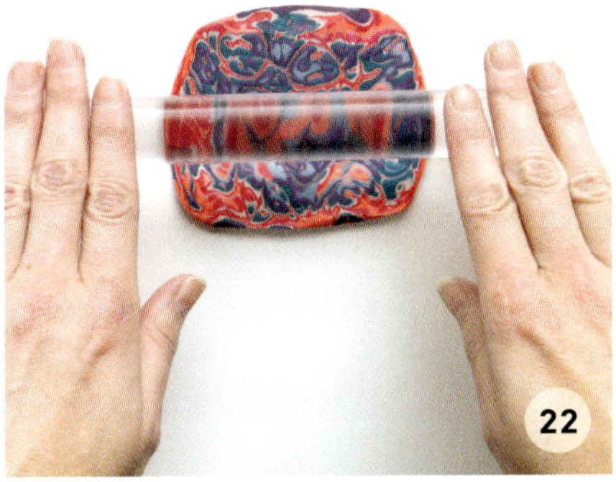

22

21 Hierfür braucht man eine ruhige Hand und etwas Erfahrung, denn es gibt keine festen Regeln, wie man vorgehen soll. Ich trenne von der Modelliermasse gerne kleine, flache Scheiben ab (A), bis das Muster darunter erkennbar wird (B). Vorsicht: Schnell hat man etwas zu viel abgetrennt, was sich nicht mehr rückgängig machen lässt! Heben Sie die Modelliermasse weiter scheibchenweise ab, bis Sie mit dem Muster zufrieden sind (C).

22 Glätten Sie nun mit dem Acrylroller die von der Klinge hinterlassenen Schnittkanten, bis die Oberfläche absolut glatt ist.

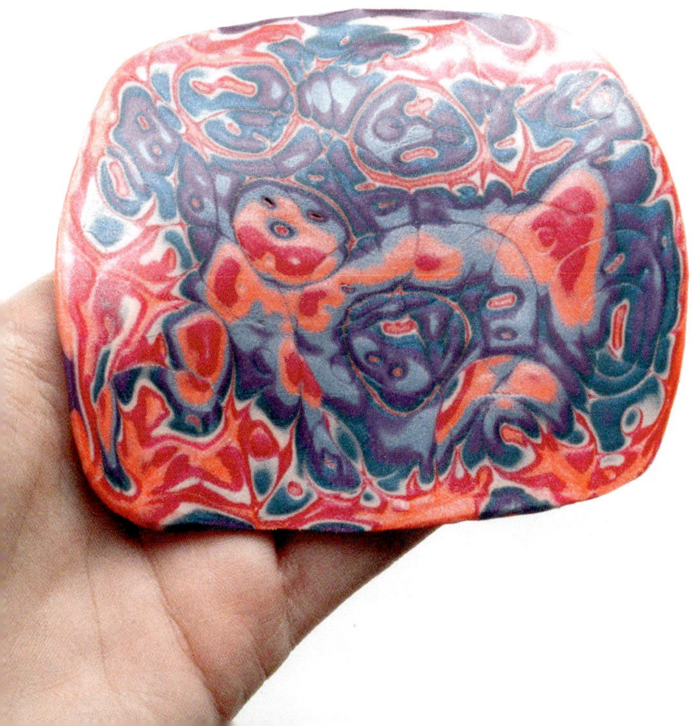

Bewahren Sie die abgetrennten Scheiben auf! Aus den Resten Ihres Mokume Gane lassen sich noch tolle Sachen fertigen, wie z. B. der Anhänger mit gestreiften Röhrenperlen.

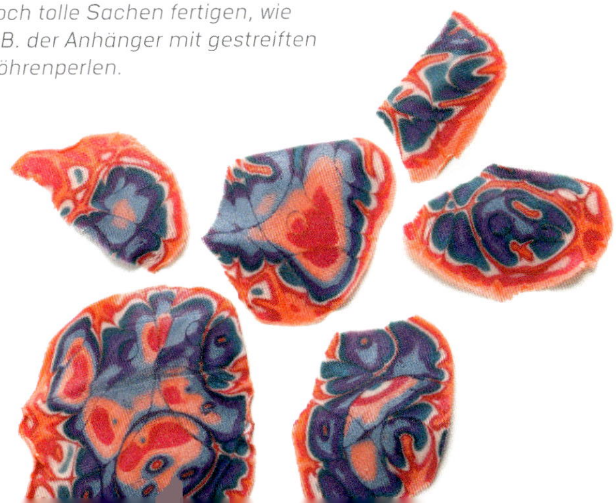

ANHÄNGER MIT GESTREIFTEN RÖHRENPERLEN

Ich liebe es, gestreifte Röhrenperlen herzustellen. Ursprünglich wollte ich lediglich Reste meiner Mokume-Gane-Werkstücke verarbeiten, die zum Entsorgen zu wertvoll sind – und nun ertappe ich mich immer mal wieder dabei, wie ich endlos Modelliermasse mit Metallic-Effekt aufschichte, nur um diese Perlen herzustellen! Alle Anhänger hier sind schlichte Röhrenperlen, die so eingedreht wurden, dass Schrägstreifen entstanden. Ich verwende Metallicfarben, weil ich deren Glanz liebe, aber Sie können natürlich auch mit Resten normaler „deckender" Farben experimentieren.

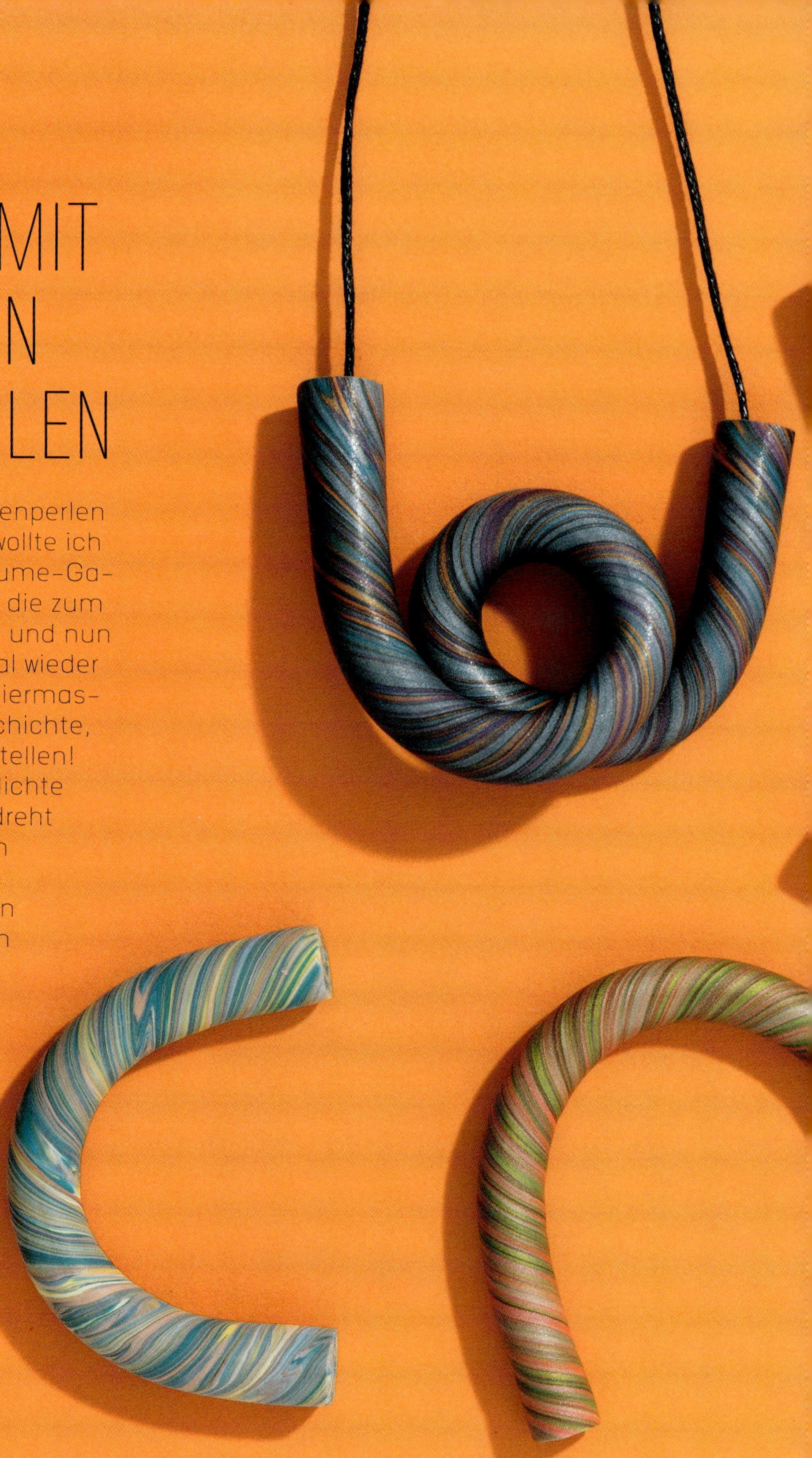

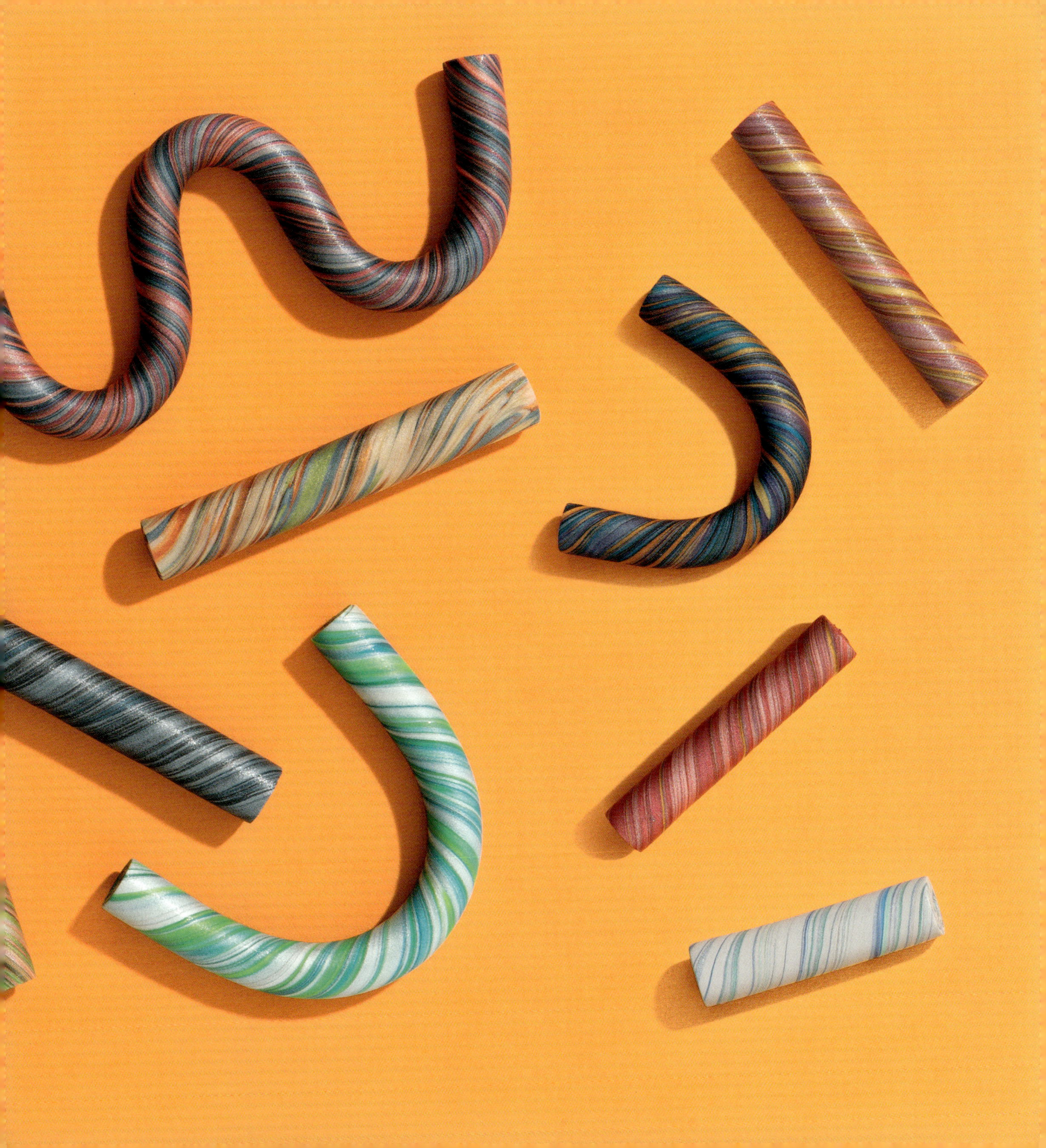

MATERIALLISTE

- Mokume Gane-Reste
- Holzspieß
- Baumwollkordel
- Grundausstattung (siehe Grundlagen: Modelliermasse – Arbeitsplatz und Ausstattung)

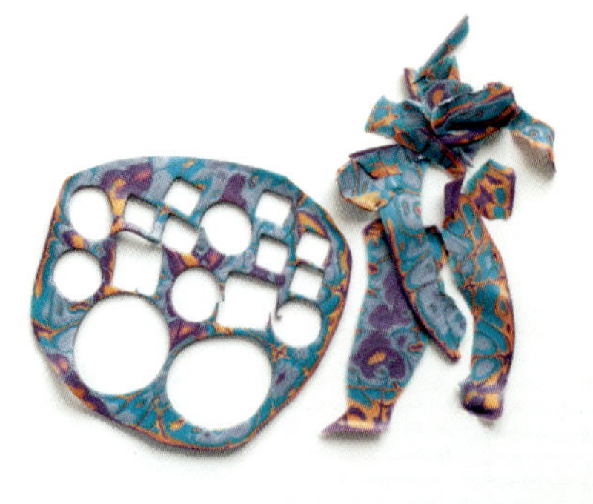
01

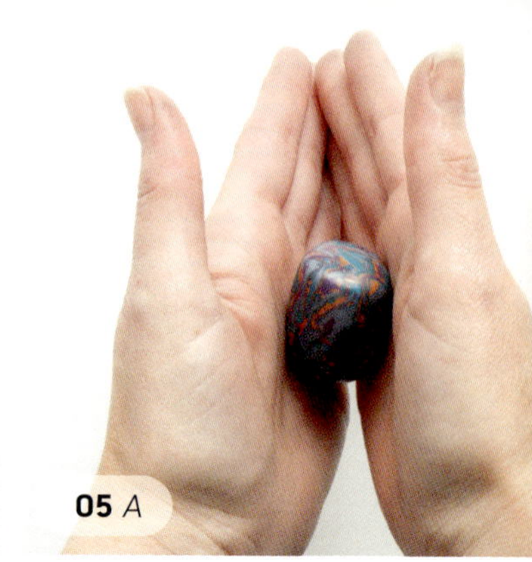
05 *A*

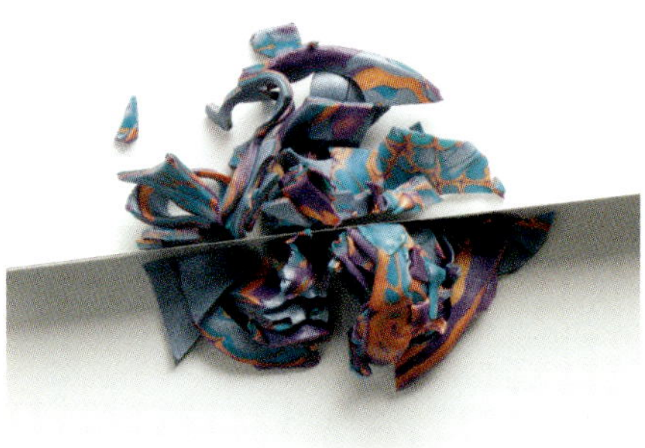
02

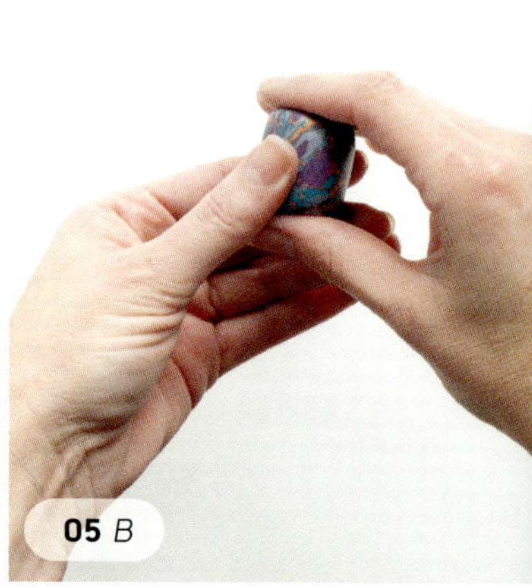
05 *B*

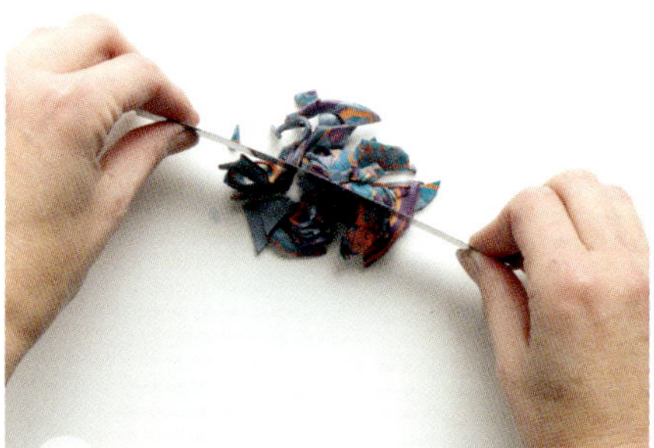
03

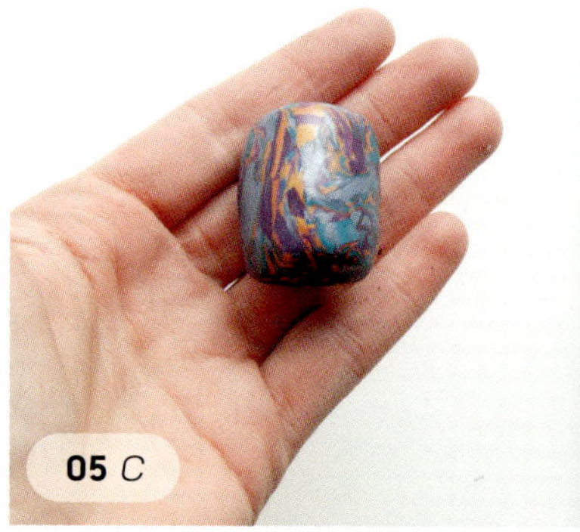
05 *C*

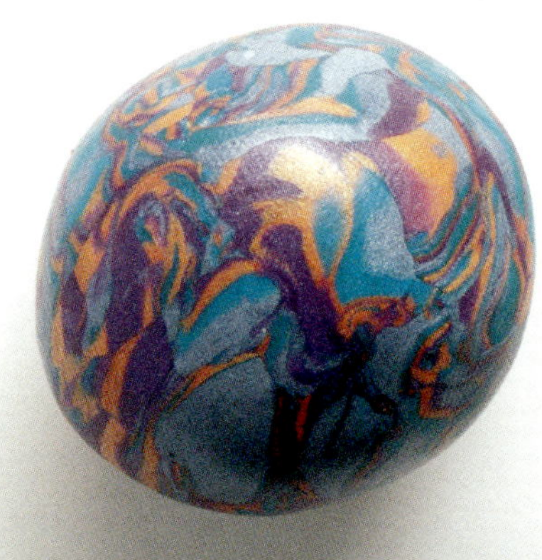
04

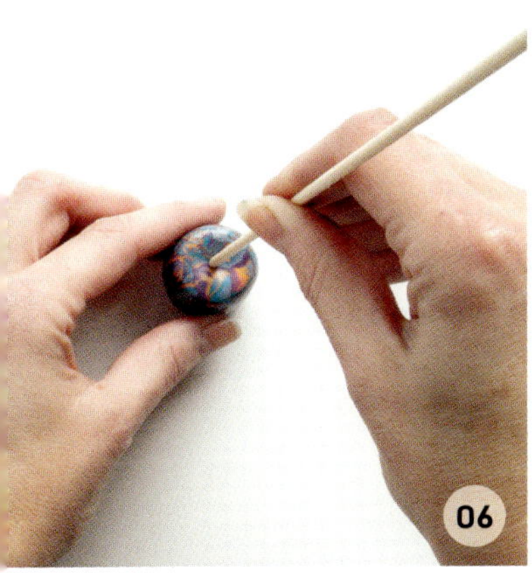

06

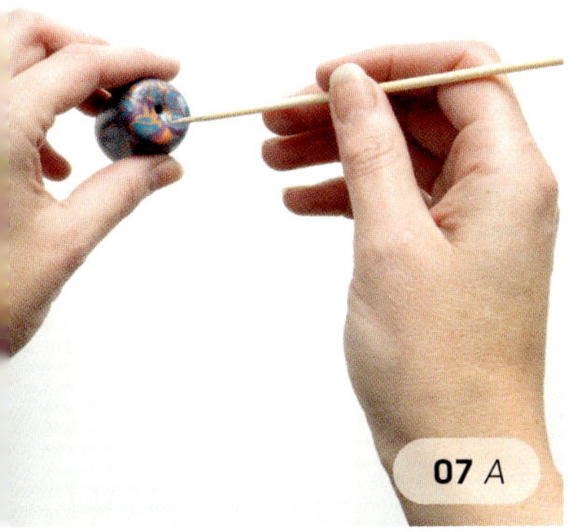

07 *A*

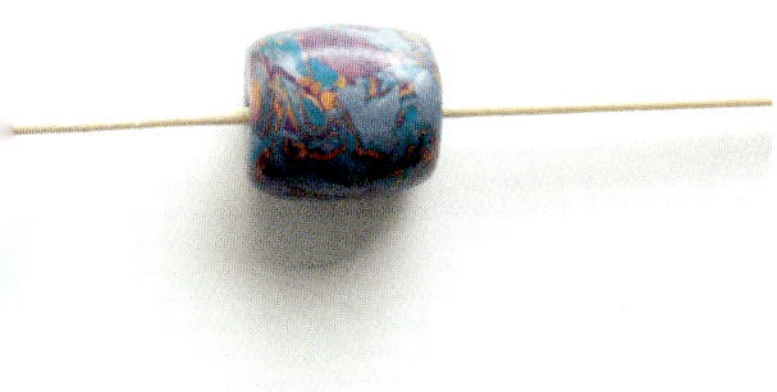

07 *B*

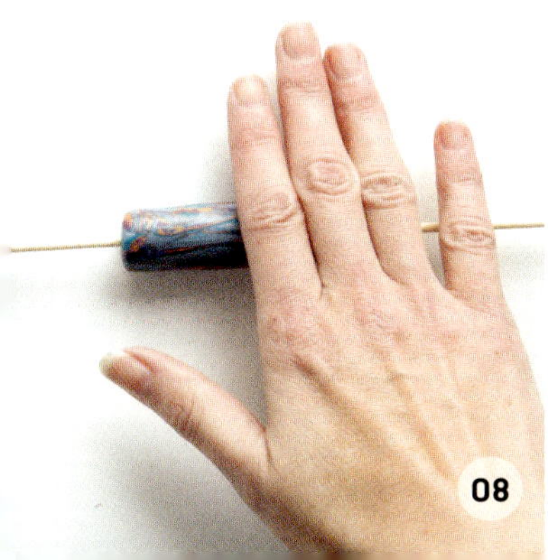

08

01 Suchen Sie alle Reste von Mokume-Gane-Platten (d. h. abgeschnittene Ränder und Skelette) zusammen und legen Sie diese auf Ihre Arbeitsplatte. Falls Sie keine Reste haben, fertigen Sie einfach eine Mokume-Gane-Platte gezielt für die Herstellung dieser Perlen!

02 Mit einer Klinge das Plattenskelett kleinhacken. Die Stücke müssen nicht alle gleich groß oder gleichförmig sein – die Schönheit liegt in der Unvollkommenheit!

03 Alle Stücke gut durchmischen, vor allem, wenn Sie Farben oder Reste aus verschiedenen Projekten verwenden, und diese noch kleiner hacken.

04 Nun die Stücke zusammenschieben, mit den Händen etwas anwärmen und dann zu einer festen Kugel zusammenpressen. Achten Sie darauf, dass keine Luftblasen eingeschlossen werden.

05 Die Kugel zu einem Zylinder rollen (A) und die Enden dabei zusammendrücken (B), sodass er kurz und breit wird (C).

06 Den Zylinder mit einem flachen Ende auf die Arbeitsfläche setzen. Nun den Holzspieß vorsichtig der Länge nach durch die Mitte des Zylinders drücken und dabei drehen, bis er auf der anderen Seite herauskommt, dann wieder herausziehen.

07 Drehen Sie den Zylinder um – auf dieser Seite sollte ein kleines Loch zu sehen sein. Den Spieß nun von dieser Seite durch den Zylinder schieben (A), bis dieser mittig auf dem Spieß sitzt (B).

08 Den aufgespießten Zylinder vorsichtig hin- und herrollen, sodass er immer dünner und länger wird und eine Röhre entsteht.

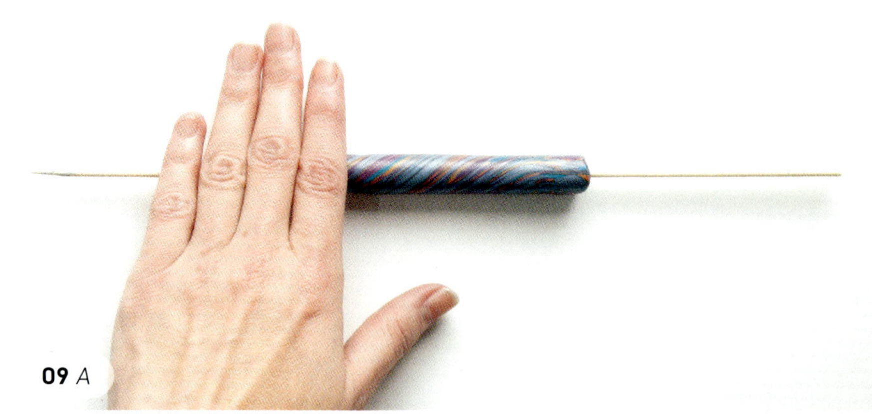
09 *A*

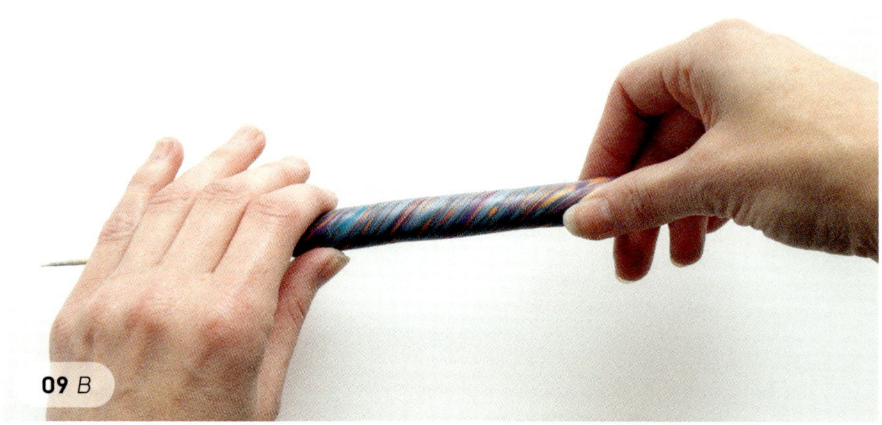
09 *B*

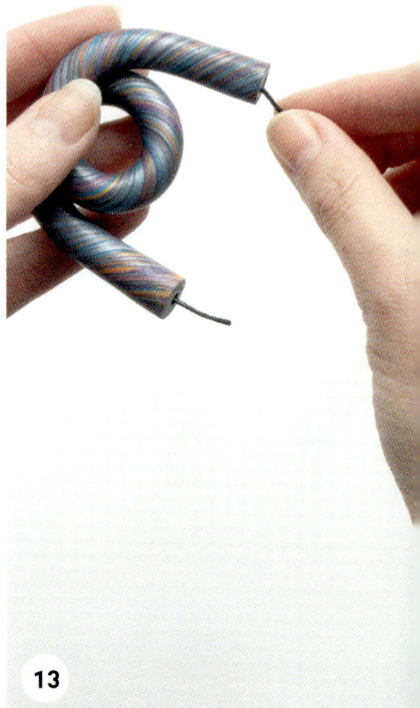
13

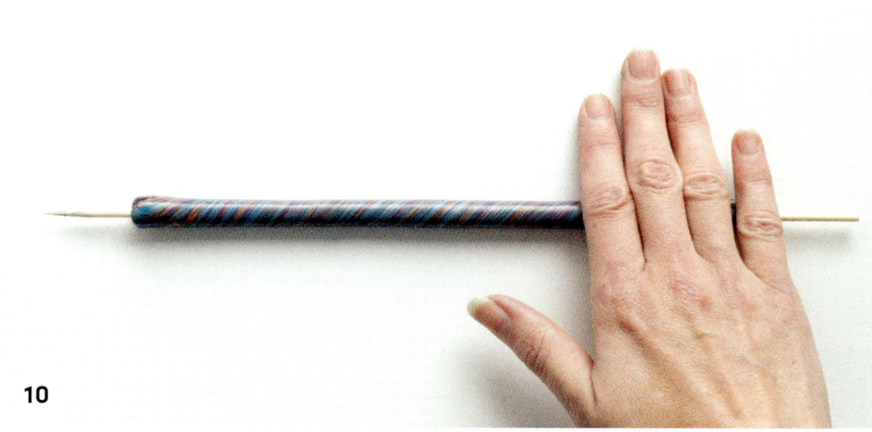
10

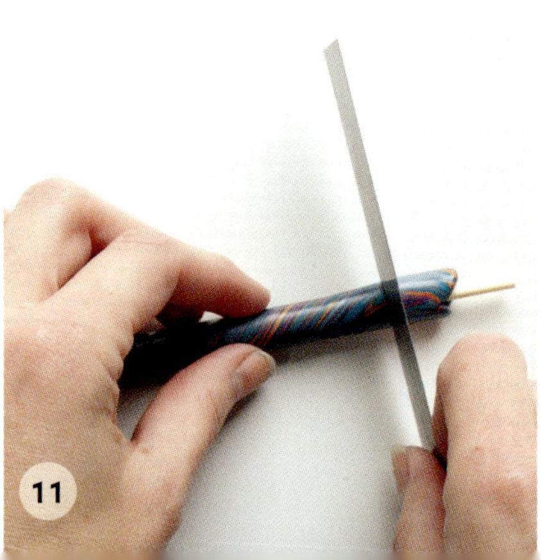
11

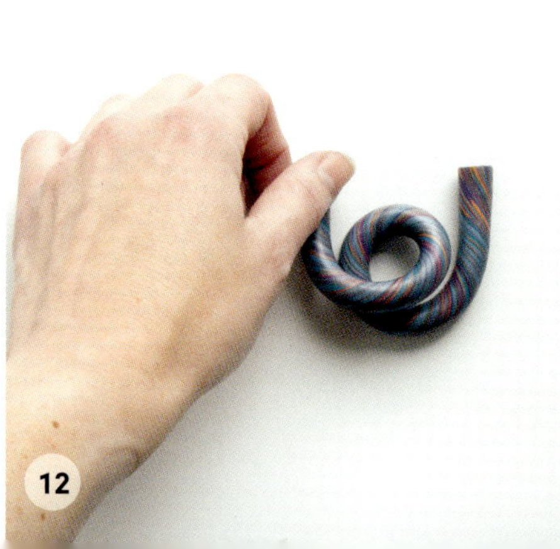
12

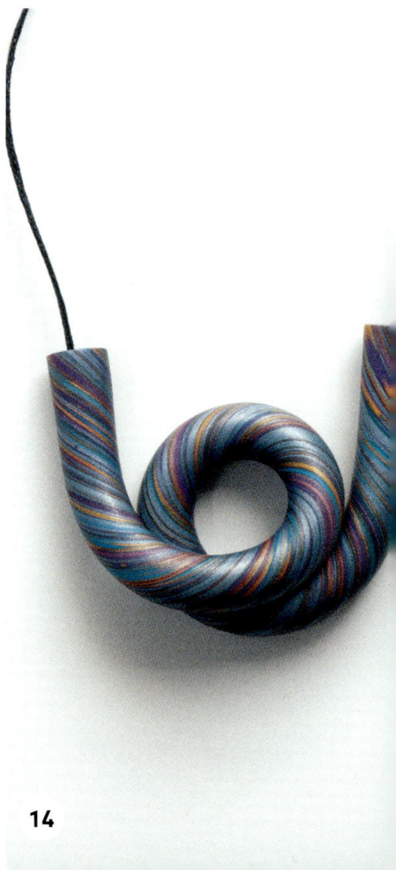
14

09 Stetig rollen, um die Röhre weiter zu reduzieren, diese dann aber in sich verdrehen (A), und zwar so lange, bis es nicht mehr weitergeht, dann die Röhre weiter reduzieren und wieder eindrehen (B).

10 So fortfahren, bis die Röhre die gewünschte Länge und Dicke hat.

11 Dann mit einer Klinge die Röhrenenden abschneiden, während der Spieß noch drinsteckt. (Unter dem Stichwort „Resteverwertung" finden Sie Ideen, wie sich solche Reste verarbeiten lassen).

12 Den Spieß nun vorsichtig aus der Röhre ziehen und aus dieser einen Schnörkel – oder jede andere Form, die Ihnen gefällt – formen. Ihre Röhrenperle kann nun im Ofen gehärtet werden (siehe Arbeitstechniken – Härten).

13 Nach dem Härten, falls nötig, noch die Kanten abschleifen (siehe Arbeitstechniken – Schleifen) sowie die Baumwollkordel durch die Perle ziehen und mit einen Slipknoten befestigen (siehe Grundlagen: Schmuckherstellung – Techniken zur Schmuckherstellung).

14 Der fertige Anhänger. Ich liebe es, wie sich die Schnörkelform der Röhrenperle in dem Wirbelmuster der Modelliermasse widerspiegelt.

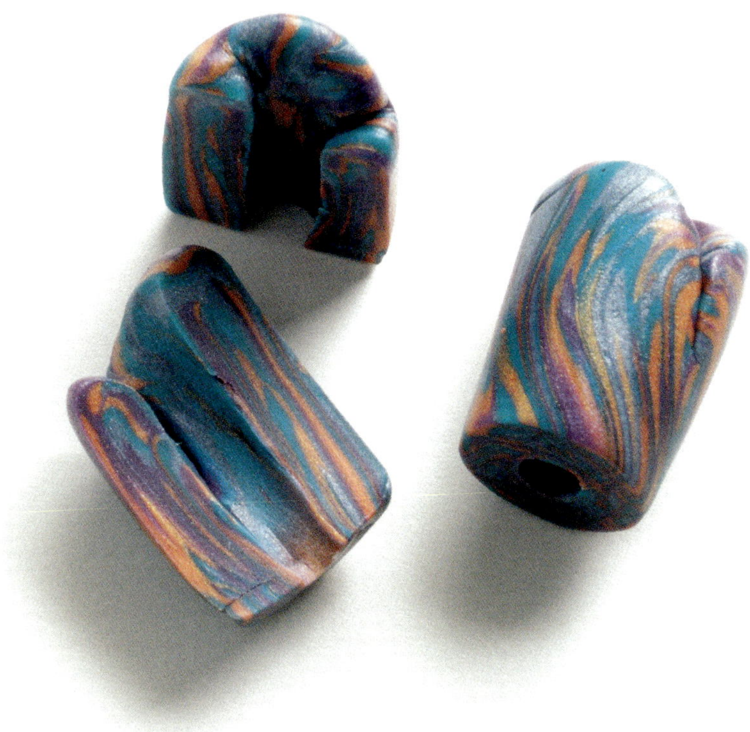

MIT MODELLIERMASSE MALEN

Aus fester Modelliermasse lässt sich eine dicke Paste herstellen, die man wie Farbe für die Impasto-Technik verwenden kann. Nach dem Härten erhält man eine wunderbar taktile, stark texturierte Oberfläche. Geeignet vor allem für weiche Modelliermassen, lassen sich aber auch mit Metallicfarben tolle Effekte erzielen.

MATERIALLISTE

- Modelliermasse Ihrer Wahl*
- Spachtel
- transparente flüssige Modelliermasse
- Grundausstattung (siehe Grundlagen: Modelliermasse – Arbeitsplatz und Ausstattung)

* *Ich rate hier zu Sculpey III; andere Modelliermassen müssen mehr gemischt werden.*

01 Farbe aus Modelliermasse lässt sich ganz leicht selbst herstellen. Legen Sie das nötige Material bereit.

02 Die Modelliermasse durchkneten (siehe Grundlagen: Modelliermasse – Kneten) – sie sollte gut angewärmt sein – und dann mit einer Klinge kleinhacken.

03 Eine kräftige Dosis durchsichtige Modelliermasse auf die kleingehackten Stücke geben.

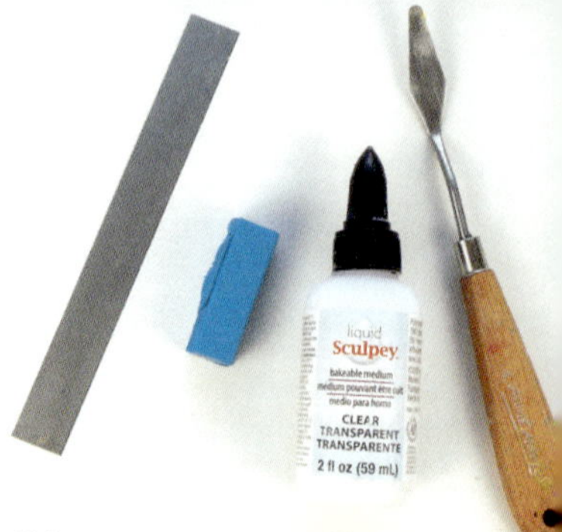

01

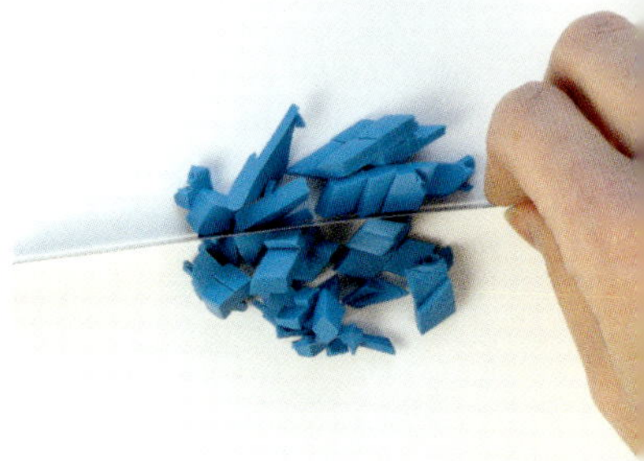

02

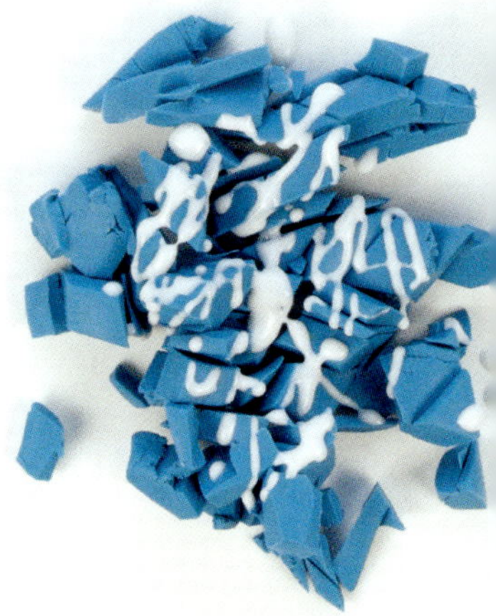

03

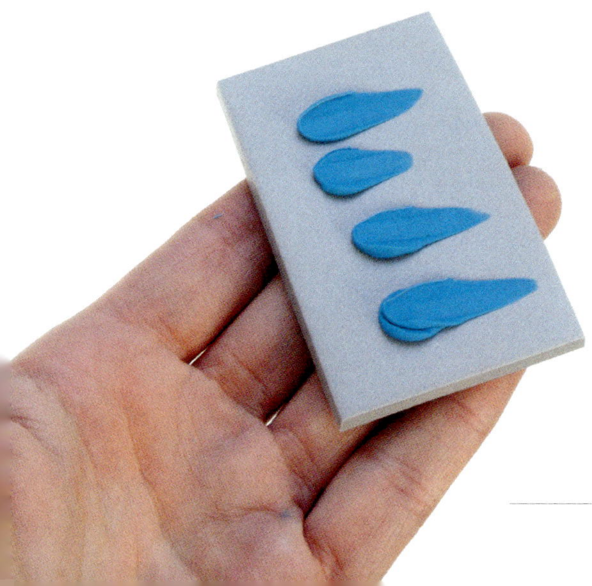

Trägt man die Farbe mit einem Spachtel auf, erhält man einen tollen Tropfen-Effekt. Experimentieren Sie auch mit anderen Werkzeugen wie flachen Eisstäbchen, steifer Pappe oder, bei dünnerer Farbe, einem alten Pinsel.

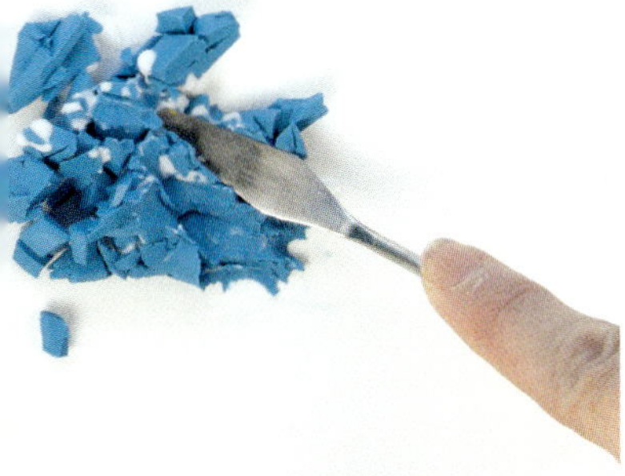

04

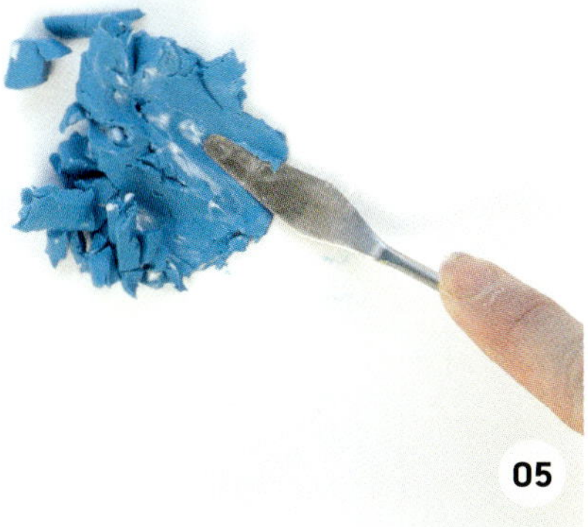

05

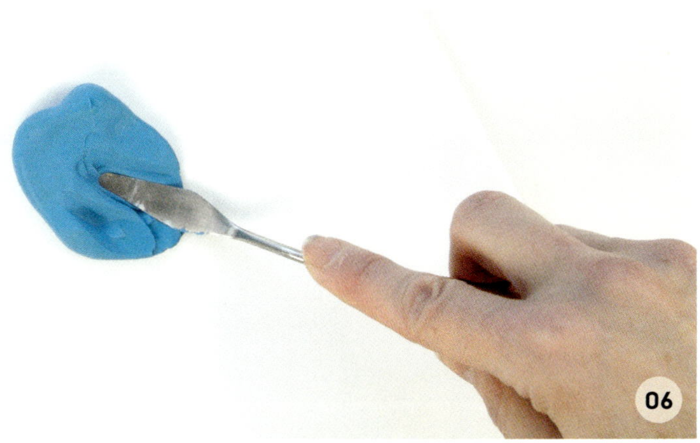

06

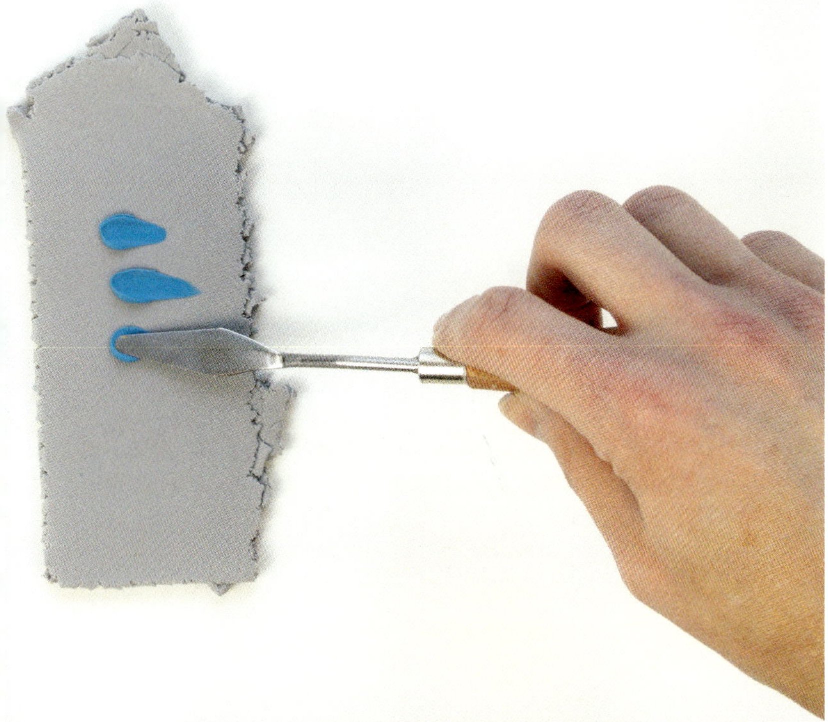

07

04 Mit dem Spachtel die flüssige in die feste Modelliermasse einarbeiten. Je nach Marke und Festigkeit der Modelliermasse kann dies eine Weile dauern!

05 Beim Weiterarbeiten, falls nötig, noch flüssige Modelliermasse zugeben.

06 Wird die Farbpaste zu flüssig, kann man jederzeit wieder feste Modelliermasse einarbeiten.

07 Testen Sie während des Mischens immer mal wieder die Beschaffenheit Ihrer Farbe, entweder auf der Arbeitsfläche oder auf einem Rest Modelliermasse. Die Paste sollte relativ dick sein, sodass sie bei der Verarbeitung nicht verläuft.

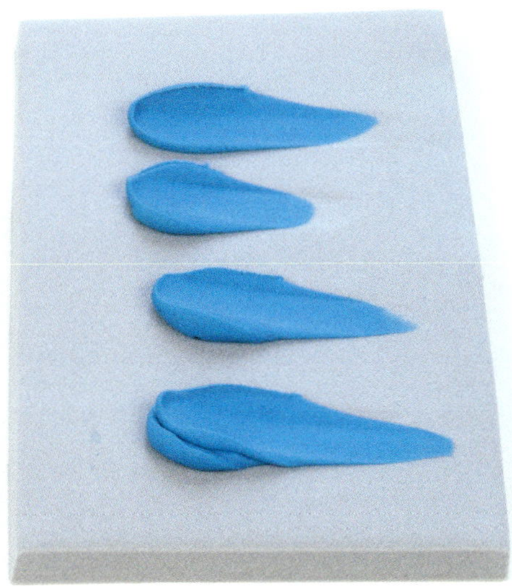

SCHMUCKSET MIT WASSERNIXEN-SCHUPPEN

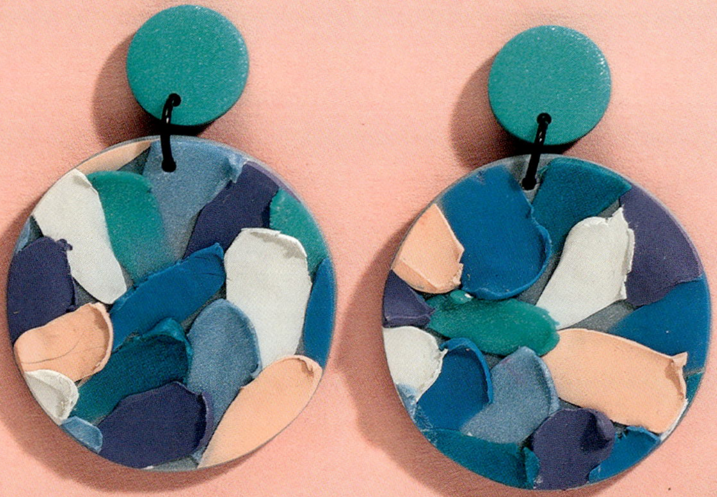

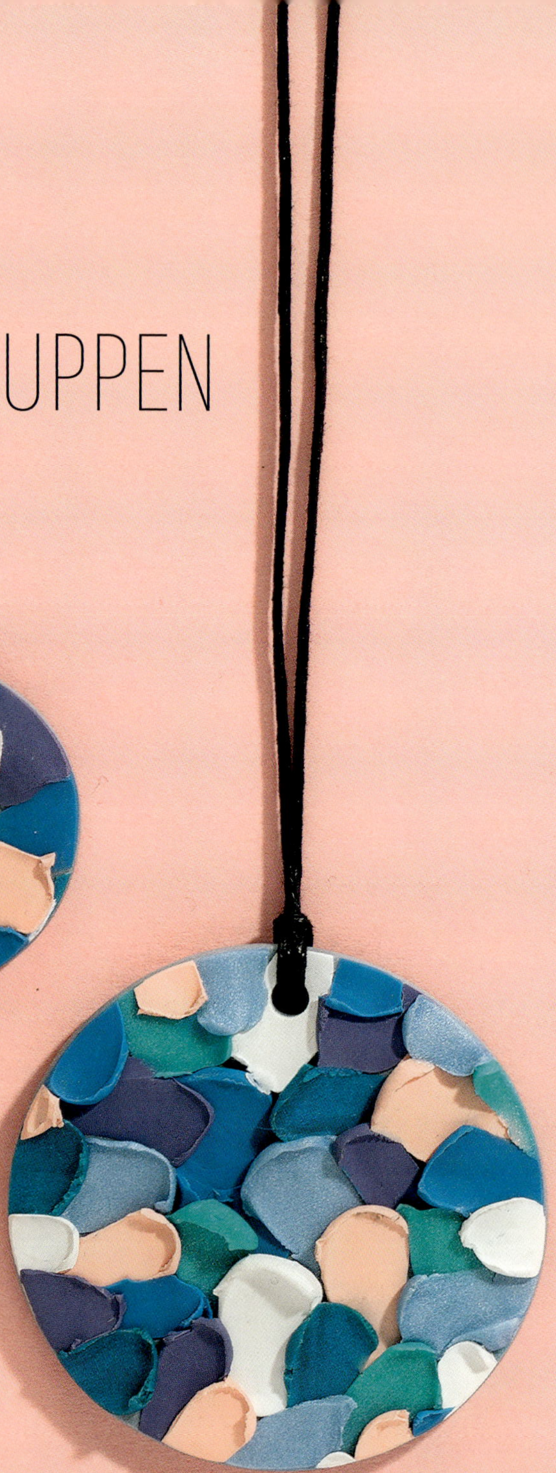

Mit selbst hergestellter Farbpaste lassen sich tolle vollflächige Struktureffekte wie bei diesem Anhänger und den Ohrringen zaubern. Ich habe die Gelegenheit genutzt und Wassernixen-Schuppen in verschiedenen Farben gefertigt, und da die Basisplatte zum Schluss komplett abgedeckt ist, lassen sich mit diesem Schmuck auch noch wunderbar unschöne Reste verwerten!

MATERIALLISTE

- Selbst hergestellte Farbpasten Ihrer Wahl
- farbige Modelliermasse für die Basisplatte
- Modelliermasse in der Farbe Ihrer Wahl für die Ohrstecker
- Spachtel
- Ausstecher oder Schablonen (siehe Vorlagen)
- 5-mm-Lochstanzer
- Schmuckfournituren und -zangen
- Baumwollkordel
- Renaissance Wachs oder Vaseline (optional)
- Grundausstattung (siehe Grundlagen: Modelliermasse – Arbeitsplatz und Ausstattung)

01 Die Modelliermasse für die Basisplatte gut durchkneten (siehe Grundlagen: Modelliermasse – Kneten) und etwa 3 mm dick ausrollen.

02 Die selbst gemachte Farbpaste vor dem Arbeiten anwärmen, z. B., indem man sie zu dünnen Schlangen rollt, dann lässt es sich leichter mit ihr „malen". Mit dem Spachtel ein Stück von der ersten Farbe abtrennen und auf die Mitte der Basisplatte streichen.

03 Den Spachtel mit einem Tuch abwischen und mit der nächsten Farbe weitermachen, d. h., ein Stück abstechen und dicht neben der ersten Farbe auftragen.

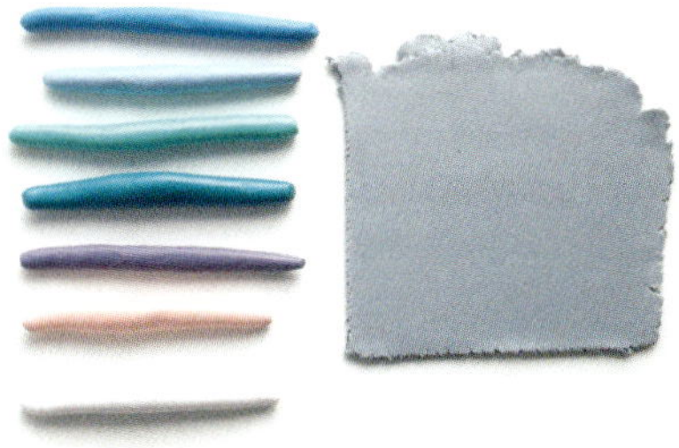

01

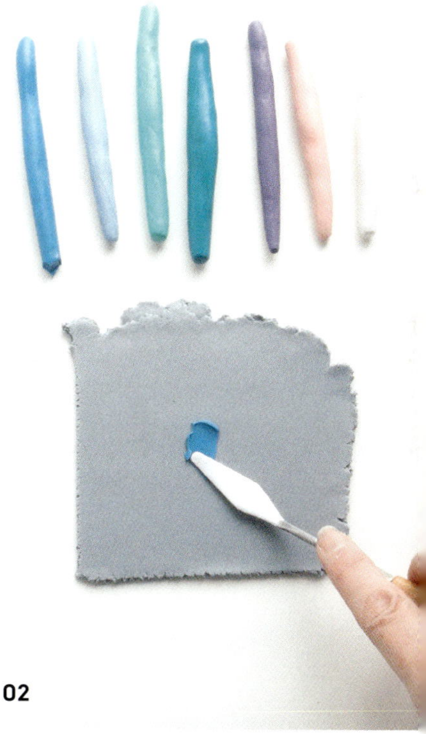

02

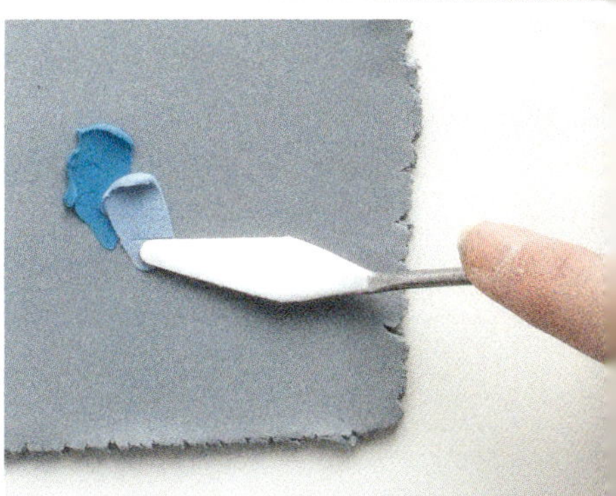

03

04 Verarbeiten Sie nun alle Farben auf diese Weise und wechseln Sie auch mal die Streichrichtung, damit der Farbauftrag abwechslungsreicher wird. Vergessen Sie nicht, den Spachtel immer abzuwischen, bevor Sie zur nächsten Farbe übergehen.

05 So fortfahren, bis die benötigte Fläche bedeckt ist.

06 Nun mit einem großen runden Ausstecher den Anhänger und mit einem mittelgroßen die beiden Ohrhänger ausstechen.

07 Die Modelliermasse für die Ohrstecker gut durchkneten und etwa 3 mm dick ausrollen, dann mit einem kleinen runden Ausstecher zwei Kreise ausstechen.

08 Mit dem 5-mm-Lochstanzer oben am Anhänger ein Loch für die Kordel ausstechen.

09 Nun können alle Schmuckstücke im Ofen gehärtet werden. Haben Sie Modelliermasse verschiedener Marken verwendet, können Sie für Temperatur und Härtezeiten Durchschnittswerte nehmen. Mehr Informationen dazu finden Sie unter Arbeitstechniken – Härten.

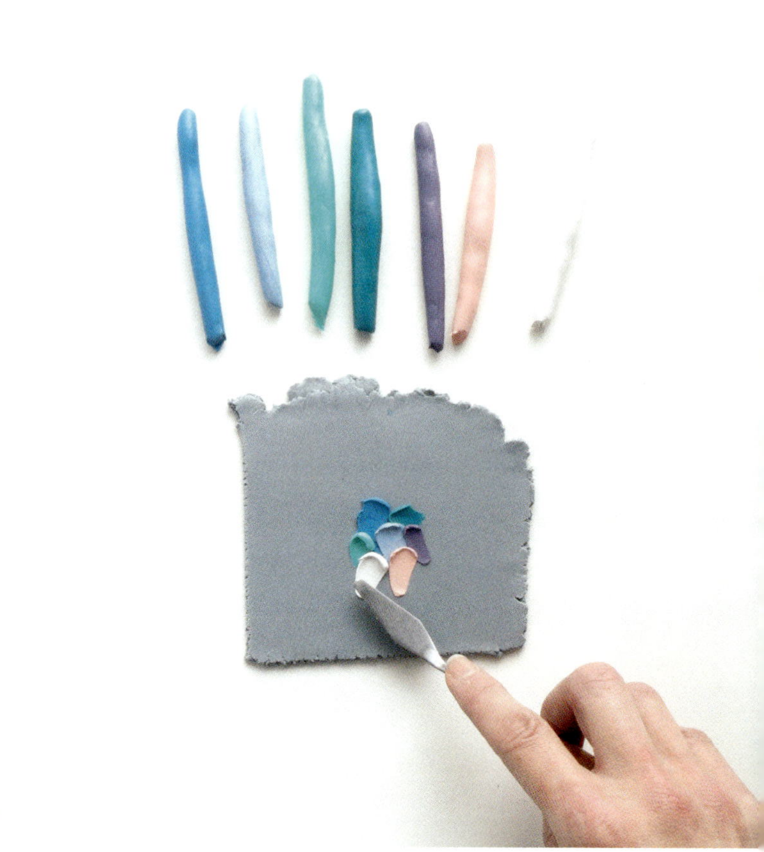

04

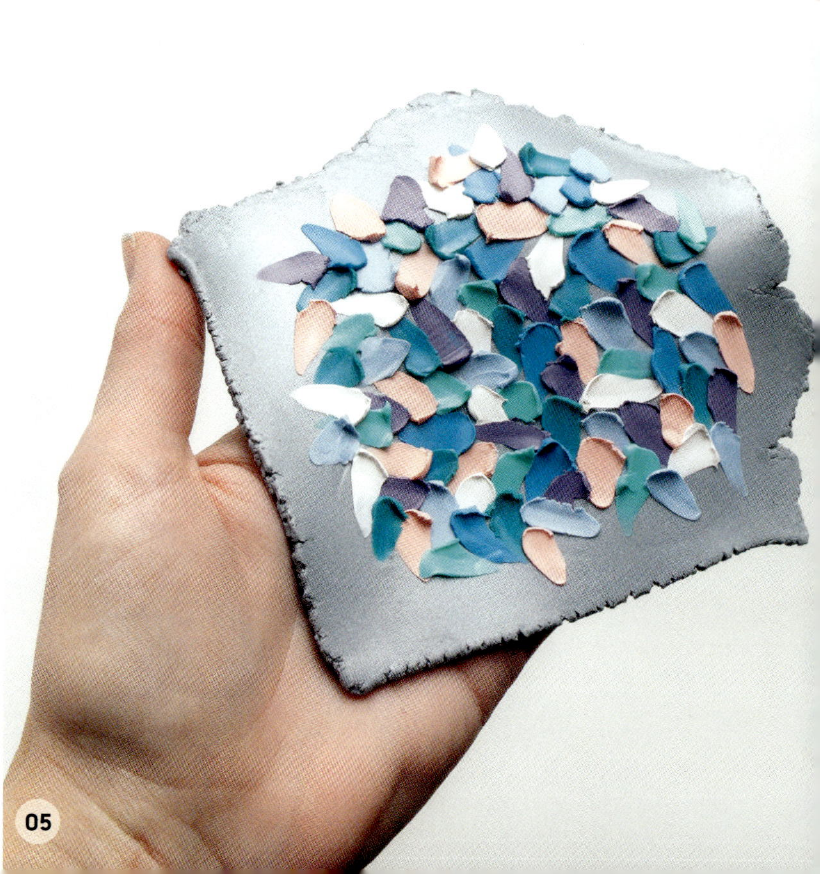

05

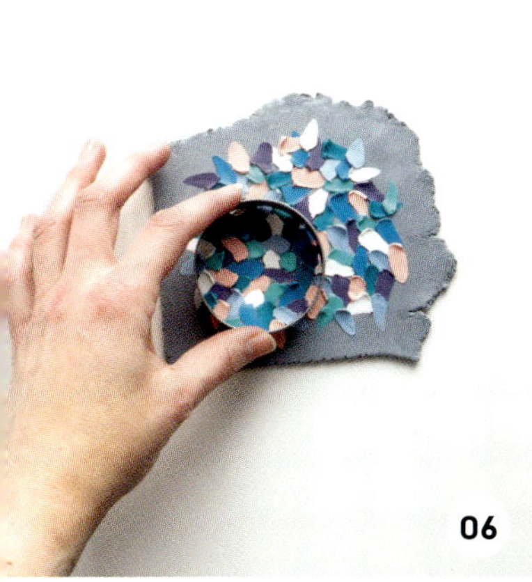

06

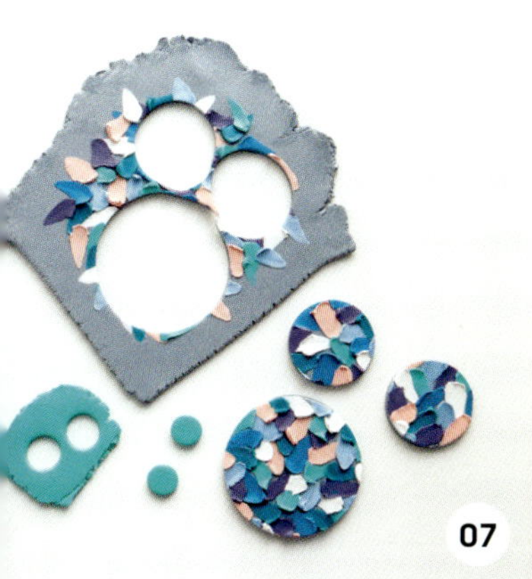

07

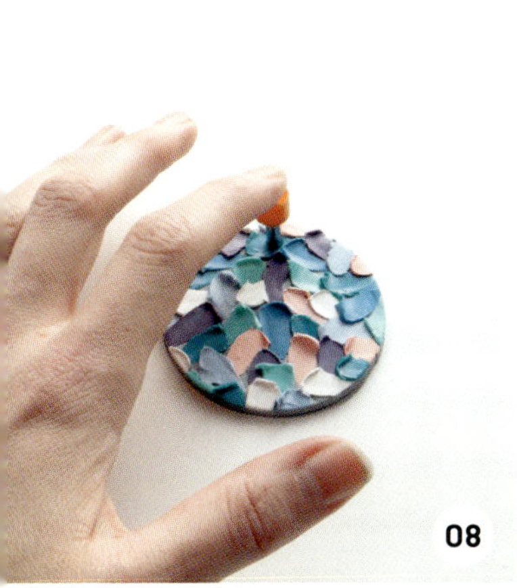

08

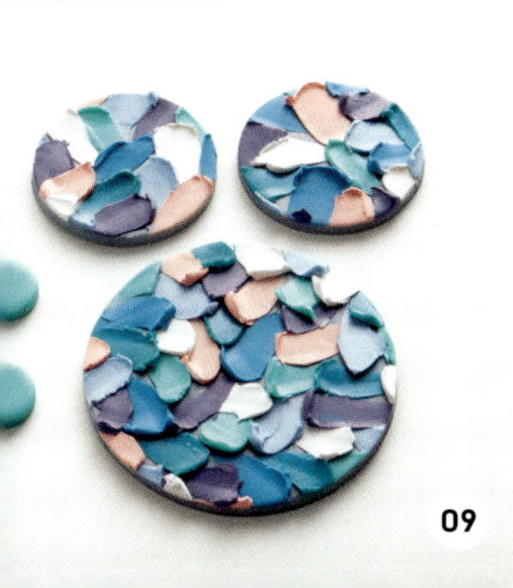

09

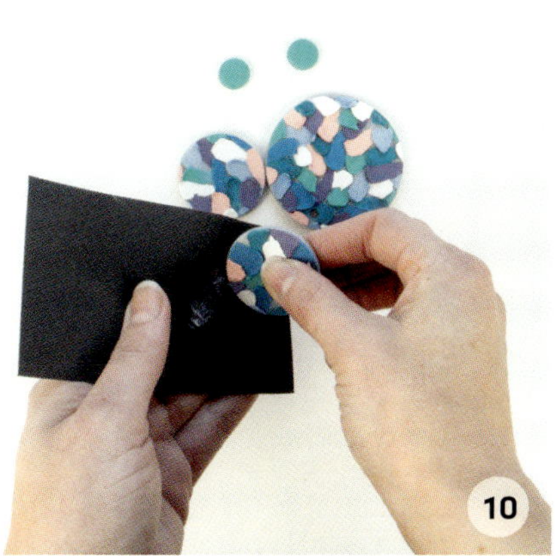

10

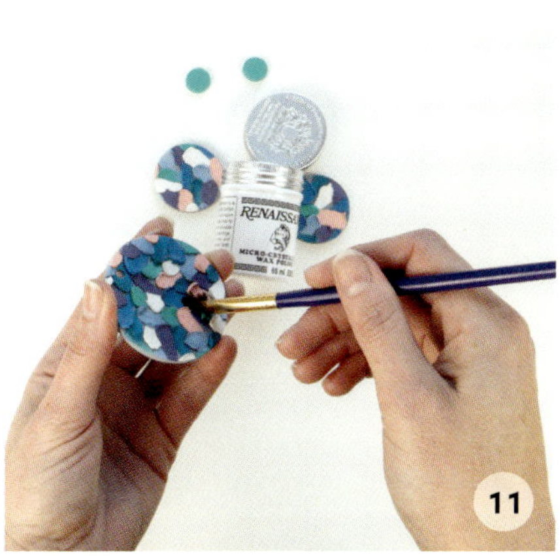

11

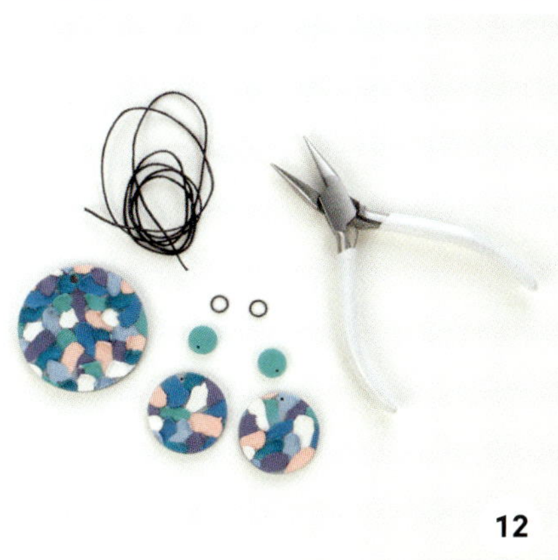

12

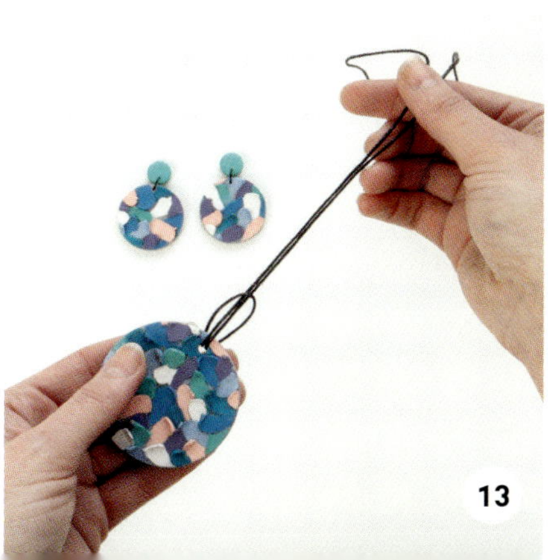

13

10 Die Kanten der gehärteten Stücke schleifen (siehe Arbeitstechniken – Schleifen).

11 Soll die Oberfläche matt glänzen, können Sie mit einem sauberen Pinsel noch etwas Renaissance Wachs oder Vaseline auftragen.

12 Nun Löcher für die Biegeringe in die einzelnen Ohrringteile bohren und die Ohrringe dann zusammensetzen (siehe Grundlagen: Schmuckherstellung – Techniken zur Schmuckherstellung).

13 Eine Kordel zusammenfalten, das gefaltete Ende durch das Loch im Anhänger ziehen und zu einer Schlaufe weiten. Die beiden losen Enden durch die Schlaufe fädeln, festziehen und mit einem Slipknoten schließen (siehe Grundlagen: Schmuckherstellung – Techniken zur Schmuckherstellung).

EINLEGETECHNIK

Mit dieser Technik lassen sich Texturen in Modelliermasse sehr schön hervorheben. Je nach verwendetem Strukturwerkzeug und Einlage oder Füllmasse kann das Muster detailliert und filigran oder auch von gröberer Struktur und eher im Mosaikstil sein.

MATERIALLISTE

- Modelliermasse Ihrer Wahl
- flüssige Modelliermasse (transluzent oder durchsichtig)
- Werkzeuge für Struktureffekte Ihrer Wahl
- Feuchttücher und Reinigungsalkohol
- Grundausstattung (siehe Grundlagen: Modelliermasse – Arbeitsplatz und Ausstattung)

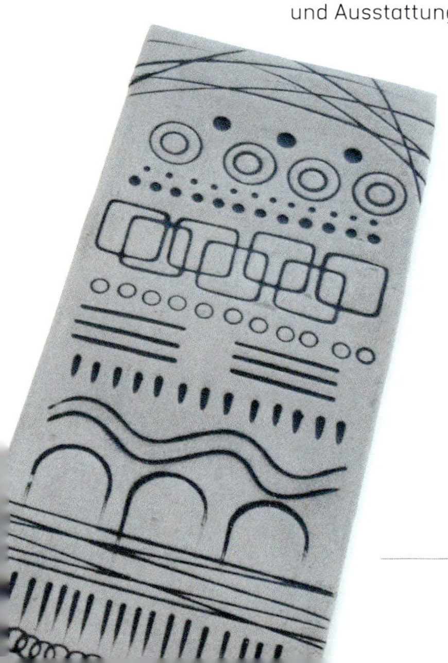

Anhand einer Musterplatte lässt sich diese Technik prima üben – einfach alle Werkzeuge ausprobieren, die gerade zur Hand sind. Beim nächsten Mal könnten Sie dann andere Farbkombinationen ausprobieren, bereits verzierten Platten noch Einlagen hinzufügen usw.

01 Die Modelliermasse gut durchkneten (siehe Grundlagen: Modelliermasse – Kneten) und etwa 3 mm dick ausrollen. Mit einer Klinge eine Musterplatte auf die gewünschte Größe zuschneiden und Werkzeuge zum Strukturieren bereitlegen. Ich habe hier Klinge, Ausstecher, Lochstanzer, Prägestifte und eine Nadel verwendet.

02 Mit der stumpfen Kante der Klinge drücke ich hier einige gekrümmte Linien in die Platte. Achten Sie darauf, dass der Abdruck zwar tief ist, aber nicht komplett durch die Platte geht.

03 Kleine Lochstanzer in verschiedenen Größen eignen sich hervorragend zum Texturieren.

04 Mit einigen einfachen Werkzeugen habe ich hier ein hübsches, dekoratives Muster geschaffen. Jetzt kann ich meine Musterplatte härten (siehe Arbeitstechniken – Härten).

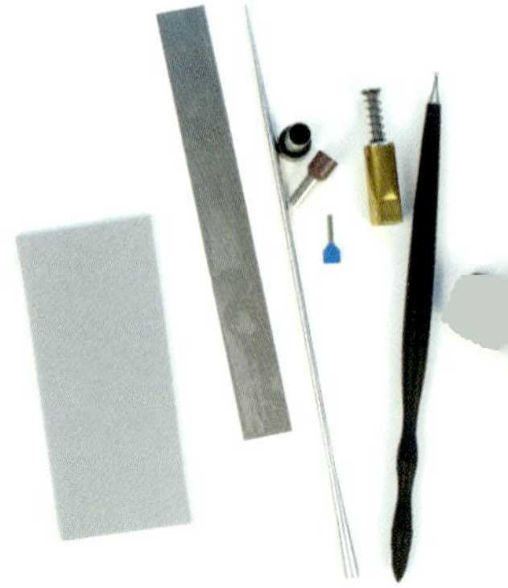

01

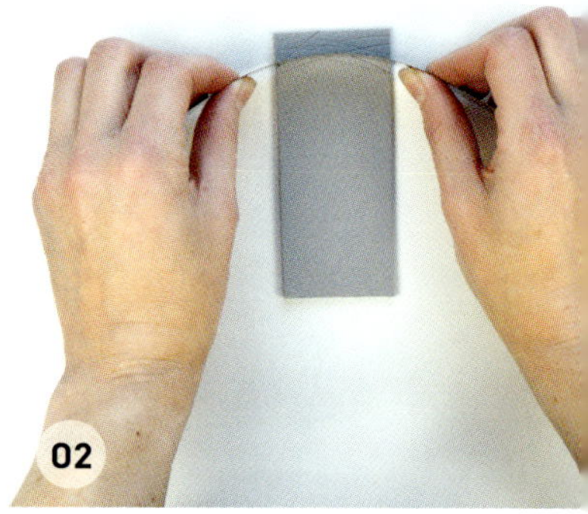

02

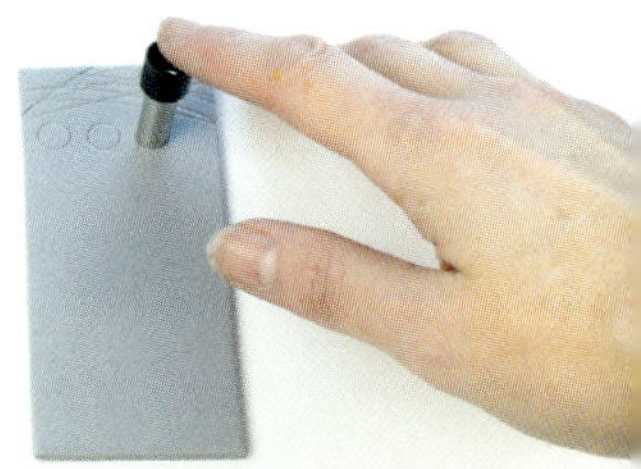

03

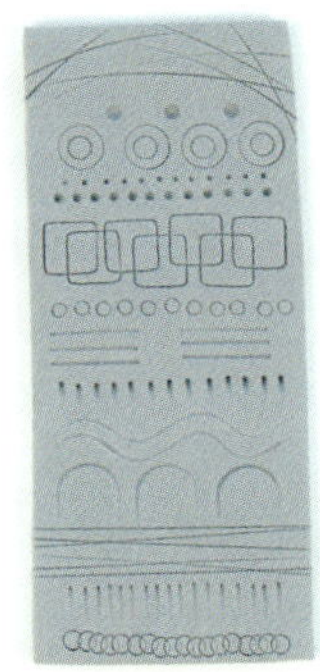

04

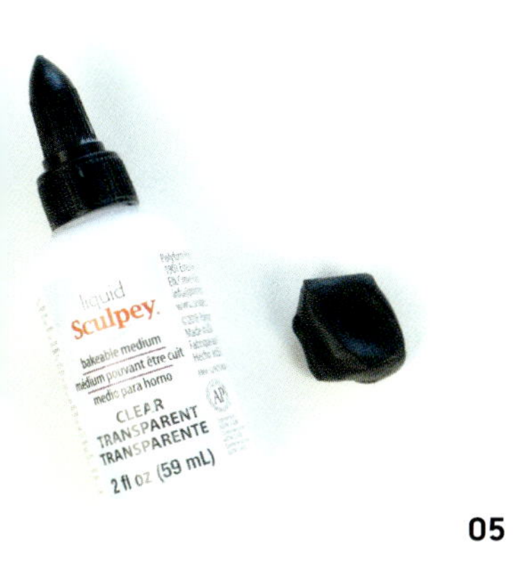

05

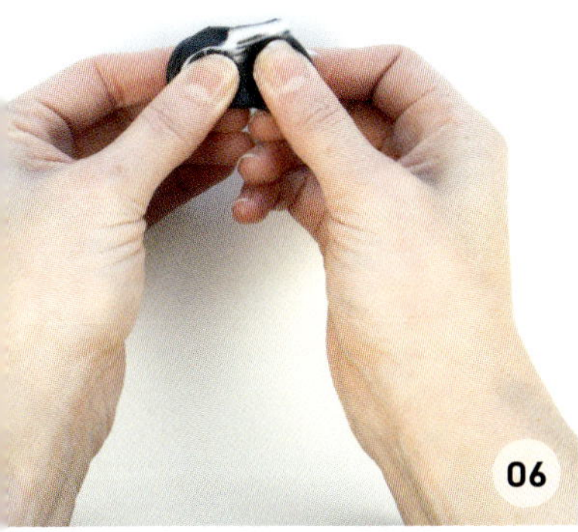

06

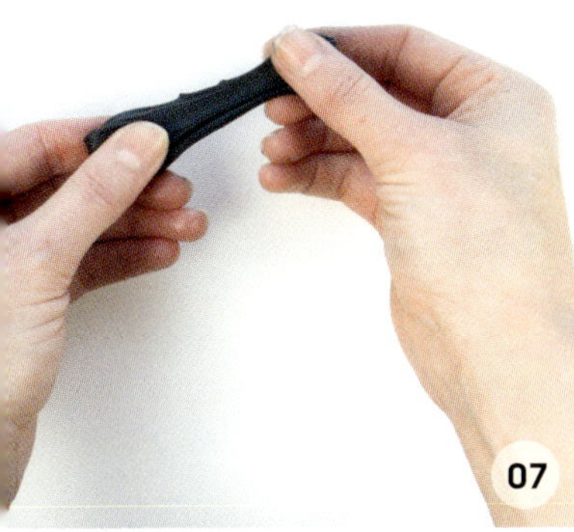

07

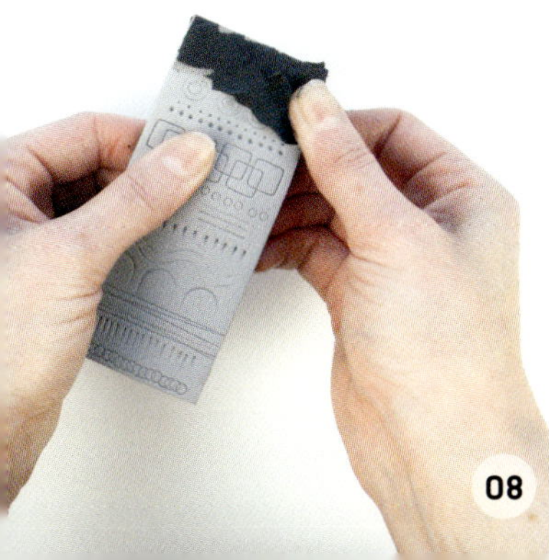

08

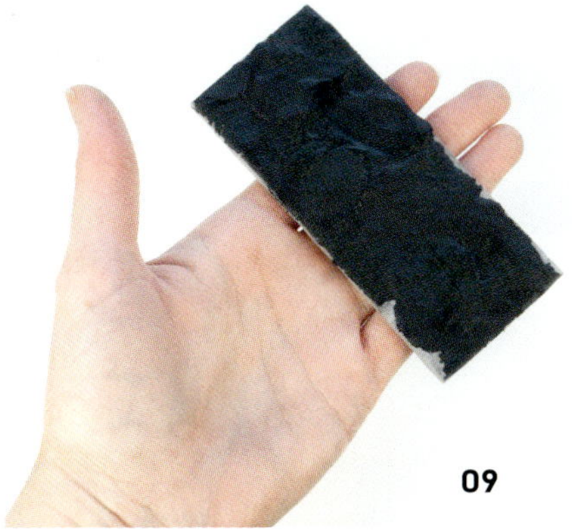

09

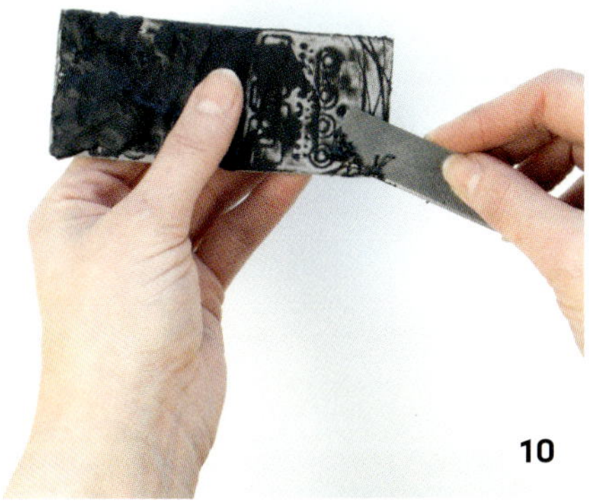

10

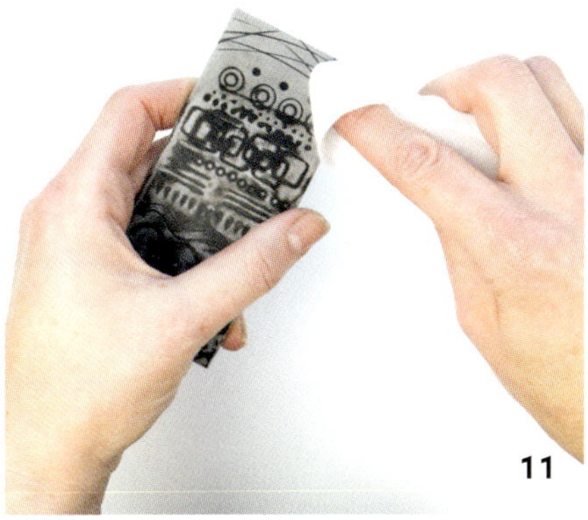

11

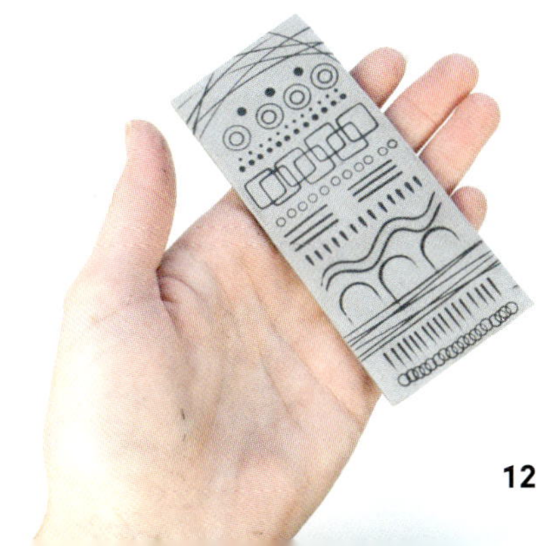

12

05 Während Ihre Musterplatte im Ofen aushärtet, können Sie aus halbtransparenter oder durchsichtiger sowie einer farbigen Modelliermasse, die mit der für die Musterplatte verwendeten kontrastiert, die Füllmasse anfertigen.

06 Ein wenig farbige Modelliermasse (ich habe hier Schwarz genommen) und etwas flüssige Modelliermasse mit den Händen miteinander verkneten.

07 Die Masse solange kneten, bis sie weich und geschmeidig ist. Soll sie weicher werden, einfach mehr flüssige Modelliermasse zugeben, soll sie fester werden, mehr feste hinzufügen.

08 Nun die Füllmasse auf die gehärtete Musterplatte aufbringen. Oben beginnend die weiche Füllmasse fest in die Vertiefungen auf der Platte drücken.

09 Sind alle texturierten Teile der Platte bedeckt, die Füllmasse noch einmal gut andrücken und dann ruhen lassen. Lässt man sie etwas abkühlen und fest werden, kann man sie später leichter entfernen.

10 Nun mit der scharfen Seite der Klinge vorsichtig die überschüssige Füllmasse abkratzen. Dabei die Klinge waagerecht halten, damit in der gehärteten Oberfläche keine Kratzer oder Kerben entstehen. So fortfahren, bis alles Überschüssige entfernt ist (die abgekratzten Reste zur Weiterverwendung aufbewahren).

11 Mit einem in Alkohol getränkten Feuchttuch vorsichtig alle Reste der Füllmasse abwischen. Dabei das Tuch waagerecht halten, damit nur die Oberfläche gesäubert und nicht die Modelliermasse aus den Rillen gerieben wird.

12 Sobald die Oberfläche sauber ist, die Musterplatte noch einmal im Ofen härten.

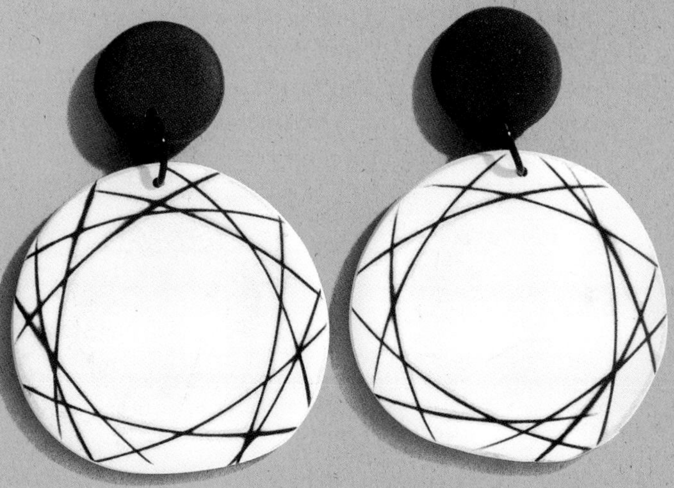

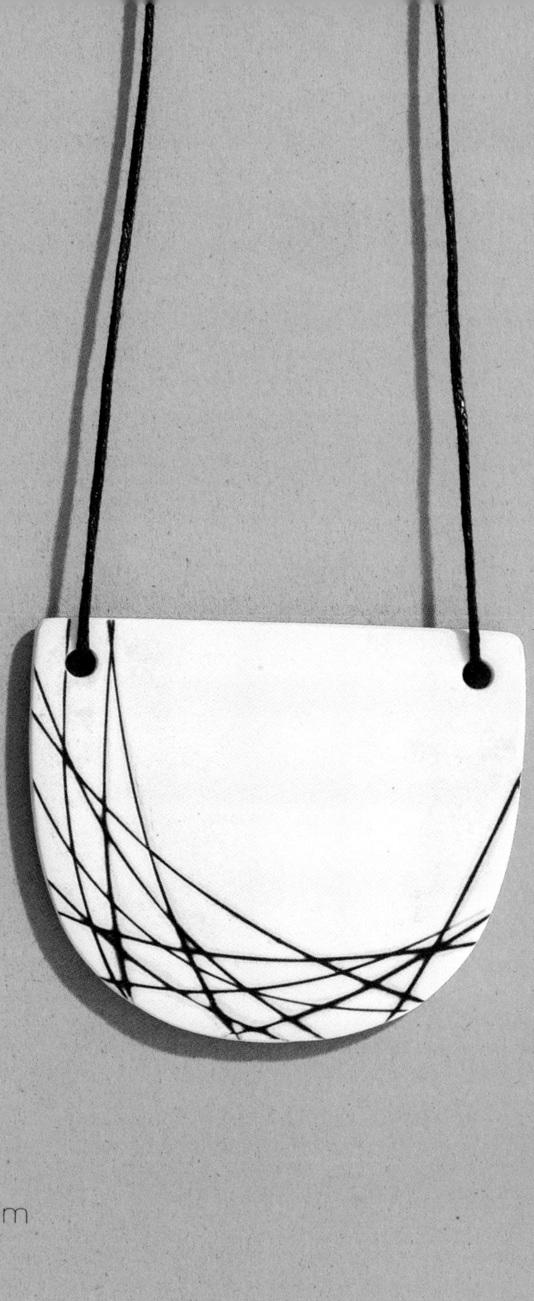

OHRRINGE UND ANHÄNGER IN SCHWARZ-WEISS-EINLEGETECHNIK

Dieses schlichte Schmuckduo ist perfekt geeignet, um sich in die Technik einzuarbeiten.

Ich liebe es, dieses Verfahren in meine Designs zu integrieren, da es so vielfältige Möglichkeiten bietet. Hier habe ich weiße Modelliermasse für die Basisplatte und schwarze für die Füllmasse gewählt, doch andere Kontrastfarben eignen sich ebenso. Experimentieren Sie einfach ein wenig mit Farbkombinationen oder wenden Sie die Einlegetechnik auf bereits gemusterten Platten an.

MATERIALLISTE

- Modelliermasse in Farben Ihrer Wahl*
- flüssige Modelliermasse (transluzent oder durchsichtig)
- Feuchttücher und Reinigungsalkohol
- Ausstecher oder Schablonen (siehe Vorlagen)
- 4-mm-Lochstanzer
- Schmuckfournituren und -zangen
- Baumwollkordel
- Renaissance Wachs oder Vaseline (optional)
- Grundausstattung (siehe Grundlagen: Modelliermasse – Arbeitsplatz und Ausstattung)

** Ich habe Sculpey Soufflé Poppy Seed und Igloo verwendet. Auch Sculpey Premo eignet sich gut.*

01 Die für Anhänger und Ohrhänger gewählte Farbe gut durchkneten und etwa 2–3 mm dick ausrollen (siehe Grundlagen: Modelliermasse). Dann die gewünschten Formen ausstechen und mit einem 4-mm-Lochstanzer an den oberen Ecken des Anhängers Löcher für die Kordel stechen.

02 Mit einer Klinge auf den Kreisen für die Ohrringe ein Muster aufbringen. Dazu die Klinge leicht biegen und dann mit der stumpfen Seite in die Modelliermasse drücken. Den Kreis immer wieder drehen, sodass den gesamten Rand entlang ein Muster entsteht.

03 Ist das Muster auf den Ohrringen fertig, können Sie zum Anhänger übergehen.

04 Beim Anhänger wird nur die gerundete Seite mit einem Muster versehen, anschließend alle texturierten Teile im Ofen härten (siehe Arbeitstechniken – Härten).

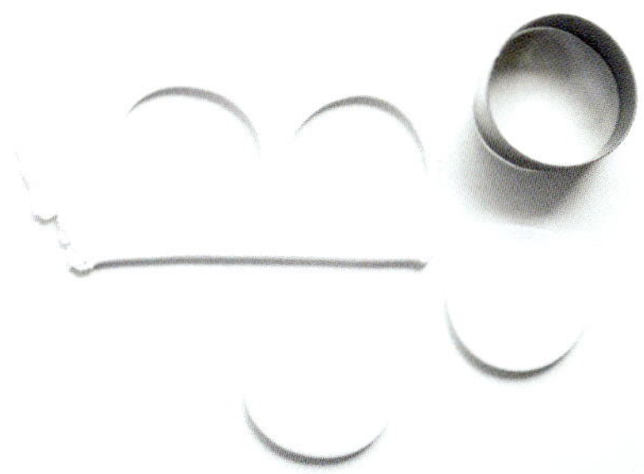

01

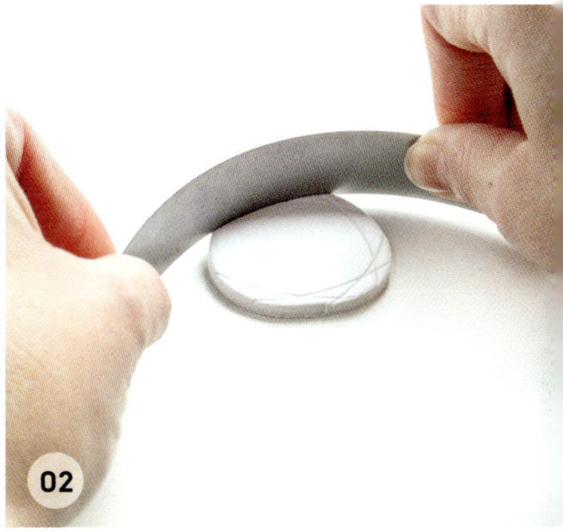

02

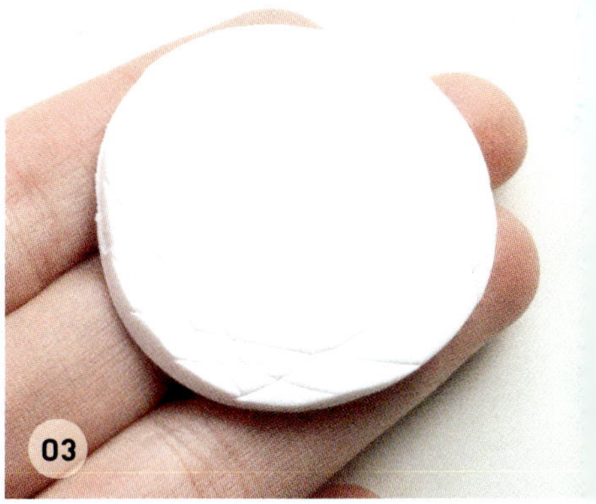

03

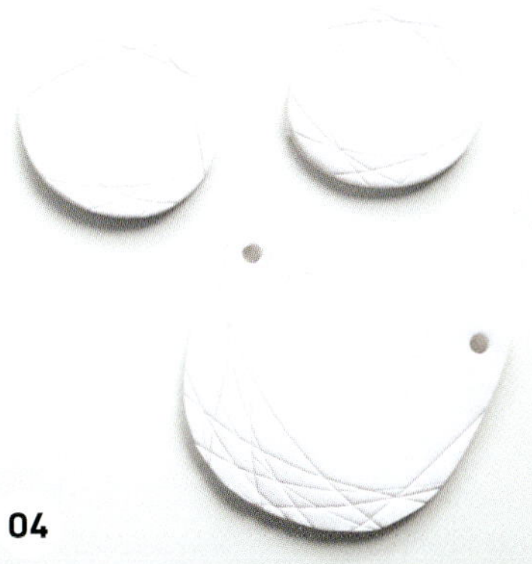

04

05 Nun die Farbe für die Füllmasse gut durchkneten. Dann ein kleines Stück 2–3 mm dick ausrollen und mit einem kleinen runden Ausstecher zwei Ohrstecker ausstechen und beiseitelegen. Die restliche farbige Modelliermasse mit etwas flüssiger vermischen und mit den Händen so lange kneten, bis sie weich und geschmeidig ist (siehe Einlegetechnik).

06 Drücken und reiben Sie die weiche Füllmasse kräftig in die Rillen der gehärteten Werkstücke.

07 Prüfen Sie, ob auch wirklich alle Vertiefungen bedeckt sind, und drücken Sie die weiche Füllmasse noch einmal gut an.

08 Die Füllmasse etwas abkühlen und fest werden lassen, dann lässt sie sich später leichter entfernen.

09 Nun mit der scharfen Seite der Klinge vorsichtig die überschüssige Füllmasse abkratzen. Dabei die Klinge waagerecht halten, damit in der gehärteten Oberfläche keine Kratzer oder Kerben entstehen.

10 Entfernen Sie so alle Reste der Füllmasse (A) von sämtlichen Stücken (B).

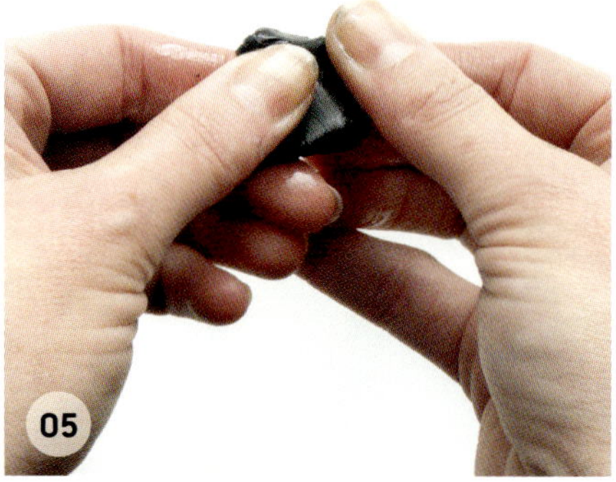

05

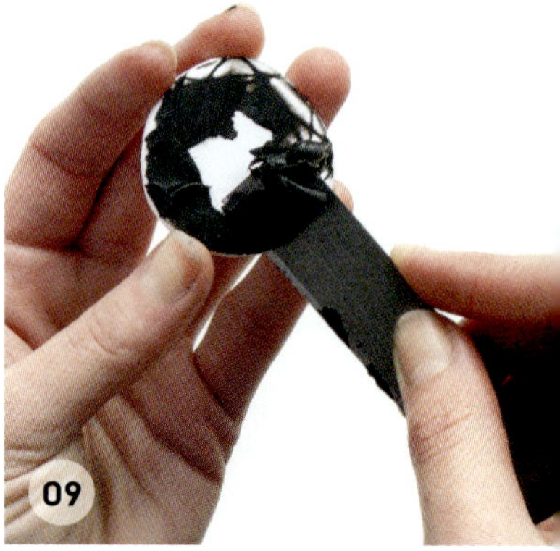

09

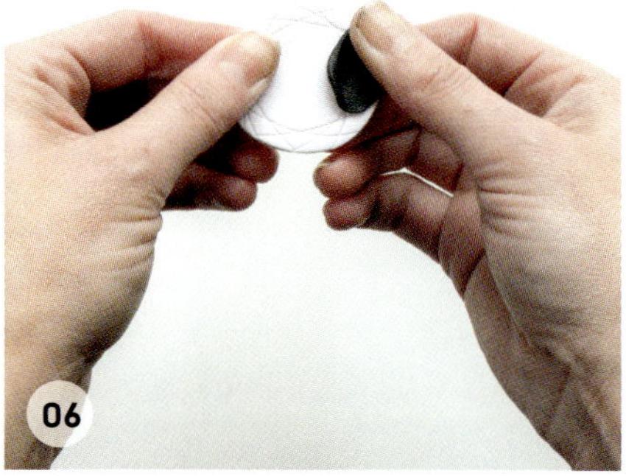

06

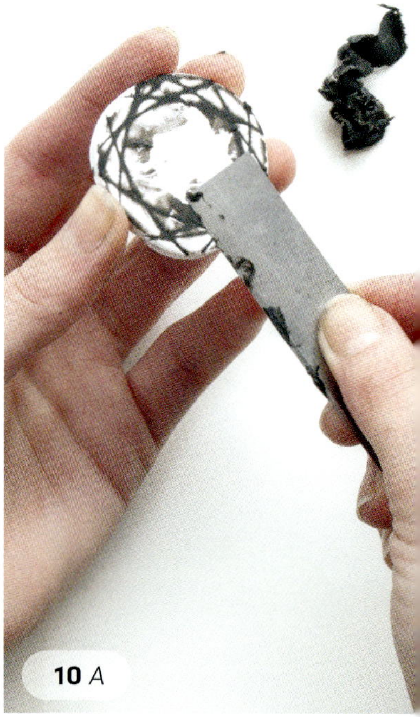

10 *A*

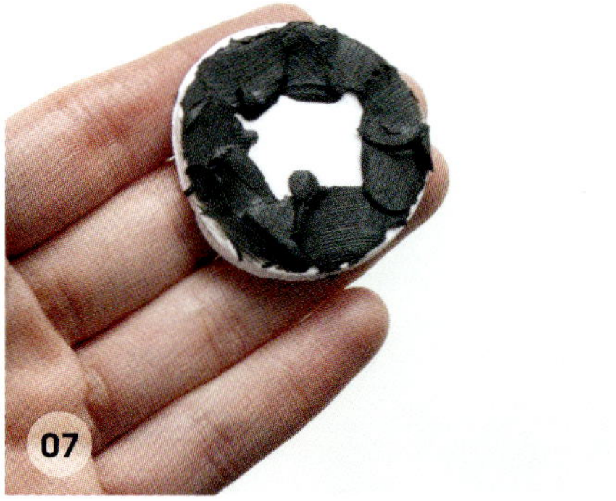

07

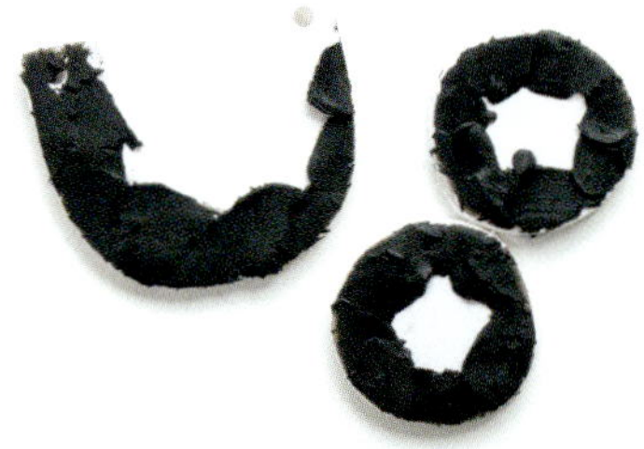

08

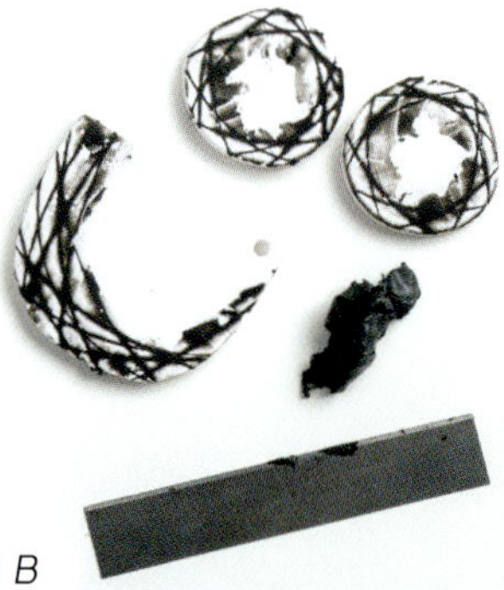

10 *B*

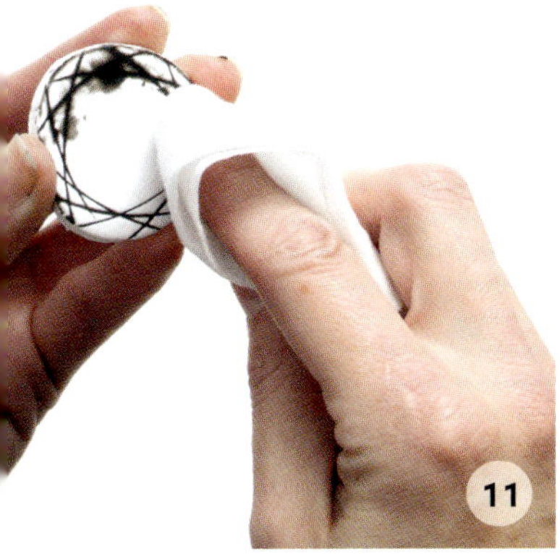
11

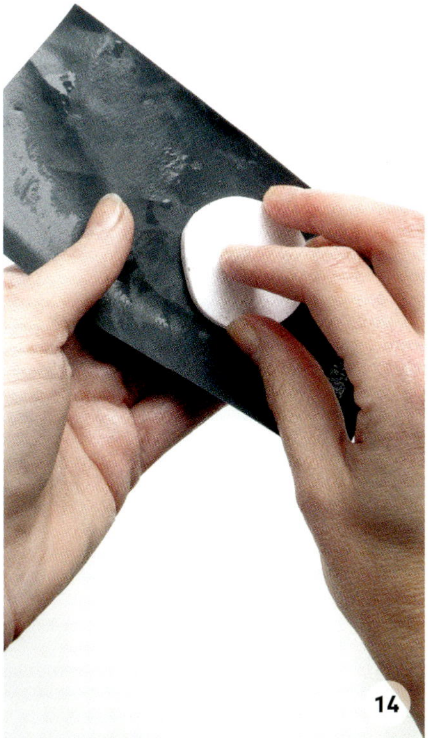
14

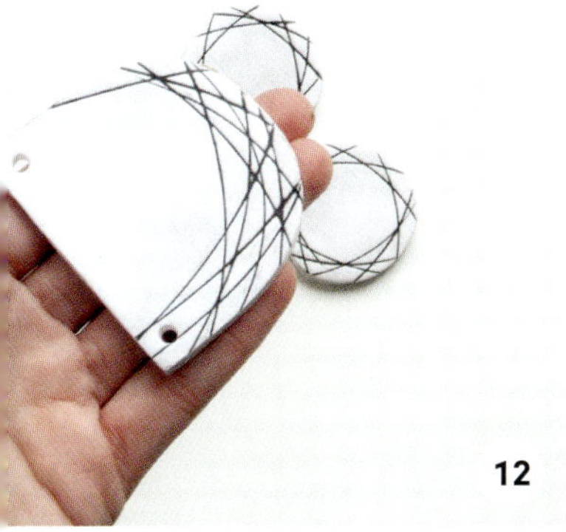
12

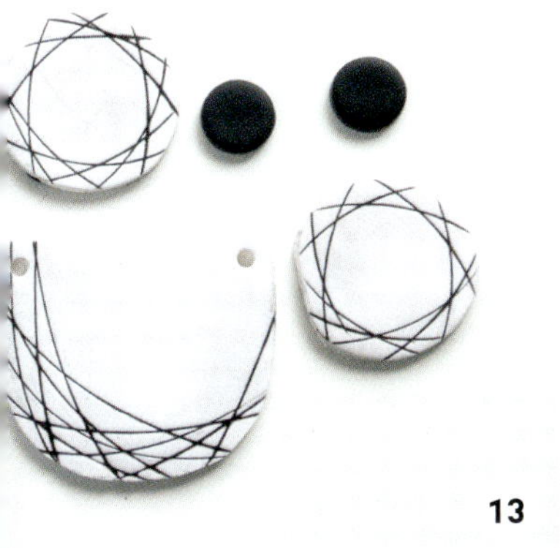
13

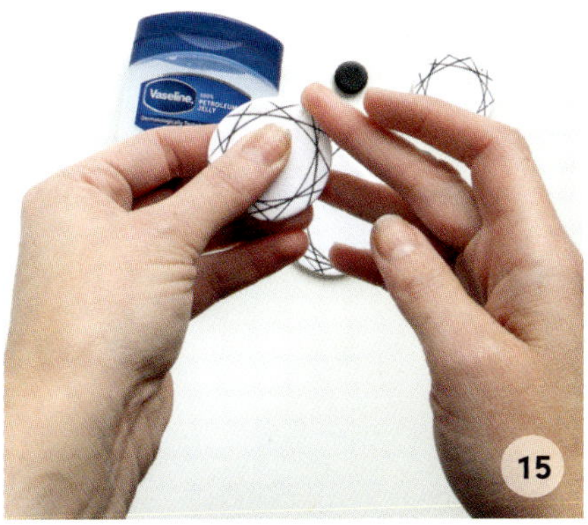

15

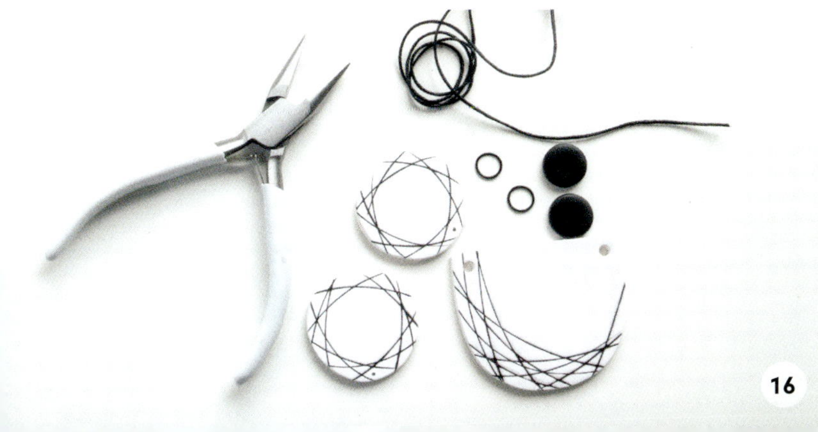
16

11 Mit einem in Alkohol getränkten Feuchttuch die Oberflächen sauber wischen. Achten Sie darauf, dass Sie dabei keine Modelliermasse aus den Rillen reiben.

12 Stellen Sie sicher, dass die Oberfläche bei allen Stücken auch richtig sauber ist.

13 Dann die verzierten Werkstücke noch einmal zusammen mit den beiseitegelegten Teilen für die Ohrstecker im Ofen härten.

14 Die gehärteten Teile mit Schleifpapier mit 400er-Körnung schleifen (siehe Arbeitstechniken – Schleifen). Etwaige Reste der Füllmasse können auch mit feinerem Schleifpapier mit 1000er-Körnung von der Oberfläche entfernt werden, am besten im Nass-Schleifverfahren.

15 Schleifspuren lassen sich durch Polieren mit Renaissance Wachs oder Vaseline beseitigen.

16 Nun noch die Löcher für die Schmuckfournituren in die Ohrringteile bohren und die Ohrringe zusammensetzen. Dann eine Kordel durch die Anhängerlöcher fädeln und mit einem Slipknoten befestigen (siehe Grundlagen: Schmuckherstellung – Techniken zur Schmuckherstellung).

MUSTERAUFTRAG MIT SIEBDRUCKVORLAGEN

Mit Siebdruckvorlagen lassen sich aufwendige und komplizierte Muster schnell und einfach auf Modelliermasse aufbringen – mit Farbe, wie hier zu sehen, aber auch mit anderen Materialien wie Pastellkreide, Mica-Pulver und anderen Pigmenten.

MATERIALLISTE

- Modelliermasse Ihrer Wahl
- Siebdruckvorlagen (ich habe „Moiko Silkscreens" verwendet)
- Spachtel
- Acrylfarbe*
- alte Kreditkarte oder steife Pappe
- flacher Behälter mit Wasser
- Grundausstattung (siehe Grundlagen: Modelliermasse – Arbeitsplatz und Ausstattung)

** Das fertige Werkstück muss eventuell versiegelt werden, damit die Acrylfarbe nicht zerkratzt. Man kann auch mit Heatset-Farben, die beim Härten im Ofen durch Hitze fixiert werden, experimentieren.*

01 Die gewählte Modelliermasse gut durchkneten (siehe Grundlagen: Modelliermasse – Kneten) und ausrollen – wie dick, bleibt Ihnen überlassen. Prüfen Sie, ob Ihre Siebdruckvorlage in den flachen Behälter passt; falls ja, den Behälter mit Wasser füllen und bereitstellen.

02 Siebdruckvorlagen gibt es in vielen Designs (siehe Anbieter). Ich nutze eine maßgefertigte Vorlage mit feiner Fadenzahl, die sich sehr gut für Acrylfarbe eignet.

03 Legen Sie die Siebdruckvorlage auf die rohe Modelliermasse und achten Sie darauf, dass die richtige Seite unten liegt (siehe Angaben des Herstellers). Sanft mit den Fingern über die Vorlage reiben, damit diese auf der Modelliermasse haften bleibt.

04 Mit einem Spachtel etwas Farbe am oberen Rand der Siebdruckvorlage verteilen.

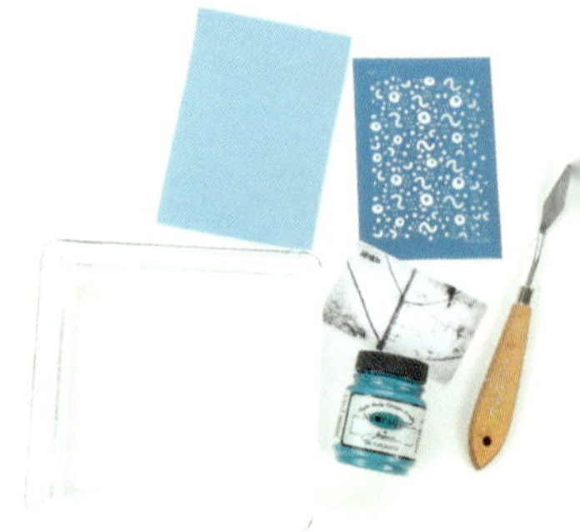

01

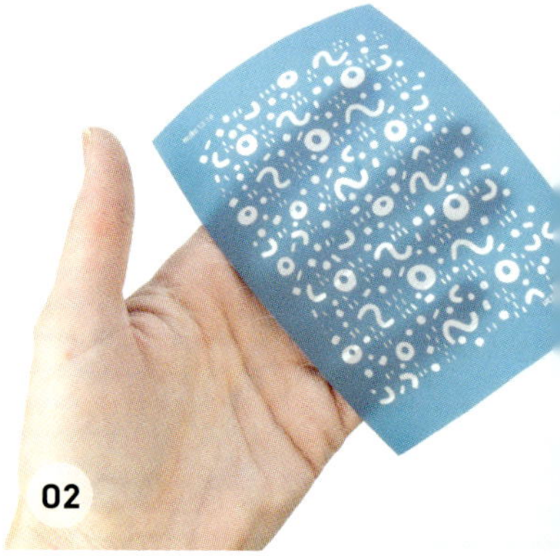

02

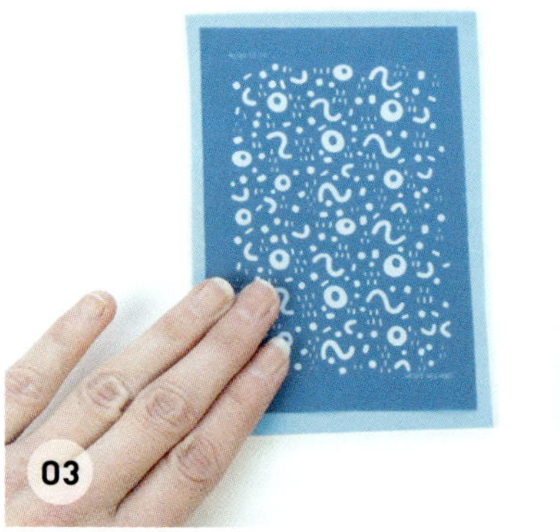

03

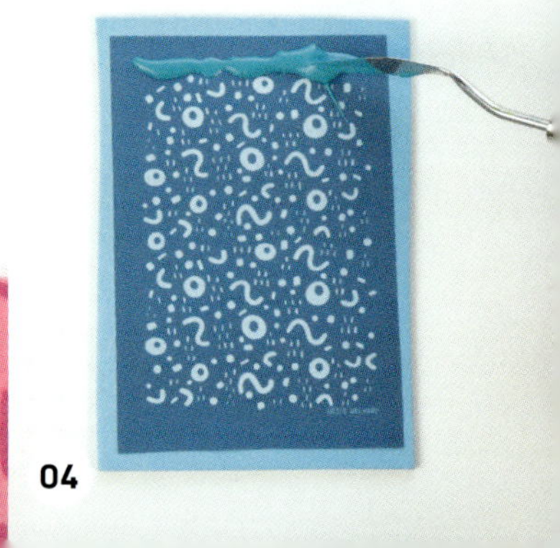

04

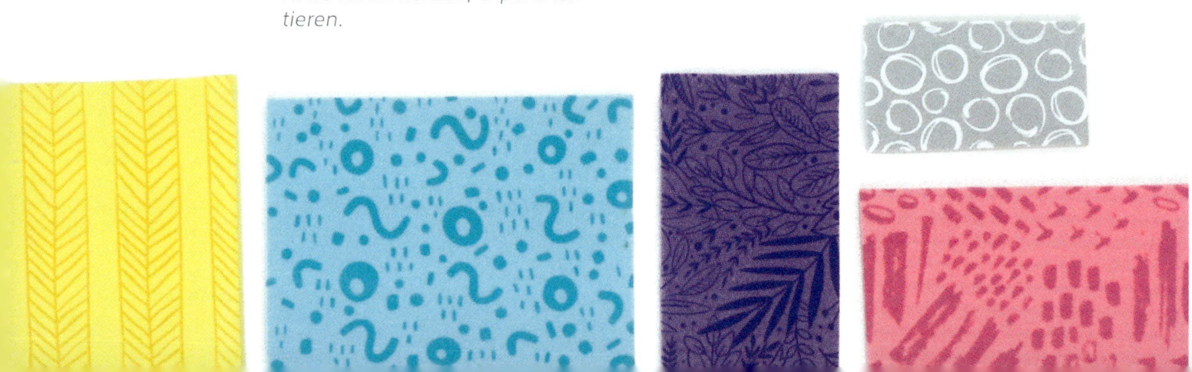

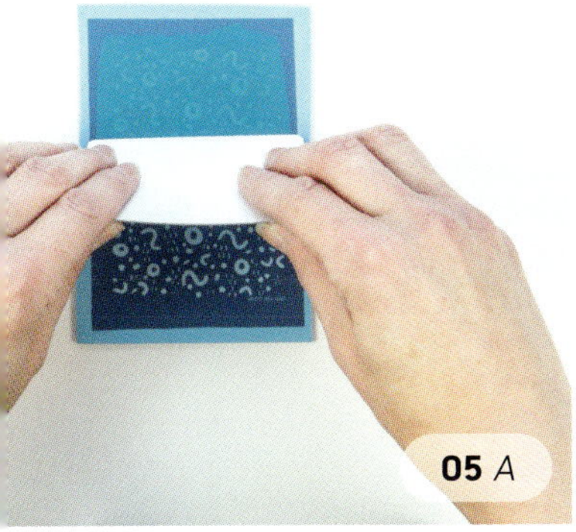

05 *A*

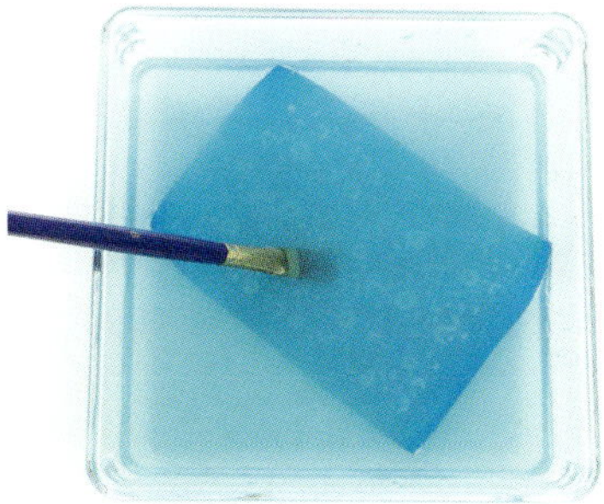

07

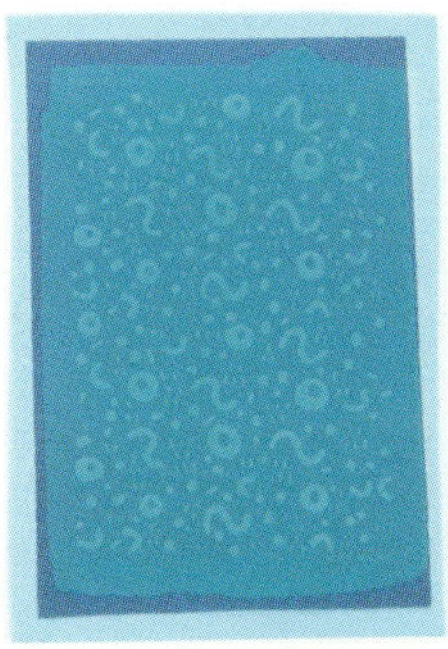

05 *B*

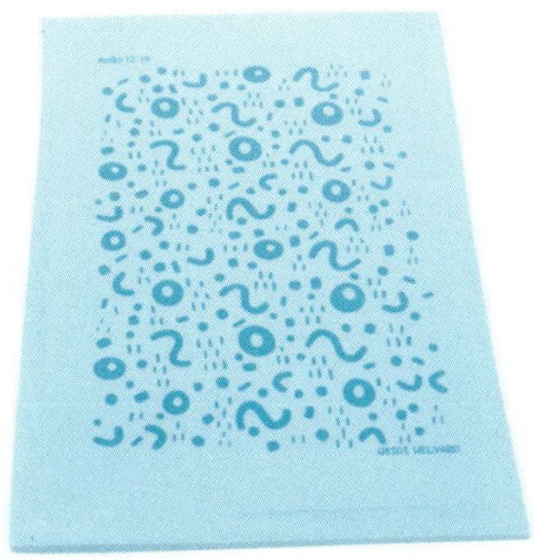

08

05 Mit einem Plastikschaber (ideal ist eine alte Kreditkarte) oder einem Stück steifer Pappe die Farbe über die ganze Siebdruckvorlage ziehen (A); falls nötig wiederholen, bis sie vollständig bedeckt ist (B).

06 Vorsichtig die Vorlage ein wenig abziehen und prüfen, ob genug Farbe aufgetragen wurde – falls nicht, die Vorlage wieder auflegen und die Schritte 4–6 wiederholen, falls ja, die Vorlage abziehen.

07 Die Siebdruckvorlage sofort in den Wasserbehälter legen, denn die Farbe trocknet ein, wenn sie nicht gleich entfernt wird, und dann ist die Vorlage ruiniert. Ich verwende zur Reinigung einen Pinsel oder kleinen Schwamm.

08 Die fertig bedruckte Platte. Bevor man sie weiterverarbeitet, sollte die Farbe komplett trocknen – der unbedruckte Rand kann aber schon zurechtschnitten werden.

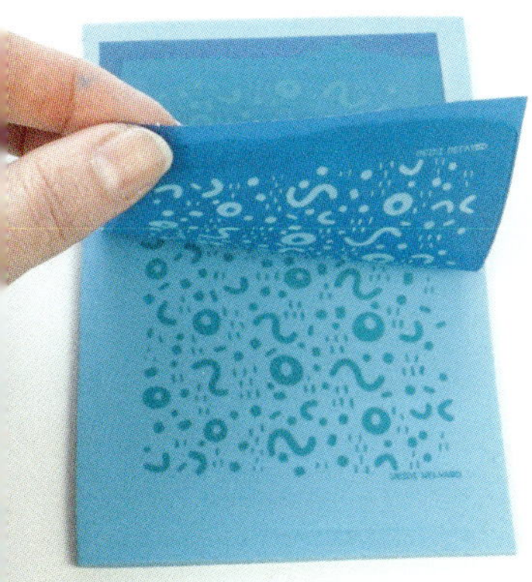

06

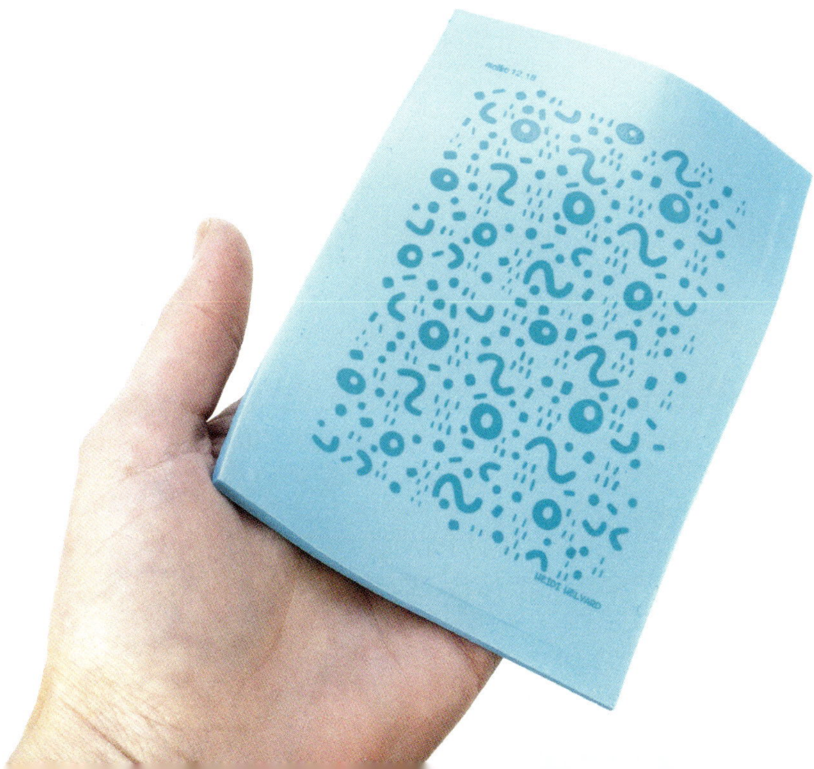

ANHÄNGER MIT MUSTER-MIX

Bei der Herstellung dieses hübsch verzierten Anhängers haben Sie jede Menge Gelegenheit, den Siebdruck-Farbauftrag auf Modelliermasse zu üben, da hier mit dem Kombinieren von Mustern und Farben experimentiert wird. Auch wenn es kompliziert aussieht, ist das Verfahren ganz simpel: Aus einer größeren, bedruckten Platte werden einzelne Kreise ausgestochen, dann in die Löcher gleich große Kreise aus kleineren, anders bedruckten Platten eingesetzt. Aus den übrig bleibenden Kreisen lassen sich kleine Ohrstecker fertigen.

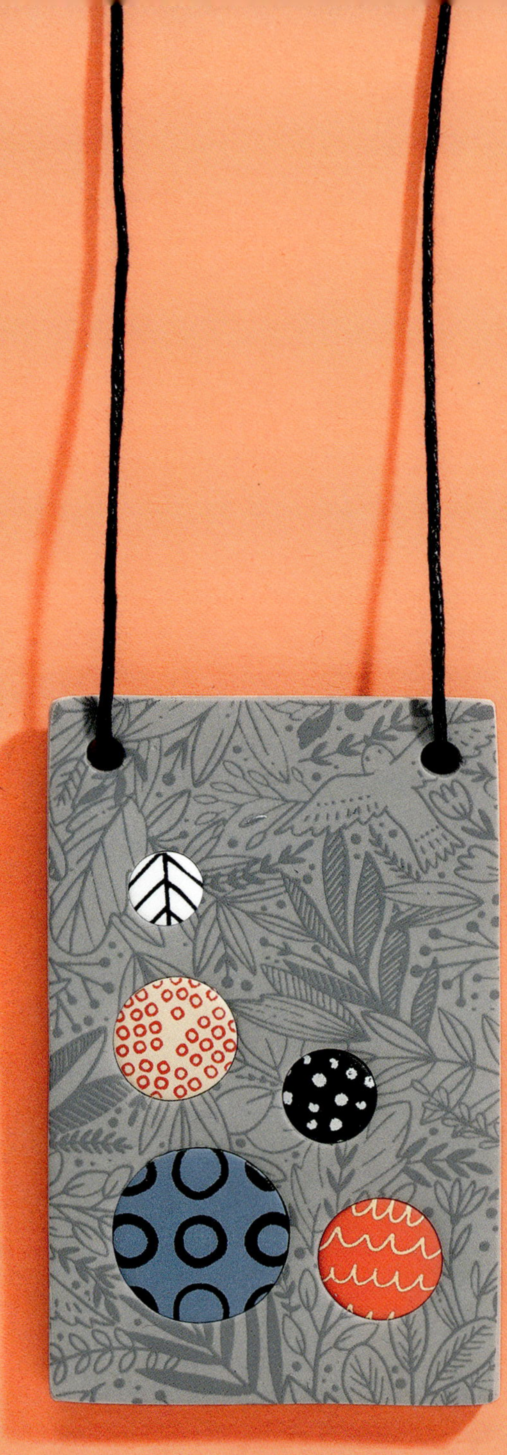

MATERIALLISTE

- Modelliermasse in sechs Farben Ihrer Wahl *
- Acrylfarbe in Farben Ihrer Wahl
- 6 Siebdruckvorlagen mit Mustern Ihrer Wahl (ich habe „Moiko-Silkscreens" verwendet)
- runder 20-mm-Ausstecher
- Lochstanzer in verschiedenen Größen: 5 mm, 8 mm, 10 mm und 15 mm
- Texturschwamm (optional)
- Baumwollkordel
- Grundausstattung (siehe Grundlagen: Modelliermasse – Arbeitsplatz und Ausstattung)

** Ich habe Sculpey Soufflé Concrete, Bluestone, Mai Tai, Igloo, Poppy Seed sowie eine speziell angefertigte Beige-Mischung verwendet.*

01 Die Modelliermassen gut durchkneten (siehe Grundlagen: Modelliermasse – Kneten), dann alle Teile etwa 3 mm dick ausrollen. Die einzelnen Teile wie in der Siebdruck-Einführung beschrieben mit Mustern und Farben Ihrer Wahl bedrucken. Hier wird gerade das Muster für die Anhänger-Platte aufgebracht.

02 Überprüfen Sie, ob das Muster auf der Platte gut zu erkennen ist. Falls nicht, noch etwas Farbe zugeben und den Vorgang wiederholen.

03 Insgesamt benötigen Sie sechs bedruckte Teile – ein großes für den Anhänger und fünf kleinere für die Zierelemente, die eingesetzt werden. Vor der Weiterverarbeitung die Farbe auf allen Teilen gut durchtrocknen lassen.

04 Aus dem größten bedruckten Teil den Anhänger ausschneiden (siehe Vorlagen), auf eine Kachel legen und mit einem Acrylroller oder den Fingerkuppen leicht andrücken. Mit dem 5-mm-Lochstanzer in den oberen Ecken die Löcher für die Baumwollkordel ausstechen.

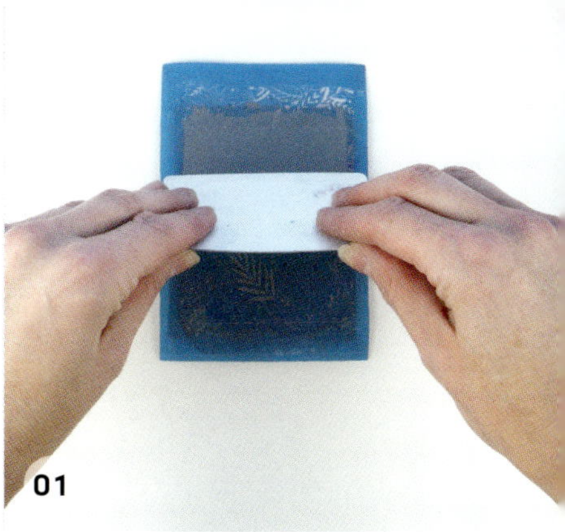

01

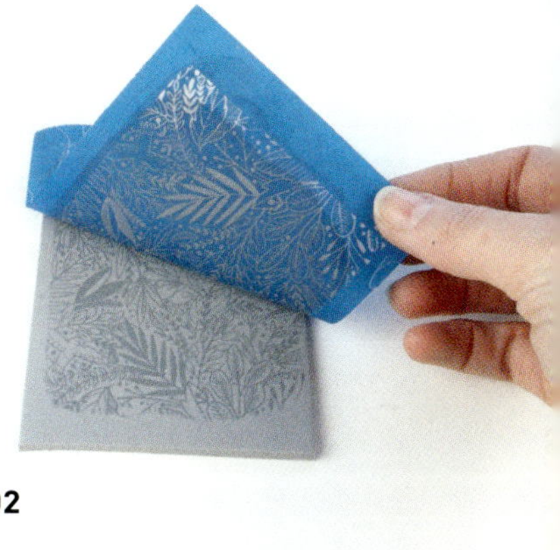

02

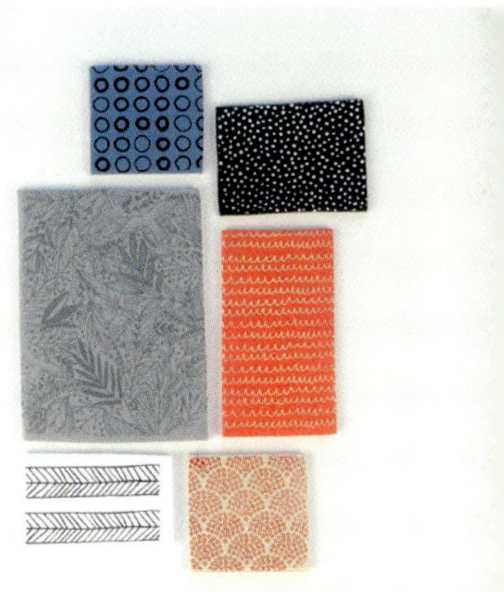

03

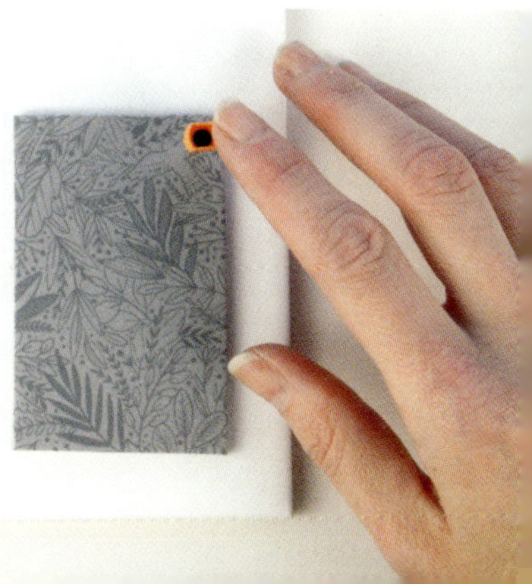

04

05 Nun zu den Zierelementen. Mit einem runden 20-mm-Ausstecher am unteren Rand des Anhängers ein Loch ausstechen.

06 Klebt der Kreis an der Unterlage, heben Sie ihn vorsichtig mit der Spitze eines Cuttermessers ab.

07 Mit dem gleichen Ausstecher einen Kreis aus einer anderen bedruckten Platte ausstechen (A), diesen mit einer Klinge vorsichtig von der Arbeitsplatte abheben, damit er sich nicht verzieht, und in das entsprechende Loch im Anhänger einsetzen (B).

08 Nun mit einem 15-mm-Lochstanzer aus dem Anhänger neben dem ersten ein zweites Loch ausstechen und in dieses einen gleich großen Kreis aus einer weiteren Platte einsetzen.

09 Mit dem gleichen Ausstanzer noch ein Loch im Anhänger ausstechen (direkt oberhalb des größeren Kreises) und einen gleich großen Kreis aus einer anderen Platte einfügen. Bleiben zwischen Anhänger und eingesetzten Kreisen kleine Lücken, können diese später geschlossen werden.

10 Nun mit einem 10-mm-Lochstanzer ein Loch zwischen den beiden 15 mm großen Kreisen ausstechen und dieses ebenfalls mit einem gleich großen Kreis aus einer anderen Platte füllen.

11 Dann mit einem 8-mm-Lochstanzer das letzte Loch ausstechen und in dieses einen Kreis aus der letzten Platte einsetzen.

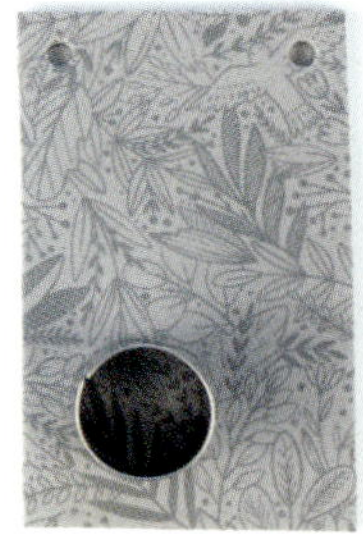

05

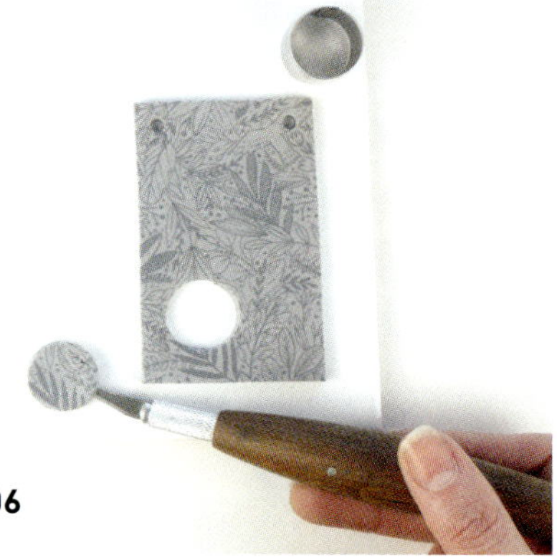

06

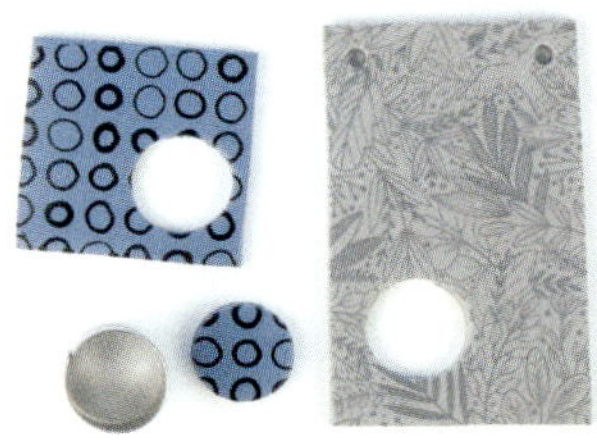

07 *A*

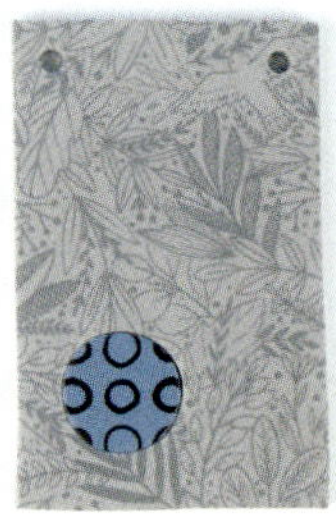

07 *B*

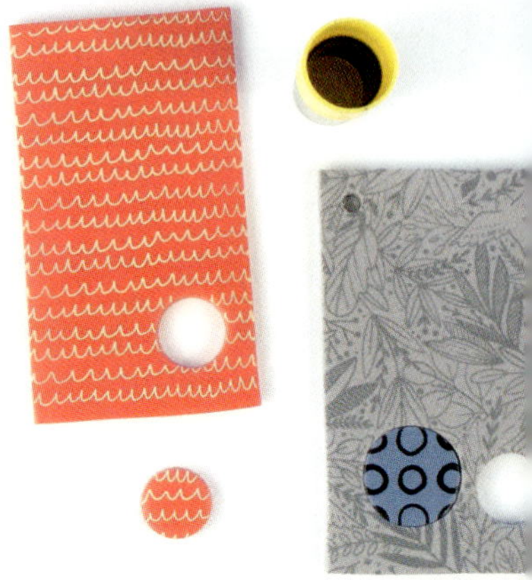

08

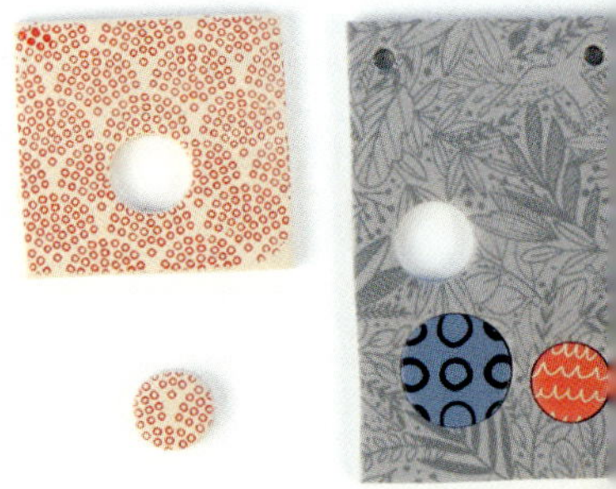

09

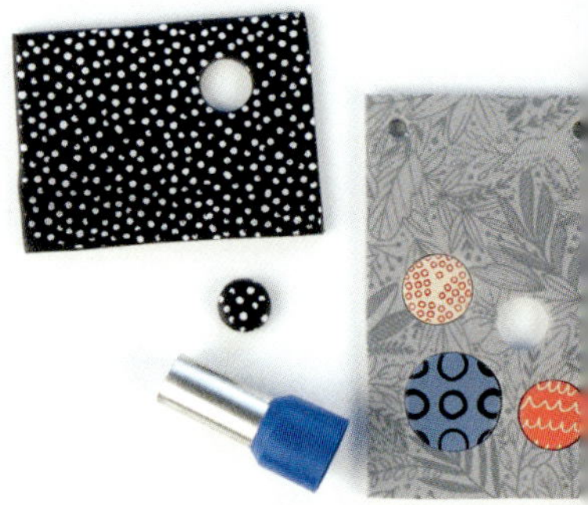

10

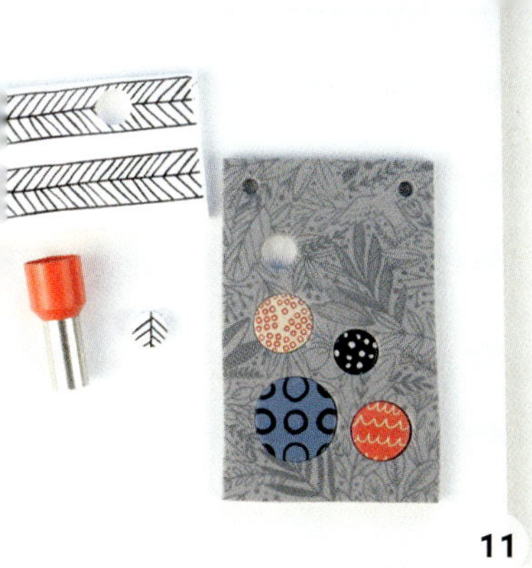

11

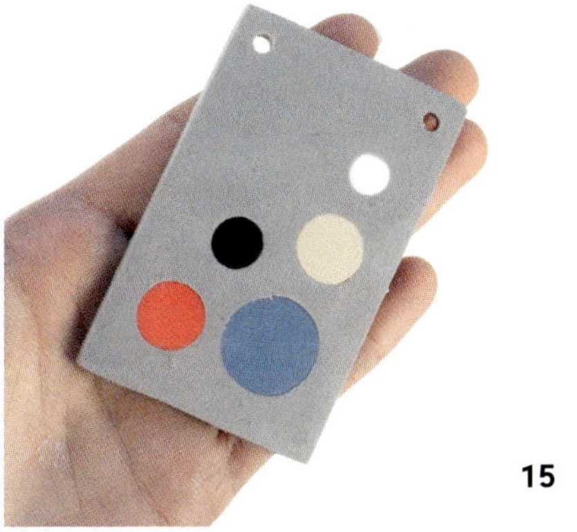

15

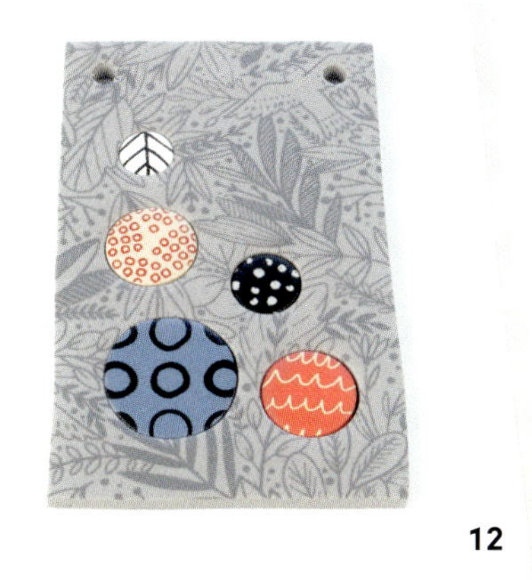

12

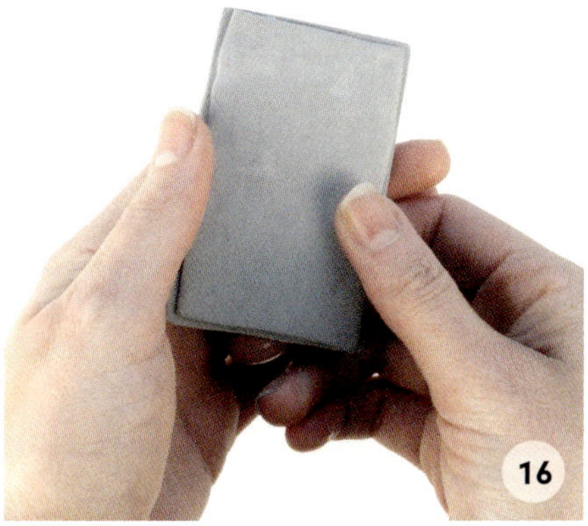

16

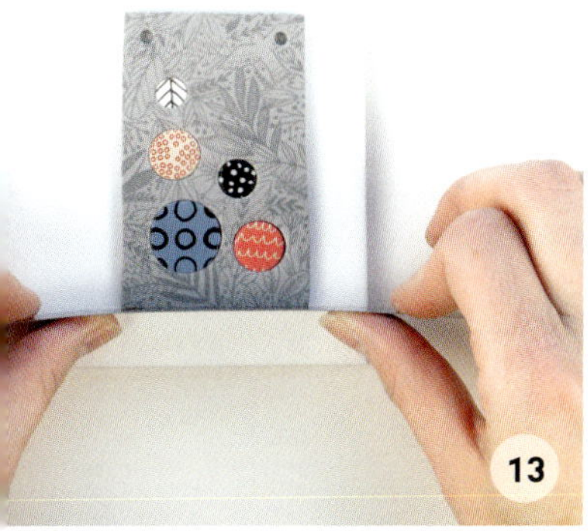

13

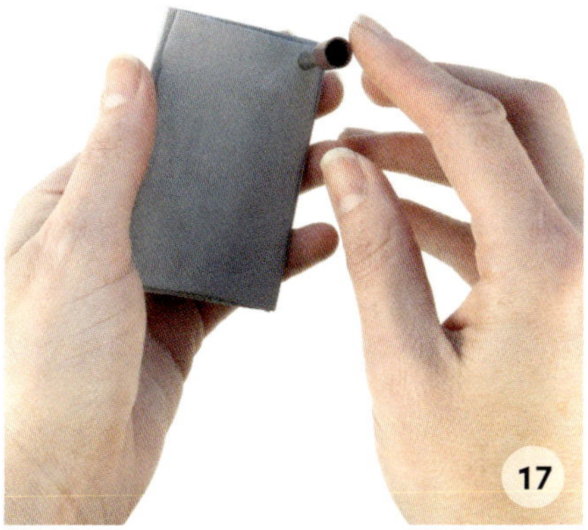

17

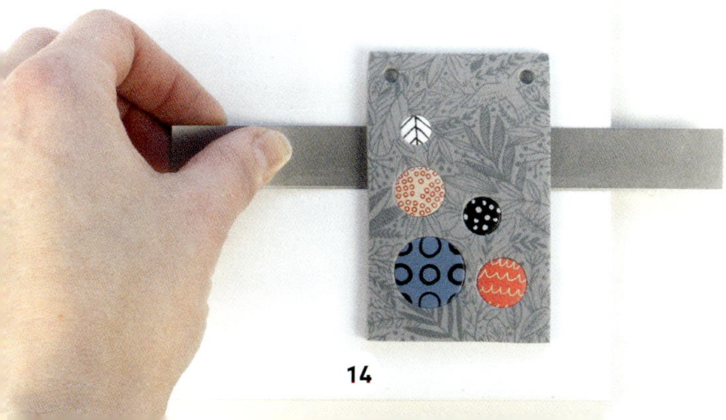

14

12 Alle fünf Kreise sind nun in den Anhänger eingepasst. Jetzt müssen noch die kleinen Lücken zwischen den eingesetzten Kreisen und den Stanzlöchern geschlossen werden.

13 Dazu mit einer Klinge alle Seiten des Anhängers vorsichtig nach innen drücken, bis die Lücken geschlossen sind.

14 Mit der Klinge nun das gesamte Werkstück von der Arbeitsfläche abheben und zum Ofenhärten auf ein Stück Papier legen (siehe Arbeitstechniken – Härten).

15 Nach dem Härten können die Kanten des Anhängers, falls erforderlich, noch geschliffen werden (siehe Arbeitstechniken – Schleifen). In diesem Stadium sieht die Rückseite des Anhängers so aus. Wenn Sie möchten, können Sie sie so belassen, da die eingesetzten Elemente gut an der Platte anhaften.

16 Sie können die Rückseite aber auch verblenden – mit einem dünn ausgerollten Stück Modelliermasse in der gleichen Farbe wie der Anhänger. Etwas flüssige Modelliermasse auf der Anhängerrückseite verteilen, die Verblendung auflegen und gut andrücken. Wenn Sie möchten, können Sie diese noch mit einem Texturschwamm bearbeiten.

17 Mit einem 5-mm-Lochstanzer von hinten zwei Löcher in den Anhänger stechen. Wurde eine Verblendung aufgebracht, muss man den Anhänger nochmals härten. Abschließend eine Baumwollkordel durch die Löcher ziehen und mit einem Slipknoten befestigen (siehe Grundlagen: Schmuckherstellung – Techniken zur Schmuckherstellung).

RESTE VERWERTEN

Modelliermasse ist ein wertvolles Material, mit dem man nicht verschwenderisch umgehen sollte, deshalb ist die „Verwaltung" meiner Restesammlung ein wichtiger Bestandteil meiner Atelier-Organisation. Im Folgenden verrate ich Ihnen einige meiner liebsten Recyclingverfahren.

MATERIALLISTE

- Modelliermassereste
- Grundausstattung (siehe Grundlagen: Modelliermasse – Arbeitsplatz und Ausstattung)

Als Ausgleich für die Arbeit mit Kunststoff verwende ich für den Versand von Bestellungen übrigens ausschließlich Papierverpackungen. Genauso wichtig ist jedoch, dass ich bewusst meine – rohen wie gehärteten – Modelliermasse-Reste wiederverwende und verarbeite, damit auch nicht das kleinste Fitzelchen verschwendet wird. Zudem erhält man bei der Verarbeitung von Resten oft erstaunliche, einzigartige und unerwartete Ergebnisse.

01 Auch unansehnliche Modelliermasse-Reste sind noch verwendbar, z. B. als unsichtbarer Unterbau einer Platte oder als Verblendung. Selbst Texturmatten lassen sich aus ihnen prima herstellen (siehe Grundlagen: Modelliermasse – Arbeitsplatz und Ausstattung), man kann sie aber auch für Prototypen oder zum Ausprobieren neuer Texturwerkzeuge verwenden.

02 Aus Resten in ähnlichen Farbtönen lassen sich oft leuchtende und einzigartige neue Farben mischen. Das einzige Problem hierbei besteht darin, dass sich der tolle neue Farbton später vermutlich nicht so einfach nachmischen lässt!

03 Cane-Endstücke zählen zu den wertvollsten Resten und ich liebe es, mir immer neue und fantasievolle Verwendungsmöglichkeiten für diese detailreichen Stücke auszudenken (siehe Projekt „Cane-Reste auf zweierlei Art recyceln" oder auch „Canes rollen und schichten").

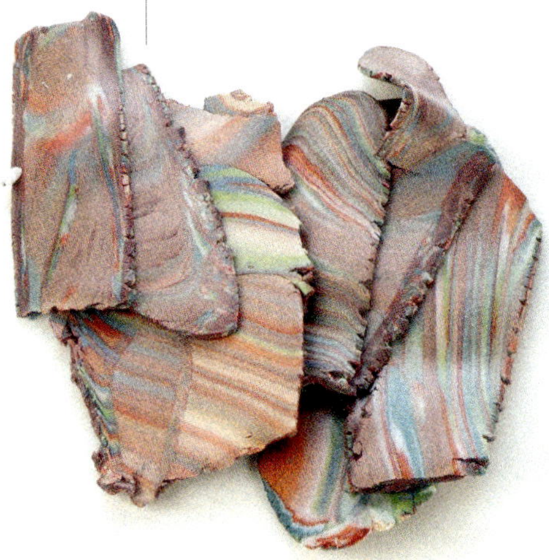

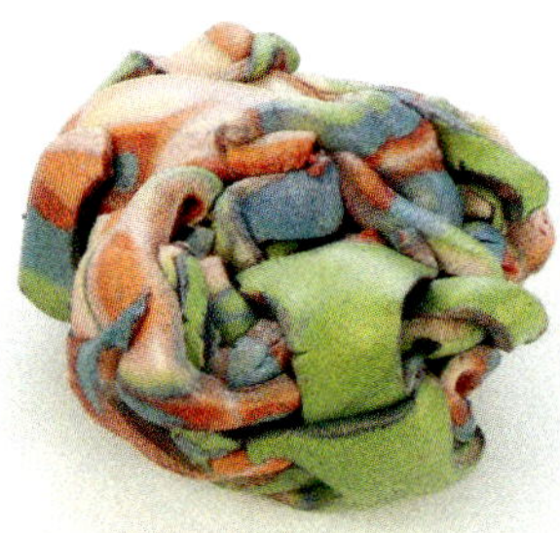

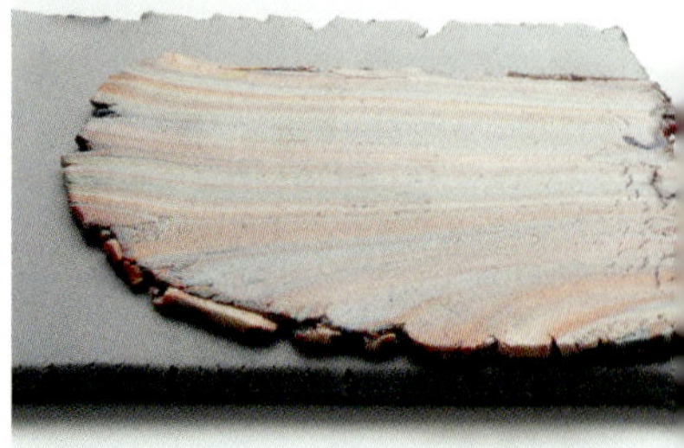

01

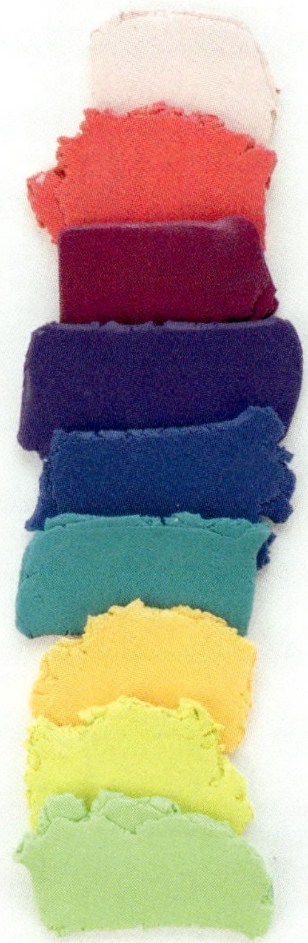

02

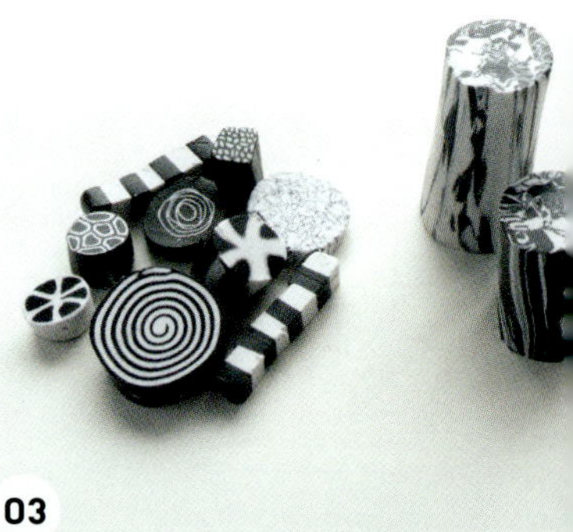

03

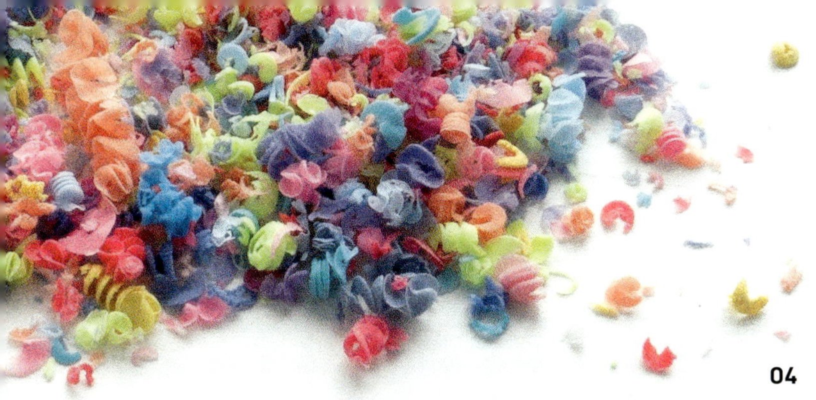

04

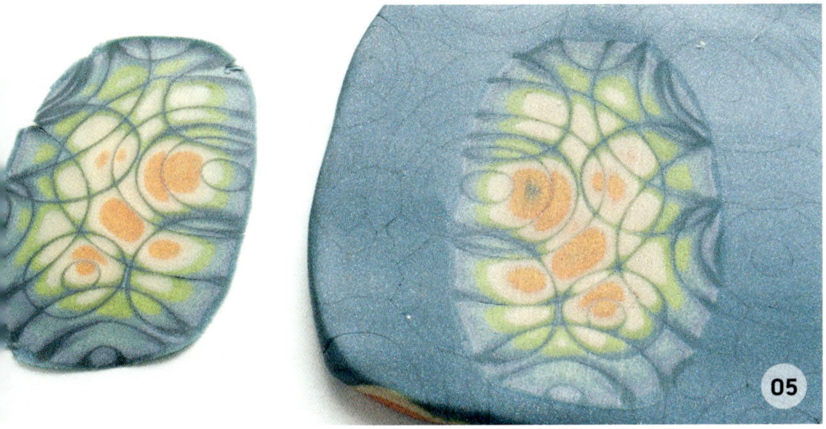

05

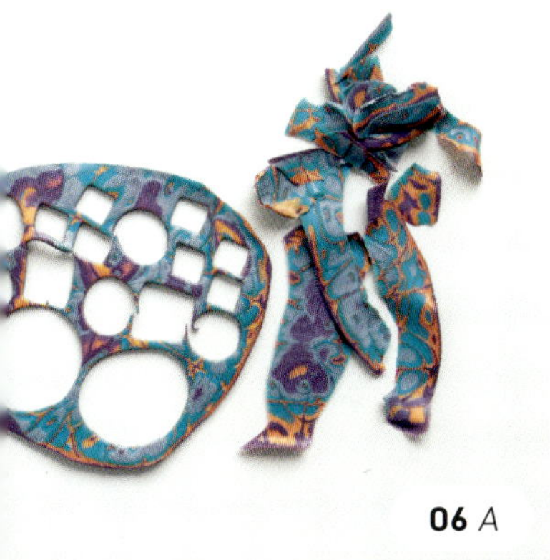

06 *A*

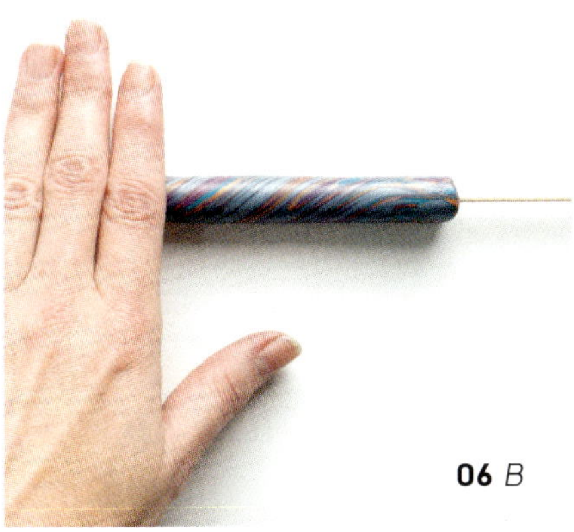

06 *B*

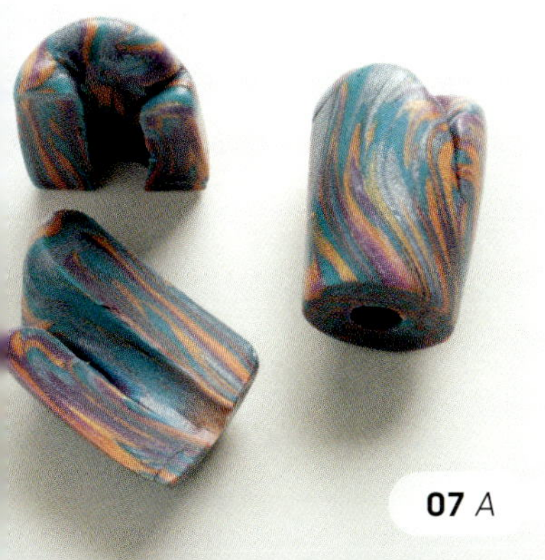

07 *A*

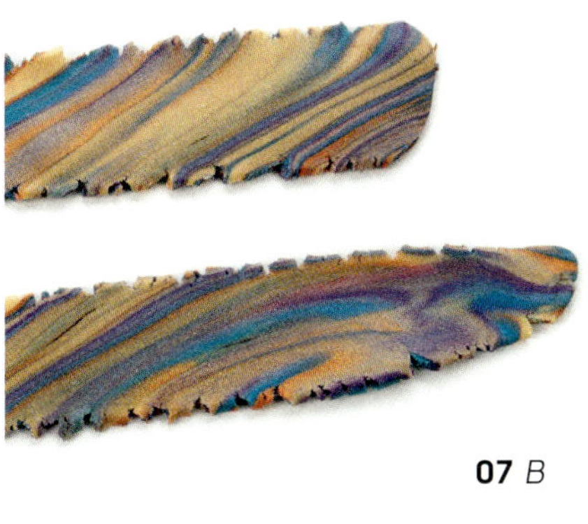

07 *B*

04 Wenn ich Löcher in meine Werkstücke bohre, hebe ich die Späne immer auf, da sich mit diesen kostbaren Farbstückchen eine ganze Palette natürlicher Steineffekte nachbilden lässt (siehe Ohrringe aus Bohrspänen).

05 Gerade bei Mokume Gane fallen wunderschöne Reste an – die Randscheibchen eignen sich z. B. gut als Zierelemente.

06 Aus größeren Resten (A) lassen sich prima Röhrenperlen mit Schrägstreifenmuster (B) fertigen (siehe Mokume Gane: Anhänger mit gestreiften Röhrenperlen).

07 Und sogar die Endstücke der recycelten Mokume-Gane-Röhrenperlen (A) können wiederverwendet werden, z. B. zu etwas ganz anderem (B) (siehe Marmor-Granit-Ohrringe).

OHRRINGE AUS BOHRSPÄNEN

Ein Großteil meiner Arbeit besteht im Recyceln von Modelliermasse-Resten, und mit diesem ressourcenschonenden Verfahren lassen sich wunderschöne, einzigartige und abwechslungsreiche Muster kreieren. Bitte werfen Sie nichts weg, auch nicht das kleinste Fitzelchen! Zudem macht es richtig Spaß, mit Resten zu experimentieren. Ich habe z. B. eine Schublade voller fehlerhaft gehärteter Stücke, in der ich herumstöbere, wenn ich aus Resten Granit in speziellen Farben herstellen möchte. Ich habe auch schon größere zerhackte Stücke gehärteter Modelliermasse unter rohe gemischt, wodurch eine sehr ausgeprägte Granitstruktur entsteht.

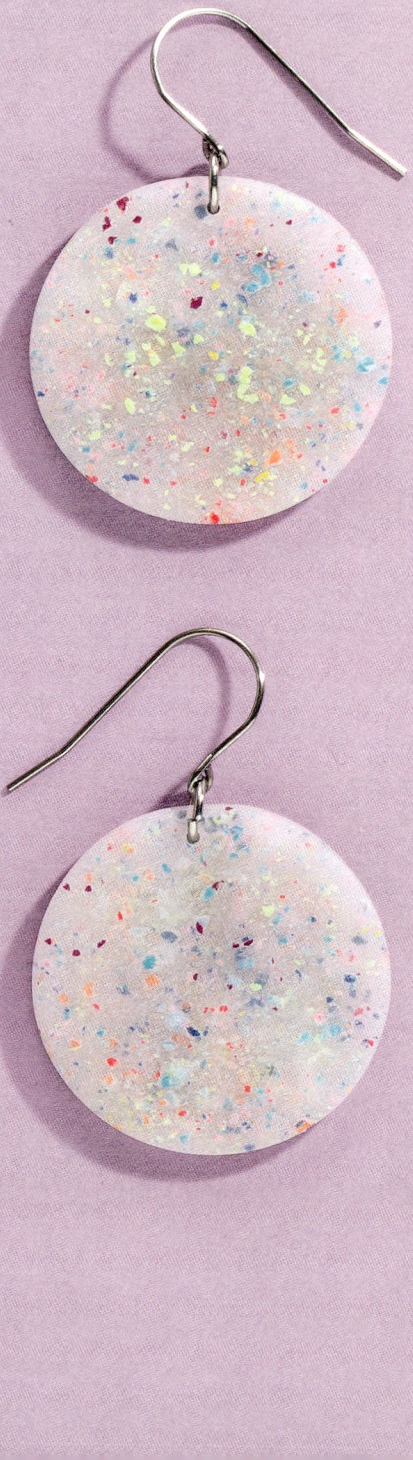

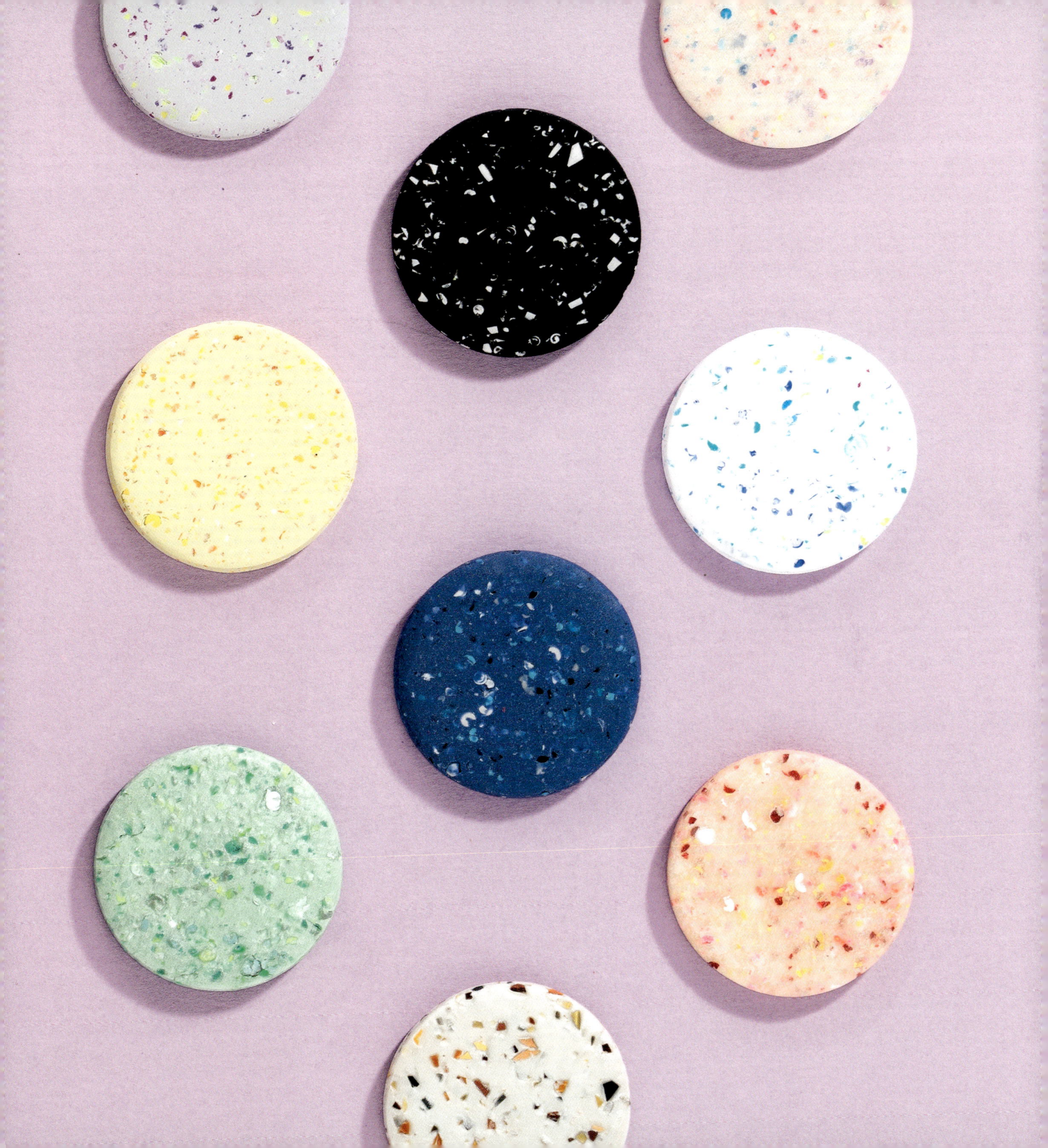

MATERIALLISTE

- transluzente Modelliermasse*
- gesammelte Bohrspäne
- Ausstecher oder Schablonen (siehe Vorlagen)
- Renaissance Wachs oder Vaseline (optional)
- Handbohrer oder Rotationswerkzeug mit Bohraufsatz
- Ohrringfournituren und Schmuckzangen
- Grundausstattung (siehe Grundlagen: Modelliermasse – Arbeitsplatz und Ausstattung)

* *Ich benutze am liebsten Cernit.*

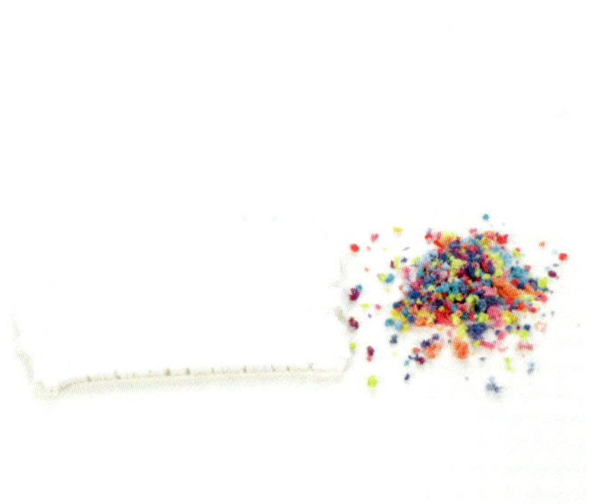

01

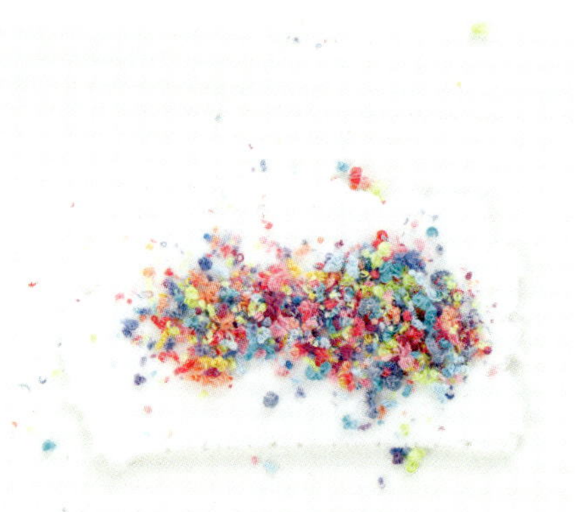

02

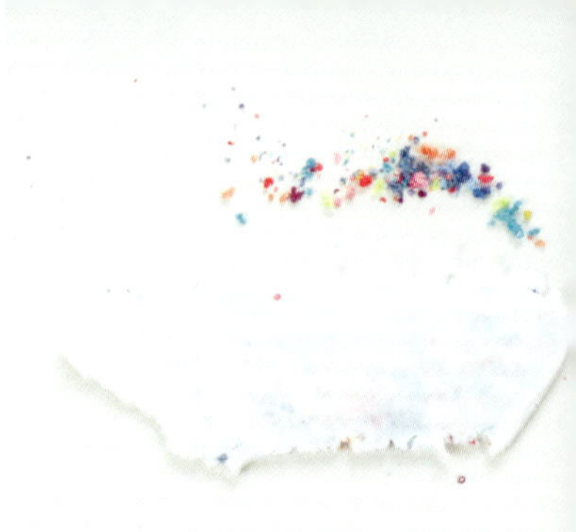

03

04

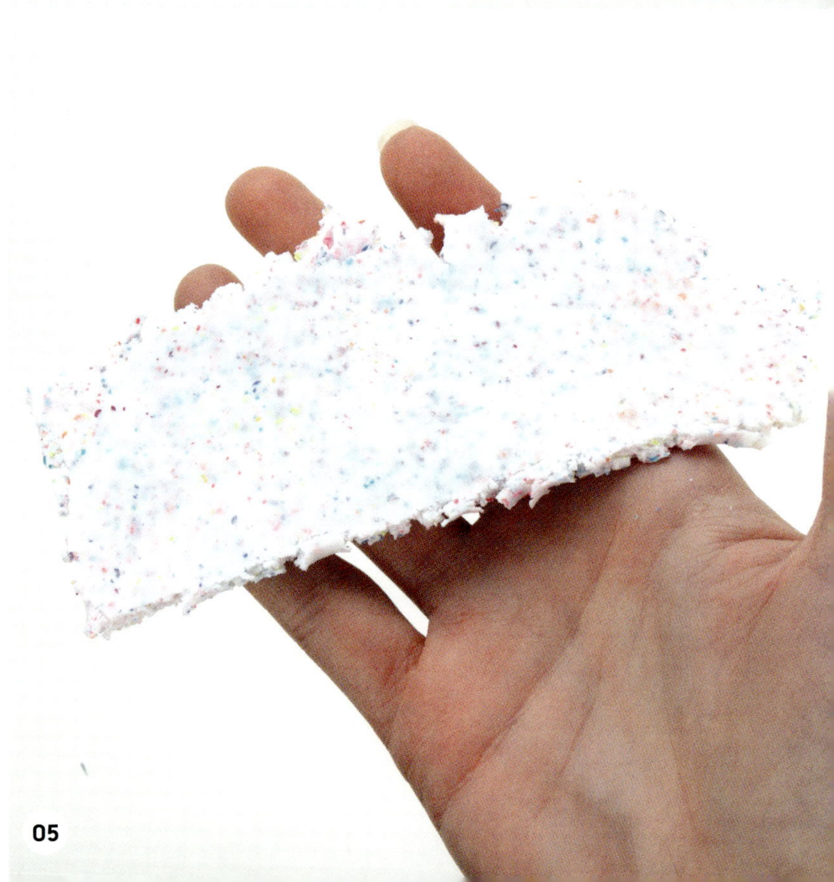

05

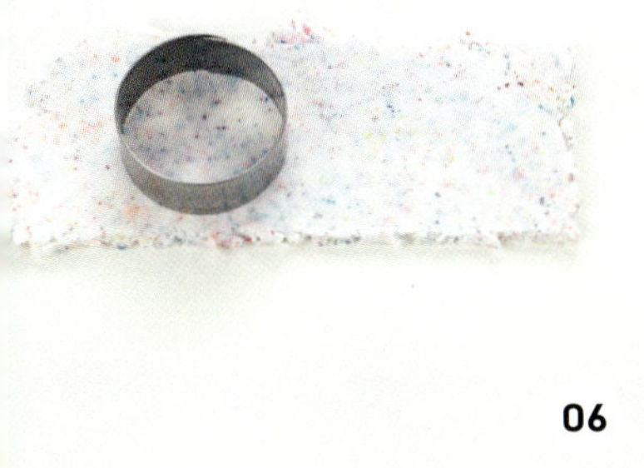

06

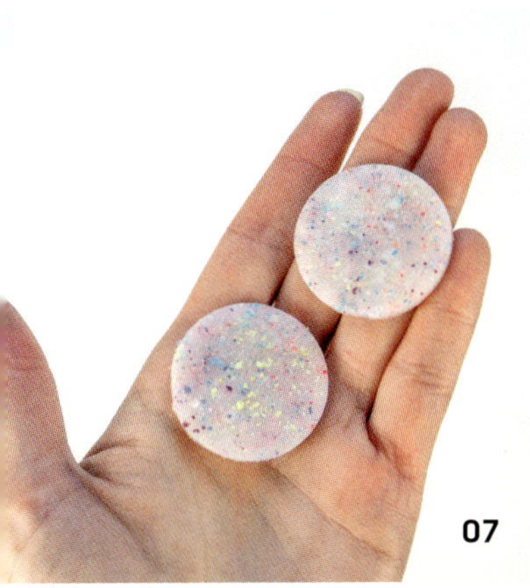

07

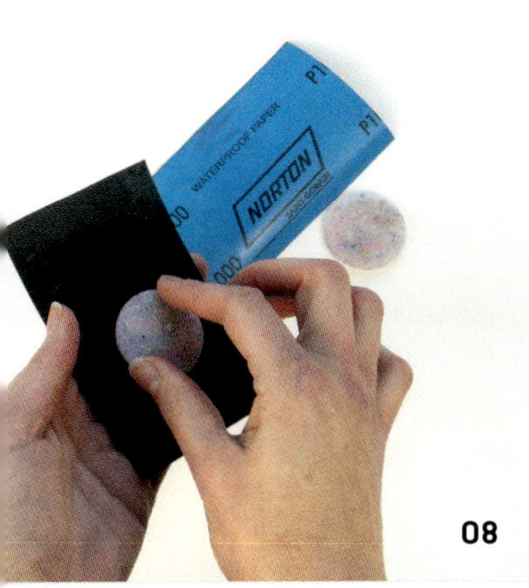

08

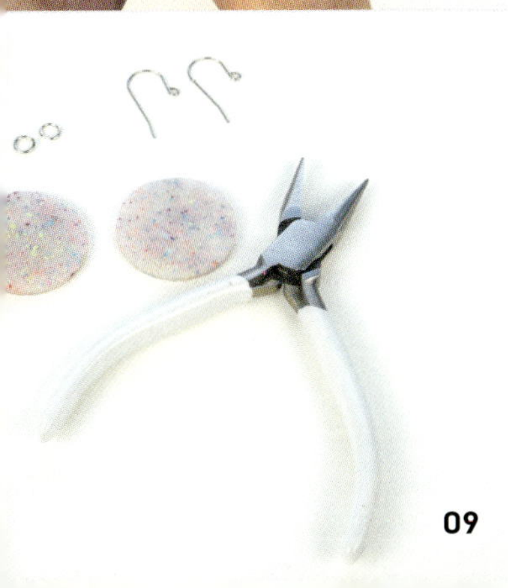

09

01 Die transluzente Modelliermasse kräftig durchkneten (siehe Grundlagen: Modelliermasse – Kneten) und flach ausrollen.

02 Auf die Platte eine gute Portion Späne geben.

03 Zum Einarbeiten der Späne die Platte zusammenfalten und mit dem Acrylroller darüberrollen.

04 Schritt 3 so lange wiederholen, bis die Späne gut in die transluzente Modelliermasse eingearbeitet sind. Wenn Sie möchten, können Sie auch noch mehr Späne hinzufügen.

05 In der Platte sollten die vielen farbigen Späne nun schön gleichmäßig verteilt sein.

06 Die Modelliermasse etwa 3 mm dick ausrollen, dann die Ohrringformen ausstechen.

07 Die Stücke nun im Ofen härten. Folgen Sie dabei den Anweisungen des Herstellers der Modelliermasse, die Sie gewählt haben. Anschließend die Stücke abkühlen lassen.

08 Die gehärteten Stücke an den Rändern sowie auf Vorder- und Rückseite schleifen, am besten nass und mit unterschiedlichen Körnungen (siehe Arbeitstechniken – Schleifen). Beginnen Sie mit einer 300er-Körnung, um die Farben direkt unterhalb der Oberfläche herauszuarbeiten, gehen Sie dann zu einer 600er-Körnung über und wählen Sie zum Glattschleifen eine 1000er-Körnung. Um etwas Glanz hinzuzufügen, können Sie noch mit Renaissance Wachs oder Vaseline nachpolieren.

09 Mit einem Handbohrer oder einem Rotationswerkzeug mit 1,5-mm-Bohraufsatz nun noch Löcher für die Schmuckfournituren bohren, dann die Ohrringe zusammensetzen (siehe Grundlagen: Schmuckherstellung – Techniken zur Schmuckherstellung).

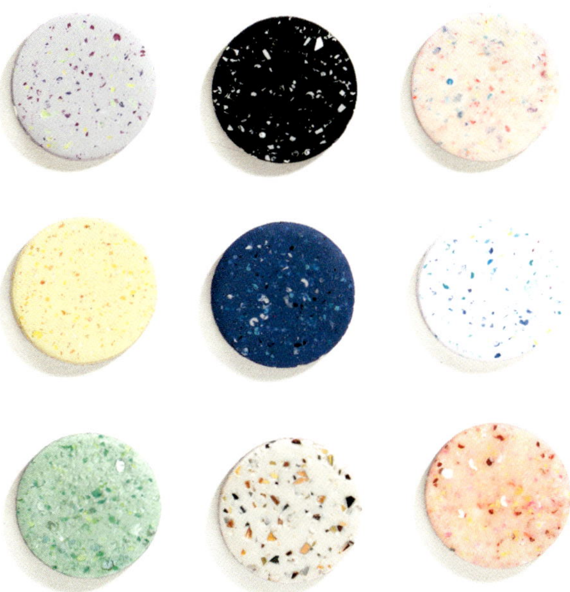

Für diese Granitmuster wurden Bohrspäne und/oder feingehackte, fehlerhaft gehärtete Stücke verwendet. Durch Experimentieren mit verschiedenen Sorten von Modelliermasse (transluzent, deckend oder metallic) sowie farbiger Modelliermasse und Einschlüssen lassen sich die unterschiedlichsten Muster kreieren.

MARMOR-GRANIT-OHRRINGE

Vielfarbig marmorierte Reststücke eignen sich, als dünne Schicht auf eine Basisplatte aufgebracht, prima dazu, dieser etwas mehr Struktur und Tiefe zu verleihen. Mir persönlich gefällt als Kontrast zu diesen herrlich bunten Resten ein neutraler Granitton am besten. Ich hebe alle meine wertvollen Rest- und Endstücke von Röhrenperlen und Anhängern auf, um sie mit diesem Schichtverfahren zu verarbeiten.

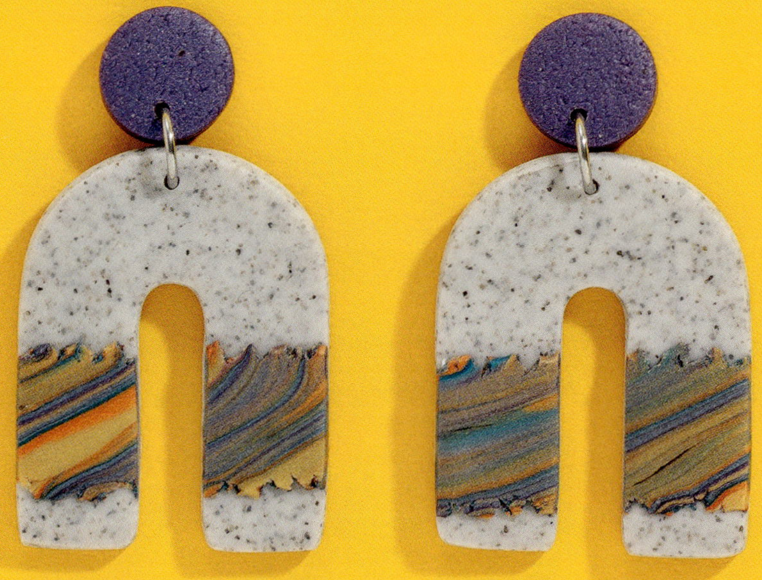

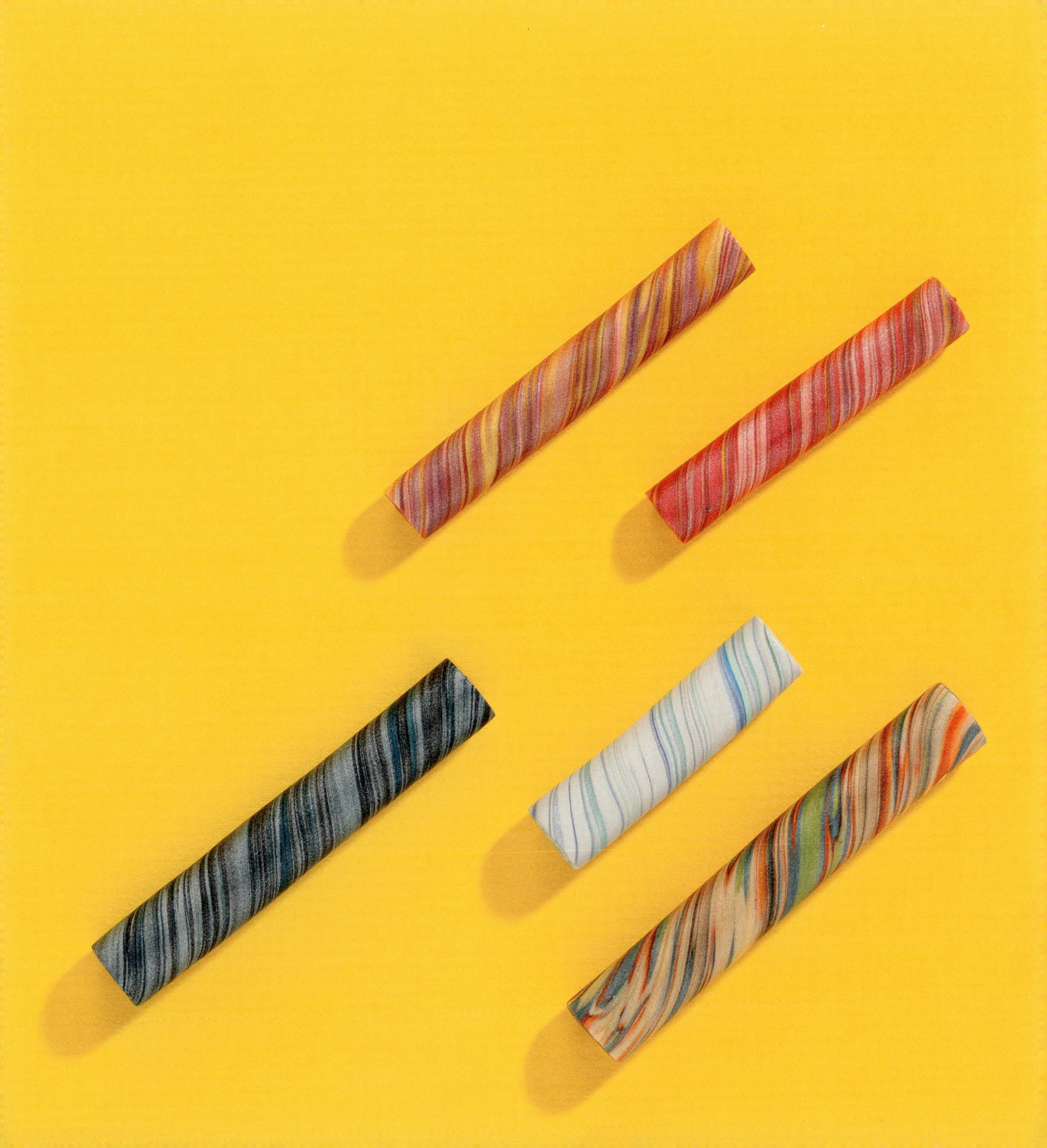

MATERIALLISTE

- Reste, die bei der Herstellung von Röhrenperlen anfallen
- granitfarbene Modelliermasse*
- etwas weiße Modelliermasse
- auf die Reststücke farblich abgestimmte Modelliermasse
- Ausstecher oder Schablonen (siehe Vorlagen)
- Handbohrer oder Rotationswerkzeug mit Bohraufsatz
- Ohrring-Fournituren und Schmuckzangen
- Grundausstattung (siehe Grundlagen: Modelliermasse – Arbeitsplatz und Ausstattung)

** Ich bevorzuge Sculpey Premo Accents Gray Granite.*

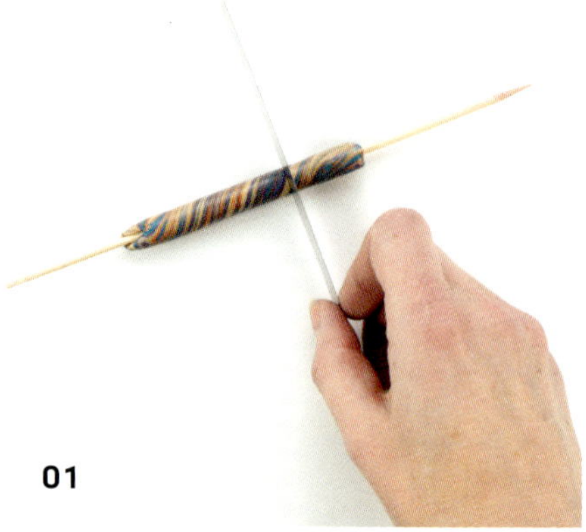

01

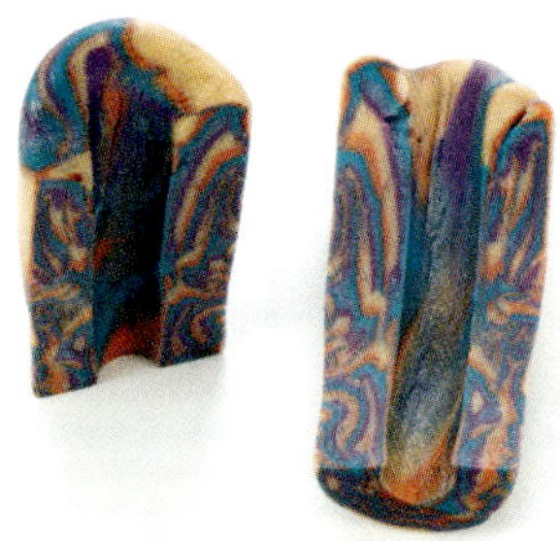

02

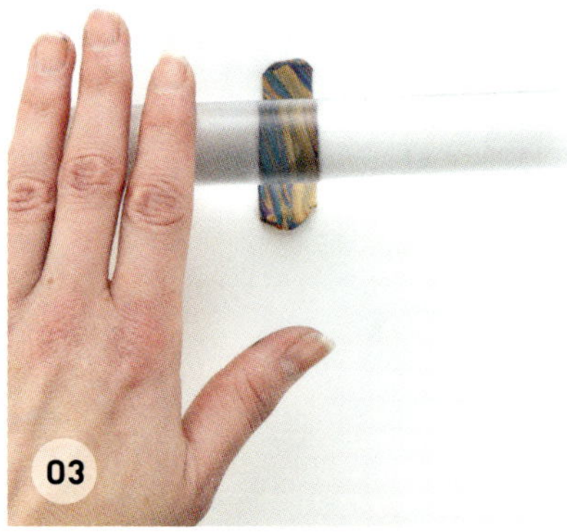

03

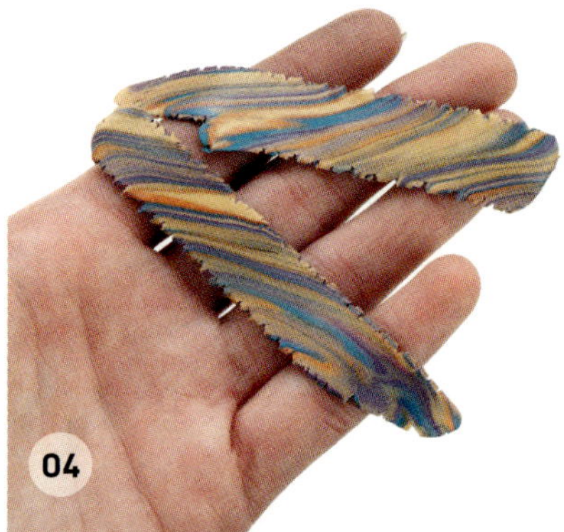

04

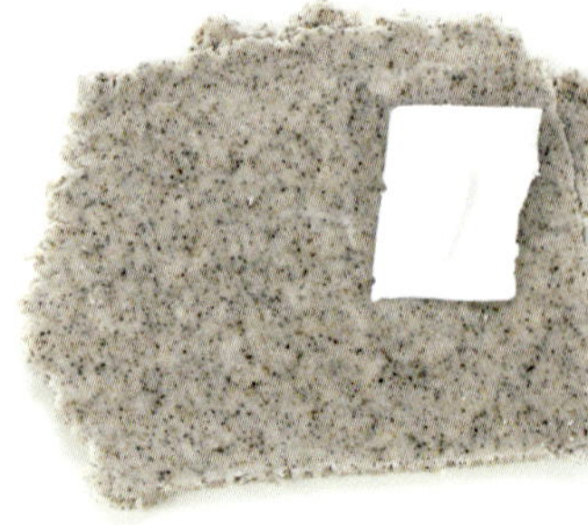

05

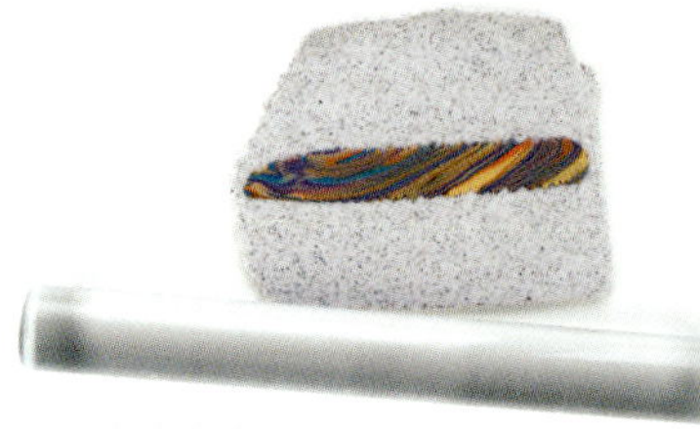

06

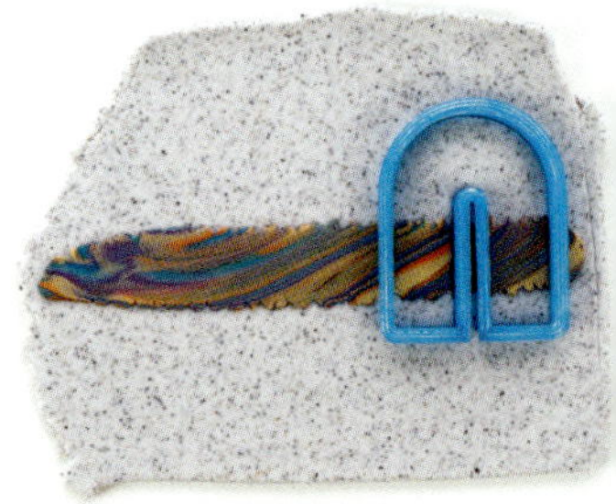

07 *A*

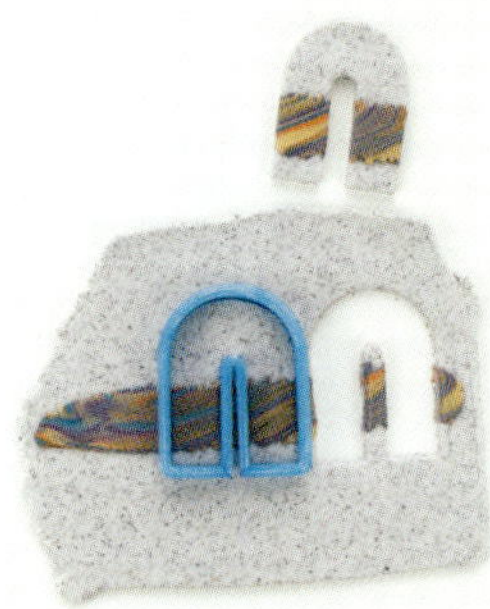

07 *B*

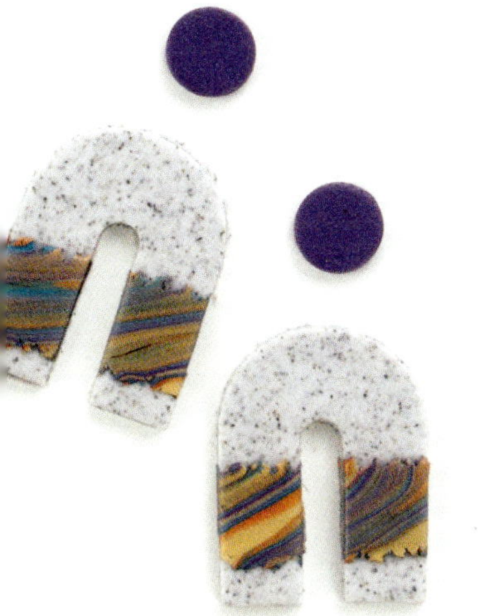

08

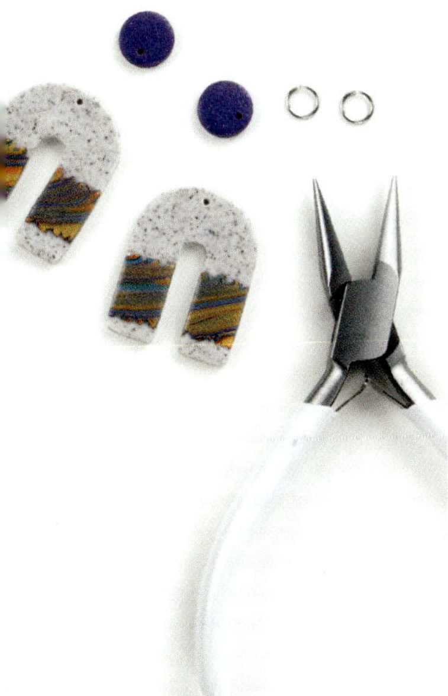

09

01 Für dieses Projekt habe ich die abgeschnittenen Enden verwendet, die beim Herstellen von Röhrenperlen angefallen sind (siehe Anhänger mit gestreiften Röhrenperlen).

02 Die Endstücke mit einer Klinge längs in der Mitte teilen.

03 Mit einem Acrylroller jedes Stück hauchdünn, nur etwa 1 mm dick, ausrollen – so entsteht an den Rändern ein hübsches Zackenmuster.

04 Diese Teile sind immer so farbenfroh und hübsch gezeichnet! Sehen Sie sich beide Seiten an und nehmen Sie die für oben, die Ihnen besser gefällt.

05 Granitfarbene Modelliermasse besteht zum Großteil aus transluzenter, sodass sie beim Härten meist etwas dunkler wird und es daher ratsam ist, etwas Weiß beizumischen. Kneten Sie also etwas weiße unter Ihre granitfarbene Masse (siehe Grundlagen: Modelliermasse – Farbenmischen).

06 Die nun etwas hellere Granitmasse etwa 2,5 mm dick ausrollen, dann die dünne, marmorierte Schicht auflegen und mit einem Acrylroller vorsichtig andrücken.

07 Jetzt können Sie den ersten Bogen für Ihre Ohrhänger ausstechen (A). Achten Sie beim zweiten darauf, dass sich das marmorierte Band in beiden Bögen an der gleichen Stelle befindet (B).

08 Etwas von der farbigen Modelliermasse kneten, dann etwa 2,5 mm dick ausrollen und anschließend zwei Kreise für die Ohrstecker ausstechen. Alle Stücke im Ofen härten (siehe Arbeitstechniken – Härten) und schleifen (siehe Arbeitstechniken – Schleifen).

09 Mit einem Handbohrer oder einem Rotationswerkzeug mit 1,5-mm-Bohraufsatz die Löcher für die Schmuckfourarnituren bohren und die Ohrringe zusammensetzen (siehe Grundlagen: Schmuckherstellung – Techniken zur Schmuckherstellung).

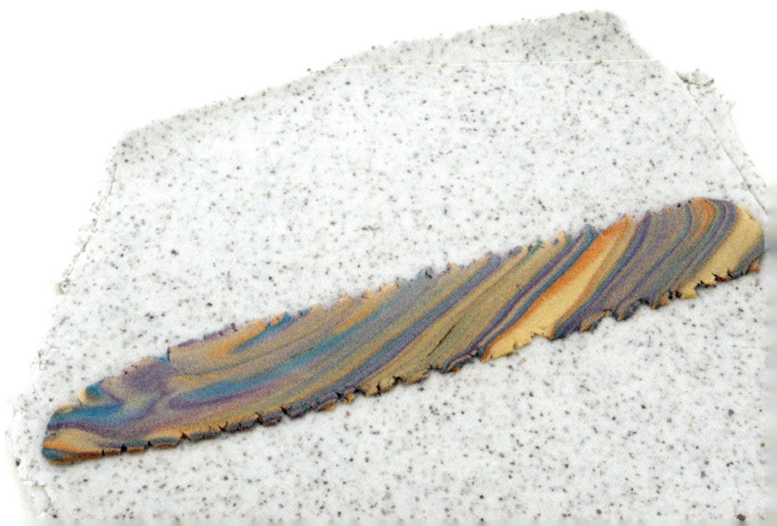

CANE-RESTE AUF ZWEIERLEI ART RECYCELN

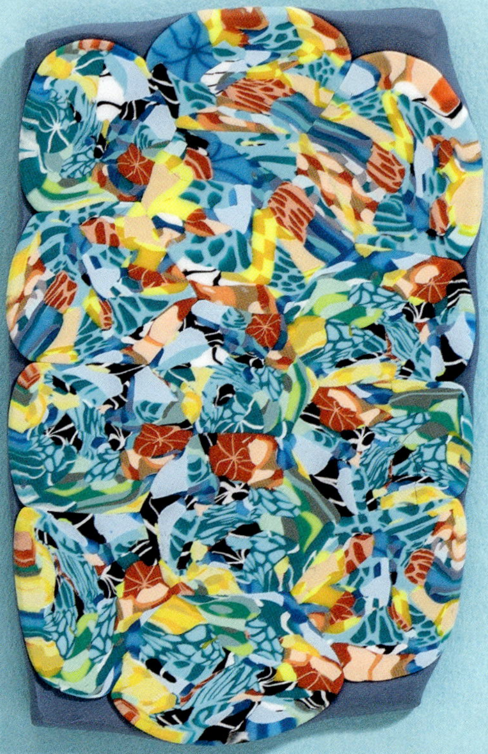

Endstücke und nicht verwendete Cane-Scheiben sollte man nie wegwerfen, sondern nach Farben sortiert aufbewahren, da sie sich gut wiederverwenden lassen. Eines meiner Lieblingsprojekte besteht darin, aus kleingehackten Cane-Resten eine neue Reste-Cane zu machen, aus der sich wiederum zwei ganz unterschiedlich gemusterte Platten herstellen lassen. Wie Sie sehen werden, lassen sich Canes auf zweierlei Art in Scheiben schneiden, und ich finde es toll, wie unterschiedlich die Resultate aussehen.

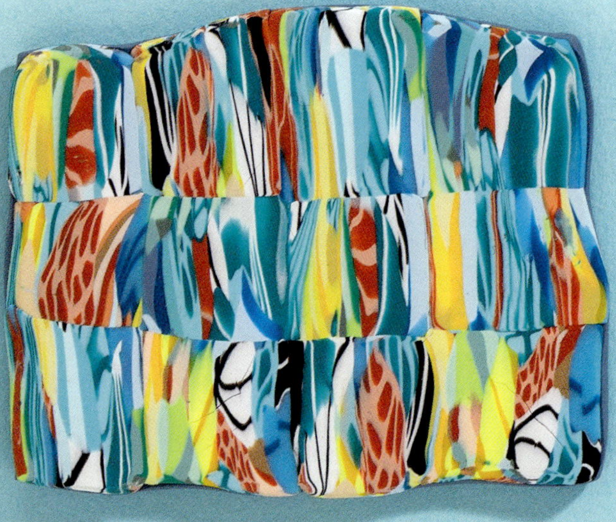

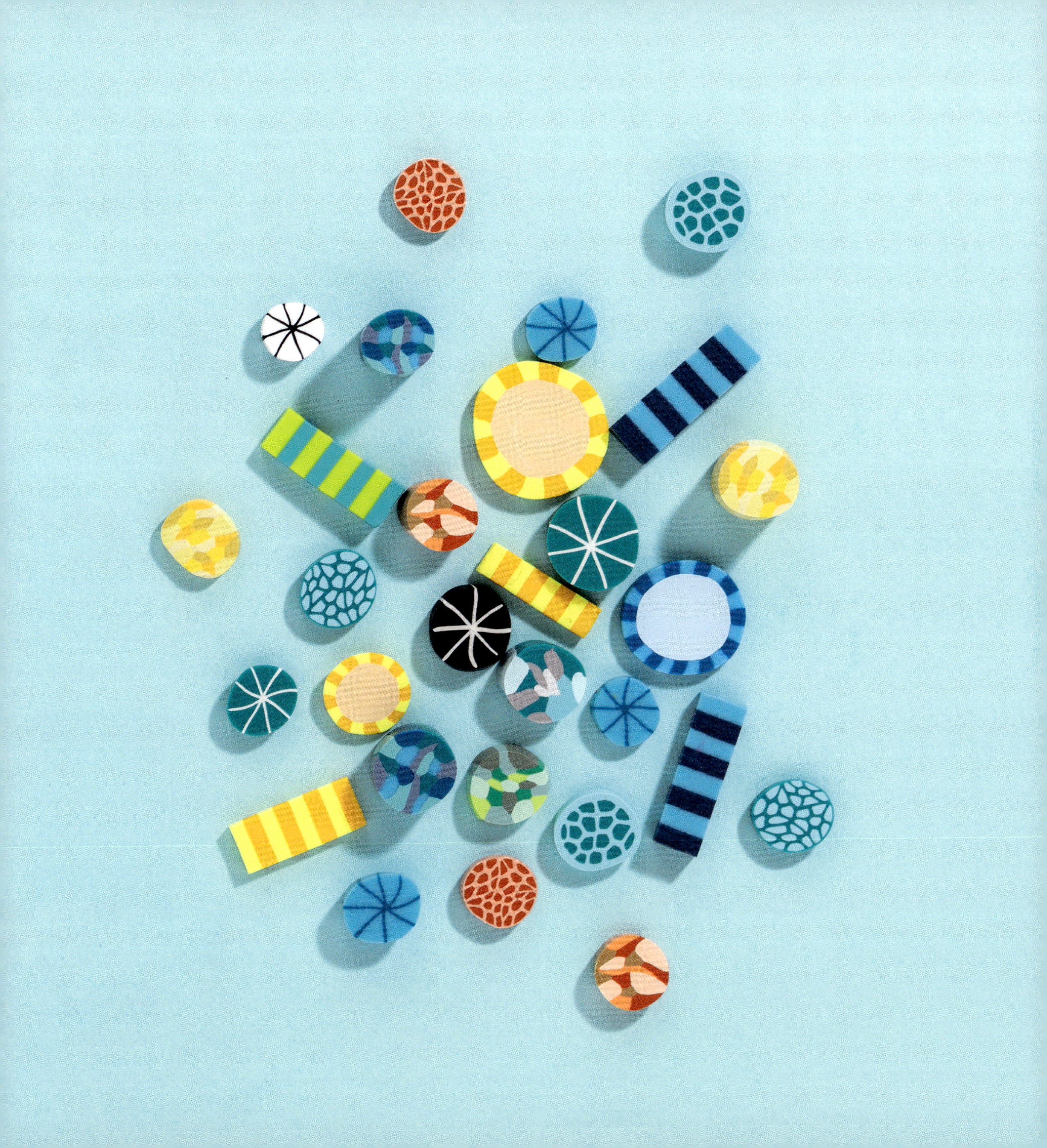

MATERIALLISTE

- Reste von Canes
- Modelliermasse für die Basisplatte*
- Grundausstattung (siehe Grundlagen: Modelliermasse – Arbeitsplatz und Ausstattung)

** Für diese Platte sind Reste ideal, da sie komplett bedeckt wird.*

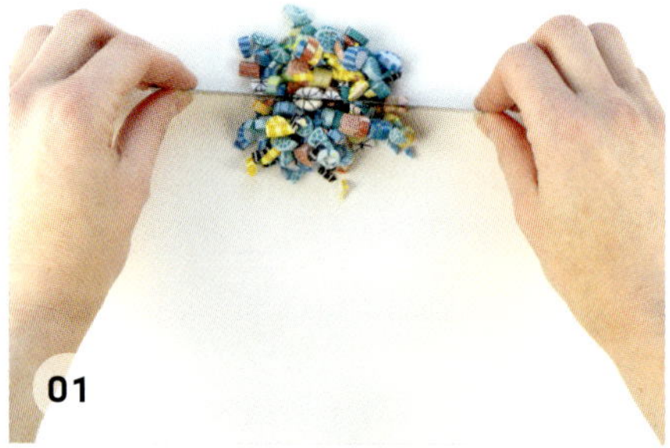
01

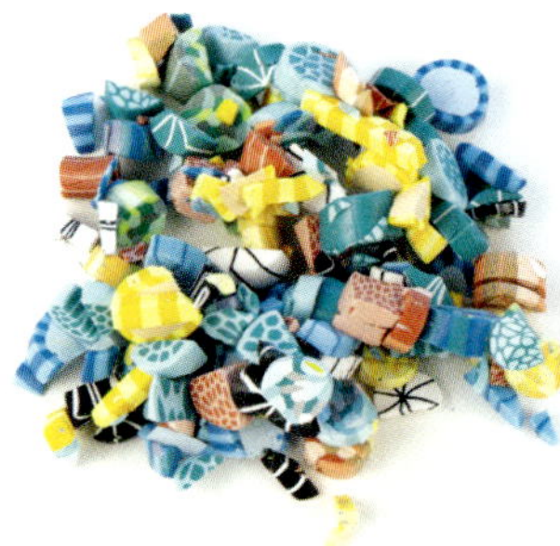
02

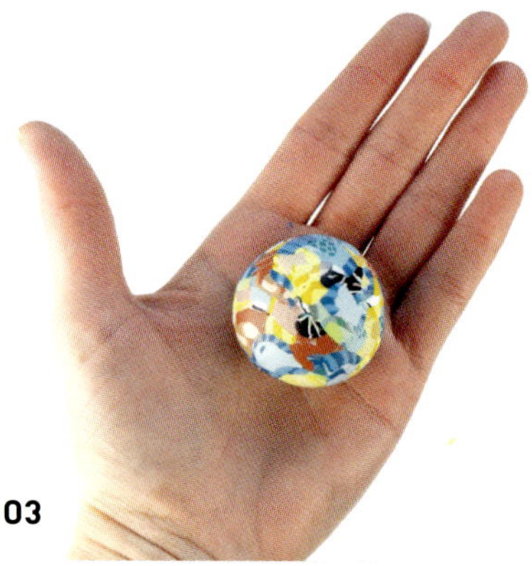
03

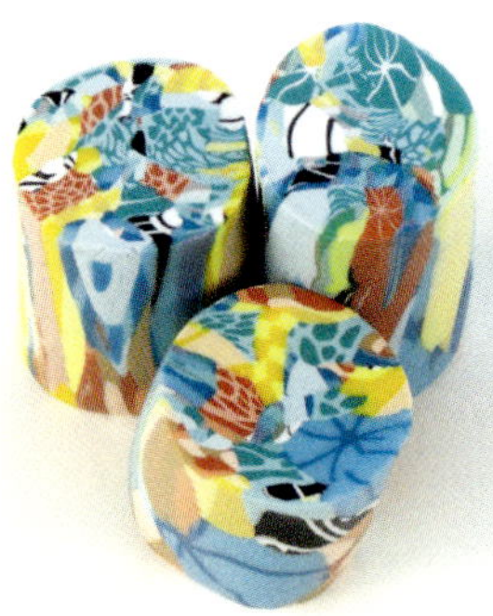
04

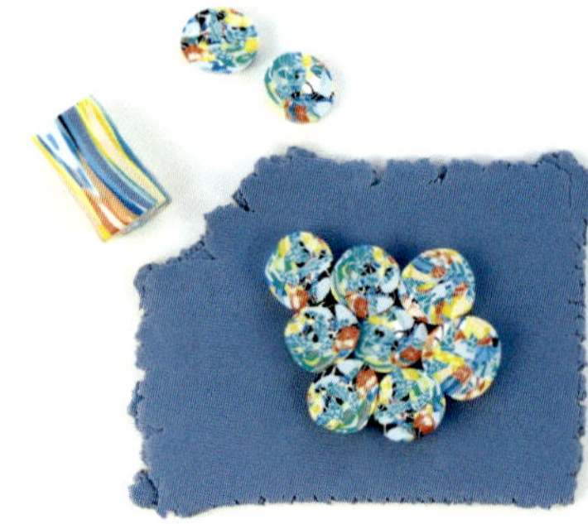
05

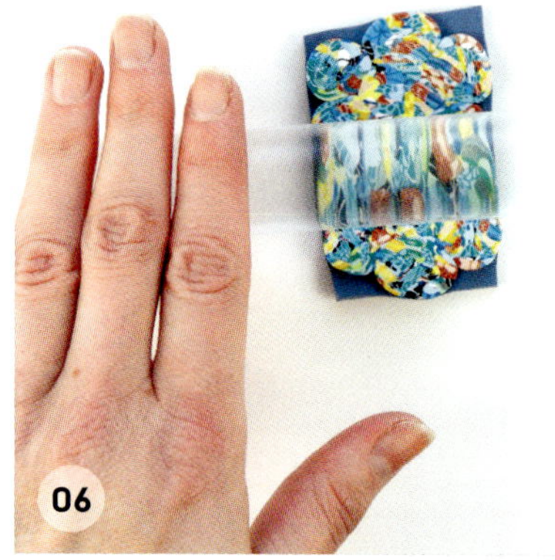
06

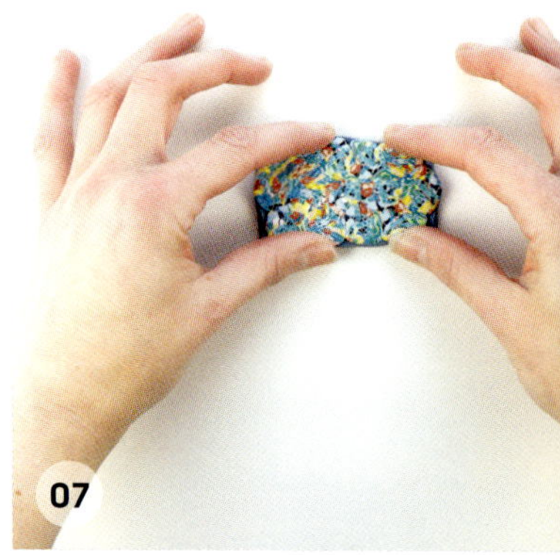
07

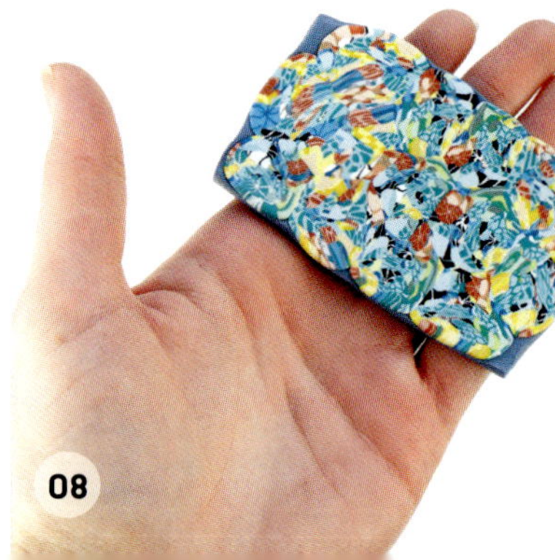
08

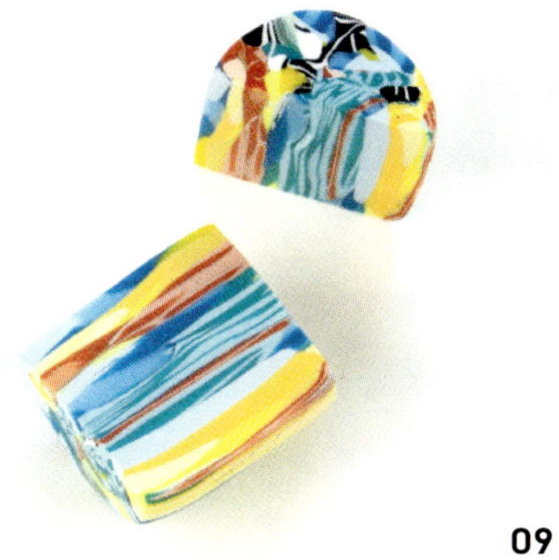

09

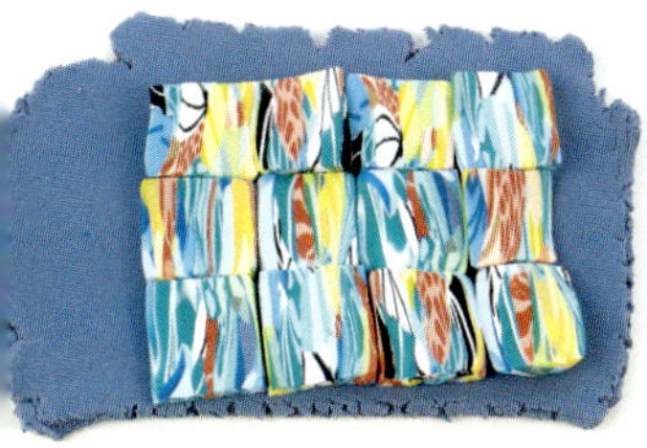

10

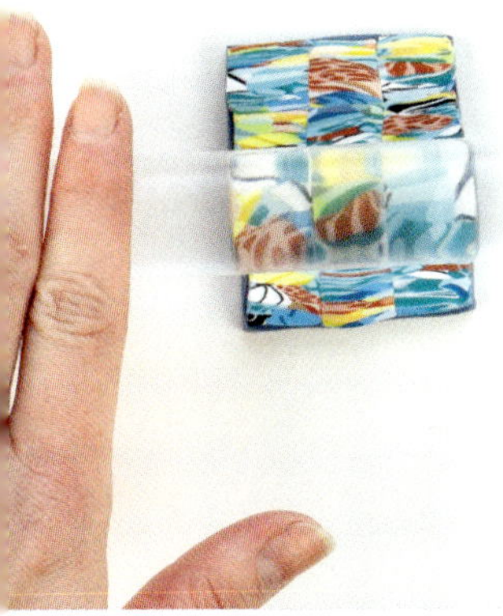

11

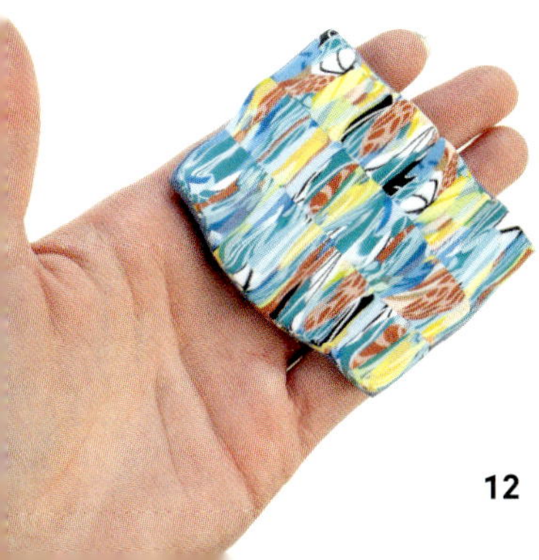

12

01 Stellen Sie ein paar Cane-Reste zusammen, die Ihrer Ansicht nach zusammenpassen; geben Sie am besten noch ein paar schwarz-weiße Reste dazu, das sorgt für ein wenig Kontrast und macht das Muster interessanter. Verwenden Sie zum Zerkleinern der Reste eine Klinge.

02 Die Reste nicht zu klein hacken – von den ursprünglichen Cane-Mustern darf ruhig noch etwas erkennbar sein.

03 Mit den Händen die Stückchen zusammenkneten und dann zu einer Kugel rollen – nicht zu sehr drücken, damit Muster und Farben noch erkennbar bleiben. Nun die Kugel langsam zu einer etwa 15–20 mm bzw. daumendicken Cane rollen.

04 Jetzt kommt der schönste Teil: Die Cane wird geteilt, sodass das Muster erkennbar ist! Stellt man eine Cane aus Resten her wie hier, sieht die Schnittfläche immer ein wenig anders aus, je nachdem, wo man die Cane aufschneidet. Schneiden Sie von der Cane Querscheiben von etwa 2 mm Dicke ab.

05 Etwas gut durchgeknetete Modelliermasse zu einer 3 mm dicken Platte ausrollen und die Cane-Scheiben darauf verteilen – sie sollten eng beieinander liegen und können sich auch überlappen.

06 Mit einem Acrylroller die Platte nun flach ausrollen und dabei immer wieder drehen.

07 Befinden sich zwischen den Scheiben noch Lücken oder Nahtstellen, die Plattenseiten mit den Fingern oder eine Klinge zur Mitte hin drücken. Tun Sie dies nach jedem Rollvorgang, bis alle Nahtstellen verschwunden sind.

08 Ihre erste Resteverwertungsplatte mit Querscheiben aus der Cane ist nun fertig.

09 Wenn Sie wissen wollen, wie die Längsscheiben einer Cane aussehen, schneiden Sie die Cane in etwa 2 cm lange Stücke und halbieren Sie diese einmal der Länge nach.

10 Rollen Sie wieder ein Stück gut durchgeknetete Modelliermasse zu einer 3 mm dicken Platte aus und legen Sie die längs abgeschnittenen Cane-Scheiben dicht nebeneinander darauf. Entscheiden Sie vorher, welche Seite der Cane-Scheiben Ihnen besser gefällt und deshalb nach oben zeigen soll.

11 Mit einem Acrylroller die Platte flach ausrollen und dabei immer wieder drehen. Sind irgendwelche Lücken oder Nahtstellen zu erkennen, wiederholen Sie Schritt 7.

12 Nun ist auch Ihre zweite Resteverwertungsplatte, diesmal mit Längsscheiben aus der Cane, fertig.

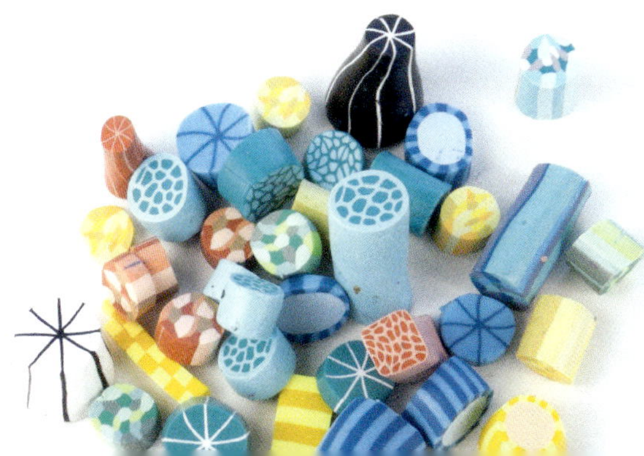

Alle Vorlagen hier sind im Maßstab 1:1 abgebildet. Sämtliche Vorlagen in diesem Buch können bei www.davidandcharles.com heruntergeladen werden.

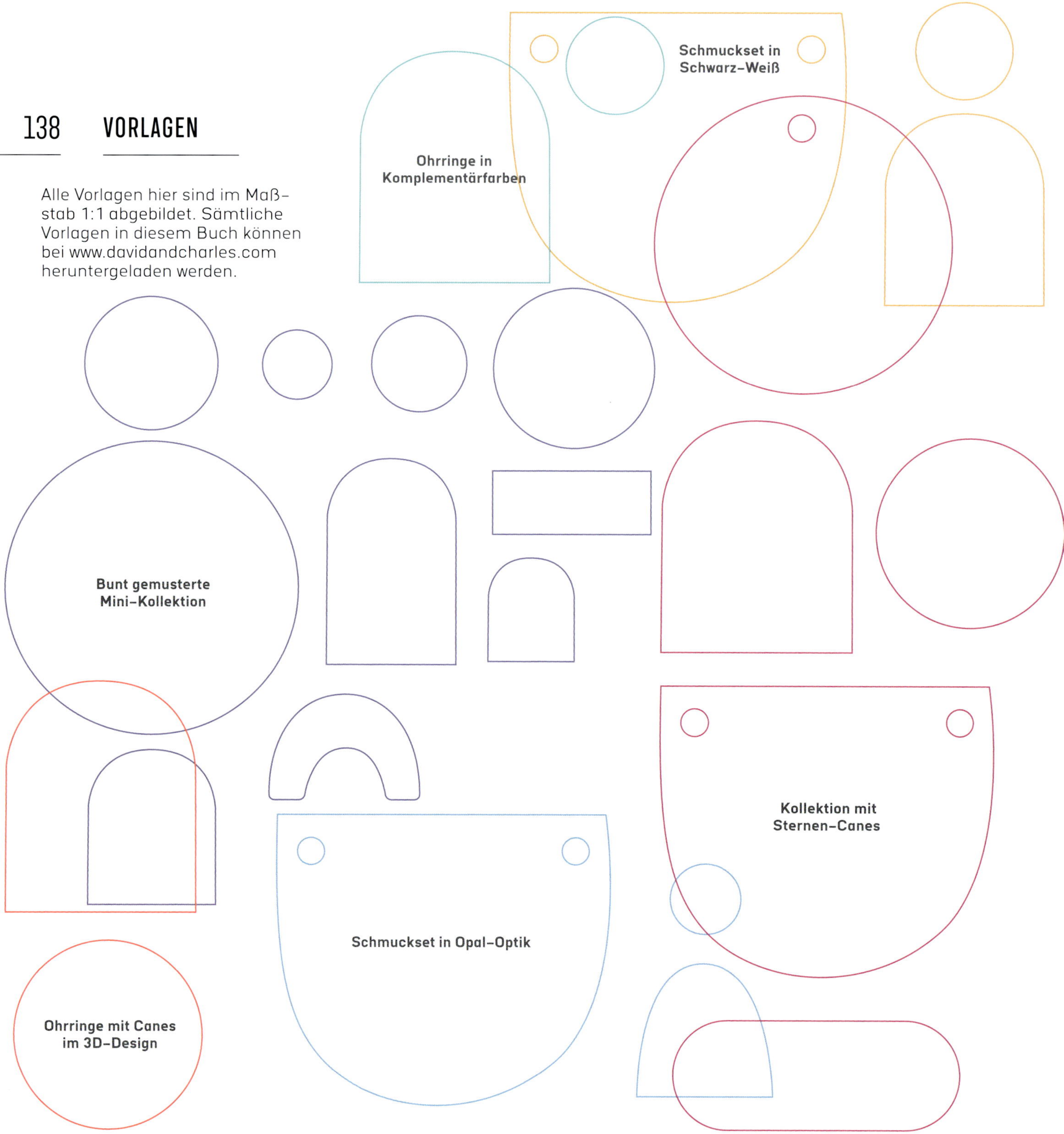

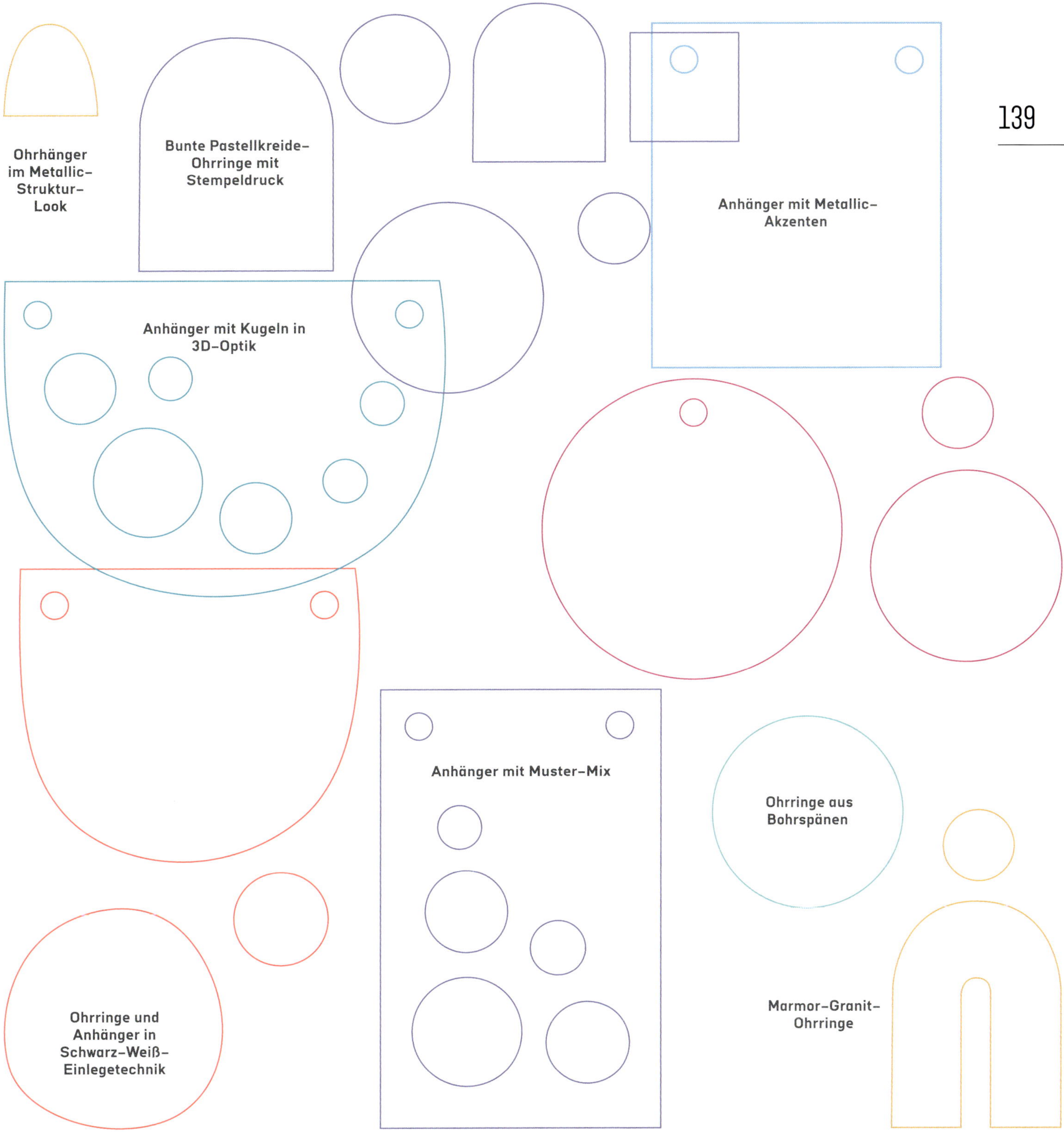
Ohrhänger im Metallic-Struktur-Look
Bunte Pastellkreide-Ohrringe mit Stempeldruck
Anhänger mit Metallic-Akzenten
Anhänger mit Kugeln in 3D-Optik
Anhänger mit Muster-Mix
Ohrringe aus Bohrspänen
Marmor-Granit-Ohrringe
Ohrringe und Anhänger in Schwarz-Weiß-Einlegetechnik

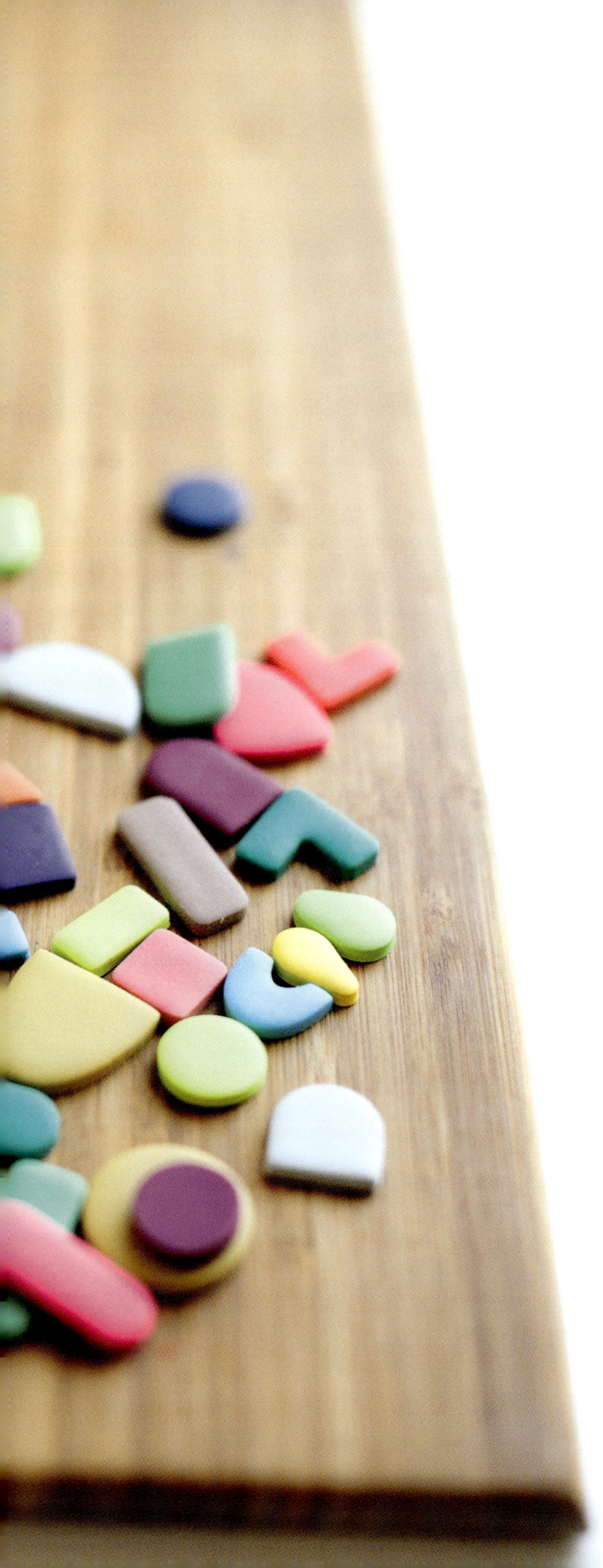

HERSTELLERVERZEICHNIS & BEZUGSQUELLEN

boesner Versandservice GmbH
boesner.com

buttinette Textil-Versandhaus GmbH
buttinette.com

EFCO CREATIVE GmbH
efco.de

Johannes GERSTAECKER Verlag GmbH
gerstaecker.de

Modulor GmbH
modulor.de

Staedtler Mars GmbH & Co. KG
staedtler.de

FIMO® ist eine eingetragene Marke der Staedtler Mars GmbH & Co. KG,Nürnberg/Germany.

ÜBER DIE AUTORIN

Heidi Helyard ist einer der führenden Köpfe in der aktuellen Kunstszene, die sich mit Schmuckherstellung aus Modelliermasse befasst. Sie ist Künstlerin, Grafikdesignerin und Wegbereiterin für Neues und lebt in der Nähe von Sydney in New South Wales, Australien. Immer schon mit der Herstellung von irgendwelchen Dingen beschäftigt, befasste sich Heidi ursprünglich mit Sticken, Weben und anderem textilen Kunsthandwerk. 2017 entdeckte sie Modelliermasse (Polymer Clay) für sich und begann diese in ihre textilen Arbeiten zu integrieren. So entstand kleinformatiger Wandschmuck und aus diesem tragbare Anhänger, hinzu kamen Ohrringe und andere Schmuckgegenstände. Der Übergang war fließend und die Entwicklung rasant! Seit über drei Jahren stellt Heidi nun schon handgefertigte Kunstgegenstände und Schmuckstücke aus Modelliermasse her. Sie ist ebenso bekannt für ihren sich ständig weiterentwickelnden, experimentellen Ansatz bei ihrer Arbeit mit Modelliermasse wie dafür, nie einen Gegenstand zweimal herzustellen!

Seit 2019 bringt Heidi einen wöchentlich erscheinenden Newsletter für ihre Abonnenten heraus, Studio Scraps, der alle Themen abdeckt, die mit Modelliermasse, Schmuckdesign und dem Alltag in einem Kleingewerbe zu tun haben. Darin verrät sie jede Menge Tipps und Tricks, gibt Einblick in ihr Atelier, zeigt, wie neue Kollektionen entstehen und stellt neue Ideen vor.

Heidi sieht ihre Schmuckkollektionen als kleinformatige, einzigartige und tragbare Kunst(werke). Jeder Anhänger, jeder Ohrring, jede Schale ist einzigartig – und dadurch kostbar, individuell und fast schon ein Sammlerobjekt, also das genaue Gegenteil des massenhaft produzierten Modeschmucks, von dem der Markt überschwemmt wird. Für Heidi zählen Farben und Texturen. Die Schönheit von Modelliermasse besteht für sie darin, dass sie endlose Möglichkeiten bietet, mit Farbkombinationen, Mustern und Texturen zu experimentieren.

www.heidihelyard.com

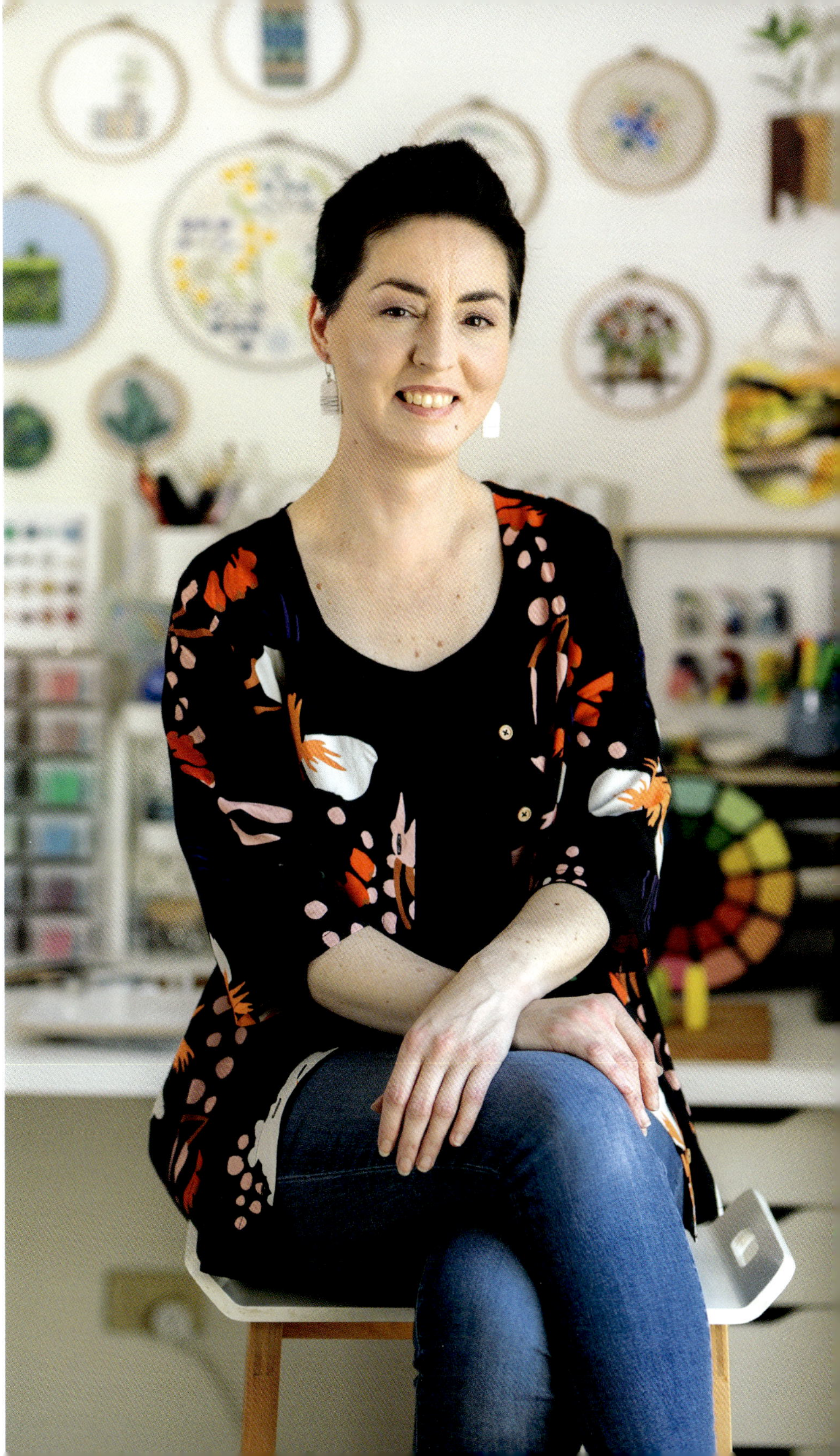

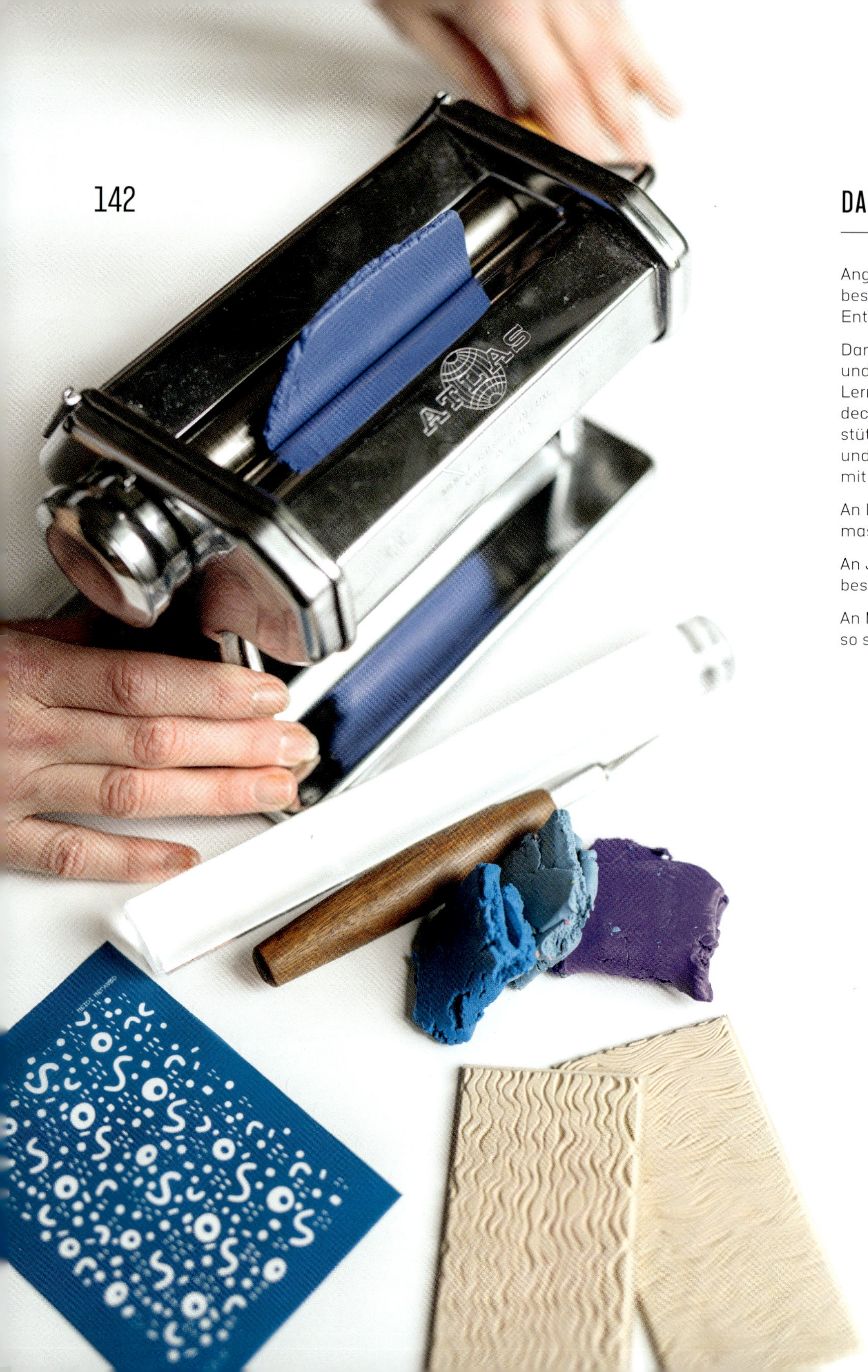

DANK

Angela und Renee, euch danke ich für eure beständige Hilfe und euren unverbrüchlichen Enthusiasmus, egal, was ich letztendlich tue.

Dank an Ginger Davis Allman, Wendy Moore und Cynthia Tinapple, die mir den Weg zum Lernen geebnet und mich bei meiner „Entdeckungsreise" mit Modelliermasse unterstützt haben. Ihr alle habt eure Großzügigkeit und Weisheit und euer Wissen so bereitwillig mit mir geteilt! Ich bin euch so dankbar.

An Lily, eher widerwillige Expertin für Modelliermasse und eine wunderbare Freundin.

An Jess, die mich in meinem Tun immer bestärkte und anfeuerte.

An Maya und Turner, ich liebe euch beide so sehr.

REGISTER

Impressum
Originalausgabe ist erstmals erschienen 2021
unter dem Titel *CREATIVE POLYMER CLAY*
(von Heidi Helyard) bei:

Copyright © 2021, Heidi Helyard, David and Charles Ltd,
Suite A, First Floor, Tourism House, Pynes Hill, Exeter,
Devon, EX2 5WS, UK

Fotografie: Lee Illfield, Heidi Helyard, Jason Jenkins

Für die deutsche Ausgabe:
Produktmanagement: Xenia Kuczera
Übersetzung: Kerstin Nutto
Lektorat: Uta Koßmagk
Satz: Sabine Vonderstein
Umschlaggestaltung: Andreas Kersten
Herstellung: Bettina Schippel, Kathleen Baumann
Printed in: Bosnien und Herzegowina

★★★★★

Sind Sie mit diesem Titel zufrieden? Dann würden wir uns über Ihre Weiterempfehlung freuen.
Erzählen Sie es im Freundeskreis, berichten Sie Ihrem Buchhändler oder bewerten Sie bei Onlinekauf. Und wenn Sie Kritik, Korrekturen, Aktualisierungen haben, freuen wir uns über Ihre Nachricht an:
Christian Verlag, Postfach 40 02 09,
D-80702 München oder per E-Mail an
lektorat@verlagshaus.de.

Alle gezeigten Modelle, Anleitungen, Fotos und Illustrationen sind urheberrechtlich geschützt. Eine gewerbliche Nutzung ist untersagt. Dies gilt auch für eine Vervielfältigung bzw. Verbreitung über elektronische Medien. Alle Angaben und Anleitungen sind mit größtmöglicher Sorgfalt zusammengestellt. Dennoch kann bei Fehlern keinerlei Haftung für direkte oder indirekte Folgen übernommen werden. Sollte dieses Werk Links auf Webseiten Dritter enthalten, so machen wir uns die Inhalte nicht zu eigen und übernehmen für die Inhalte keine Haftung

Die Deutsche Nationalbibliothek verzeichnet diese Publikation in der Deutschen Nationalbibliografie; detaillierte bibliografische Daten sind im Internet über http://dnb.d-nb.de abrufbar.

© 2022 Christophorus Verlag in der
Christian Verlag GmbH, München
Infanteriestraße 11a
D 80797 München

Alle Rechte vorbehalten

ISBN 978-3-8388-3832-8

Besuchen Sie uns im Internet: www.christophorus-verlag.de

www.christophorus-verlag.de

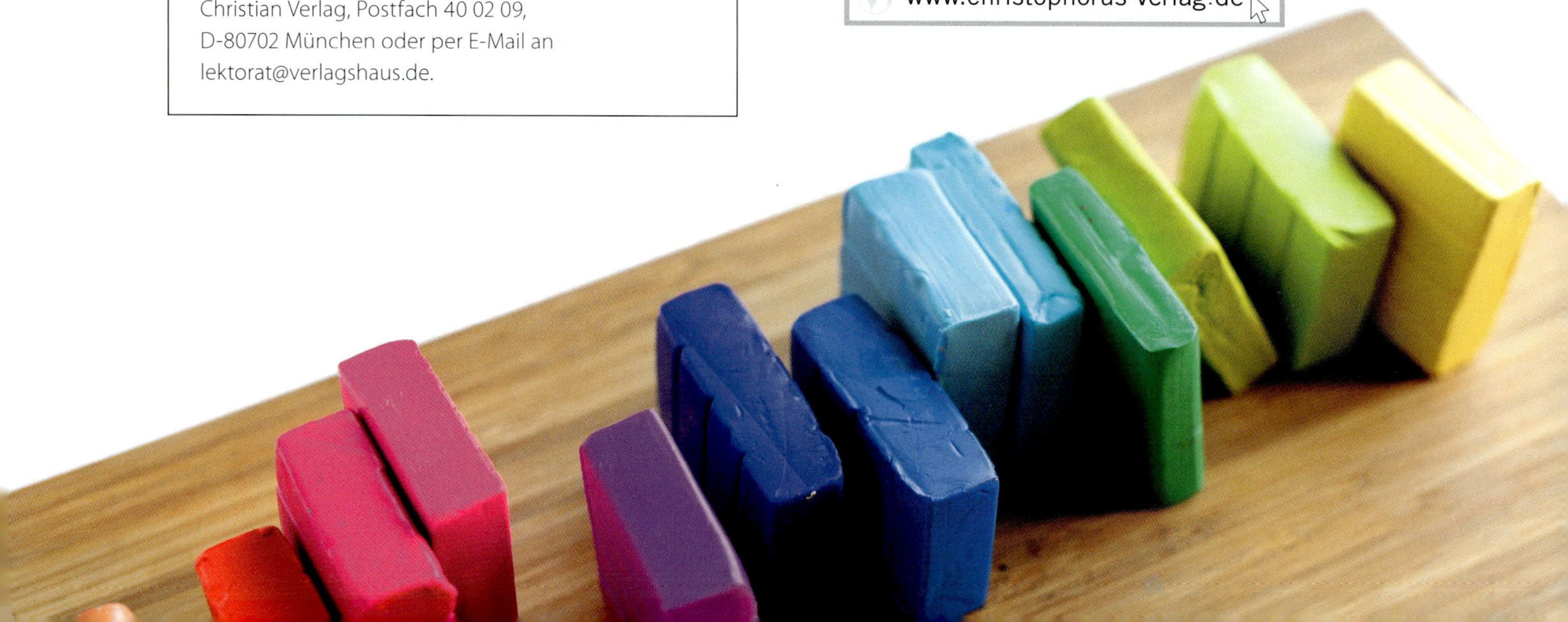